U0785397

# 历史文献与传统文化

## 第二十七辑

陈广恩　主编

商務印書館
创于1897　The Commercial Press

**图书在版编目（CIP）数据**

历史文献与传统文化. 第27辑 / 陈广恩主编. — 北京：商务印书馆，2022
ISBN 978-7-100-21843-6

Ⅰ. ①历… Ⅱ. ①陈… Ⅲ. ①文化史—中国—古代—文集 ②史评—中国—古代—文集 Ⅳ. ①K220.3 ②K220.7

中国版本图书馆CIP数据核字（2022）第216432号

权利保留，侵权必究。

**历史文献与传统文化**
**第二十七辑**
陈广恩　主编

商　务　印　书　馆　出　版
（北京王府井大街36号　邮政编码 100710）
商　务　印　书　馆　发　行
三河市尚艺印装有限公司印刷
ISBN 978-7-100-21843-6

2022年12月第1版　　开本 880×1230　1/32
2022年12月第1次印刷　　印张 12 3/8

定价：98.00元

本刊由中华文化港澳台及海外传承传播省部共建协同创新中心、暨南大学潮州文化研究院资助出版

《历史文献与传统文化》编委会

主　　任：程国赋　陈广恩

编　　委（以姓氏笔画为序）：

卜宪群　王子今　邓小南　刘正刚　刘志伟

刘迎胜　刘跃进　汤开建　杜建录　李华瑞

李庆新　李治安　近藤一成　张帆　陈广恩

郝春文　荣新江　夏泉　黄仕忠　曹家齐

彭林　蒋述卓　程国赋　程章灿　廖可斌

主　　编：陈广恩

副 主 编：王京州　吴青

执行编辑：李芳瑶

# 目　录

## 文献考辨



## 专题研究

## 岭南文化研究



## 海外研究

# Catalogue

## Textual Researches



## Subject Researches

**Lingnan Culture Researches**



**Overseas Researches**

# 文献考辨

# 唐五代类书考

贾晋华 *

**摘　要：**类书至唐五代开始繁盛发展，出现综合类书、专门类书、韵编类书、摘句类书、骈体类书等各种类型。本文检索史料，排比钩稽，以时代为次，全面考述唐五代类书共64种，并简述各书著录、著者、年月、体例、存佚等情况。

**关键词：**类书；唐代；五代

类书起源于魏文帝曹丕下诏编纂的《皇览》，至唐五代而大盛，公私著述层出不穷。其主要作用是适应科举考试和官场公文的需要，供士大夫撰写诗文时检索典故事实，采撷美词秀句。类书与唐代文学的发展有着微妙而复杂的关系，并非如同有些学者所论断的有过无功。因此，很有必要重新探讨二者之间的关系。而在进行这一工作之前，又有必要对唐五代类书本身作一番考索清理。

---

* 作者简介：贾晋华，武汉大学中国传统文化研究中心研究员，澳门大学人文学院兼职教授，研究领域为中国古代文学、宗教及思想。

基金项目：本文系国家社科基金重点项目“中国古代类书总目提要”（编号18AZWZ17）的阶段性研究成果。

本文撰成于20世纪80年代，当时可发表数万字论文的期刊甚少，又因在其后三十多年忙于各种事务，此文遂一直搁置未动。由于我在发表于90年代初的《隋唐五代类书与诗歌》一文中提及此文，前年承王京州教授来函询问，我从箱底找出寄呈，原意为其有关类书研究的重大项目提供参考。不意承王教授觉得此文尚未过时，厚意推荐发表，并帮助录文校对，至为感谢！此文原有类书编撰者生平考述一栏，由于近三十多年来出现大量有关唐人生平的研究成果，为免重复，特将此栏删去。

在考索之前，我们需要界定所收类书的范围。作为中国古代特有的一种工具书，类书的基本特征是采缀现成文献中的各种事典成语，分门别类地编排汇辑在一起，以便于临文检索取给。具体的编录体例不一，或仅征事，或征事而兼采诗文，或编为偶俪韵语，或综合数种。正宗的类书一般网罗全面，所分部类赅括自然界和人类社会的各个方面，义界分明，无有争议，可称为综合类书。另有一些“准类书”，各家去取就不太一致。本文将以下四种类型亦划归类书之属。

一、专门类书。所谓专门类书，指专聚某一方面的事物典故，且兼采辞藻，为创作诗文时采摭故实和词汇而准备的书，相当于综合类书中的一大部类或一小门类。这种类书始见于隋代，《文镜秘府论》北卷存有无名氏《帝德录》，王利器《文镜秘府论校注》据文中避隋讳，考为隋人所作，列叙上古至汉帝王名状事迹，及颂圣专用偶俪辞藻，相当于一般类书中的帝王部。唐代刘赓的《稽瑞》，专取古籍中所载符瑞之事，并“考事以为对，切对以为句”，则相当于综合类书中的祥瑞门。但分类编纂而并不采编辞藻的专门著作，如典章制度、姓氏、蒙书、文学总集等，其目标并非为临文采摭而准备，则皆不包括在内。

二、韵编类书。此种类书按韵部编排而汇辑辞藻事类。如被《四库全书总目》称为“以韵隶事之祖”的《韵海镜源》，以韵为纲，采掇诸书词语事类，“菁华兼百氏，缣雅备三坟”，亦具备上述类书的几个基本特征。

三、摘句类书。《文镜秘府论》南卷“论文意”条引王昌龄语云：“凡作诗之人皆自抄古人诗语精妙之处，名为随身卷子，以防苦思。作文兴若不来，即须看随身卷子。”《旧唐书》卷八十六《高宗中宗诸子传》云：“龙朔元年，命中书令太子宾客许敬宗、侍中兼太子右庶子许圉师、中书侍郎上官仪、太子中舍人杨思俭等于文思殿博采古今文集，摘其英词丽句，以类相从，勒成五百卷，名曰《瑶山玉彩》。”又《文镜秘府论》地卷录有“九意”，依春、夏、秋、冬、山、水、雪、雨、风九类辑录秀句。综上各条，可知秀句集一类的书也往往具有类书汇辑资料、分类编排、便于检索等基本特征，可称为摘句类书。

四、骈体类书。唐五代进士考试科目中的赋文和策论、朝廷和地方幕府的诏令笺启等，皆讲求雕琢华美的四六骈偶，因此创作此类骈赋文时，对于事典、辞藻、俪偶的獭祭取给最为急需。由此而产生不少通篇将事类编缀成四六俪偶的类书，有些以注文说明事典出处，有些无注，如张楚金《翰苑》、杜嗣先《兔园策府》等。这些书大多还未似后来宋代吴淑《事类赋》那样通篇押韵，故应称为骈体类书。

谨检索史料，排比钩稽，以时代为次，考列唐五代类书，简述各书著录、著者、年月、体例、存佚等情况。本文全面参考以下三书：刘叶秋《类书简说》（上海古籍出版社，1980年）；胡道静《中国古代的类书》（中华书局，1982年）；张涤华《类书流别》（商务印书馆，1985年），兹不一一出注。其他参考文献随文注明，一九九〇年代后的重要参考著作则以“补注”说明。

**唐高祖武德七年甲申（624）**

欧阳询等奉敕编成《艺文类聚》一百卷。存。

《旧唐书》卷四十七《经籍志》下子录类事类、《新唐书》卷五十九《艺文志》三子录类书类皆著录《艺文类聚》一百卷。《崇文总目》卷三类书类、《郡斋读书志》（瞿本）卷十四类书类、《直斋书录解题》卷十四子部类书类、《通志》卷六十九《艺文略》七类书类、《玉海》卷五十四引《中兴馆阁书目》、《宋史》卷二百七《艺文志》六子录类事类所录同（以下简称为《旧志》类事类、《新志》类书类等）。《旧志》称：“欧阳询等撰。”《新志》加云：“令狐德棻、袁朗、赵弘智等同修。”又《旧唐书》卷一百六十九上《儒学·欧阳询传》云：“武德七年，诏与裴矩、陈叔达撰《艺文类聚》一百卷。”同书卷一八八《孝友·赵弘智传》云：“与秘书丞令狐德棻、齐王文学袁朗等十数人同修《艺文类聚》。”同书卷七三《令狐德棻传》云：“（武德）五年，迁秘书丞，与侍中陈叔达等受诏撰《艺文类聚》。”综上各条，可知预修是书者共有十余人，可考者有欧阳询、令狐德棻、袁朗、赵弘智、陈叔达、裴矩六人。旧、新《唐志》均首署欧阳询名，书序亦由其撰写，又《唐会要》卷三六修撰门称其奏上，可知其为领修人。

《唐会要》载：“武德七年九月十七日，给事中欧阳询奉敕撰《艺文类聚》成，上之。”此乃成书时间。其受诏撰写时间，据前引《旧唐书·令狐德棻传》，为武德五年（622）。《旧唐书·欧阳询传》记为武德七年，此误以成书上奏之年为诏令修书之年。又序文结衔署“太子率更令弘文馆学士渤海男欧阳询序”，此当系后来追改，或后人所改，《旧唐书·欧阳询传》云：“贞观初，官至太子率更令、弘文馆学士，封渤海县男。”

是书今存。全书分46部727子目。每一类目先叙事，将文献中有关原文逐一引用；其后采列有关诗文。这种将事与文合辑的体例，乃此书首创，如《序》中所称：“《流别》（按指晋挚虞《文章流别集》）、《文选》，专取其文；《皇览》《遍略》（按指梁武帝诏修的《华林遍略》），直书其事。文义既殊，寻检难一。爰诏撰其事且文，……事居其前，文列于后，俾夫览者易为功，作者资其用。”《四库全书总目提要》评之曰：“于诸类书中，体例最善。”

**唐太宗贞观十五年辛丑（641）**

高士廉等奉敕编成《文思博要》一千二百卷。佚。

《旧志》类事类著录：“《文思博要》并目一千二百一十二卷。”《新志》类书类录：“《文思博要》一千二百卷，《目》十二卷。”《唐会要》卷三六修撰门亦录一千二百卷，无目。《通志》类书类所录同《新志》。《玉海》卷五十四引《中兴馆阁书目》录为一卷，并云："大中十年（856），秘书监杨汉公奏，排理乱书，得此书第一百七十二一卷墨迹。今藏于皇朝秘阁。乾道七年（1171）录副本藏之集库。"可知是书至南宋时已散佚，仅存一卷。《通志》所录当非目见，《宋志》类事类亦仅录为一卷。

高士廉《文思博要序》称："特进尚书右仆射士廉、特进郑国公魏徵、中书令驸马都尉德安郡公杨师道，兼中书侍郎江陵县子岑文本、中散大夫守尚书礼部侍郎颜相时、中散大夫守国子司业朱子奢、给事中许敬宗、朝散大夫守国子博士刘伯庄、朝散大夫行太常博士吕才、秘书丞房玄龄、朝散大夫行太常博士马嘉运、朝散大夫行起居舍人褚遂良、朝议郎守晋王友姚思聪、太子舍人司马宅相、秘书郎宋正跱"（《文苑英华》卷六九九、《全唐文》卷一三四）。序文列同撰者十五人，《唐会要》所载略同，但记姚思聪为姚思廉，宋正跱为宋正人。《新志》列十六人，无宋正跱或宋正人，多司文郎中崔行功、秘书丞李淳风。按《旧唐书》卷七十三《姚思廉传》云："（贞观）十一年卒。"《文思博要》成于贞观十五年（详后考），而姚思廉卒于十一年，不太可能预撰是书。《新唐书》卷七十四下《宰相世系表》四下有右庶子姚思聪，姚思廉从兄弟。预撰《文思博要》者当为姚思聪，以高《序》为是。又《新唐书》卷七十五上《宰相世系表》五上、《元和姓纂》卷八皆有宋正文，任秘书郎，时代亦合，故知高《序》《会要》之秘书郎宋正跱或宋正人，当为宋正文之误。又《旧唐书》卷七十九《李淳风传》、卷一九〇《文苑·崔行功传》皆载李氏预撰《文思博要》事，可与《新志》相证。综上所考，预撰《文思博要》可考知者共十七人：高士廉、魏徵、杨师道、岑文本、颜相时、朱子奢、许敬宗、刘伯庄、吕才、房玄龄、马嘉运、褚遂良、姚思聪、司马宅相、宋正文、崔行功、李淳风。诸书皆首列高士廉名，序文亦出其手，可知其当为领修人。《旧志》于此书著录下注云："张大素撰。"此误将前条《策府》的撰者张大素于此重复。

《新志》云："贞观十五年上。"《唐会要》云："其年（贞观十五年）十月二十五日，尚书右仆射申国公士廉等，撰《文思博要》成，凡一千二百卷，诏藏之秘府。"后书详记年月日，当为可信，则是书撰成于本年十月二十五日。《旧唐书》卷六十五《高士廉传》云："（贞观）十六年，正受诏与魏徵等集文学之士，撰《文思博要》一千二百卷奏之。"卷六十六《房玄龄传》云："（贞观）十六年，又与士廉等同撰《文思博要》成。"卷七十九《吕才传》云："永徽初，预修《文思博要》及《姓氏录》。"此或云贞观十六年，或云永徽初，当系误记。高《序》云："讨论历载，琢磨云毕。"则其初奉诏编撰，应在贞观十四年或更早。

《文思博要序》云："笼缃素则一字必包，举残缺则片言靡弃。繁而有检，简而不失。同兹万顷，塍埒自分；譬彼百川，派流无壅。讨论历载，琢磨云毕，勒成一家，名《文思博要》，一百二十帙一千二百卷，并目录一十二卷。义出六经，事兼百氏。究帝王之则，极圣贤之训。天地之道备矣，人神之际在焉。昭昭若日月，代明于下土；离离若星辰，错行于躔次。斯固坟素之苑囿，文章之江海也。是为国者尚其道德，为家者尚其变通，纬文者尚其溥博。谅足以仰观千古，同羲文之爻象；俯观百王，轶姬孔之礼乐。岂止刻石汉京，悬金秦市，比丘明之作传，侔子长之著书而已哉。"高士廉自诩是书"一字必包"，"片言靡弃"，"事兼百氏"，"文章江海"，可知此书是一部包罗万象、笼括典籍的大型综合类书。但后来仍被武则天评为"聚事多未周备"，缺佛道、亲属、姓氏、方域等部。《唐会要》卷三十六云："大足元年十一月十二日，麟台监张昌宗撰《三教珠英》一千三百卷成，上之。

初，圣历中，上以《御览》及《文思博要》等书，聚事多未周备，遂令张昌宗召李峤……二十六人同撰。于旧书外，更加佛道二教，及亲属、姓名、方域（原作城，据《玉海》卷五十四引文改）等部。”

是书久佚。《玉海》卷五十四载：“……大中十年，秘书监杨汉公奏，排比乱书，得此书（《文思博要》）第一千七百二十一卷墨迹。”《云烟过眼录》卷一载：“《文思博要》帝王一部，唐类书也。所引《蓟子》《慎子》《尸子》等皆古书也。天宝十年十二月楷书臣胡山甫书，字极遒丽。至唐大中年间方自馆中杂书拣出，是时亦止存一卷而已。卷后有史馆山甫印，用麻纸列馆中典掌之人及三校姓名。”按《方舆胜览》卷七引有是书关于江氏三子的条文一则，显然并非出自帝王部，则此书是否唐宣宗时已仅存一卷，尚未可定。

**唐高宗显庆元年丙辰（656）**

许敬宗、李义府等奉敕编成《东殿新书》二百卷。佚。

《旧唐书》卷四十六《经籍志》史录杂史类著录：“《东殿新书》二百卷，高宗大帝撰。”《新志》类书类著录：“《东殿新书》二百卷。”《通志》类书类所录同《新志》。

是书撰者，《新志》称：“许敬宗、李义府奉诏于武德内殿修撰。……龙朔元年上，高宗制序。”《唐会要》卷三十六载：“显庆元年十月，诏礼部尚书弘文馆学士许敬宗等，修《东殿新书》。上曰：‘略看数卷，全不如抄撮文书。又日月复浅，岂不是卿等用意至此。’因亲制序四百八十字。”《旧唐书》卷四《高宗纪》云：“（显庆元年五月己卯）弘文馆学士许敬宗进所撰《东殿新书》二百卷，上自制序。”《旧唐书》卷八十二《许敬宗传》载：“自贞观已来，朝廷所修……《东殿新书》……，皆总知其事。”杨炯《中书令汾阴公薛振行状》（《全唐文》卷一百九十六）载：“修东殿新书毕，进爵为侯。”按薛振字元超，以字行。综上所述，可知是书乃奉诏撰，许敬宗领修，预撰者应有数人，但可考者仅李义府、薛元超二人；书成后高宗亲为制序。

是书撰成时间，各书所载不一。《旧纪》谓显庆元年五月己卯（十六日），《唐会要》则谓显庆元年十月始奉诏，《新志》谓龙朔元年进上。按许敬宗于龙朔元年六月进所领修《累璧》六百三十卷（见下考），此书卷帙繁多，当自显庆中即奉诏修撰，恐未能同时又修《东殿新书》。《旧纪》详记年月日，所载较为可信，许敬宗等人当于显庆元年五月十六日撰成《东殿新书》（始奉诏可能在永徽中），未几又奉诏修《累璧》。

《新志》称："其书自《史记》至《晋书》，删其繁辞。"则是书体例似采集晋代之前史书所载人事，并加以分门别类，故《旧志》录于杂史类，《新志》和《通志》则改录于类书类。

**唐高宗显庆四年己未（659）**

释道世于本年前后编《诸经要集》二十卷。存。

道世《诸经要集序》云"故于显庆年中，读《一切经》。随情逐要，人堪行者。善恶业报，条出一千。述篇三十，勒成两帙。冀道俗流行，传灯有据"（《全唐文》卷九百一十二）。《开元释教录》卷八载："《诸经要集》二十卷（显庆年西明寺撰）。右一部二十卷，其本见在。沙门释玄恽，本名世道［按当为道世］。律学高誉，慕重贤良。缀缉为务，兼有钞疏，注解众经。西明创居，召为大德。显庆年中读《一切经》，钞诸要事，撰成一部，名《诸经要集》。余如内典录载。"《贞元新定释教目录》卷十二所录同，但云"显庆四年西明寺撰"。按道世字玄恽，避唐太宗李世民讳，以字行。《贞元录》改《序》和《开元录》的"显庆年中"为"显庆四年"，不知是否有据。显庆凡六年，但六年三月即改元龙朔，兹订是书撰于本年前后。

是书今存，抄录佛经要事，分类编排，属于佛教类书。道世其后扩充此书，至总章元年（668）编成《法苑珠林》，见其年条。

**唐高宗显庆五年庚申（660）**

张楚金于本年编《翰苑》三十卷。存残卷及后叙。

《新志》类书类著录："张楚金《翰苑》七卷。"但同书卷六十集部总集类又重出："张楚金《翰苑》三十卷。"《崇文总目》类书类录："《翰苑》七卷，张楚金撰。"《通志》类书类、卷七十总集类著录如《新志》，当即沿袭《新志》。《宋志》类事类录："雍公睿注张楚金《翰苑》十一卷。"《日本国见在书目》杂家录："《翰苑》三十卷，张楚金撰。"按《旧唐书》卷一百八十七上《张道源传》附《张楚金传》云："著《翰苑》三十卷、《绅诫》三卷，并传于时。"可知以三十卷为是，七卷本、十一卷本、一卷本当皆为散佚之本。

唐雍公睿所注《翰苑》本，今存"蕃夷部"残卷及张楚金"后叙"，为日人西高辻信稚所藏，刊于《影印唐抄本》、《辽海丛书》等。叙云："余以大唐显庆五年三月十二日癸丑，昼寝于并州太原县之廉平里焉，梦先圣孔丘被服坐于堂皇之上。……言终而寤，惧焉而兴，喟然而叹曰：昔夫子大圣也，尚称曰吾衰也久矣，不复梦见周公。余小子何知焉，而神交于将圣，感而有述，遂著是书焉。"由此可知是书撰于本年。

是书所存"蕃夷部"卷与"后叙"相连，内藤湖南《〈翰苑〉跋》疑即原书第三十卷，甚是；是书另有四则条文存于日本《秘府略》。罗振玉《雪堂校刊群书叙录》卷下"古类书三种"云："第三种（伯二五〇二）约存百行，以偶句为题目，颇似吴淑《事类赋》，但有句无篇耳，殆为《事类赋》所自昉。予于东友内藤博士许，见日本天长八年所撰《秘府略》残卷第八百六十四及八百六十六，均引张楚金《翰苑》，亦以偶句为题目，而注事实于下，与此正同，或此残卷者即《翰苑》耶？”内藤湖南《跋》云：“其见于我邦古书所征引者，滋野贞主《秘府略》残帙有四事。”

从残卷看，是书将事类编缀成偶俪文句，但并未如后来吴淑《事类赋》通篇押韵，应是一部骈体类书。残存的“蕃夷部”及雍公睿的注文分述唐前周边各族各国的地理民俗、社会历史、政治军事等，乃宝贵的民族史料。

**唐高宗龙朔元年辛酉（661）**

许敬宗等奉敕编成《累壁》六百三十卷。佚。

《唐会要》卷三十六载：“龙朔元年六月二十六日，许敬宗等撰《累壁》六百三十卷，上之。”《旧唐书》卷四《高宗纪》上载：“（龙朔元年）六月庚寅，中书令许敬宗等进《累璧》六百三十卷，目录四卷。”按六月庚寅即六月二十六日，二书所载撰成时日相合。此书至五代、北宋散佚已多，仅余四百卷。《旧志》类事类著录：“《累璧》四百卷，许敬宗撰。”《新志》类书类录：“《累璧》四百卷，又《目录》四卷，许敬宗等撰，龙朔元年上。”

按上引诸书，皆谓许敬宗等人撰；《旧唐书》卷八十二《许敬宗传》亦称：“自贞观已来，朝廷所修《五代史》及《晋书》《东殿新书》《西域图志》《文思博要》《文馆词林》《累璧》《瑶山玉彩》《姓氏录》《新礼》，皆总知其事。”可知是书亦奉敕撰，由许敬宗领修，预撰者尚有多人，今已无从考知。

是书久佚，体例不详。《旧唐书·高宗中宗诸子传》描述同为许敬宗领修的《瑶山玉彩》云：“博采古今文集，摘其英词丽句，以类相从。”从是书题目《累璧》看，很可能也是相似的摘句类书。

**唐高宗龙朔三年癸亥（663）**

许敬宗等奉令编成《瑶山玉彩》五百卷。佚。

《新志》类书类著录："许敬宗《摇山玉彩》五百卷。"《通志》类书类所录同，"摇"作"瑶"。《唐会要》卷三十六修撰门、《旧唐书》卷四《高宗纪》、卷八十六《高宗中宗诸子传》、卷一百九十上《崔行功传》亦皆记载《瑶山玉彩》五百卷。《新志》"摇"字当为传抄之误。

是书预撰者，《新志》云："孝敬皇帝令太子少师许敬宗、司议郎孟利贞、崇贤馆学士郭瑜、顾胤、右史董思恭等撰。"《旧唐书·高宗中宗诸子传》云："孝敬皇帝弘，高宗第五子也。永徽四年，封代王。显庆元年，立为皇太子。……龙朔元年，命中书令太子宾客许敬宗、侍中兼太子右庶子许圉师、中书侍郎上官仪、太子中舍人杨思俭等于文思殿博采古今文集，摘其英词丽句，以类相从，勒成五百卷，名曰《瑶山玉彩》，表上之。制赐物三万段，敬宗已下加级、赐帛有差。"《旧唐书·崔行功传》附《孟利贞传》云："受诏与少师许敬宗、崇贤馆学士郭瑜、顾胤、董思恭等撰《瑶山玉彩》五百卷。龙朔二年奏上之。"《旧唐书》卷八十九《姚璹传》云："与司议郎孟利贞等奉令撰《瑶山玉彩》书，书成，迁秘书郎。"《旧唐书》卷一百八十五上《良吏上·高智周传》云："授秘书郎、弘文馆直学士，预撰《瑶山玉彩》《文馆词林》等。"综上所述，是书乃奉太子李弘之令修撰，许敬宗为领修人，预撰者可考知尚有孟利贞、郭瑜、顾胤、董思恭、许圉师、上官仪、杨思俭、姚璹、高智周，合共十人。

据《旧唐书·高宗中宗诸子传》，是书始奉令修撰在龙朔元年（661）。其撰成时间，《唐会要》云："（龙朔）三年十月二日，皇太子宏遣司玄太常伯窦德玄，进所撰《瑶山玉彩》五百卷，上之，诏藏书府。"《旧纪》谓龙朔三年二月，《旧唐书·孟利贞传》谓龙朔二年。按

《会要》详记年月日，似较可信，兹从之。

《旧唐书·高宗中宗诸子传》云："博采古今文集，摘其英词丽句，以类相从。"则《瑶山玉彩》当属于摘句类书。书久佚，《北户录》等引此书数则条文。

张大素约于龙朔元年至本年，编《策府》五百八十二卷。佚。

《旧志》类事类著录《策府》582卷，并云"张大素撰"。《新志》类书类所录同。《通志》类书类录为《册府》，张太素撰。

按张大素，见《旧唐书》卷六十八、《新唐书》卷八十九《张公谨传》附传。《旧传》云："次子大素、大安，并知名。大素，龙朔中历位东台舍人、兼修国史。卒于怀州长史，撰《后魏书》一百卷、《隋书》三十卷。"《新传》云："子大素，龙朔中，历东台舍人，兼修国史。著书百余篇。终怀州长史。"《策府》五百八十二卷可能编撰于其龙朔中任东台舍人兼修国史、有机会博览藏书时。龙朔凡三年，故订是书约编撰于龙朔元年至本年间。

是书久佚，体例不详。

## 唐高宗麟德元年甲子（664）

显庆三年（658）至本年间，杜嗣先奉蒋王李恽令编《兔园策府》三十卷。存残卷。

按《兔园策府》，新、旧《志》均未著录。《秘书省续编到四库阙书目》卷一"别集类"及卷二"类书类"皆录《兔园策》十卷，未著作者。《郡斋读书志》"类书类"录："《兔园策》十卷，唐虞世南奉王命纂古今事为四十八门，皆偶俪之语。"《宋史》卷二百九《艺文志》八集部"文史类"录："杜嗣先《兔园策府》三十卷。"《困学纪闻》卷十四考史门云："《兔园策府》三十卷，唐蒋王恽令僚佐杜嗣先仿应科目策，自设问对，引经史为训注。恽，太宗子，故用梁王'兔园'名其书。”杜撰抑虞撰，至清季敦煌石室书发见，证明是杜氏所撰。敦煌有《兔园策府》残卷数帙：1. 伯 2573《兔园策府》卷第一，存序文十六行，首行上题“兔园策府卷第一并序”，下题“杜嗣先奉敕撰”；2. 斯 614《兔园策》第一，末有“巳年四月六日学生索广翼写了”题记；3. 斯 1086《兔园策府》，残存《议封禅》《论天地阴阳者》等三篇；4. 斯 1722《兔园策府》卷第一、第二残文（胡道静《中国古代的类书》）。（补注：其后学界又从俄藏敦煌文献中发现了第五种写本残卷，见王璐《敦煌写本类书〈兔园策府〉考证》，《唐都学刊》2008 年第 4 期）。书名或从“策”，或从“册”，兹从伯 2573、《郡斋》、《宋志》等作“策府”。

是书编撰时间，王国维《唐写本〈兔园策府〉残卷跋》（《观堂集林》卷二十一）云：“此本（伯 2573）虽仅存卷首，然犹是贞观时写本。序中‘刘君诏问，皆愿治之言’，‘治’字未阙笔，知尚在太宗时。又案：《旧唐书·太宗诸子列传》，‘蒋王恽以贞观七年为安州都督，至永徽三年除梁州都督’，在安州凡十六年，则成书当在安州，而此本乃书成后即传写者。”（补注：本文原据王国维此说系是书撰于贞观七年至二十三年间，其后王璐据新发现的《杜嗣先墓志》，考嗣先入蒋王李恽幕在显庆三年至本年间，兹据之改。）

是书至五代时尤盛行于民间，《北梦琐言》卷十五云：“宰相冯道，形神庸陋，一旦为丞相，士人多窃笑之。刘岳与任赞偶语，见道行而复顾，赞曰：‘新相回顾，何也？’岳曰：‘定是忘持《兔园册》来。’道之乡人在朝者，闻之告道，道因授岳秘书监、任赞授散骑常侍。北中村墅多以《兔园册》教童蒙，以是讥之。然《兔园册》乃徐庾文体，非鄙朴之谈，但家藏一本，人多贱之也。”《新五代史》卷五五《刘岳传》亦载此事，并云：“《兔园册》者，乡校俚儒教田夫牧子之所诵也，故岳举以诮道。”《旧五代史》卷一百二十六《冯道传》云：“有工部侍郎任赞，因班退，与同列戏道于后曰：‘若急行，必遗下《兔园册》。’道寻知之，召赞谓曰：‘《兔园册》皆名儒所集，道能讽之，中朝士子止看《文场秀句》，便为举业，皆窃取公卿，何浅狭之甚耶！’赞大愧焉。”

是书体例，《困学纪闻》谓：“仿应科目策，自设问对，引经史为训注。”《郡斋》谓：“策古今事为四十八门，皆偶俪之语。”吕思勉《燕石札记》云：“士大夫之取此书，初盖以供对策之用，后则所重者惟在其俪语而不在其训注，盖有录其辞而删其注者，故其卷帙止三之一；若写作巾箱本，则并可藏之怀袖间矣”（《华东师范大学学报》1958年第1期）。从残卷看，此书如同王应麟、晁公武、吕思勉所述，设为问对，将事类编缀为骈俪语句，“并引经史为之训注”（《兔园策府序》），是一部骈体类书。

**唐高宗总章元年戊辰（668）**

释道世编成《法苑珠林》一百卷。存。

《新志》子录道家类释氏著录：“《法苑珠林集》一百卷。”未著撰者。《崇文总目》子部释书类录：“释道世撰。”《通志》诸子类释家录：“《法苑珠林集》一百卷，唐僧道世纂。”

李俨《法苑珠林序》云：“属有西明大德道世法师者，字玄恽，释门之领袖也。……爰以英博，召居西明。遂以五部余闲，三藏遍览。以为古今绵代，制作多人，虽雅趣佳词，无足于传记。所以搴文囿之菁华，嗅大义之薝蔔，以类编录，号曰《法苑珠林》，总一百篇，勒成十帙。义丰文约，纽虞氏之博要；迹宣道镜，晞祐上之弘明。其言以美。其道斯著。举至赜而无遗，包妙门而必尽。但文繁则情堕，义略则寡闻。不欲虚构浮词，假盈卷轴。以事不可却，文翰似多。披览日久，还知其要。故于大唐总章元年，岁在执徐，律惟姑洗，三月三十日，纂集斯毕”（《大藏经》本）。但《四部丛刊》本及《广弘明集》卷二十李俨《序》却云：“粤以有唐麟德三年，岁在摄提，律维姑洗，五月十日，纂集斯毕。”按麟德三年正月即改元乾封，因此不可能有麟德三年五月；且律中姑洗为三月，五月之说误。《宋高僧传》卷四《道世传》云：“（道）世之用心周乎十稔，至总章元年毕轴，兰台郎李俨为之都序。”兹订是书编成于总章元年三月。从本年上推十年为显庆三年（658），正当道世编撰《诸经要集》之时，其书与《法苑珠林》相近而繁简不同，学界普遍认为后书是前书的扩充，则十年当从编集前书起算。

是书属于专门类书中的佛教类书。陈垣《中国佛教史籍概论》（文史哲出版社 1981 年，第 61 页）述此书体例云：“将佛家故实，分类编排，凡百篇，篇各有部，部又有小部。每篇末或部末有感应缘，广引故事为证，证必出典。”

**唐高宗总章二年己巳（669）**

王义方于贞观中至本年之前，编《笔海》十卷。佚。

《新志》类书类著录：“王义方《笔海》十卷。”《通志》类书类所录同。《旧唐书》卷一百八十七上《王义方传》亦称：“撰《笔海》十卷。”

《旧传》称：“王义方，泗州涟水人也。……授晋王府参军，直弘文馆。……（因劾李义府）左迁莱州司户参军。秩满，家于昌乐，聚徒教授。母卒，遂不复仕进。总章二年卒，年五十五。”可知王义方生于隋大业十一年（615），卒于本年。其《笔海》十卷撰于何时，无法确考，兹据其生卒年，将大致的时间范围订于贞观中至本年前。

是书久佚，体例不详。

**唐高宗上元元年甲戌（674）**

元万顷等于本年前后编《玄览》一百卷。佚。

《旧志》类事类著录："《玄览》一百卷，天后撰。"《新志》类书类亦录："武后《玄览》一百卷。"

按是书虽署武则天撰，实乃其手下"北门学士"代笔。《新唐书·艺文志》经部小学类录武后《字海》一百卷，下注云："凡武后所著书，皆元万顷、范履冰、苗神客、周思茂、胡楚宾、卫业等撰。"《文苑·元万顷传》云："元万顷，洛阳人。……天后讽高宗广召文词之士入禁中修撰，万顷与左史范履冰、苗神客、右史周思茂、胡楚宾咸预其选，前后撰《列女传》《臣轨》《百僚新诫》《乐书》等凡千余卷。朝廷疑议及百司表疏，皆密令万顷等参决，以分宰相之权，时人谓之'北门学士'。"《旧唐书》卷八十七《刘祎之传》："刘祎之，常州晋陵人也。……祎之少与孟利贞、高智周、郭正一俱以文藻知名，时人号为刘、孟、高、郭。寻与利贞等同直昭文馆。上元中，迁左史、弘文馆直学士，与著作郎元万顷、左史范履冰、苗楚客，右史周思茂、韩楚宾等皆召入禁中，共撰《列女传》《臣轨》《百僚新诫》《乐书》，凡千余卷。时又密令参决，以分宰相之权，时人谓之'北门学士'。"《旧唐书》卷六《则天皇后纪》云："太后尝召文学之士周思茂、范履冰、卫敬业，令撰《玄览》及《古今内范》各百卷，《青宫纪要》《少阳政范》各三十卷，《维城典训》《凤楼新诫》《孝子列女传》各二十卷，《内轨要略》《乐书要录》各十卷，《百僚新诫》《兆人本业》各五卷，《臣范》两卷，《垂拱格》四卷，并文集一百二十卷，藏于秘阁。"《太平御览》卷六〇一引此段，于开头加"自咸亨已后"五字。综上所述，可知预撰《玄览》者有元万顷、周思茂、范履冰、苗神客（《刘祎之传》误作"楚客"）、胡楚宾（《刘祎之传》误作"韩楚宾"）、刘祎之、卫业（敬业）等，即当时所谓"北门学士"。

是书编撰时间，《太平御览》引《唐书》谓“咸亨已后”，《刘祎之传》谓上元中，兹大致订于本年前后。

是书久佚，体例不详。

**唐高宗调露元年己卯（679）**

于立政于本年前编《类林》十卷。存。

《新志》类书类著录：“于立政《类林》十卷。”《崇文总目》类书类、《玉海》卷五五引《中兴馆阁书目》《宋志》类事类所录同，但后二书皆误作于政立。

此书编撰年月无法确考。《金石录》卷四有《唐国子司业于立政碑》云：“撰人姓名残缺，陈遣玉八分书，调露元年十二月。”可知于立政卒于本年或稍前，故系此书于本年前。

《中兴馆阁书目》云：“分五十目，记古人事迹。”此书虽佚，但散见于多种文献，除历代书籍零星引用外，尚有：其一，敦煌石室所发现的残卷（伯2635及两个俄藏卷子），王重民《敦煌古籍叙录·类林》（中华书局，1979年）记叙伯2635云：“《类林》残卷，存者卷八之末（《书法》第三十二），卷九全（《善射》第三十三、《壮勇》第三十四、《音声歌舞》第三十五、《美人》第三十六），卷十之半（子目残缺，似为《祥瑞》《灾异》两类）。以事为类，缀辑古经子史以实之，盖即所以名编之意。……今传世类书，其卷帙较繁，征引较富者，概出官撰。是书取资鸿富，抗衡官家。所征引如司马彪《续汉书》《晋阳秋》《晋记》《赵记》《蜀王本纪》《典略》《新论》《丹阳记》《语林》《帝王世说》《续齐记》《幽明传》之类，今并散佚，则此戋戋两卷书，在近日尤为鸿宝矣。是书写本，虎字民字缺笔，基字不缺笔，殆写于开天之前。”由此可知是书编成后流传甚广，很快即传至西陲。其二，金代王朋寿编《增广分门类林杂说》（收《嘉业堂丛书》等）为增广《类林》之作，其中所引唐前书籍，至金代多已不传，故是书所述唐前事类应本于《类林》。其三，1909年俄科兹洛夫探险队在黑水故城遗址发现西夏译本《类林》，存完整或残缺共九卷，收俄罗斯科学院东方学研究所彼得堡分所。俄罗斯和日本学者对《类林》有许多重要研究。（补注：王三庆所著《敦煌类书》［丽文文化公司，1993年］对敦煌各卷《类林》进行完整的录文和校释；史金波、黄振华、聂鸿音所著《类林研究》［宁夏人民出版社，1993年］，参照《类林杂说》等文献，完整译出西夏本，并将《类林》全书复原。）

**唐武后垂拱元年乙酉（685）**

孟诜约于本年前编《锦带书》八卷。存。

《秘书省续编到四库阙书目》卷二类书类著录："孟诜撰《锦带》三卷。"《宋志》类事类著录"孟铣《锦带书》八卷"。初唐有孟诜，曾师从孙思邈，约于701至704年间编纂《补养方》三卷，后为张鼎于721至739年间扩充为《食疗本草》三卷；孟诜另撰有《必效方》三卷、《家祭礼》一卷等（《旧唐书》卷一百九十一《孟诜传》、《太平广记》卷九十八引《朝野佥载》、《新志》、中尾万三《食疗本草の考察》，《上海自然科学研究所汇报》1930年第1期）。诜、铣形近，《宋志》当系传写之误。

《直斋书录解题》史部时令类著录《锦带》一卷，云："梁元帝撰。比事俪语，若法帖中《章草》《月仪》之类也。"《津逮秘书》收《锦带书》一卷，题梁萧统撰，卷末有毛晋题识云："休圃翁《注锦带序》云：'梁昭明太子《锦带》，叙陈情事，启发后人。《淮南子》曰：锦带者灿烂，身之富也。实济时之端，助文之备也。遂锓诸枣，以作儿曹月课。'马氏《通考》又云：'梁元帝撰。比事俪语，在法帖中《章草》《月仪》之类也。'余考《元帝纪》《昭明太子传》，俱不载，未知确是谁作。坊刻《昭明集》中题云《十二月启》。或又云昭明方九岁时，述以锦带十二，盖法一年十二月之节令气候也。岂永福省中秘笈，至元帝时始流布人间耶？端临与休圃翁时代不甚相隔，何抵牾至此。休圃翁杜姓门名，宋大观间南湖人。注大繁冗，未录。”《郑堂读书记》卷六十类书类亦录《锦带书》一卷，云：“其间皆作山林隐逸语，又无六朝唐人笔意，恐即宋人通套笺札，附会古人以增重也。”综上所引，《直斋》所录《锦带书》，署梁元帝撰；宋末休圃翁杜门所刻《锦带书》，署昭明太子萧统撰；周中孚《郑堂读书记》则疑为宋人附会。按以上有关此书撰者的三种记录和推测皆未确。

是书撰写年月难以详考。书中每每自称蓬门寒士，似当作于登第前。《旧唐书·孟诜传》云：“举进士，垂拱初累迁凤阁舍人。”诜登进士第时间无考，只能由此而推知在垂拱前，故订是书约撰于本年前。

《直斋》云：“比事俪语，若法帖中《章草》《月仪》之类也。”《锦带书》今存，每月作骈俪之文一章，共十二章，每章以书札形式记时节气候，编缀典故事类，称对方为山林隐士，自称为蓬门寒士。这一体例与唐代其他骈体类书相似。

**唐武后垂拱元年乙酉（685）**

孟利贞于本年前编《玉藻琼林》一百卷、《碧玉芳林》四百五十卷。佚。

《旧志》类事类著录《玉藻琼林》一百卷、《碧玉芳林》四百五十卷，皆云“孟利贞撰”。《新志》“类书类”所录同，惟《玉藻琼林》未署撰者。《通志》类书类所录同《新志》，但《碧玉芳林》四百五十卷作四千零五十卷，此当为传抄之讹。

孟利贞于龙朔元年至三年间预撰《瑶山玉彩》，已见前考。《旧传》称：“利贞累转著作郎，加弘文馆学士。垂拱初卒。”则其所编撰

《玉藻琼林》《碧玉芳林》二书，只能成于本年前。

二书久佚，体例不详，从书名看可能系分类采编辞藻秀句的摘句类书。

**唐武后久视元年庚子（700）**

阙名于是年前编《琱玉集》二十卷。存残卷。

《崇文总目》类书类著录："《琱玉集》二十卷。"不著撰人，《通志》"类书类"所录同。《日本国见在书目》录为十五卷。

日本真福寺藏是书残二卷（卷十二、十四）共八篇，杨守敬影印收入《古逸丛书》。涩江全善、森立之《经籍访古录》卷五云："《琱玉集》零本二卷。旧钞卷子本。尼张真福寺藏。原本十五卷，现存十二、十四两卷。每卷首题《琱玉集》卷第几，次行列书篇目。界长七寸一分，幅六分弱。十四末记云用纸一十六张，天平九年岁在丁亥三月写。文字遒劲，似唐初人笔迹，真罕觏之宝笈也。但此书未详撰人名氏。其目仅见《现在书目》及《通志·艺文略》，知其佚已久。所引各书，如《蔡琰别传》《语林》《史记晋抄》、王智深《宋书》《帝王世记》，近多不传，亦得借此以存其梗概。虽断简残篇，岂可不贵重哉。"可知此残本抄于日本天平九年，相当于唐天宝六载。另敦煌写本斯2072体例内容与《琱玉集》残本相似，西野贞治（《琱玉集と敦煌石室の类书》，《人文研究：大阪市立大学大学院文学研究科纪要》8.7，1957）和川口久雄（《敦煌本类林系类书と日本文学》，《金沢大学法文学部论集·文学编》18，1970，第1—17页）考订为是书略本。

两种本子皆引有于立政《类林》条文，则原书大致撰写于调露元年（679）于立政去世至天宝六载抄写前，西野贞治和川口久雄考订为本年前后，可参考。

是书体例与《类林》相同，亦分类记述古人事迹。

### 唐武后长安元年辛丑（701）

张昌宗等奉敕编成《三教珠英》一千三百卷，目十三卷。佚。

《旧志》“类事类”著录：“《三教珠英》并目一千三百一十三卷。”《新志》类书类录：“《三教珠英》一千三百卷，《目》十三卷。……开成初改为《海内珠英》，武后所改字并复旧。”《唐会要》修撰门仅称《三教珠英》一千三百卷，并云：“（开成元年）十月，敕改天后朝所撰《三教珠英》为《海内珠英》。”此书至南宋已散佚殆尽，《郡斋读书志》类书类仅录《三教珠英》三卷，并云：“按《唐志》一千三百卷，今所存者仅此。”《通志》类书类录此书一千三百卷，目十三卷，此乃《唐志》之旧，非彼时尚有完璧。

《唐会要》云：“大足元年十一月十二日，麟台监张昌宗撰《三教珠英》一千三百卷成，上之。初，圣历中，上以《御览》及《文思博要》等书，聚事多未周备，遂令张昌宗召李峤……等二十六人同撰。”按大足元年十月改元长安，则是书奉旨始撰于圣历中（698—700），成于长安元年十一月十二日。《旧唐书》卷一百二《徐坚传》云：“坚又与给事中徐彦伯、定王府仓曹刘知幾、右补阙张说同修《三教珠英》。时麟台监张昌宗及成均祭酒李峤总领其事，广引文词之士，日夕谈论，赋诗聚会，历年未能下笔。坚独与说构意撰录，以《文思博要》为本，更加姓氏、亲族二部，渐有条流。诸人依坚等规制，俄而书成。”《新唐书》卷一百九十九《徐坚传》云：“与徐彦伯、刘知幾、张说与修《三教珠英》。时张昌宗、李峤总领，弥年不下笔。坚与说专意撰综，条汇粗立，诸儒因之乃成书。”可知是书编撰过程，开始时历年无成，赖徐坚和张说制定规制，才较快地编撰成书。

《唐会要》又云：“遂令张昌宗召李峤、阎朝隐、徐彦伯、薛曜、员半千、魏知古、于季子、王元兢、沈佺期、王适、徐坚、尹元凯、张说、马吉甫、元希声、李处正、高备、刘知幾、房元阳、宋之问、崔湜、常元旦、杨齐哲、富嘉谟、蒋凤等二十六人同撰。”《旧唐书》卷七十八《张行成传》附《张易之·昌宗传》云：“（武后）以昌宗丑声闻于外，欲以美事掩其迹，乃诏昌宗撰《三教珠英》于内。乃引文学之士李峤、阎朝隐，徐彦伯、张说、宋之问、崔湜、富嘉谟等二十六人，分门撰集。成一千三百卷，上之。”《新唐书》卷一百四《张行成传》附传所载同。是书预撰者，《唐会要》和新、旧《唐书》皆记为26人，《郡斋读书志》和《玉海》（卷五十四）记为四十七人。综合上引各条，加上《旧唐书》卷九十四《崔融传》、卷一百九十中《阎朝隐传》，《新唐书》卷二百二《李适传》、卷一百九十《尹元凯传》，《资治通鉴》卷二百六、《唐诗纪事》卷六，敦煌发现的《珠英学士集》等所载，可考者共有三十五人：李峤、阎朝隐、徐彦伯、薛曜、员半千、魏知古、于季子、王无竞、沈佺期、王适、徐坚、尹元凯、张说、马吉甫、元希声、李处正、乔备、刘知幾、房元阳、宋之问、崔湜、韦元旦、杨齐哲、富嘉谟、符凤、李适、武三思、乔侃、刘允济、吴少微、胡皓、崔融、李崇嗣、张易之、张昌宗。其中张易之和张昌宗仅是挂名领修。（补注：我其后在《唐代集会总集与诗人群研究》［北京大学出版社，2001、2015年］中对此书及其他高宗武后朝公私类书的编撰详加考论。）

是书体例，《唐会要》云：“上以《御览》及《文思博要》等书，聚事多未周备，遂令张昌宗召李峤……二十六人同撰。于旧书外，更加佛道二教，及亲属、姓名、方域（按原作城，据《玉海》卷五四引文改）等部。”《旧唐书·徐坚传》云：“以《文思博要》为本，更加姓氏、亲族二部。”可知是书系以《文思博要》为基础增订而成，《文思博要》无佛道二教及亲属、姓氏、方域等部，《三教珠英》补充之，其命名即由此。则此书是一部更加包罗万象的大型综合类书。

是书已佚，《太平广记》、《埤雅》等引此书数则条文。

## 唐玄宗开元二年甲寅（714）

徐彦伯于本年前编《修文要录》一卷。佚。

《秘书省续编到四库阙书目》类书类著录："徐彦伯撰《修文要录》一卷。"

徐彦伯参与《三教珠英》的编撰，已见上考。《修文要录》编撰时间难以详考，徐彦伯卒于本年（《旧唐书》卷九十四、《新唐书》卷一百一十四本传），兹订是书撰于本年前。

是书久佚，体例不详。

## 唐玄宗开元十五年丁卯（727）

徐坚等奉敕编成《玄宗事类》一百三十卷、《初学记》三十卷。后书存。

《新志》类书类著录："《玄宗事类》一百三十卷，又《初学记》三十卷。"《崇文总目》类书类、《郡斋读书志》类书类、《通志》类书类、《直斋书录解题》类书类皆录《初学记》三十卷，《通志》另录《明皇事类》一百三十卷。

二书撰者，《新志》云："张说类集要事以教诸王，徐坚、韦述、余钦、施敬本、张烜、李锐、孙季良等分撰。"据此二书皆张说总领其事，徐坚等分撰。《郡斋》则云："初张说类集要事以教诸王，开元中诏坚与韦述、余钦、施敬本、张烜、李锐、孙季良分门撰次。"据此则似乎张说先撰《玄宗事类》，徐坚等又奉诏择其精粹，编为《初学记》。按《玉海》卷五七"唐《初学记》"条引《集贤注记》云："开元十六年正月，学士徐坚已下撰成《初学记》三十卷，奏之，赐绢有差，写十本分赐诸王。初尹凤翔宣敕与燕公云：'儿子欲学缀文，若《御览》《类文》《博要》《珠英》之类，部秩广大，卿与学士撰集要事要文，以类相从，务要省便。'"刘肃《大唐新语》卷九著述门亦云：

"玄宗谓张说：'儿子等欲学缀文，须检事及看文体。《御览》之辈，部秩既大，寻讨稍难。卿与诸学士撰集要事并要文，以类相从，务取省便，令儿子等易见成就也。'说与徐坚、韦述等，编此进上，诏以《初学记》为名，赐修撰学士束帛有差。其书行于代。"按《集贤注记》乃韦述所撰（《新唐书》卷五十八《艺文志》二职官类），述乃预撰《初学记》者之一，所言当甚可信。《旧唐书》卷八《玄宗纪》载，开元十三年，"夏四月丁巳，改集仙殿为集贤殿，丽正殿书院改为集贤殿书院。"《唐会要》卷六四集贤院条云："（开元）十三年四月五日，……上曰：'……宜改集仙殿丽正书院为集贤院。'乃下诏曰：'……中书令张说充学士，知院士。散骑常侍徐坚为副。'"《旧唐书》卷九十七《张说传》、卷一百二《徐坚传》亦载此事。按张说以宰相知集贤院事，为学士之首，故玄宗敕撰《初学记》，独降敕与说；说总领其事，徐坚等诸学士分撰而成。盖凡集贤诸学士有所撰述皆如此，《玄宗事类》亦与《初学记》同，故《新志》将二者并提。宋周必大《承明集》卷七引唐柳芳《唐历》云："明皇诏集贤学士徐坚等纂经史文章之要，以类相从，教令皇太子检事缀文，上赐名《初学记》。开元十四年三月撰成以献，赐坚绢三百匹。"《唐会要》卷三十六修撰门云："（开元）十五年五月一日，集贤学士徐坚等，纂经史文章之要，以类相从，上制名曰《初学记》，至是上之。"《南部新书》壬卷所载同，惟撰成时间为开元十三年五月。这些记述未提张说，盖以其虽总领修书事，实则书成于徐坚诸人之手，故仅题"徐坚等"，诸家书目同此。《新志》所记预撰诸人，其中韦述、余钦、孙季良皆见于《会要》卷六十四所列开元十三年十八学士；施敬本、张烜、李锐见《会要》卷三十七"五礼篇目"条、《新唐书》卷五十二所列开元十四年预撰《开元礼》诸集贤学士。

《初学记》撰成时间，各书所述不一。《集贤注记》谓开元十六年正月，《唐历》谓开元十四年三月，《会要》谓开元十五年五月一日，《南部新书》谓开元十三年五月。按张说、徐坚知集贤院事始于十三年四月，十三年五月之说显然未确，十四年三月之说似亦太迫促，《会要》详记年月日，似较得实，兹从之。《玄宗事类》修撰者既同《初学记》，其撰成时间当大致同时。

《玄宗事类》久佚，体例不详，《初学记》三十卷今存。全书共分二十三部三百一十三子目，每一子目内均分“叙事”“事对”“诗文”三部分。叙事部分经过精心编撰，将类事连贯成文，《四库全书总目提要》所谓“叙事虽杂取群书，而次第若相连属”。事对部分则隶事为对，下注出处，此显然为便于撰写近体诗和骈赋文而设。诗文部分与《艺文类聚》同。《提要》称此书“在唐人类书中，博不及《艺文类聚》，而精则胜之，若《北堂书钞》及《六帖》，则出此书之下远矣”。

**唐玄宗开元十八年庚午（730）**

张说于本年前编《燕公事对》十卷。佚。

《玉海》卷五十五引《中兴馆阁书目》云：“《唐事对》十卷，题唐燕公撰。”并注云：“意出于张说。”《宋志》类事类录《燕公事对》十卷。

按张说封燕国公，开元中通称为燕公。《唐国史补》卷下云：“开元日，通不以姓而可称者：燕公……”张说预撰《三教珠英》，其后又领修《初学记》等，于类书编纂可谓轻车熟路。王应麟的推测甚为有据，《燕公事对》应出张说之手。张说卒于开元十八年十二月，兹订是书撰于此前。

《中兴馆阁书目》又云：“采经史属辞比事，间作诗语记之，凡一百十四门。”此可略见其体例。书久佚。

**唐玄宗开元二十二年甲戌（734）**

是光乂编成《十九部书语类》十卷。佚。

《新志》类书类录："是光乂《十九部书语类》十卷。"《通志》类书类所录同。《崇文总目》类书类、《宋志》类事类录为《十九书语类》，当脱一"部"字。

《新志》又云："开元末，自秘书省正字上，授集贤院修撰，后赐姓齐。"《玉海》卷五十四引韦述《集贤注记》云："开元二十二年十一月，秘书正字是光乂上《十九部书语类》，敕留院修撰。"可知是光乂于本年十一月撰成进上，授官集贤院修撰。

是书久佚，体例不详。

《玉海》又引《录类》云："旧史郑澣撰《经史要录》成，文宗以《十九书语类》发问。"按《旧唐书》卷一百五十八《郑澣传》云："文宗登极，擢为翰林侍讲学士。上命撰《经史要录》二十卷，书成，上喜其精博，因摘所上书语类，上亲自发问，澣应对无滞，锡以金紫。"《新唐书》卷一六五所载同。则文宗所问乃郑澣《经史要录》所录书之语类，非是光乂《十九部书语类》，《录类》误。

**唐玄宗开元二十八年庚辰（740）**

张九龄约于本年前编《珠玉抄》一卷。存。

《秘书省续编到四库阙书目》类书类著录："张九龄撰《珠钞》一卷。"《通志》类书类录："《珠玉抄》一卷，张九龄撰。"

是书久佚。敦煌发现题为《珠玉抄》或内容、体例（自问自答）相似的多个写本。周一良《敦煌写本杂钞考》（《燕京学报》1948年第35期）云："巴黎所藏敦煌写本伯希和贰柒贰壹号卷子题云：'《杂钞》一卷，一名《珠玉抄》，二名《益智文》，三名《随身宝》。'卷尾又题：'《珠玉新抄》一卷。'……此卷书法不佳，讹别亦多，当是晚唐写本。然其中所包含之材料则颇早，知其纂集之时代远在抄写之时代之前也。”并根据卷中条文，判断“其所依据资料之时代必上去开元不远，而迥在长庆之前”。这一时代与张九龄的活动年代大致相合，故这些写本有可能即张九龄所撰《珠玉抄》一卷。但敦煌本《珠玉抄》的内容主要是通俗的常识，被认为是一种蒙书（那波利贞，《唐抄本杂抄考：唐代庶民教育史研究の一资料》，《支那学》第十卷，1942 年），似与张九龄的身份不合。抑或是书为其年少时所撰，或其所撰为另一种已佚之书，姑暂存疑。

《文镜秘府论》南卷《论文意》引王昌龄《诗格》云：“凡作诗之人，皆自抄古人诗语精妙之处，名为随身卷子，以防苦思。作文兴若不来，即须看随身卷子，以发兴也。”《珠玉抄》又名《杂钞》《益智文》《随身宝》，亦包含随身卷子之意。虽然是书并非抄录诗语，但书中汇集各类典故人物，同样有助于写作诗文。

张九龄卒于本年五月（徐浩《唐尚书右丞相中书令张公〔九龄〕神道碑》，《全唐文》卷四四〇），故其编撰是书只能在此前。

**唐玄宗天宝十四载乙未（755）**

刘扬名约于本年前编《戚苑纂要》十卷。佚。

《旧志》子录杂家类著录：“《戚苑纂要》十卷，刘扬名撰。”《新志》类书类著录：“刘扬名《戚苑纂要》十卷。”《通志》类书类、《直斋书录解题》类书类、《宋志》类事类所录同。《崇文总目》类书类录作《戚苑》；《玉海》卷五十五引《中兴馆阁书目》作《戚畹纂要》。《元和姓纂》卷五“林氏”条引《戚苑》，当即刘扬名所撰。

是书撰写年月难以详考。《元和姓纂》卷五有刘懿之（原作刘意之，据岑仲勉校改，《元和姓纂附四校记》卷五），生扬名。《新志》卷七一上刘祎之子扬名，祎之兄懿之。二说不同，未详孰是。按刘懿之兄弟于武后乾封中皆为北门学士（李肇《翰林志》），祎之后来相武后，垂拱三年赐死（《旧唐书》卷八十七《刘祎之传》）。由此可推知刘扬名约生活于武后至玄宗时，是书撰于这一段时间里。

《玉海》卷五十五引《中兴馆阁书目》云："《戚畹纂要》，刘扬名纂。传记宗族亲姻事，分内外篇次之。"《直斋》云："皆集内外宗族姻亲故事。"《通志》云："偏记宗族内外亲姻事。"可知是书专记宗族姻亲之事，分为内、外二篇，属于小型的专门类书。是书久佚，《元和姓纂》引此书一则条文。

**唐肃宗至德二载丁酉（757）**

刘赓于天宝十一载至本年前编《稽瑞》一卷。存。

《崇文总目》卷二史部传记类著录："《稽瑞》一卷，刘赓撰。"《通志》传记类所录同。《秘书省续编到四库阙书目》类书类所录未署撰者。《澹生堂藏书目》《传是楼书目》《稽瑞楼书目》《铁琴铜剑楼藏书目录》等皆录此书。

是书今存。前有《自叙》云："方今元日朝会上公上寿已，文部尚书奏天下瑞凡四"，"往者隋颜之推赋《稽圣》一章。"《铁琴铜剑楼藏书目录》卷十七云："案自序有'文部尚书奏天下瑞'云云。考《通鉴》天宝十一载诏改吏、兵、刑部为文、武、宪部，时官文部尚书者为杨国忠也，肃宗时仍复旧制，是赓为唐人，书即成是时可知。"按《新唐书·百官志》载："天宝十一载改吏部为文部，至德二载复旧。"则是书当撰于天宝十一载至本年间。

《自叙》又云："征诸国史，著《稽瑞》一篇，考事以为对，切对以为句，并一对对下，随而解之。往者隋颜之推赋《稽圣》一章，凡数句之内，辨识一事，盖词多而事寡，又非其文。今之作一句一事，其解则大者十余字，小者亦三四而已。不求文理，直纪休徵云。"《铁琴铜剑楼藏书目录》云："其全书之例，以上古迄六朝符瑞事，编为四言韵语，而详注其出处。注中所引纬书及《田俅子》《随巢子》，王隐、臧荣绪《晋书》，何法盛《晋中兴书》《梁大同起居注》《天监起居注》等书，今俱亡佚，是亦采辑古书之渊薮也。《崇文总目》列史部传记类，今易置类书类。"可知是书编述符瑞事类，比韵切对，为专述一小门类的专门类书，《秘书省续编到四库阙书目》和《铁琴铜剑楼藏书目录》正确地录此书于类书类。

**唐代宗大历八年癸丑（773）**

陆贽于本年前编《备举文言》二十卷。佚。

《新志》类书类著录："陆贽《备举文言》二十卷。"《崇文总目》类书类、《郡斋读书志》类书类、《通志》类书类所录同。《玉海》卷五十五引《中兴馆阁书目》《宋志》类事类皆录为三十卷，"三十"可能为传写之讹。

据是书取名，当为应举而备。陆贽于大历八年登进士第（旧《唐书》卷一三九本传），兹订是书编撰于本年前。

《郡斋》云："总四百五十余门，议者谓大类《六帖》而文辞过焉。"《玉海》引《书目》云："摘经史为偶对类事，共四百五十二门。"此可见其体例规模。书久佚。

**唐代宗大历九年甲寅（774）**

颜真卿等编成《韵海镜源》三百六十卷。存辑文一卷。

《新志》经录小学类著录："颜真卿《韵海镜源》三百六十卷。"《通志》礼类音韵类所录同。《崇文总目》卷一经部小学类录为十六卷。

是书编纂历程甚长。颜真卿《湖州乌程县杼山妙喜寺碑铭序》云："真卿自典校时，即考五代祖隋外史府君与法言所定《切韵》，引《说文》《苍雅》诸字书穷其训解，次以经史子集中两字以上成句者，广而编之，故曰‘韵海’；以其镜照原本，无所不见，故曰‘镜源’。天宝末，真卿出守平原，已与郡人渤海封绍、高筼、族弟今太子通事舍人浑等修之，裁成二百卷。属安禄山作乱，止具四分之一。及刺抚州，与州人左辅元、姜如璧等，增而广之，成五百卷。事物婴扰，未遑刊削。大历壬子岁，真卿叨刺于湖，公务之隙，乃与金陵沙门法海、前殿中侍御史李崿（按崿为萼之讹）、陆羽、国子助教州人褚冲、评事汤衡、清河丞太祝柳察、长城丞潘述、县尉裴循、常熟主簿萧存、嘉兴尉陆士修、后进杨遂初、崔宏、杨德元、胡仲、南阳汤涉、颜察、韦介、左兴宗、颜策，以季夏于州学及放生池日相讨论。至冬徙于此山东偏，来年春遂终其事。前是颜浑、正字殷佐明、魏县尉刘茂、括州录事参军卢锷、江宁丞韦宁、寿州仓曹朱弁、后进周愿、颜暄、沈殷、李莆，亦尝同修，未毕，各以事去。”由此可知是书始纂于开元二十四年真卿任秘书省秘书郎时（参留元刚《颜鲁公年谱》，《颜鲁公文集》四部备要本卷首；以下同）；天宝十二载出守平原，招集郡人封绍等合修，成二百卷，安史乱中佚四分之三；大历三年刺抚州，又集州人左辅元等，成五百卷；大历八年初夏在湖州集文士进一步研改，九年春毕事。上引文称“大历壬子岁（七年）”刺湖，但鲁公《乞御书题额恩敕批答碑阴记》云：“（大历）七年秋九月，归自东京，起家蒙除湖州刺史，来年春正月到任。”则鲁公虽于七年九月即授湖州刺史，但实至八年春始到任，故季夏集文士修《韵海》事，只能在八年。《唐会要》卷三六修撰门云：“大历十二年十一月二十五日，刑部尚书颜真卿，撰《韵海镜源》三百六十卷，表献之，诏付集贤院。”《旧唐书·代宗纪》所载略同。此乃进献时日，非撰成时日。

预撰《韵海镜源》文士，碑文所列共三十四人；殷亮《颜鲁公行状》所记多一裴澄（《全唐文》卷五百十四）；又据《新志》卷六十及

《宋高僧传》卷二十九，湖州诗僧皎然亦参赞其事，则共有三十六人。

虽然宋代书目皆录是书于小学类，但此书实为类书。《妙喜寺碑铭序》云："考五代祖隋外史府君与法言所定《切韵》，引《说文》《苍雅》诸字书穷其训解，次以经史子集中两字以上成句者，广而编之，故曰'韵海'；以其镜照原本，无所不见，故曰'镜源'。"皎然《陪颜使君修〈韵海〉毕东溪泛舟饯诸文士》："外史刊新韵，中郎定古文。菁华兼百氏，缣素备三坟"（《皎然集》卷五，四部丛刊本）。《封氏闻见记》卷二"声韵"条云："其书于陆法言《切韵》外，增出一万四千七百六十一字，先起《说文》为篆字，次作今文隶字，仍具别体为证。然后注以诸家字书，解释既毕，征九经两字以上，取其句末字，编入本韵，爰及诸书，皆仿此。自有声韵以来，其撰述该备，未有如颜公此书也。"可知是书体例，乃以韵为纲，采掇诸书事类语句，取句末之字，按韵编排。《四库提要》卷一三五谓："分韵隶事，始自真卿。"则是书为一部大型韵编类书，并为同类书的创始者。（补注：我后来在《皎然年谱》［厦门大学出版社，1992年］和《唐代集会总集与诗人群研究》中对是书详加考论。）

是书久佚，清黄奭辑存一卷（《汉学堂丛书》）。

**唐德宗建中四年癸亥（783）**

窦蒙于本年前后编《青囊书》十卷。佚。

《新志》类书类著录："窦蒙《青囊书》十卷。"《通志》类书类所录同。《宋志》类事类署陆贽撰，误。

是书撰写年月难以详考。《历代名画记》卷二"论鉴识收藏购求阅玩"末云："建中四年徐浩侍郎自云昏耄，奏男璹、前试国子司业兼太原县令窦蒙、蒙弟检校户部员外郎汴宋节度参谋暨，并皆别识，敕并用之。"知窦蒙活动于建中前后。兹订是书撰于本年前后。

是书久佚，体例不详，“青囊”当亦随身宝之意。

**唐德宗兴元元年甲子（784）**

颜真卿于本年前编《金銮秀集》二十卷。佚。

《秘书省续编到四库阙书目》卷二著录：“颜真卿《金峦秀集》一十卷。”《通志》类书类录：“《金銮秀集》二十卷，颜真卿撰。”《玉海》卷五十五引《中兴馆阁书目》录为十一卷。《宋志》类事类录为《金銮秀蕊》，无撰人。

是书撰写年月难以详考，颜真卿于兴元元年八月为李希烈所害，兹订是书撰于本年前。

是书久佚，体例不详。

**唐德宗贞元元年乙丑（785）**

韦稔于本年前后编《瀛类》十卷、《应用类对》十卷。佚。

《新志》类书类著录“韦稔《瀛类》十卷”，又录“《应用类对》十卷”，未署作者。《崇文总目》类书类录《瀛类》十卷、《应用类对》十卷，并署韦稔撰；《通志》类书类所录同。《秘书省续编到四库阙书目》卷二类书类录《笔语类对》十卷，未署作者；《宋志》类事类则于《应用类对》下注云：“一名《笔语类对》。”

韦稔两《唐书》无传。《全唐文》卷四百八十存其《涿州新置文宣王庙碑》一篇，文中云：“迨今幽州卢龙节度观察等使、工部尚书、御史大夫彭城刘公，建中初假道州县，操长是邑。”按《旧唐书·德宗纪上》：贞元元年七月，“壬子，以前涿州刺史、兼御史中丞刘怦为幽州长史、御史大夫、幽州卢龙节度副大使，兼知节度管理度支营田观察、押奚契丹经略卢龙等军使。……九月己亥，幽州节度刘怦病，请以子济权知军州事，从之。……庚申……幽州节度使刘怦卒”。此又见两

《唐书》本传，《册府元龟》卷一七六。据此，韦稔文中所称建中初任涿州刺史、现任幽州卢龙节度观察使刘公者，当即刘怦，文当作于贞元元年。由此可知韦稔活动于建中、贞元年间，故订《瀛类》《应用类对》二书约撰于本年前后。

二书久佚，体例不详。

## 唐德宗贞元二十年甲申（804）

陆羽约于唐肃宗上元二年（761）至本年间编《警年》十卷。佚。

《新志》类书类著录："陆羽《警年》十卷。"《崇文总目》类书类、《通志》类书类、《宋志》类事类所载同。

陆羽《陆文学自传》云："自禄山乱中原，为《四悲诗》；刘展窥江淮，作《天之未明赋》，皆见感激当时，行哭涕泗。著《君臣契》三卷、《经解》三十卷、《江表四姓谱》八卷、《南北人物志》十卷、《吴兴历官记》三卷、《湖州刺史记》一卷、《茶经》三卷、《占梦》上、中、下三卷，并贮于褐布囊"（《全唐文》卷四三三）。《陆文学自传》自称撰于上元二年，文中列述此前所撰书，未有《警年》，可知当撰于此后。按羽卒于贞元末（《唐国史补》卷中、《新唐书》卷一九六《隐逸传》本传），故定《警年》十卷撰于上元二年后至贞元末间。

是书久佚，体例不详。

## 唐宪宗元和十四年己亥（819）

张仲素于本年前编《词圃》十卷。佚。

《新志》类书类著录："张仲素《词圃》十卷。"《崇文总目》类书类、《通志》类书类、《宋志》类事类所录同。

是书撰写年月无法详考。元稹《承旨学士院记》云："张仲素，……（元和）十四年三月二十八日正除。其年卒官。"丁居晦《重修承旨学士壁记》亦云："（元和）十四年三月二十八日，迁中书舍人。卒官，赠礼部侍郎。"可知仲素卒于元和十四年，故订《词圃》十卷撰于是年前。

是书久佚。《玉海》卷五四引《中兴馆阁书目》云："张仲素编经传以字数虚实等类相从为十篇，为词赋之备。"由此可略知其体例。

### 唐文宗太和五年辛亥（831）

元稹于本年前编《元氏类集》三百卷。佚。

《新志》类书类著录："《元氏类集》三百卷，元稹。"《通志》类书类所录同。

是书撰写年月难以详考。《全唐文》卷六百七十九白居易《元公（稹）墓志铭》云："太和五年七月二十二日，遇暴疾，一日，薨于位，春秋五十三。"知元稹卒于太和五年七月，兹订是书撰于此前。

《元公墓志铭》云："又集古今刑政之书三百卷，号《类集》，并行于代。"《旧唐书》卷一百六十六《元稹传》所载同。由此可知是书分类编写刑政之事典，属于专门类书。书久佚。

### 唐文宗开成三年戊午（838）

王起于开成元年至本年间编《文场秀句》一卷。佚。

《新志》集部总集类著录："王起《文场秀句》一卷。"《通志》诗评类所录同。《宋志》类事类录"《文场秀句》一卷"，未署撰者。《秘书省续编到四库阙书目》类书类录有"孟献子撰《文场秀句》一卷"，不知《宋志》类事类所录为哪一部；而《新志》和《通志》未录王起所著于类书类，因此难以判断其所著是否类书，姑暂存疑。

《旧唐书》卷一百六十四《王起传》云："以庄恪太子登储，欲令儒者授经，乃兼太子侍读，判太常卿，充礼仪详定使。……为太子广

《五运图》及《文场秀句》等献之。（开成）三年，以本官充翰林侍讲学士。庄恪太子薨，招起为哀册文，辞情宛丽。”知《文场秀句》乃王起任庄恪太子侍读时为太子所作。按《旧唐书》卷一百七十五《文宗二子传》云：“庄恪太子永，文宗长子也。……（大和六年）十月，降诏册为皇太子。……后以王起、陈夷行为侍读。……（开成三年）薨，敕兵部尚书王起撰《哀册文》。”《新唐书》卷一百六十七《王起传》云：“李训为宰相，起门生也，欲引与共政，即加银青光禄大夫，复以兵部尚书召判户部。训败，起素长厚，人不以训诿之，止罢其判。俄加皇太子侍读。……俄兼太常卿、礼仪使。”按大和九年十一月发生甘露之变，宦官仇士良杀宰相王涯、李训等（《旧唐书·文宗纪》）；王起加皇太子侍读在此后不久，约在开成元年。《旧唐书·文宗纪》亦载：开成元年十一月，“壬午，以兵部尚书、皇太子侍读王起兼判太常卿”。庄恪太子薨于开成三年，《文场秀句》为其所作，应撰于开成元年至三年间。

是书久佚。《旧五代史》卷一百二十六《冯道传》记冯道语云：“中朝士子止看《文场秀句》，便为举业，皆窃取公卿，何浅狭之甚耶。”冯道所称是否王起所撰《文场秀句》，尚难判断。（补注：敦煌文献伯2721号《唐抄本杂抄》有“《文场秀》孟宪子作”之语，日本《游仙窟》注本引有孟献忠《文场秀句》，加上前引《秘书省续编到四库阙书目》所录孟献子《文场秀句》，可证唐代确实另有一部同名著作，孟献子、孟宪子和孟献忠当为同一人。李铭敬考孟献忠生活于武后至玄宗时代。参看李铭敬《日本及敦煌文献中所见〈文场秀句〉一书的考察》，《文学遗产》2003年第2期）。

**唐武宗会昌六年丙寅（846）**

白居易于本年前编《六帖》三十卷。存。

《新志》类书类著录：“《白氏经史事类》三十卷，白居易，一名

《六帖》。”《玉海》卷五十四引《中兴馆阁书目》录《白氏经史事类》。《崇文总目》类书类、《郡斋读书志》类书类、《直斋书录解题》类书类皆录作《六帖》。《通志》类书类分《白氏经史事类》《六帖》为二书，《六帖》题于政立撰，误。《宋志》类事类录作《白氏六帖》，又录《前后六帖》三十卷，注云：“前白居易撰，后宋孔传撰。”

是书撰写年月难以详考，按白居易卒于会昌六年（朱金城《白居易年谱》），兹订是书撰于本年前。

《玉海》引《中兴馆阁书目》云：“白居易以天地事分门类为声偶，而不载所出。”《郡斋》云：“以天地事物分门类为声偶，而不载所出书。曾祖父秘阁公为之注，行于世。世传居易作《六帖》，以陶家瓶数千，各题名目，置斋中，命诸生采集其事类投瓶内，倒取之，抄录成书，故所记时代，多无次序云。”是书今存，全书采掇唐以前之经史百家典故词藻和诗文佳句，分门辑录，计分一千三百六十七门，皆为子目，不分部类。

**唐宣宗大中五年辛未（851）**

李商隐约于本年编《金钥》二卷。佚。

《通志》类书类录李商隐《金钥》二卷。《玉海》卷五十三引《中兴馆阁书目》、《直斋书录解题》类书类、《宋志》类事类所录同。

《中兴馆阁书目》称“太常博士李商隐”，李商隐任太常博士在本年（张采田《玉溪生年谱会笺》）。兹订是书约撰于本年。

是书久佚。《中兴馆阁书目》述此书体例云：“以帝室、职官、岁时、州府四部分门编类。”《直斋》云：“分四部曰帝室、职官、岁时、州府，大略为笺启应用之备。”谢伋《四六谈麈》云：“四六全在类编古语，唐李义山有《金钥》。”可知是书分为帝室、职官、岁时、州府四类，取典籍中人事类编为四六骈语，为撰写笺启等应用文而准备，当是一部骈体类书。

郑嵎约于本年前后编《双金》五卷。佚。

《宋志》类事类著录："郑嵎（一作嵎）《双金》五卷。"当以嵎为是。郑嵎于大中五年登进士第（《直斋书录解题》卷十九，《唐才子传》卷六），兹订是书撰于本年前后。

是书久佚，体例不详，然根据题目疑为以双字偶对，缀以事类。

**唐宣宗大中十三年己卯（859）**

盛均约于本年前后撰《十三家帖》。佚。

《新志》类书类著录："盛均《十三家帖》，卷亡。"《玉海》卷四二所录同。

《全唐文》卷七六三盛均《桃林场记》云："唐武宗二年，余迁是境。……今己卯年，觐季父于此。"武宗二年为会昌二年壬戌（842），己卯年当为大中十三年。兹订是书撰于本年前后。

是书久佚。《新志》云："以《白氏六帖》未备而广之。"则是书体例当近于《六帖》。

**唐懿宗咸通二年辛巳（861）**

刘绮庄于本年编《集类》一百卷。佚。

《新志》类书类著录："刘绮庄《集类》一百卷。"《崇文总目》类书类、《郡斋读书志》类书类、《通志》类书类、《宋志》类事类所录同，是书一名《昆山编》，《玉峰志》卷中云："刘绮庄为尉，研穷古今，博考传记，作类书百卷行于世，名《昆山编》。"

《郡斋》云："绮庄，毘陵人，尝为苏州昆山县令。家多异书，采摭事类，分二十余门，凡五十余万言，上之。于集前有万希序，题云开元二十九年辛巳。按绮庄集有《上白敏中启》，疑非玄宗时人，当考。”《唐诗纪事》卷五四“刘绮庄”条云：“绮庄尤善乐府，尝守藩服，与白敏中、崔元式、韦琮相知，宣宗时人也。”按白敏中历相武宗、宣宗、懿宗三朝，崔元式、韦琮亦曾相宣宗（《旧唐书》卷一百六十六《白敏中传》、卷一百六十五《崔元式传》，《新唐书》卷一百八十二《韦琮传》）。绮庄与之交往，当亦活动于武、宣、懿三朝。而咸通二年为辛巳，疑万希序本题“辛巳”二字，后人不察，以“开元二十九年”亦辛巳，遂妄为添加。

是书久佚。《玉峰志》云：“研穷古今，博考传记。”《郡斋》云：“采摭事类，分二十余门，凡五十余万言。”《玉海》卷五十四云：“集传记杂事一类者。”此可略见其体例规模。

**唐懿宗咸通七年丙戌（866）**

温庭筠于本年前编《学海》三十卷。佚。

《新志》类书类著录：“温庭筠《学海》三十卷。”《崇文总目》类书类录为二十卷，但《玉海》卷五十四引《崇文总目》为三十卷。《通志》类书类、《宋志》类事类所录同，也皆为三十卷。

温庭筠卒于本年（《宝刻丛编》卷八录《唐国子助教温庭筠墓志》），兹订是书撰于本年前。

是书久佚。《玉海》卷五五引《中兴馆阁书目》录《元佑重校学海》三十卷，并云：“马共以唐温庭筠《学海》未尽，因总括诸书，损益去取，分类为一千二百八十余门。”由此可略窥原书体例。

**唐僖宗广明元年庚子（880）**

皮日休于本年前编《鹿门家抄》九十卷。佚。

《新志》类书类著录：“皮氏《鹿门家抄》九十卷，皮日休，字袭美。”《崇文总目》类书类、《通志》类书类所录同。

是书编撰年月难以详考。《南部新书》卷癸云："皮日休历太常博士，后从巢寇，遇祸。"同书卷丁云："黄巢令皮日休作谶词，云：'欲知圣人姓，田八二十一。欲知圣人名，果头三屈律。'巢大怒，盖巢头丑，掠鬓不尽，疑三屈律之言是其讥也，遂及祸。"《唐诗纪事》卷六四"皮日休"条云："遭乱归吴中，黄巢寇浙江，劫以从军。"陆游《老学庵笔记》卷中引《该闻录》云："皮日休陷黄巢，为翰林学士，巢败被诛。"各书所记皮日休之死因不一，但皮日休被劫入黄巢军至遇害期间，无著书之可能。黄巢军攻克浙江在广明元年，兹订是书撰于本年前。

是书久佚。《通志》云："唐皮日休编作五言诗类事。"《直斋书录解题》类书类录《鹿门家抄诗咏》五十卷，并云："鸿胪少卿襄阳皮文璨撰。以群书分类事为诗而注解之。其祖日休有书名《鹿门家抄》，故今述其名。"《宋志》录作《鹿门家抄籍咏》。据《直斋》所述及二书题目，皮日休原书似应仅"以群书分类事"，至其孙文璨始"为诗而注解之"。《通志》误将二书混为一谈。

**唐僖宗中和四年甲辰（884）**

李途于中和元年至本年间编《记室新书》三十卷。佚。

《新志》类书类著录："李途《记室新书》三十卷。"《崇文总目》类书类、《郡斋读书志》类书类、《通志》类书类所录同。《宋志》类事类录为三卷。

《郡斋》云："途中和中为东川掌记，因以名其书云。"《玉海》卷五五引《中兴馆阁书目》亦云："唐东川节度掌书记李途撰。……职方郎中孙樵为之序。"中和凡四年，兹订是书撰于其间。

《郡斋》云："采摭故事，缀为偶丽之句，分四百门。"《中兴馆阁书目》云："纂集诸书事迹为对语，列四百余门。"此可略见是书体例规模，与现存后代引用条文相合，属于将事类编缀为偶俪语句的骈体类书。书久佚，《方舆胜览》《景定建康志》《记纂渊海》《古今合璧事类备要》《翰苑新书》《补注杜诗》《祖庭事苑》《古今事文类聚》等援引数十则条文，但多有误题为孙樵撰者。

**唐哀帝天祐三年丙寅（906）**

裴说于本年前后编《修文异名录》十卷。佚。

《崇文总目》类书类著录《修文异名录》十卷，不著撰人。《通志》类书类所录同。《宋志》类事类录为十一卷，署裴说撰。

是书撰写年月难以确考。《直斋书录解题》卷十九称裴说为“天祐三年状头”，《郡斋读书志》卷四中、《唐诗纪事》卷六五“裴说”条所载略同。兹订是书撰于本年前后。

是书久佚，体例不详。

**唐哀帝天祐四年丁卯（907）**

袁说于本年前编《戚苑英华》十卷。佚。

《新志》类书类著录：“《戚苑英华》十卷，袁说重修。”《崇文总目》类书类所录同，又《玉海》卷五十五引《崇文总目》（今本佚此条）云：“刘扬名撰，裴说重修。说摭采他书以增缀之。”《郡斋读书志》类书类、《直斋书录解题》类书类所录同，但“说”作“悦”。《郡斋》云：“本扬名所著，悦缀其要类，为语对，以他说附益之。”《直斋》云：“《唐志》云重修，盖因扬名之旧而广之。”《通志》类书类、《宋志》类事类录此书署刘扬名撰，盖因刘氏原书而误。

是书乃因刘扬名之《戚苑纂要》而重修，故当撰于刘扬名之后；又《直斋》称“唐仙居令袁悦”，则是书当撰于本年唐亡前，具体年月无考。

是书久佚。据上引诸书目所述，可知是书乃以刘扬名《戚苑纂要》为基础，增广事类，并切为对偶。

高邱词于本年前编《集类略》三十卷。佚。

《新志》类书类著录："高丘词《集类略》三十卷。"《崇文总目》类书类录："《集类略》三十卷，高邱词撰。"《通志》类书类所录同，"丘"作"邱"。

《通志》云："唐高邱词撰，因刘绮庄之书而略之。"据此高邱词当活动于刘绮庄之后、五代之前，兹系于本年唐亡前。

是书系节略刘绮庄的《集类》一百卷而成，其体例当与《集类》相同。

王洛宾约于本年前编《王氏千门》四十卷。佚。

《新志》类书类著录："《王氏千门》四十卷，王洛宾。"《崇文总目》类书类所录同。《宋志》类事类亦录此书，但未列著者名。是书年月无考，以其著录于《新志》唐代著者之末，大约出自晚唐，兹系于本年前。

是书久佚，体例不详。

马幼昌约于本年前编《穿杨集》四卷。佚。

《新志》类书类著录："马幼昌《穿杨集》四卷。"《崇文总目》类书类、《宋志》类事类所录同。《通志》类书类误录为马防昌。是书年月无考，以其著录于《新志》唐代著者之末，大约出自晚唐，兹系于本年前。

《新志》注云："判目。"可知是书系编集判词的专门类书。书佚。

高测约于本年前编《韵对》十卷。佚。

《新志》类书类著录："高测《韵对》十卷。"《崇文总目》类书类、《通志》类书类、《宋志》类事类所录同，后书讹为《韶对》。是书年月无考，以其著录于《新志》唐代著者之末，大约出自晚唐，兹系于本年前。

是书久佚。从书题可推测此书属于韵编类书。

王博古约于本年前编《修文海》十七卷。佚。

《新志》类书类著录："王博古撰《修文海》十七卷。"《崇文总目》类书类、《通志》类书类、《宋志》类事类所录同。是书年月无考，以其著录于《新志》唐代著者之末，大约出自晚唐，兹系于本年前。

是书久佚，体例不详。

孙翰约于本年前编《锦绣谷》五卷。佚。

《新志》类书类著录："孙翰《锦绣谷》五卷。"《崇文总目》类书类、《通志》类书类、《宋志》类事类所录同。《通志》云："锦绣谷乃所居山名。"是书年月无考，以其著录于《新志》唐代著者之末，大约出自晚唐，兹系于本年前。

是书久佚，体例不详。

王松年约于本年前编《仙苑编珠》二卷。存。

《郡斋读书志》类书类著录："《仙苑编珠》二卷。右唐王松年撰。取阮仓、刘向、葛洪所传神仙，又取经记中梁以后神仙百二十八人，比事属辞，效《蒙求》之体为是书。"《通志》诸子类道家、《宋志》子录神仙类录为一卷。

是书今存，收《正统道藏》洞玄部纪传类，分为三卷，署"天台山道士王松年撰"。卷首自序，有"近自唐梁以降"云云，陈国符（《道藏源流考》，中华书局，1963年，第240页）据此推测王松年为五代或宋人。《四库提要》子部道家类云："旧本题唐王松年撰，松年天台道士。《文献通考》作唐人。然书中有梁开成二年事，则已入五代矣。是书以古来圣帝明王，并在仙籍，与后世修真好道者并数，得三百余人。仿《蒙求》体，以四字比韵，撮举事要，而附笺注于下。《通考》作二卷。又序文及《通考》所举人数，皆与今书不符，或后人有附益欤。”按后梁无开成年号，是书所记神仙事，年代最迟者为后梁开平三年（909），馆臣所述有误。然据《郡斋》所录，是书原仅二卷，记神仙一百二十八人；而传本增至三卷三百多人，其中唐代至后梁事仅数条，皆见于第三卷卷末。而且“唐梁以来”的说法未见典籍，五代时后唐、南唐亦皆称为唐，五代宋初人不太可能以“唐梁”合称唐代和后梁。《郡斋》云“取经记中梁以后神仙百二十八人”，此处“梁”指南朝梁，疑被后人妄加“唐”字。馆臣疑是书为后人所附益，不无道理。兹从《郡斋》等，仍以王松年为唐人。

王松年自序云：“效《蒙求》四字比韵，撮取枢要，笺注于下。”《郡斋》云：“取阮仓、刘向、葛洪所传神仙，又取经记中梁以后神仙百二十八人，比事属辞，效《蒙求》之体为是书。”按《蒙求》比韵隶事，近于类书体例，历代书目多归之于类书类。但《蒙求》杂记典故，并未分类，其目的为教育儿童，而非便于属文，故本文未将其划归类书。《仙苑编珠》专采神仙之事，而又以四字句属辞押韵，注以事类，既不同于《蒙求》，也不同于一般神仙传记，可看成是专门的道教类书。《郡斋》归之于类书类是正确的。

李若立于本年前撰《籯金》五卷。存残卷。

是书诸家书目均无著录，敦煌石室发现数种残本：伯2537《略出籯金》卷一、卷二之半，伯3650《籯金》残卷8篇，伯2966《籯金》残卷，存卷二之开端，伯3363《籯金》残卷，存卷首二十余行，等等。《略出籯金》署云：“少室山处士李若立撰。”其卷首有序，云：“于是采摭诸经，参详众史，纂当时之行事，绢随物之恒务，庶无烦博览，而卒备时须。举其宏纲，撮其机要，合成百篇，分为五卷。先录其事，后叙其文，名之《籯金》，故录云耳。”知是书原有五卷一百篇。刘师培《敦煌所出唐写本提要》详述是书体例云：“其先事后叙者仅卷二各篇，余或有事无叙，或有叙无事，疑系未成之帙。凡叙首均冠‘叙曰’二字，词均俪偶，即采剌所录之事为之，亦间有夹注。事则或为对偶，与《初学记》例同；或非对偶，或摘成言一二语，又与《北堂书钞》《白帖》体同。每条之下，均有夹行小注，或详述其事，或并引所出之书，或解释音义，然亦繁简弗同。”则此书体例近于《初学记》《北堂书钞》《白氏六帖》等，可确定为类书。

是书撰写年月难以详考。《略出籯金》卷一下题：“宗人张球写，时年七十有五。”王重民考约抄写于后梁开平四年（910）前后（《敦煌古籍叙录》，第211页），则李若立原书应撰于唐世。（补注：后来学者多认为王重民的考证偏迟，如颜廷亮考《略出籯金》约抄写于唐光化三年［899］，见其《张球著作系年与生平管窥》，收《1990敦煌国际研讨会文集》，辽宁美术出版社，1995年。但颜考也仅提早十一年，相去不远）。

韩鄂于本年前后编《岁华纪丽》二卷。存。

《新志》子录农家类著录：“韩鄂《四时纂要》五卷、《岁华纪丽》二卷。”《崇文总目》岁时类所录同。《郡斋读书志》农家类录《岁华纪丽》四卷，《直斋书录解题》录作七卷。《宋志》农家类录《岁华纪丽》四卷、《四时纂要》十卷。

诸家书目录此二书，或归农家，或归岁时。按二书今皆存。《四时纂要》（缪启愉《四时纂要校释》，农业出版社，1981年），依四时记叙农事，未分类和俪偶，确是岁时农书，不是类书。《郡斋》称《岁华纪丽》云：“分四时十二月节序，以事实为偶俪之句附著之。”《直斋》云：“采经子史传岁时事类聚，而以俪语间之。”则是书体例乃分四时十二月节序，采典籍中的岁时事类，缀为对偶之句，注以事典出处，属于专门类书。传世《岁华纪丽》四卷（收入《唐宋丛书》《说郛》等），体例正与此相合。后来《郑堂读书志》正确地将是书划归类书类。

是书撰写年月难以详考。《新唐书·宰相世系志》卷七十三上有韩鄂，玄宗朝宰相韩休之兄韩偲之玄孙，其年代约在唐末五代之际。传世《岁华纪丽》有胡震亨序，称出自宋刻；钱曾《读书敏求记》亦云曾见宋刻。王士祯《居易录》谓此书为胡震亨伪造，未确。《郑堂读书记》谓非韩鄂原著，但亦无确证。

**后晋高祖天福五年、后蜀广政三年庚子（940）**

文谷编成《备忘小钞》十卷。佚。

《郡斋读书志》类书类著录："《备忘小钞》十卷，右伪蜀文谷撰。"《宋志》小说类录："文谷《备忘小抄》二卷。"

《郡斋》云："其后题广政三年，广政王衍号也。"据此是书当撰成于本年。

《郡斋》又云："杂抄子史一千余事，以备遗忘。"《十国春秋》卷五六《文谷传》亦云："杂抄子史一千余事，以备遗忘，世多传写之。"此可略见其体例内容。书题云"备忘"，当属于随身宝之类。书佚，《格致镜原》等引有此书条文。

**后周太祖广顺二年、后蜀广政十五年壬子（952）**

郭延钧于本年前编《新修唐朝事类》十卷。佚。

《崇文总目》类书类著录："《新修唐朝事类》十卷，郭廷诲撰。"《通志》类书类录："《新修唐书事类》十卷，伪蜀郭廷钧编。"《宋志》类事类录为《唐朝事类》，未署撰者。按后蜀有郭延钧（见下考），《崇文总目》之"廷诲"及《通志》之"廷钧"，当为传写之讹。

是书撰写年月难以详考。《锦里耆旧传》卷七载，广政十五年，"秋九月，东川兵马都监王承丕反，杀知府刑部侍郎郭延钧并家族"。兹据此订是书撰于本年前。

是书久佚。从题目可推知此书当为专收唐代事类的专门类书。

**后周世宗显德六年己未（959）**

曹化于显德元年至本年间编《史海》十卷。佚。

《崇文总目》类书类著录："《史海》十卷，曹化撰。"《通志》类书类所录同。《宋志》类事类录作《两汉史海》。

《通志》云："显德中曹化编。"显德凡七年，但七年元月后周即为宋所篡，故订是书撰于显德元年至本年间。

是书久佚。从《宋志》所录书题，可推知此书当为专采两汉事类的小型专门类书。

**宋太祖建隆元年、后蜀广政二十三年庚申（960）**

陈鄂约于本年前编《四库韵对》九十八卷、《十经韵对》二十卷。佚。

《崇文总目》类书类著录："《四库韵对》九十八卷、《十经韵对》二十卷，陈鄂撰。"《通志》类书类所录同，称"伪蜀陈鄂"。《补五代史艺文志》附于总集类，《四库韵对》录为十八卷。

陈鄂乃由后蜀入宋者，太平兴国中任太子中舍，预撰《太平御览》等（《续资治通鉴长编》卷十八、《玉海》卷五十四引《实录》）。但此二书撰于后蜀时，约在本年前撰成。《宋史》卷四七九载："（后蜀王）玄珏初封王，与玄哲并日封拜，仍检校太保。少端敏。常侍昶射，双箭连中的，昶奇之，赐钱三十万。时玄珏方就学，为选起居舍人陈鄂为教授。至是，自陈愿以钱赐鄂，昶嘉而许焉。鄂尝仿唐李瀚《蒙求》、高测《韵对》为《四库韵对》四十卷以献，玄珏益赏之。广政二十三年，玄珏领阆州保宁军节度。久之，加检校太傅。"《十国春秋》卷五十所载同。又《玉海》卷四十五载："乾德四年正月，陈鄂上《四库韵对》，诏续编。天禧五年六月乙巳，鄂之孙僧溥上鄂所作九十八卷。"《宋会要辑稿》卷一七四二载："（天禧）五年景德寺僧溥清献其祖库部员外郎陈鄂所撰《四库韵对》九十八卷印板，诏赐钱十万，度行者一人。"综上各条，可知陈鄂约于后蜀广政二十三年前撰《四库韵对》四十卷，献王玄珏；入宋后复于乾德四年（966）将是书献宋太祖，并应诏增编为98卷。此书当时曾刻版印行，至宋真宗天禧五年（1021），陈鄂之孙僧溥清献此书印板。

二书久佚。从书名可推知二书分别采掇四库书籍和十经事类，切为对偶，依韵排列，当属于韵编类书。

**宋太祖乾德三年、后蜀广政二十八年乙丑（965）**

杨九龄约于本年前编《名苑》五十卷。佚。

《宋志》类事类著录："杨九龄《名苑》五十卷。"

《十国春秋》卷五十六《杨九龄传》载："杨九龄，蜀人。擅隽才，撰《蜀桂堂编事》二十卷，中纪广政举试事。"《郡斋读书志》卷七伪史类录《蜀桂堂编事》二十卷，署云："伪蜀杨九龄。"可知杨九龄乃后蜀时人，兹订是书撰于本年后蜀亡国前。

是书久佚，《埤雅》等引有此书条文。

郭微于本年前编《属文宝海》一百卷。佚。

《崇文总目》类书类著录："《属文宝海》一百卷，郭微撰。"《通志》类书类、《宋志》类事类所录同。

《通志》云："伪蜀郭微撰。"《锦里耆旧传》卷七载："乾德四年五月，除蜀降臣官，郭微膳部郎中。"知郭微乃由后蜀入宋者，此书当撰于其仕蜀时。

是书久佚，体例不详。

**宋太祖开宝八年、南唐乙亥（975）**

郭道规于本年前编《事鉴》五十卷。佚。

《新志》类书类著录："郭道规《事鉴》五十卷。"《崇文总目》类书类、《通志》类书类、《宋志》类事类所录同。

《嘉定镇江志》卷十七载："郭道规，南唐时丹阳令，称疾辞官。"南唐于本年为宋所灭，兹订是书撰于本年前。

是书久佚，体例不详。

**宋太宗太平兴国三年、吴越戊寅（978）**

范赞时于本年前编《资谈录》六十卷。佚。

《崇文总目》类书类著录："《资谈》六十一卷，范赞时撰。"《通志》类书类录："《资谈》六十卷，吴越范赞时撰。"《宋志》类事类有《资谈》六十卷，未署作者。按富弼《范文正公（仲淹）墓志铭》记范仲淹之父赞时"集《春秋》洎历朝史为《资谈录》六十卷，行于时"。《十国春秋》卷八八《范赞时传》所载同。

《范文正公（仲淹）墓志铭》云："苏州粮科判官梦龄以才德雄江右，即公之曾王父也。判官生赞时，幼聪警，尝举神童，位秘书监。集《春秋》洎历朝史为《资谈录》六十卷，行于时。"《十国春秋》本传云："父梦龄，与广陵王子文奉交善，官中吴军节度推官。赞时博洽善著书，所辑《资谈》六十卷，世多藏弆之（原注：一云文奉之客著《资谈》三十卷）。"同书卷八三《广陵郡王元璙传》附《文奉传》云："时有丁、陈、范、谢四人（丁守节、陈赞明、范梦龄、谢崇礼），皆广陵王客也，文奉署为（中吴军）节度推官。……（文奉）至开宝二年己巳岁八月十一日卒。"综上所引，范赞时之父范梦龄为吴越广陵王钱元璙客，又与元璙子钱文奉交善，佐其幕府；则赞时有可能亦为文奉客。《十国春秋》本传所注“文奉之客”也可指范赞时。《通志》称“吴越范赞时撰”，故订是书编于本年吴越归宋前。

是书久佚。《范文正公（仲淹）墓志铭》谓“集《春秋》洎历朝史为《资谈录》六十卷”，可知此书集历朝史书事类而成，属于专门类书。

# 喻安性治澳轶史

## ——以首见《澳门立石五禁》原文为中心

金国平　叶　农*

**摘　要**：喻安性于明代万历年间曾任广东巡视海道副使，是澳门历史上一位极为重要的人物。他有勇有谋，胆识过人，因二事在澳门历史上留名万世。勇在万历癸丑年（1613）曾单人匹马下澳，驱倭慑葡；谋在详定《粤东建议二十三条》，其中有《澳门立石五禁》，后勒石立碑于澳，俾使粤海得安生，更令其声名大噪，威信日隆。之前的研究，涉及此人甚多，可惜往往寥寥数语。今见《喻中卿稿》内所收《粤东建议二十三条》及《香山澳散倭记事》二逸文，详述其二度下澳制夷始末。特详笺解。

**关键词**：喻安性；澳门立石五禁；香山澳散倭记事

### 一、其人

喻安性，字中卿，号养初，一说乔初。浙江嵊州人，是澳门历史上一位绕不过的人物。明神宗万历二十六年戊戌科（1598）登进士，授南昌府推官。秩满，以卓异内擢礼部主事，历吏部给事中。万历三十六年（1608），升广东按察司佥事，备兵罗定，寻移巡视海道副

---

* 作者简介：金国平，澳门大学澳门研究中心特聘教授，主要研究澳门史、中外关系史、基督教传华史等。叶农，暨南大学中国文化史籍研究所教授，研究方向为澳门史、中外关系史、历史文献学。

使[①]、山海关巡抚、蓟辽总督等职。万历四十一年（1613），至澳门清查葡人蓄倭之事，朝廷拟出师征剿，安性条议《澳门立石五禁》，后升顺天巡抚，时辖区遭灾，力请拨库银十万赈济。天启四年（1624），安性与袁崇焕东巡广宁。天启五年（1625）九月，因马世龙轻信谍报，导致柳河之役溃败，鲁之甲、李承先战死，安性受牵连遭罢黜，从此无设辽东巡抚。魏忠贤卒，安性于崇祯元年（1628）四月再起，任兵部尚书兼副都御史，总督蓟辽等处军务兼理粮饷经略御倭。二年，安性擒获蓟军之变首领丁科等九人，将其正法。其后解职归，回籍听勘。寓居于嵊城西隅（今孝子坊宅址），家食十余年。明亡，继隐故里，至清顺治十一年（1654）卒，享年80岁，葬嵊县东石屏山。其疏议诗文集《喻中卿稿》有崇祯本影印版。[②]

海道之设皆因洪武初，倭患始炽，中国沿海安全成为首务。为解决之，明王朝采取应对措施，其中最要者为构建备倭领导体系，即设立了自上而下的职官，分为文官和武官，涉及行政、监察、军事三个部分。1.行政体系：总督—巡抚—海道副使，称为“总督备倭体系”。在倭寇严重之时，行政体系全员发动。有明一代，重文轻武，文官领兵成为常态。2.军事体系：总兵—参将—把总，称为“总兵体系”。3.监察体系：备倭武官设立后，为防止官员腐化、备倭无力、

---

① 巡视海道副使，简称为“巡海副使”“海道副使”或“海道”，为省级负责沿海海防、备倭等事宜的最高文官。这是葡萄牙人在马六甲就有所了解的广东官员之一。1512—1515或1516年成书的《东方简志新释》最早描述。详见金国平：《东方简志新释》，载《中葡关系史地考证》，澳门：澳门基金会，2000年，第140页；李庆新：《明代海道副使及其职能演变》，载陈春生、陈东有主编：《杨国桢教授治史五十年纪念文集》，南昌：江西教育出版社，2009年，第405—432页。此文考证了学术界关注较少的明代重要海防职官“海道副使”的设立、职掌及后期职能演变的问题。

② 故宫博物院编：《喻氏疏议诗文稿 定辑存稿 芳洲诗文集 芳洲先生年谱》第1册，海口：海南出版社，2000年。

兵员虚耗等问题，对备倭官员实行三级监察：监察御史、按察司副使（海道副使）和兵备道。这三个体系构成了明朝对澳门管理的体制。通过喻安性的《海道禁约》，治澳得到了制度化和法规化的强化。明代省级层面负责海防的官员或机构中，文职最高职官为海道副使，而武卫方面称备倭都司，下设备倭把总。备倭把总设立之初，大致是介于都指挥使、指挥使之间的一级备倭官员，位居备倭都司之下、卫指挥使司之上。在上则受备倭都司的节制，在下则“统辖卫所”，增强各卫所之间的统一调度与联系。备倭把总衙门称“把总司”。备倭都司及备倭把总的设立，使得海防管理更加细化，沿海防卫能力得以增强。[①] 澳门的“备倭（行署）”为备倭把总司派澳门机构。

安性因二事，在澳门历史上留名万世。身为一介文士，他有勇有谋，胆识过人。勇在万历癸丑年（1613）单人匹马下澳，驱倭慑葡；谋在详定《粤东建议二十三条》，其中有《澳门立石五禁》五条，后勒石立碑于澳，俾使粤海得安生，更令其声名大噪，威信日隆。之前的研究，涉及此人甚多，但往往都是寥寥数语。今见《喻中卿稿》内所收《粤东建议二十三条》及《香山澳散倭记事》二逸文，详述其二度下澳制夷始末。我们着重发力于考据，拟对此事从新加以考证与考订，发幽索隐于史实，以彰显一段万历年间治澳逸史。

## 二、其文

明中叶起，自葡萄牙人入居澳门，商船贸易兴起，发展迅速，导致原有管理体制与法规初显不适，因此，明朝官员酌度时势，早图变

① 吴宏岐：《澳门开埠与明代广东海防形势的变化》，上海中国航海博物馆主办：《国家航海》第 14 辑，上海：上海古籍出版社，2016 年，第 114—132 页。

计，制订了一系列与时俱进的军事防御措施、行政控驭之策和法律规文，以达更有效地管治居澳葡人之目的。本文仅就海道安性涉澳文稿的写作背景、内容及影响进行探讨。在安性出任广东海道期间，其主要文稿有《粤东建议二十三条》，其中包括《变穷六议》《澳门立石五禁》《军事部署二条》（题目为笔者据内容所加）和一篇追记——《香山澳散倭记事》。兹分论如下：

### （一）《变穷六议》

窃惟天下之防夷者，皆防止于外，乃东粤澳夷盘据内地，则防外之法穷矣。天下之防盗者，皆防之于内，乃东粤大盗，潜通外洋，则防内之法穷矣。本道巡历所至，察其大体所关窍要所在者各摘三条，皆切近易行，内外互制，以稍通其法之穷者也，款列于后。计开：①

一、议海道巡澳以通壅弊之穷。夫澳中国地也，荐食于夷者六十年所矣；且闽广奸徒窟穴于中，播弄挑激，靡所不至；而一切喜事者，又张皇其说，彼此疑惧，衅孽日生。本道谓夷虽犬羊，未有不可以信义动者。故因督汛香山，直入澳门，召致夷目、夷判及夷商等于堂下，询其利弊，宣以恩威。惟时各有控陈，而尤饮恨于奸徒扰害。本道随面行赏罚，诸夷皆欢呼罗拜。第行于暂而不行于久，则内外隔绝，壅弊复滋。将中华之地甘弃于夷，非所以明汛守，严大防也。今后凡遇春汛，本道亲临澳中，询问夷

① 此为安性为官两广期间所提出的执政建议 23 条，其中 6 条针对澳门。言“变穷”，即指之前的办法已黔驴技穷，不能适应新形势。他开宗明义地指出，“防外之法穷矣”。皆因出现了一新特殊情况。以前防夷皆防外来之夷，现在要面对的是居处内地的外夷，故以前之法已穷尽。从抵御外夷到钳制身居，且长居内地的外夷，他提出了一个基本的战略思想——“内外互制”。“变穷六议”之基石在此。

情，访拿奸细及赏罚。提调、备倭、巡缉一应员役以各通其情，而总握其命。夷虽荐食，犹吾掌中物也。所谓议巡澳以通壅蔽之穷者如此。

一议为："海道巡澳以通壅弊之穷。"具体措施是海道下澳勘察夷情。换言之，安性将此作为一种制度提出。他本人曾于1613年和1614年两次临澳。他强调，澳门的主权虽在我，但葡萄牙人蚕食已达60年，即"六十年说"。此应为后来所有同说之张本。看来，共同的信息源为安性于1613年初次巡澳期间从葡萄牙人那里获得的情况，因其上司，如两广总督张鸣冈、周嘉谟、广东巡按田生金均未亲临澳门，只有他做过实地勘察，且在其文稿中明确引用了来自葡萄牙人的禀告。有人据两广大员奏疏所说的1617年，算出了1557年为葡萄牙人入居澳门的年代并认为与葡萄牙人的传统说法吻合。实际上，1617年用的是1613年的信息，因此，在此基础上的推论似有问题。关于葡人入居澳门的年代问题，中外学者长期以来各执一词，聚讼纷纭，至今无定论。安性清楚，闽粤奸徒教坏葡萄牙人，也有人为达私利，耸人听闻。作为治澳的最高当局，他坚信："夷虽荐食，犹吾掌中物也。"

一、议禁绝蓄倭以通防御之穷。夫倭最狡鸷，不可响迩，乃澳反蓄之为奴。毋论勾引日本，内应外合，即此群奴日繁月盛，熟窥主藏，攘臂而起。在澳固为养虎遗患，在中国亦为伏寇门庭，防御之术不既穷乎？宪檄鳃鳃，屡以解散为念，诚见及此也。本道与香山县审议，随于临澳日，面点倭奴，择其壮悍骁跳者几百人，给以本道印信腰牌，即令买货夷舶带回该国。此外，尚有自幼养育，娶有妻室者若干人，诸夷苦以恩义素孚，不忍弃去；且长养中国，殊无倭性，姑从其请。第以后市舶不许夹带一倭，在澳诸夷亦不得再蓄幼稚，违者断以军法处治。仍大刻石碑竖之澳中，以便永远遵守。所谓禁蓄倭以通防御之穷者如此。

二议为："议禁绝蓄倭以通防御之穷。"目前的研究表明，澳门的出现是满足葡萄牙人对日贸易的需要，因此，从16世纪40年代葡萄牙人发现日本开始，就有日人与葡人为伍。自然，澳门开埠后，他们也来到了濠镜。1597年2月5日，丰臣秀吉下令判决26名传教士和日本信徒死刑，致使澳门成为日本天主教徒的避难所。①大的背景是有明一代，饱受倭患，故官员大都谈倭色变，畏倭如畏虎，而澳门又广聚倭类，于是"散倭"成为五禁的首款。

一、议广募蛋兵以通应援之穷。夫广属者南头、濠镜、广海俱防倭重地，而南头尤首。犯其锋者，若寇至南头，则倏忽直达虎门，而腹心受害矣！惟时汛兵四散，征调何能应手？思之可为岌岌，则远了三角、牛湾以备广海；远了翁鞋、北尖以备濠镜；而最吃紧者，尤远了担竿、佛堂等处以备南头。然而激石冲风，俱非兵舰可泊；而往来侦探，又皆钝迟不前。惟有蛋户鱼船，惯习风涛，熟知路径；且一艇数人，破浪如驶，亦随地可泊。专令远了外洋，计莫神焉者也！合无照老万山。近议一体广募，每一水总责令选其精壮有胆气者三十人，每月视各兵加饷一钱，以夺其业。官给船价，令其自修，浑与鱼舟一色。前项蛋数，即抵充缺兵，不必增额，而渔船银两即动支该寨旷饷，或量减八号唬船数只，以抵之汛期出哨。汛毕，专习各色火器，不减月饷。此不特驰报，迅速征调可周，而临敌出奇、冒险冲锋，俱可倚为前矛者。所谓广蛋以通应援之穷者如此。

① 沈艺：《澳门圣保禄教堂与日本教难》，北京外国语大学硕士学位论文，2014年。

三议为："议广募蛋兵以通应援之穷。"文中所涉及的南头、濠镜、广海、老万山、三角（岛）、牛湾、翁鞋、北尖、担竿（洲）、佛堂（门）等处均为防倭重地。鉴于"汛兵四散"，才有招募蛋兵之议。"蛋兵"正作"疍兵"。征用此兵可追溯至宋元，宋代治琼的军事政策之一便是使用"蛋兵，以蛋民为之，南宋时增置水军时设置，是用于巡海的水军"[①]。蛋民以海为家，对山形水势了如指掌，利用他们来巡视外海，最为得心应手。具体的办法是加以招募，由国家每月支饷一钱。对他们的舟船加以征用。遇有坏损，由官府出钱修缮。出海巡逻回来后，军饷不变，还继续教他们使用各色火器并补充进常规军名额。正是利用他们人人熟悉水性，英勇善战之特性，常将他们当作先锋队。

一、议更编总副以通保甲之穷。夫保甲之有裨于弥盗，旧矣。第家喻户晓，日不足也。涣散无统，责不专也；且奸良混杂，轮充约保，而委任又非其人也，以盗保盗所自来乎？今后各县置立一簿，每保举公正有丁力者一人为保长，以总其事。又立保副二人、巡缉四人，以佐之其人。必通保士民推服者，而后借其名于簿。名既定，随令供报保内某为盗，某为窝，某造船下海，某赌博，某游手不务本业。供报既定，悉登其名于某保副之后，以待事发。事发而与簿名相符，不必推勘而证佐已具。事发而簿无名，若非妄扳，即系隐漏。妄扳则结良，可据隐漏，则自长副以下一体连坐，不少贷。倘有改过及新败者，不妨呈明续载于簿。是则所操者约，而所制者广，所督责者专而严，而所任事者亦不得不肩怨劳而用命矣。所谓更总副以通保甲之穷者如此。

① 黎雄峰等：《海南经济史》，海口：南方出版社、海南出版社，2008年，第73页。

四议为："议更编总副以通保甲之穷。"关于保甲制度的起源与性质，雷家宏指出："保甲制度是中国古代社会中后期直接统治乡里村落的基层行政制度。北宋王安石说他推行的保甲法渊源于一千多年前的先秦，'保甲之法，起于三代丘甲，管仲用之齐，子产用之郑，商君用之秦，仲长统言之汉'（王安石撰《王临川全集》卷四十一《上五事札子》）其实，宋代的保甲法和先秦的什伍组织虽然在形式上都是用什伍相维、邻里相属的方法分片分区编组居民，但保甲法不是一种宗法的或军事的组织，而是一个维护地区统治秩序的行政组织。"①

明代的情况是："明朝建立之初，推行以里甲制为中心的乡里组织形式。后来由于里甲制蜕变成专管赋役的基层组织，乡里社会秩序和治安的管理就成为保甲组织的专项职能。明中叶以后，一些地区相继推行保甲制。……明中叶以后各地各时期的保甲编制不尽相同，一般以十户为甲，但居民星散参差，不可能整齐划一，邻近的十余户或不及十户，只要守望方便，就可划归一甲，不一定拘泥户数。选择德才兼备为各家各户信服的人担任甲长。三甲、四甲或五甲为一保，选择德才兼备为各家各户信服的人担任保长。不过，在明代中后期，保甲制度并未在全国施行，只是一些地方官员为维护地方治安的需要而推行的一种地区性的组织制度。"②

澳门的情况即属于广东海道为维护地方治安的需要而推行的一种适合濠镜的组织制度，尤其是从传统上的在内地止息盗贼的功用扩展到了一种兼有在外人杂居之地倭防治夷的措施，因为当时执行的保甲制度已过时。针对沿海各县，尤其是澳门所做出的具体规定是：置立一簿，推举保长一人，设立保副二人、巡缉四人。

---

① 雷家宏：《中国古代的乡里生活》，北京：商务印书馆，2017年，第24页。

② 雷家宏：《中国古代的乡里生活》，北京：商务印书馆，2017年，第26页。

这样看来，“提调、备倭、巡缉”中的“巡缉”非职官，而系民间维护地方治安的人员，且数目达四人。巡缉就在澳门乡里，常驻性质甚明，这是一个颠覆以往认知的新说。范礼安于1579年撰写了一份长达百页的视察报告。该报告辟专章叙述澳门，多时闻，弥足珍贵：“因此，葡萄牙人在中国贸易的30多年中，尽管在本港口驻扎有两个小官吏，但是从来没有机会同其中任何一人交上朋友，他们反而越来越避嫌，洁身自好。”①

由此可以确定“提调”和“备倭”即“两个小官吏”。可见《澳门记略》的“前明故有提调、备倭、巡缉行署三”一语②，并不符实。

一、议大开首盗以通缉捕之穷。夫东粤多盗，亦其习染使然。一入其党，虽欲悔改，必见杀于同类，以故愈入愈坚，愈引愈蔓。或父窝而子盗，或兄窝而弟盗，或主窝而佃仆皆盗，或水陆并劫而蹿迹于渔农，或海外连䑸而混形于商贾。兵不胜盗，盗反欺兵，缉捕不既穷乎，莫若以盗攻盗，以群涣群，则首告之途不可不广。今后强盗自首与父兄出首，俱依律免罪。若并首同伙者，赏充兵。充兵后复能捕获真贼一起者，升队长；三起者，升总旗；捕盗六起者，升哨官。刻示遍谕，悉令晓悟。不惟遮卫其身，使已首者有所借以无恐，亦离间其党；使未首者有所疑，以解散。所谓广首盗以通缉捕之穷者如此。

五议为：“议大开首盗以通缉捕之穷。”粤东小民入盗习以为常，且呼朋唤友，上下包庇。由于盗匪踪迹甚广，于渔，于农，于海商，

① 金国平、吴志良：《从外籍考察澳门提调及提调司》，《东西望洋》，澳门：澳门成人教育学会，2002年，第334页。

② （清）印光任、张汝霖撰，赵春晨校注：《澳门记略校注》，澳门：澳门文化司署，1992年，第24页。

无不有之，官兵不能治。为瓦解匪伙，制定自行投案政策三条：自首者，免罪。亲戚出首者，亦免罪。解送同伙者，报以充兵。从军后，只要捕获真贼案一起者，便可升至管辖10人小队的首领。有三起业绩者，可升至指挥50人的总旗。捕盗功劳达六起者，可升至统领百人的哨官。这些措施要广为告之，收到安抚已认罪者，动摇未投案者的功效。

一、议立格赏罚以通比较之穷。夫寇盗不缉者，以比较无法；比较无法者，以赏罚不信；赏罚不信者，以功罪不明；功罪不明者，以格式未定。本道所辖每月应送比者，凡百有三十余处。临期杂沓，任其影射比较，不为故事乎？今刊立定格，庶便遵守。一定罪，信内被劫、杀人、放火、勒赎、奸污者为上罪。掠财者，为中罪。坐视邻境不救者，为下罪。二定功，当阵擒斩者为上功，追缉连贼并获者为中功，无赃及应援或经过捉获者为下功。三定罚，失事不报者，捆打，仍究以罪。失事报到本道，即照其所犯，亲笔填注于等第之下。有功员役即于所送衙门审问得实，亦亲笔于本道刻颁功票等第之下。该衙门即用印钤盖，付本人执照。每遇比期，本道执簿以稽罪，各员役执票以献功。上罪以上功赎，中罪以中功赎，下罪以下功赎。如无上功，两中当一上；两下当一中。各罪俱无赎，上罪责二十五；中罪责二十；下罪十五。每月终，县捕巡司各哨，俱差捕弓旗队赴道听比。季终，捕官、巡检及把哨，各亲带诸役赴道通比。年终，即殿罪一岁功罪，上其状于部院，而去留行焉。四定赏，各分把有缺，除三总哨，例用世官，存军政也。其新增三总，计各分把，不必拘拘世职。本道按簿查考，凡所属哨官功多者，即与选补。哨官有缺，即于旗队功多者选补。旗队以下，听各总哨序功选验。如一时俱无功次，然后行牌各该衙门，或世职，或杂流，以韬略、才局、技射，佐之捕官、巡检。岁终功多者，亦特为奖赏。是则功罪明，而赏罚核，未有不以擒贼为事，而争相劝惩者也。所谓立格以通比较之穷者如此。

六议为："议立格赏罚以通比较之穷。"为有效执行条例，订出了赏罚分明的标准。量罪具体规定为上罪、中罪和下罪。定功也分为上功、中功和下功。定罚后，要记注。立功后，刊刻功票，并发本人执照。还可以将功补过并有具体折抵之法。判定有罪，则按照二十五、二十和十五的规等予鞭刑，行赏也有则例。这是重要的保障条款。[①]

## （二）《澳门立石五禁》[②]

一、禁蓄养倭奴。本夷出自西洋，所役使者惟黑鬼耳，乃迩年收养倭奴渐众。夫倭为中国峻绝，轻入内地，法在必诛。我之疾视若仇，彼反招为牙爪。近（该）本道巡澳，谕以利害，勒碑严禁，各夷愿将倭奴遵发回国矣。第恐日久法驰，复踵前辙，今与诸夷约：此后市舶不许夹带一倭，在澳夷商亦不许再养幼倭。违者与夷一并擒拿，处以军法。据夷目、判官、议事头人、夷商咩吵唧咕你等佥具认状称，夷等栖澳六十余年，业长子孙，毫无违律。先年，叛贼曾一本、林道干犯城。蒙调，夷等随征。自出钱粮，冒死获功，班师给赏，功案可据。兹蒙本道巡澳，译谕再三，除将经奉查出倭奴，尽数驱逐回国。惟是夷等官商父母、妻

① 故宫博物院编：《喻氏疏议诗文稿　定辑存稿　芳洲诗文集　芳洲先生年谱》第 1 册，海口：海南出版社，2000 年，第 150—153 页。

② 关于五禁的研究繁多，最新的论述可参见何志辉：《澳门法制史新编 ——从法律多元到法典体系的变迁》，北京：社会科学文献出版社，2019 年，第 49—52 页。

儿、主仆，在澳栖址，咸遵宪法，各保身家，并无倭奴潜住内地。澳商不敢夹带一名为仆，来澳自罹取灭等情。本道巡澳复面讯前情无异，似应俯从。

《澳门记略》称“一、禁畜养倭奴：凡新、旧夷商敢有仍前畜养倭奴、顺搭洋船贸易者，许当年历事之人前报严拿，处以军法。若不举，一并重治”[①]。笔者看到《澳门记略》的“五禁”仅有60字，而《澳门立石五禁》则多达350字。《澳门记略》的文本虽简，但更符合示禁碑的文体。相比之下，《澳门立石五禁》字数很多，为我们理解简本“五禁”提供了之前所不知的诸多细节。下起，《澳门记略》之“五禁”称“甲本”，而《澳门立石五禁》称“乙本”。为行文方便，字数统计为约数。

澳门实际情况是，之前有西洋人之称的葡萄牙人仅使役黑人，后逐渐豢养倭奴。汉法严禁倭人内地。澳门为中国地，故不容许养倭。安性下巡的目的便是示禁、勒碑、驱倭；并与葡萄牙人约定，日后葡萄牙船不许夹带倭人来澳，在澳夷商也不许再蓄养幼倭。违者将处以军法。葡萄牙人中的“夷目”“判官”“议事头人”和“夷商咩吵唧咕你等”具签并做了申辩。上述人物的解释详下。

申诉有三层。一是说“夷等栖澳六十余年”，本文中还有“为西洋诸夷荐食者，凡六十年所矣”一语。“六十年”是整数，不难推算。“六十余年”则出了一道难题，无法算出具体是哪年。因有二说，所以不能作为推算葡萄牙人入居澳门的年代凭据。二是回顾曾一本与林道干叛乱时，曾随中国水师出剿。此次出征还动用了在澳门的闽人林

① 收录在康熙《香山县志》卷10，“外志”、乾隆《香山县志》卷8“濠镜澳”及光绪《香山县志》卷22“纪事”中的文字均为极简本。

弘仲（亦作林宏仲？[①]）。葡人称其为“Ni lao”。[②]汤开建和周孝雷将“Nilao”还原为“林老”。[③]通过朱纨的《申论议处夷贼以明典事以消祸患事》一疏，我们知道，林弘仲是福建长屿人。长屿是漳州九龙江口的“五澳”之一。[④]嘉靖四十三年（1564）因柘林兵变，不得已向澳门借兵时，俞大猷上书吴桂芳曰：“香山澳船，猷取其旧熟林弘仲者数船，功成重赏。”[⑤]从嘉靖二十七年（1548）朱纨填塞双屿港至嘉靖二十八年（1549）的福建走马溪之战，应该说俞大猷与林弘仲交过手，但俞用了一个很巧妙的“旧熟”，掩盖他们之间的真实关系。“旧熟”可友，可敌。笔者猜测，二人之间的关系应属后者。于是便出现了一个值得十分注意的问题。我们不禁要问：为何在浙、闽，对葡萄牙人及与他们为伍的林弘仲还是穷追猛打为，可到了澳门，却要屈尊求助剿。实际上，这显示了中方对葡萄牙人的基本态度发生了很大转变。我们已经论证过，安插葡萄牙人于澳门实乃有效分离葡萄牙人、中国海商和倭寇的上上之策。从双屿被驱逐后，葡萄牙人及随从的华

---

① （明）朱纨：《甓余杂集》卷5《申论议处夷贼以明典事以消祸患事》，天津图书馆藏明朱质刻本，四库全书存目丛书编纂委员会：《四库全书存目丛书》集部第78册，济南：齐鲁书社，1997年，第141页。

② 〔葡〕若昂·埃斯科巴尔：《关于至高至强之塞巴斯蒂昂国王派往中国的使节团的评述》，〔葡〕罗里路：《澳门寻根》，澳门：澳门海事博物馆，1997年，第112页上有一汉译。我们使用的是 Jorge Manuel dos Santos Alves, *O Princípio do Estabelecimento dos Portugueses em Macau, Um porto entre dois impérios: estudos sobre Macau e as relações luso-chinesas*, Macau: Instituto Português do Oriente, 1999, pp. 160, 173 上的版本。

③ 关于“Nilao”的还原，还可参见周孝雷：《俞大猷的海防地理思想与海防实践研究》（暨南大学硕士学位论文，2015年）第80页及汤开建、周孝雷：《澳门开埠之初（1564—1580）葡萄牙人对三次中国海盗活动的应对与处理》，《海交史研究》2017年第2期，第24页。

④ 徐晓望：《大航海时代的台湾海峡与周边世界明代前期的华商与南海贸易》第1卷《海隅的波澜》，北京：九州出版社，2019年，第322页。

⑤ （明）俞大猷：《与两广军门自湖吴公书十九首》之《处柘林叛兵》，俞大猷撰，廖渊泉、张吉昌整理：《正气堂全集》卷15，福州：福建人民出版社，2007年，第369页。

商一路西逃至三洲，又往东折回。先是过渡到浪白滘，后定居于澳门。这个过程说明了中国一直在控制事态的发展，为我所用。俞大猷与林弘仲之间关系的化敌为友为中葡关系巨变的大背景做了一个最佳诠释。林弘仲竟然还做上了“各色把总”。[①]我们推测，这是以中国十二生肖动物顺序编号，因动物肤色不同，故称“各色”。把总为明及清前中期陆军基层军官名，明初多以功臣、外戚充任。在明代属京营、边军系统，秩比正七品，次于军中统率千名战兵之千总（守备），麾下约有战兵四百四十人。三是保证遵海道之禁，清除澳倭。保证遵纪守法，以澳为家，严防倭奴潜入内地并许诺澳商不夹带倭奴来澳。

文中的“夷目”“判事”“议事头人”和“夷商咩哕唧咕你”这四个职名或人名，需做一简释。

1.“夷目”即“夷人头目”之意。头目意即“首领”“头人”。在澳门和香港使用的情况，总结起来，可有如下几个含义：少数民族地区和边疆的头人，如“哈密三种夷目”“乌撒府夷目阿备”“夷目潘富涯劫杀贩夷商人”；儒家文化圈的外国首领，如“安南夷目莫登庸”。外国人的元首。在澳门历史上，它并不指一固定职务。我们看到，有一种定义：“濠镜澳中夷目为西洋理事官。”用作这个词义的还有：“澳门夷目喽嚟哆。”还可简作“澳门夷目”“澳夷目”等，有时是指兵头或总督，如“西洋夷目”“居香山县之澳门者，统以夷目”。这个含义在“镇守夷目”和“大西洋遣夷目守之”中便更为明显。总的含义是外人头领，如“领兵夷目”“弥利坚国夷目”“夷目伯麦毕霞”和“夷目义律”等。

2.“判事”，亦称判事官，主审理与裁决狱讼，指澳门议事亭的

① 参见周孝雷：《俞大猷的海防地理思想与海防实践研究》，暨南大学硕士学位论文，2015年，第81—82页。

主要成员判事官或西洋判事官，与其对应的葡语是“juíz ordinário”。“ouvidor”，也作“desembargador ouvidor”，通常亦作“王室大法官”，它在葡语中的意思是“上诉法官”。

3.“议事头人”一名，对于澳门学意义重大。这是明代对理事官或喽嚟哆的称呼。此系首见。澳门的政治制度与中国西部民族的政治制度有着某种相似性。唐、宋二朝在西部民族地区推行土司制，这是在民族地区实行的一种政治制度。它滥觞于秦汉时期，萌芽于魏、蜀、吴三国时期，于唐、宋时期产生羁縻府州制的雏形，并定型于元，鼎盛于明，衰落于清，残存于民国，终结于20世纪50年代中期的民主改革与民族区域的自治制度。

所谓土司制度是历代王朝普遍利用原住民上层人士担任当地政权机构的长官，使之听命于朝廷。同时，按“旧俗”对原有部属和辖地进行世袭统治，以确保民族地区的稳定。这种制度的实质在于暂不触动各少数民族土司已有的生产、生活方式和利益分配格局，利用原有的统治机构，通过对民族酋领加封一些不同于内地的职名和封号，使之服从于朝廷。在西部民族地区管理机构设置方面，明朝设置了布政使司、府、州、县，以及都指挥使司和各级土官、土司，层层节制，管理较为严密。土司土官的义务是谨守疆土、修职贡和供征调，即对朝廷主要履行朝贡、缴纳赋税、征集土兵三项职责。朝贡的意思是，土官、土司接受朝廷授予封号、爵位后，为表示忠顺之心，须向朝廷纳贡。

在澳门的葡萄牙人看来，500两地租便是一种贡纳。澳门无赋，但需缴纳进出口税。就征集土兵而言，土官、土司必须承担按朝廷指令，率兵出征的职责。如此看来，葡萄牙人多次出兵帮助中国征剿是他们居留澳门应尽的义务。明王朝多以外在强制和内在权力渗透相结合的方式对民族地区土官、土司进行监督，使土官、土司的权力受到压缩和控制，防止土司违法或叛乱。明王朝对澳门的监督和指导，是在严密的军事防御体系之下，由两广总督来执行的，而最高执行者为海道。

从习惯法则上来比较土司地区和澳门，我们看到，在西部民族地区，土官、土司为直接统治者。除设置土司衙门和监狱外，养有土差、土兵外，还自定有调节社会治安、纳税、债务、生产、土地等方面的“土规”“土律”条文，以治土民。在澳门，葡萄牙人的自治机构议事亭（议事会）也有自己的办公场所及监狱和维持治安的巡逻队。在法律层面，以葡萄牙国内法和教会法为主，但中国法的某些条款也有适用性。从统治法则的角度而言，土司占有辖区内的土地、森林、河流等资源，是辖区内的世袭最高统治者，仅在一定程度上受制于封建王朝的州县地方政权。

联系到澳门的情况，议事亭不占有澳城内的土地，也不是世袭，同时受制于葡属印度和中国两广地方政府。澳门为华地，自当从华俗。长久以来，学者对澳门制度的起源与模式进行了有益地探讨。我们曾经提出过与蕃坊类似的看法，引起了一定的讨论。在此，我们想再做些补充。首先，澳门制度的形成，既是脱胎于中国制度，又植根于葡萄牙法律体系。

说脱胎于中国制度，也不可以简单地理解为一种治理形态，而是融合了多种形态，如蕃坊制、羁縻制、土司制等后产生的一个新的制度模式。在此，我们叙述、比较一下土司制与澳门制度的异同。1949年前，云南西双版纳有“议事庭”，傣语称“司廊”，这是由主管军、政的主要官员四大卡贞和分管各猛土司的官员“波朗”组成的最高政权机构。

议事庭长称“召景哈”，每年于关门节和开门节期间定期举行会议、商议有关西双版纳全局性的各项事宜。召片领不出席议事庭会议，但对会议决定事项有否决权。议事庭闭会期间由其成员处理日常事务。

在各猛土司政府中也设有类似的议事会，傣语称“贯”，为下一级的议事和权力机构。

我们惊喜地看到，云南西双版纳的“议事庭（议事会）”与澳门的“议事亭（议事会）”有着极高的相似性，因此，我们有理由认为，“议事庭（议事会）”是“议事亭（议事会）”最主要的起源之一。可能中国当局在制定对澳政策时，并未明确地套用“议事庭（议事会）”制，但实际上是在中国的推力下，出现了异曲同工的治理模式，且得到了葡萄牙法律体系的“被动”认可。比较而言，澳门制度有其特点。最大的特点便是它融合了中葡两个不同体系，形成了一种适用于澳地的法律安排体系，这是中西交流在制度方面的体现。如果说中国在少数民族地区“以土司治土人”，那么在澳门则是以“洋司”治洋人。“议事头人”即“议事牵头人”之意，“旧时中国某些少数民族称首领为“头人”，旧时亦称地保为“头人”。在此恐怕具有上述词义。不管怎么说，在中国官方的眼中，“议事头人”中的实际地位不过是一个管理洋人的“洋地保”。

“议事头人”，中国官方档称之为“唼嚟哆”。[①] 葡萄牙人通常自称为“督理濠镜澳事务西洋理事官唼嚟哆”，或简称为“西洋理事官唼嚟哆”“西洋理事宫”“理事官唼嚟哆”和“澳门唼嚟哆”等。这是议事会市政议员（Vereador）的译音，实际上是指“Procurador”。成书于乾隆十六年（1751）的印光任、张汝霖所撰《澳门记略》卷下《澳蕃篇》载：“理事官一曰库官，掌本澳蕃舶税课、兵饷、财货出入之数，修理城台街道，每年通澳签举诚朴殷富一人为之。”[②] 同

① 金国平：《夷目唼嚟哆考证》，《西力东渐：中葡早期接触追昔》，澳门：澳门基金会，2000年，第111—112页。

② （清）印光任、张汝霖撰，赵春晨校注：《澳门记略校注》，澳门：澳门文化司署，1992年，第152—153页。

书《澳译》载之“管库”的葡文对音为“备喇故路多卢”[①]，即葡语的“Procurador”。

关于“理事官”一职，历代《香山县志》多有记载。[②]尤以《（道光七年）香山县下恭常都十三乡采访册》之记载为详：“理事官，一名管库，一年一任，向在澳之四大头人中公举为之，近在小西洋旨意，着某某为之，而仍系在澳之有面者遴选，督理濠镜澳事务，凡有事，闻于官，以唛嚟哆出名文，上县用呈字，遵汉文，县行拘提，则牌仰理事官。”[③]

“咩吵唧咕你”的身份是“夷商”或“官商”，尤其是后名极其准确。我们知道，中国和日本航线的特权是要开价拍卖的，因此，具有了官（王）商的身份。从广义上来说，在中国人眼中，官（王）商属于夷商。崇祯元年刊刻的《全边略记》记载：“十月，粤督张鸣冈奏：粤海旦夕以濠镜澳夷为虓，多蓄倭奴，以为羽翼。臣令道臣喻安性、香山县令但启元躬视澚中，宣上威德，献出倭夷一百二十三名，待以不杀，令归本国，已载舟而挂帆矣。夷目咩吵唧口姑口你等立状，为之永禁。”[④]

在方孔炤的笔下，此人为“夷目”。孰是孰非？从实际情况来看，方孔炤无误，而做了实地考察的安性却是说错了，这说明安性对“咩吵唧咕你”的真实身份了解不够，或通事译错，或书办记载有误所致。“咩吵唧咕你”是葡名“João Serrão da Cunha”之译音。查此人的职务

① （清）印光任、张汝霖撰，赵春晨校注：《澳门记略校注》，澳门：澳门文化司署，1992年，第190页。

② 汤开建：《天朝异化之角16—19世纪西洋文明在澳门》上，广州：暨南大学出版社，2016年，第310—311页。

③ （清）王廷钤等：《（道光七年）香山县下恭常都十三乡采访册》卷上，《澳门纂略》清抄本（影印本），北京：国家图书馆出版社，2010年，第42页。

④ 王雄编辑点校：《方孔炤·全边略记》，《明代蒙古汉籍史料汇编》第三辑，呼和浩特：内蒙古大学出版社，2006年，第349页。

是“o capitão-mor de Macau（澳门甲必单末）”，他在澳门期间，行使统制一切的权利，是最高当局。因此，方孔炤称其为“夷目”属实。

> 一、禁贩卖人口。夷人得中国子女，辄削发易服以供奴婢，甚或铃钛而禁锢之。俟舶开洋，载往外夷，卖为臧获者，岁以百十计，大为粤民蠡害。夫夷人窃居华地，食我土毛，彼不奴华幸已，而反奴华人，其于尊崇国体何居？本道当于巡澳日，据各夷控愬夷奴盗逃充兵，当与之约：寨哨不许收夷奴充兵，夷商不许收买唐人子女。彼皆唯唯，业揭示禁。近且详奉允行刻榜矣，合再申饬：此后遇有奸棍拐诱唐人下澳，并不许夷人收买一人。如有违犯，提调澳官督同和尚头、夷目，勒令本夷实时送出。若占吝不发，就纪名于佥具认状称，夷等老旧夷商妻室在澳日久，不敢违犯。惟新到夷商事靡周谙，澳中流徒间有拐带良人，新商误买。出乎不知，情有可原。兹奉明禁，业经屡次拿获唐奸拐诱，人赃解香山究罪案证，自后不敢故犯等情。本道巡澳复面讯前情无异，似应俯从。

《澳门记略》称“一、禁买人口：凡新、旧夷商不许收买唐人子女，傥有故违，举觉而占吝不法者，按名究追，仍治以罪”。“甲本”为45字，而“乙本”为390字。

汤开建已经指出：“守澳官，这里之‘澳’并非指澳门，而是指港口，澳即港口。”[①] 除了常用的史料，我们再补充一条明确的史料：《粤海关志》载：“明初置互市，其番舶之来泊无定所，率择滨海地之湾环者为澳。若新宁则有广海、望峒，东莞则有虎头门、屯门、鸡栖，香

---

① 《明朝在澳门设立的有关职官考证》，汤开建：《澳门开埠初期史研究》，北京：中华书局，1999年，第175页。

山则有浪白、濠镜，皆置守澳官。”[①] 也就是说，凡有番船停泊之澳口均有“守澳官”，在澳门亦称“提调澳官”。葡语文献中作“Mandarins ou Justiças do Porto（澳官或澳执法官）”和“Mandarim do Porto（澳官）”。[②]

> 一、禁兵船骗饷。夷人互市之初，凡舶到澳即报抽输饷，廪廪奉约束惟谨。迩来狡谲日生，托言红毛阻截，假称护送兵船，抗丈匿税，额饷日亏，坐令受役者之蒙参，当事者焦劳拮据、那移抵补。兹部议云：堂堂天朝岂少此二万之饷，莫若亟捐，勿与之市，但念此端非自各夷本心，或出奸棍拨置，拨弄机关耳。今与诸夷约，以后凡市舶到，不拘大小式样，即入澳投抽纳饷。敢有仍前妄称兵船，抛泊大调环、马骝洲等处外洋，迁延不服丈抽；即听丈抽，亦不许抛泊外洋。违者，实时调集兵船，将本船人货焚戮，绝不姑息。据夷目、判事、议事头人、夷商咩吵唧咕你等佥具认状称：夷等自投澳以来，洋船到港，大小例有规则等第，丈抽纳饷，毫莫敢违。苦因红毛中途阻截、掠货烧船；杀死夷商、本倾命没，致鸣国主拨发兵船护来，并无载货，难凭抵饷。蒙照货船一例征饷，各兵穷惶飘风回国苦累。夷等贱纳完官，书回国主，后并不许兵船护来。其若货船到港，照例规则，丈量纳饷，不敢故违，自取罪戾等情。本道巡澳复面讯前情无异，似应俯从。

《澳门记略》称“禁兵船编骗饷：凡蕃船到澳，许既进港，听候丈抽，如有抛泊大调环、马骝洲等处外洋，即系奸刁，定将本船人货焚戮”。“甲本”为50字，而“乙本”为430字。

---

① （清）梁廷枏总纂，袁钟仁校注：《粤海关志校注》，广州：广东人民出版社，2002年，第503页。

② 金国平、吴志良：《从外籍考察澳门提调及提调司》，《东西望洋》，澳门：澳门成人教育学会，2002年，第330—333页。

所谓“兵船”因荷兰人而起，因此，需对荷—葡—西关系做一历史背景的介绍。今荷兰地区，从1477年开始成为西班牙哈布斯堡（Habsburgo）王朝的领地。1568年，荷兰发动起义，反抗西班牙君主。1579年，宣布成立低地（尼德兰）七省联合共和国（República das Sete Províncias Unidas dos Países Baixos）。葡萄牙原本与荷兰并无冲突，但因王位的继承，被卷入了荷兰与西班牙的矛盾。年轻国王唐·塞巴斯蒂安（D. Sebastião）在北非阿尔卡塞·基比尔（Alcácer Quibir）战场失踪，未留下继承人，加之摄政枢机主教——国王（cardeal-rei D. Henrique）唐·恩里克的去世使西班牙哈布斯堡王朝的菲利普二世（Filipe II）继承了阿维斯（Avis）王朝的王位，史称葡萄牙菲利普一世（Felipe I）。葡萄牙开始听从埃斯科里亚尔宫（Palácio de El Escorial）的指挥，这造成了葡萄牙外交关系格局的急剧变化。

传统上，作为小国，葡萄牙在欧洲的冲突中，保持中立，与大西洋轴心国结盟，被纳入“二元王室”后，葡萄牙自然而然地成为西班牙菲利普二世的敌人所攻击的对象，葡萄牙王国及葡萄牙帝国都面临军事冲突的危险。16世纪末，尼德兰七省中最有活力和最富裕的荷兰迅速发展，积极参与了所谓的欧洲第二次扩张浪潮。作为一个海上和商业城市，阿姆斯特丹很快取代了繁荣一时的安特卫普的地位。阿姆斯特丹拥有强大的造船业，聚集了一批具有雄厚资本、商业经验丰富和雄心勃勃的企业家。还有一个重要的历史因素：阿姆斯特丹有着一个重要的犹太社区。他们的成员具有葡萄牙血统，资本充裕，消息灵通。最后还有一个极其重要的条件：1583年至1588年间任果阿大主教秘书的荷兰人林旭登（Jan Huygen van Linschoten）大力收集了葡萄牙人在东方的航线、港口及贸易物品的信息并于1596年将其刊印成书，广传天下。与此同时，菲利普二世实施了对荷兰人的商业禁运，迫使他们另辟蹊径，自己去打开富庶东方的大门。

在此背景下，荷兰人和葡萄牙人拉开了在东方角逐的序幕，“荷兰人的海上封锁”[①] 开始形成。作为东方贸易重镇的澳门，自然成为荷兰人的重点封锁和攻击的目标。[②] 面对形势，葡萄牙人采取了用“兵船”护航的措施。[③]1595 至 1597 年之间，荷兰人首次“探险”亚洲，但只限于完成了地理勘测以及与爪哇岛西部地区的万丹（Bantem）苏丹国的接触。

1602 年，荷兰东印度公司（VOC）成立，开始了在东方的活动。1603 年 2 月 25 日破晓，荷兰人在新加坡海峡，袭击并捕获了当时为葡萄牙海军服务的船只“西奈山卡塔琳娜圣母（Santa Catarina do Monte Sinai）”号。[④] 它当时运载一批中国货，包括糖、棉布[⑤] 和瓷器，

---

① António Henrique R. de Oliveira Marques, *História dos Portugueses no Extremo Oriente*, Vols. 1-2, De Macau à periferia : [séculos XVI - XVII],Lisboa: Fundação Oriente, 2000, p.422.

② 关于这个问题，可见 Alexandra Pelúcia, *Predadores tornados presas: o embate entre Portugueses e Neerlandeses, Corsários e piratas portugueses: aventureiros nos Mares da Ásia*, Lisboa: A Esfera dos Livros, 2010, pp.71-80。

③ André Alexandre Martins Murteira, *A Carreira da Índia e o Corso Neerlandês 1595-1625*, Dissertação de Mestrado em História dos Descobrimentos e da Expansão Portuguesa (séculos XV-XVIII), Faculdade de Ciências Sociais e Humanas da Universidad Nova de Lisboa, Lisboa, 2006, p.120.

④ Peter Borschberg，郭颐顿译：《“圣卡特琳娜”号事件——十七世纪初的荷兰海上掳掠葡属印度殖民地及亚洲区域贸易》，《文化杂志》第 64 期，第 167—180 页及金国平：《伊比利亚文献所见“克拉克瓷”名实考》，《澳门学：探赜与汇知》，广州：广东人民出版社，2018 年，第 133—149 页。

⑤ 在欧洲大航海时代以后的所谓“海上丝绸之路”，丝绸只是一种代表符号。实际上，无可否认，早期的贸易有丝绸，但之后贩卖最多的是棉纺织品，尤其是“松江布”。丝绸虽昂贵，但总的贸易利润可能还不如棉布，因为棉布的销售量大。根据葡萄牙和西班牙文献记载，葡萄牙人和西班牙人很早便开始贩卖“松江布”。关于这个问题，可见金国平：《葡萄牙语和西班牙语中关于“松江布”的记载及其吴语词源考》，《史林》2015 年第 1 期，第 52—60、220 页；金国平：《〈澳门记略〉“耕架”词源考》，《澳门研究》2016 年第 2 期，第 74—116 页。

从澳门驶往果阿。此为一艘克拉克（Carraca）船，所以荷兰人将船内大量瓷器称为克拉克瓷（荷兰语：Kraakporselei）。[①]

此事惊动了菲利普二世。他命令葡属印度（Índia Portuguesa/Estado da Índia）总督采取应付措施，之一便是派船护航。葡萄牙无力拥有大量的军舰，于是便征用私人船只，在“私掠制”下，代替兵船。这在欧洲历史上是一种惯用的办法。从事这种职业的人，葡语称“corso/corsário（私掠者）”，英语作“privateer”。私掠者是指由国家颁发私掠许可证，可攻击或劫掠他国船只的人。执行私掠的船只通常被称为私掠船或武装民船，船长被称为私掠船长。严格来说，只有在战时，私掠行为才获允许。

在 16 至 19 世纪期间，武装民船通常被认为是属于国家海上武装力量的一部分，其性质类似常见的陆地雇佣兵，私掠船通常被利用来破坏敌国的海上贸易线。对于海上力量弱小的国家来说，这是一种战胜强大敌人的好办法。以此方法，不少国家在不花费大量经费的情况下，用民用船当作后备力量，建立起自己的海上武装，同时还培养了大量优秀水手和军官。私掠船攻击敌船所获得货物，通常会在指定地点拍卖。其收入按照一定比例归船长、船员和授权国（皇室）所有。必要的时候，私掠船还会被征调为军舰参加战斗。

这种私募船的主要使命是护航，但在护航的过程当中也不排除夹带货物，从事商业活动。这种身份获利丰厚，既从雇主那里受薪，又从贸易中渔利，甚至还可能从事海盗行径，得到意外的收入。来到澳门的“兵船”，大部分属于此类。本来就是私船，来澳经商盈利无可避免，即便是真的军舰，也难防止走私夹带。当时的中国和日本航海

① 金国平：《漳州瓷——“克拉克瓷”之葡语名称》，《澳门研究》2013 年第 3 期，第 62—72 页。

权是要拍卖的，但作为守护船只，可随船队活动，又不用缴纳拍卖金。到了澳门后，又不纳税进港，而是以“兵船”的名义，停泊在澳门附近的港湾。中方或许并不了解这个背景，但粤地的税收却是有所损失，于是便做出了针对性的规定，以杜绝之，确保税收益。

自万历起，澳门税收改为丈抽制，并令市舶提举征收，县官稽查盘验。实行此制后，葡萄牙船到澳，借口护航军舰并不进港，而是“抛泊大调环、马骝洲等处外洋”，以逃避“丈抽”。

> 一、禁接买私货。往昔夷货，皆从省城置卖，故多真实。迩来奸徒潜搬下澳发卖，缘为奸欺瞒税饷。私货岂直白手交付，毋亦视价低昂耳？彼奸徒触禁罔利，未有肯折本，而售公买私，均用价值，诸夷亦何乐就于私贩，而冒不法之名乎？且东粤无通贩于夷，倘诸不与接买，则番货无从所之，是必充积会城，任从拣择物之真伪，莫敢或欺价之低昂，便能质正而又尽数报官，输錙铢之饷，明明正正，岂不顺哉？今与诸夷约：此后如有奸徒潜运货物到澳，并不许接买丝毫，仍许夷人执送提调司验明，详报本道，即将所获之货尽行给赏，船器没官。此法一行，而私贩可杜矣。据夷目、判事、议事头人、夷商咩吵唧咕你等佥具认状称，公私货物价值均然，夷等何苦求私干法。讵因奸徒罔利，辄装私货下澳。以后遵禁密拿，解究求滋给赏等情。本道巡澳复面讯前情无异，似应俯从。

《澳门记略》称“一、禁接买私货：凡夷趁贸易货物，俱赴省城公卖输饷，如有奸徒潜运到澳与夷，执送提调司报道，将所获之货尽行给赏首报者，船器没官。敢有违禁接买，一并究治”。“甲本”为75字，而“乙本”为350字。

这是一个缉拿走私与防止漏税的条款，针对的是中国走私贩子。

税收是国家为了实现其职能的需要，凭借政治权力，按照法律规定的标准，强制、无偿地参与社会剩余产品分配而取得财政收入的一种规范形式。税收是一个古老的经济范畴，任何形态的社会均有之。作为财政收入的一种特有的重要形式，税收具有强制性、无偿性和固定性等特征。走私是不依法令规定纳税或不遵守政府管制物资的规定，而私运货物到某地的犯罪行为。

澳门地处海岛，位于中国官方统治的边缘，再加上中国虽拥有主权，但治权由葡萄牙人在中方监督下执行，因此，更加容易滋生偷税漏税的走私现象。为确保国家税收的固定性，专门制定了这条强制性的条款，督促葡萄牙人执行，确保中国的国家经济利益，还对举报有赏做出了规定。葡萄牙人承诺严格遵守，缉拿走私，送交法制。

明朝还未在澳门设立海关，因此，规定了所有的走私案件都由提调司处理。由此看来，提调司是一个在澳门常驻或定时办公的中方机构。安性的同时代人，刑科给事中郭尚宾在万历四十一年（1613）的《题为粤地可忧防澳防黎疏》中说："夷人忘我与市之恩，多方于抗衡自固之术。我设官澳以济彼饔飧，彼设小艇于澳门海口，护我私济之船以入澳，其不容官兵盘诘若此。我设提调司以稍示临驭，彼纵夷丑于提调司衙门，明为玩弄之态以自恣，其不服职官约束若此。番夷无杂居中国之理，彼且蓄聚倭奴。若而人，黑番若而人，亡命若而人，以逼处此土，夷人负固怀之罪不可掩也。抽饷有每年难亏之额，彼乃能役我兵船数只，兵数百名，护货如许以入澳，夷人善匿亏饷之罪不可掩也。"①

之前的研究，对"提调"往往一笔带过，并未深究其职能。明代的"提调"，在元朝称"提调官"，是一种很广泛的机构设置。"元

① 郭尚宾：《郭给谏疏稿》，北京：中华书局，1985年，第12页。

代提调官通常为临时派遣或兼职，按照职责范围将其大致分为两类：一是为提调某一职能部门，如国子监、宣文阁、太史院、留守司等。”[①]提调，在军事方面是指挥调度，在民事方面是管理调度。澳门的提调是管理与调度澳门一切事务的差官。我们猜测，明代澳门的“提调”也是一种临时派遣或兼职。具体到其权限，“提调官不同于其他职官，职权范围很广，因其内容而异。提调某机构时，则机构内各种事务均可统之；提调某领域时，此领域皆能协调之。除了大量由已有职位官员前去提调外，还有一些专职提调官的设置”[②]。笔者判断，澳门的“提调”是统一管制澳地治安的机构，其人员应该属于有职官员。“提调”，既可作为官员名称，亦可用作官署名称。在后一种情况下，亦作“提调司衙门”，葡语文献作“justça（执法部门）”。[③]

约作于1615至1622年间的《澳门平面图》，花王堂及三巴寺的上方有一方框，其中标示的文字是“Caza do Mandarim（官府或官衙）”。就其位置来看，似在白鸽巢。另外，从龙思泰“不法行为从前都在此得到极刑处置”一语可知[④]，官场（Campo de Mandarim）是“Caza do Mandarim”的所在地。平面图标示的“Caza do Mandarim”区域很大，面积超过其左侧花王堂及右侧三巴寺的总和。从其占地范围及龙思泰关于“处置”“不法行为”的叙述来看，可以推断是明代提调司的衙署。

---

① 潘洁：《黑水城出土钱粮文书专题研究》，银川：宁夏人民出版社，2013年，第1页。

② 潘洁：《黑水城出土钱粮文书专题研究》，银川：宁夏人民出版社，2013年，第4页

③ 金国平、吴志良：《从外籍考察澳门提调及提调司》，《东西望洋》，澳门：澳门成人教育学会，2002年，第333—334页。

④ Anders Ljungstedt, *Historical Sketch of the Portuguese Settlements in China: And of the Roman Catholic Church and Mission in China; A Supplementary Chapter, Description of the City of Canton*, republished from the Chinese Repository, 1836, p. 30.

除了澳门以外，其他地方也见设立，且大多建于万历年间，如“万历二十二年（1594），于修仁县设石墙提调司，驻南隘营兵34名，守寨堡兵12名”[①]。“提调司”的守官是把总，如《（雍正）平乐府志》载：“寨堡十二石提调司，万历二十二年置。今委把总一员汛防。”[②]

由此推断，澳门的“提调”应该是“香山把总”或“关闸把总”的差官。更有文献确切地说明：“五将提调司……提调司即今之把总也。”[③]此亦为万历年间事，因与并列的有“备倭”，故是香山地区的把总，而不是备倭把总的差官。

总之，“提调”或“提调司”应该是万历年间的一种派出的官员或机构。如果说把总为武职中最低者，那么由他派出的差官的级别应该是低于他，换言之，是他的代表，派出机构的级别也次于把总。[④]

我们初步判断澳门“提调”是由戍守澳门的“关闸把总”派遣，此职也称“澳门把总”。如雍正三年（1725），“广东提督臣董象纬谨奏，为奏闻事。雍正三年三月二十四日，据香山协副将汤宽禀，据拨防澳门把总刘发报称……”[⑤]，又《（嘉庆）新安县志》载：“樊安邦邑之大田人，任香山澳门把总。”[⑥]

---

① 荔浦县地方志编纂委员会编：《荔浦县志》，北京：生活·读书·新知三联书店，1996年，第743页。同样内容见于《（雍正）广西通志》和《（嘉庆）大清一统志》等。

② 故宫博物院编：《（雍正）平乐府志》，海口：海南出版社，2001年，第243页上。

③ （清）陆焞纂修：《（乾隆）昭平县志》卷6，光绪十七年重修本，第31页。

④ 王东峰：《清朝前期广东政府对澳门的军事控御》内载《清朝前期山寨驻军情况一览表》；林广志、夏泉等编著：《西学与汉学 中外交流史及澳门史论集》，上海：上海古籍出版社，2009年，第199页。

⑤ 中山市档案局（馆）、中国第一历史档案馆编：《香山明清档案》，上海：上海古籍出版社，2006年，第171页。

⑥ （清）王崇熙、（清）舒懋官：《（嘉庆）新安县志》下册，台北：成文出版社有限公司，1974年，第121页。

新安縣志

姚[illegible]城外[illegible]人任大鵬把總
樊安邦邑之大田人任香山澳門把總
溫士隆邑之西鄉人任虎門把總
黃世賓城外新街人歷官大鵬營守備
鄭　佐大涌人任[illegible]洲營守備
鄭廷楨大涌人任福建安平協守備
鄭廷[illegible]大涌人任福建水師提標千總
黃鎭邦新街人任左翼鎭把總
鄧[illegible]瑞邑之西鄉人歷官千總
劉[illegible]德邑之西鄉人任虎門營把總
錢[illegible]亮城內人任虎門營把總
劉元望[illegible]洲人任大鵬營把總
陳適先邑之白石人行伍歷官高州營守備

武職　下卷

《（嘉庆）新安县志》

鸦片战争时英军在关天培书房内侵夺之《前山—澳门防御图》（藏大英图书馆，感谢澳门科技大学提供）

关闸汛守兵有增减。“把总一员，带兵六十名，专防关闸汛地；外委一员，带兵二十名，协防关闸外里许之望厦村；并将同知旧管之兵丁九十名，再新兵十名，交水师千总，督率外委一员，管带驾坐桨船，在澳门之东、西、南三处海面，往来巡查。”[①]“距澳门五里，即系前山营所辖之关闸汛，为限制澳夷之界。该处向就河内通海沙脊，障以石垣，设立一门，以通行旅，派有把总带兵四十六名防守。”[②]

前述两条分别针对外商和中商，从市舶及课税制度强化了对澳门的商务管理，表明对偷漏税的防范日趋严密。

> 一、禁擅自兴作。濠镜澳，乃中国内地，岂外夷所敢窃窥？只缘夷人慕义来王，初许结茅，暂为栖息，不虑其擅自造作土木，并典谬为世不拔之业。如本澳房舍，犹谓爰居计耳。至筑造吀吧嚧寺，俨若雉堞。与高创铳台，置顿大铳，以备御敌之具。此其

---

① （清）梁廷枬总纂，袁钟仁校注：《粤海关志校注本》，广州：广东人民出版社，2002年，第399页。

② （清）梁廷枬总纂，袁钟仁校注：《粤海关志校注本》，广州：广东人民出版社，2002年，第406页。

> 意向叵测，甚属悖戾。今与诸夷约：除住舍前已落成，遇有朽坏，准照旧修葺外，以后凡有夷商来市，原无家产在澳者，俱令就船住宿，不许新建房屋。在澳夷商，亦不许添创亭舍。敢有擅兴一土一木，即系违禁。提调、备倭、巡缉官飞报本道，差官拆毁焚烧，本夷重治。各官如有阿纵隐匿不报与报衍期者并捆拿，处以军法，决不姑息。据夷目、判事、议事头人、夷商咩吵唧咕你等佥具状认称，夷等贸易来澳，搭寮栖址，因暴风雨，飏茅露宿，苦楚隆冬。火灾，货命焚丧。哀告怜准，盖瓦存身。讵遭红毛贼寇，连至三次劫杀，夷等缩首就刃。不已，筑闸关，拦铳台，防惧红毛，非敢他奸。其吀吧［嚧］寺，通澳安供天主神佛，男女受戒。礼拜设于高山，以洁香火；戒恶劝善，并训幼夷道理书字，专为福事，可查可勘；况且澳地独山，四边洋海，又无田地，澳夷童叟，靠赖省城官票，给商运米，得足日食。敢怀奸轨，自取父母、妻儿、亲族灭门大祸。自后，除旧房屋朽坏，告乞给发木瓦等料修葺。新来贸易夷商，澳中原无妻室，不许新建房屋等情。本道巡澳复面讯前情无异，似应俯从。

《澳门记略》称“一、禁擅自兴作：凡澳中夷寮，除前已落成遇有坏烂准照旧式修葺，此后敢有新建房屋，添造亭舍，擅兴一土一木，定行拆毁焚烧，仍加重罪”。“甲本”为65字，而“乙本”为565字。

为确保对澳门主权，必须以绝对的驾控，限制其发展规模，既要考虑到葡萄牙人的生存需求，又要钳制其膨胀，避免产生占领之心，因为“濠镜澳，乃中国内地”，但后来葡萄牙人却认为澳门的屋宇是他们的恒产。有三种情况：1. 自居屋宇。2. 建筑高大如城墙的教堂。“吀吧嚧”是葡语“São Paulo”的全译，而且反映了“o”弱化成“u”的发音特点。准确之程度令人叹为观止！“三巴”可还原为“São

Pa”，从语音的角度来讲，“吀吧嚧”一译胜超“三巴”。此系首次将“São Paulo”译为“吀吧嚧”。3. 军事建筑。葡萄牙人创设炮台，遍布火铳，借口是备御外敌，但安性则不以为然。炮口可对外，也可以调转过来对内。

笔者认为，“禁擅自兴作”条最主要的是限制葡萄牙人兴建军事设施，所以与葡萄牙人约定：“老夷”可照旧修葺，但“新夷”只能“就船住宿”，严禁新建房屋。要求提调、备倭和巡缉监督执行，违者严惩不贷。对中方各级官员的隐匿和姑息，也做出了予以惩罚的规定。

笔者体会到，“五条”犹如一把双刃剑。对外，约束规范葡萄牙人在澳的行为；对内，明定中国各级官员在澳执法的职责和对相应的失职与渎职处罚。这样做的终极目的在于将澳门保持在平稳之中。稳住澳门便是保住了“银源”。我们需要再强调一遍，这是中方治澳的根本点。对房屋问题，葡萄牙人做了一番历史陈述。早期草寮上的茅草被吹开，过冬艰难。另外，草、木易燃，且常遭受祝融之灾，所以，在他们的恳请下，中方同意“盖瓦存身”。此说可信，因为澳门从来被视作中国内地，在中国的绝对主权管辖之下，葡萄牙人的任何举动、行为都逃不过中国的监控。无中国官方的首肯，葡萄牙人不能逾越做任何事情。

关于建造炮台的起因，他们不断援引防御荷兰人之说。为加强防御，两个具体步骤得到了实施：葡萄牙人不停地建筑“闸关”。闸关的意思是水陆关口。在古代澳门是指街道两端的街门。在集体记忆中，尚有石闸门一名。澳门老居民称草堆街与营地大街交界附近一带为“石闸门”。“石闸是由石块堆砌的，故名。位于关前街与营地大街的接连处；红窗门则是建于营地大街的南端，位于现今的天通街与红窗门街交接点；闸门有门窗，髹以红色，所以俗称为红窗门。明中叶，葡人（包括其他各国商人）来到澳门，就在营地大街互市。当时的明政府为了防范奸宄，就在大街的两端设置闸门。据说石闸门外的墙上，还有两个书写‘澳门’的大字，以示此处乃是‘澳门街’。有老人家曾说，石闸门之建是为了区分‘澳门街’与其他地区的。”[①] 澳门明清建筑与岭南的建筑一脉相承。某些建筑式样在澳门消失了，却还可以在毗邻的中山见到遗存，例如中山三乡镇古鹤村还保留着村头和村尾两道石闸门。[②] 从其规制和材质，可以想象当时澳门石闸门的情形。尽管有人认为，“石闸门”为中方所建，但缺乏文字证据，此处首次透露为葡方所设。从不停地建筑一语来判断，葡萄牙人所设立的“闸关”不止一处。“拦铳台”，意即“以铳台做护拦”。关于起造的“吒吧嚧寺堂”，他们的巧辩似乎也很有道理。

天主教的“天主”被打扮成“神佛”，“好读佛书”一说首见于了解第一个葡萄牙正式使者来华情况的顾应祥的《静虚斋惜阴录》。[③]“佛书”恐系天主教经文，具体指《圣经》。此堂“设于高山”为了“以洁香火”，将其周边的三巴炮台是澳门制高地的战略意义巧笔带过。“训幼夷道理书字”可从圣保禄总院开办的“儿童学校”[④] 得到证实，给人的印象好像是一种“蒙学”。之所以刻意打扮成“蒙馆”，是为了巧妙地掩盖主要培养传教士的真情。中国人最注重蒙教，援引此理由可以让中国当局在有意取缔该教堂时不得不有所考虑。他们之所以这样讲，是因为中国人注重童育。他们深知，澳门一切仰赖内地，任何犯奸作科无异于自取灭亡。饥饿是一把达莫克里斯剑！他们庄重承诺：

---

① 黄德鸿：《石闸门与红窗门》，《澳门掌故》，北京：中国文联出版公司，1999 年，第 161—162 页。

② 周振捷：《访宗祠寻根追远》，广州：广东人民出版社，2016 年，第 120 页；中山市人民政府地方志办公室编：《中山村情》第 1 卷，广州：广东人民出版社，2018 年，第 572 页。

③ （明）顾应祥：《静虚斋惜阴录》卷 12《杂论三》，《四库全书存目丛书》子部第 84 册，济南：齐鲁书社，1995 年，第 208 页下。

④ 李向玉：《澳门圣保禄学院研究》，澳门：澳门日报出版社，2001 年，第 41—44 页。

“旧夷”申请材料修补旧屋；“新夷”不得兴建新舍。此条目的在于强令保持城市原貌，限制擅自发展，以免造成尾大不掉之势。[①]

## （三）《军事部署二条》

一、议立外海战船规则书。本道所辖中权、南头、广海、香山四寨哨大小兵船几二百艘。递年修造所给工料殊无一定之规，建请文移，殆有充栋之积，简篇狼藉，稽察为艰。本道遂议立九则，并督造追赔等事宜互详，奉两院批允，刊刻成书颁布，永为画一之规。

为确保对澳门的主权与治权，作了严密的军事部署，来防范与弹压澳门葡人，这是明朝一整套对澳门的管理制度中最主要的保障。这一军事防御安排由安性提出并实施。具体规定了外海战船的规则并以书面形式加以颁布。广州海道辖下有四寨哨：中权、南头、广海和香山，共兵船近二百艘。此即外海之范围，外海亦称外洋。一般认为，从虎门开始为外海，澳门已是外海。从此语来判断，中权距广州最近，辖南头以北，广州以南水面，其作用是外海的最后防守线，还对外海战船的维修作出了规定。

一、议立里海哨船规则书。本道所辖广州里海，地方周遭千余里，海港多歧，素称薮盗。原额与新增哨埠兵船共一百八十余艘。递年修造之资，向支府县，旷缺饷银每多，匮乏不继。间遇坏烂，经详一二年，府县措处为艰，遂寝不行。修理皆各兵雇僦民船，防守者寔奸盗之，充斥日滋也。况额兵原数相若，而修造

① 故宫博物院编：《喻氏疏议诗文稿　定辑存稿　芳洲诗文集　芳洲先生年谱》第1册，海口：海南出版社，2000年，第153—155页。

船费多寡相悬殊，无一定之规。本道遂通查六总哨大小船，衰多益寡，分为九则。议立造修年限，酌定合用饷费，议于节省，外海四寨哨修船银内移充支用。详奉两院批允，刊刻成书颁布，永为画一之规。板藏海道。

为里海战船也颁布了规则并刻书立存。广州里海，亦称内洋或内河。其幅员辽阔，周遭千余里，且港汊纵横。共有新旧兵船一百八十余艘。关于里海的具体范围，明崇祯年间兵部尚书张凤翼奏曰："里海者，番、南、新、顺、东、香等县一带支通之小海也，其海皆郡邑乡城农工商贾出入必经之地。"[①]《兵部尚书赵彦等为推补广州海防参将弹压香山濠镜等处夷船事题行稿 天启三年十二月二十二日（1624 年 2 月 10 日）》又曰："臣等从公推举得，广东碣石水寨把总以都指挥体统行事署指挥佥事正李相，广东广州里海把总以都指挥体统行事，署指挥佥事陪陈士璇，俱各堪任。"[②] 颜俊彦多有涉及，如"况山寇披猖，龙、增告急日至，倘彼此相连，转难应接，受事里海者何人？"[③]"其闽船四只突人里海者。"[④] 实际上，"里海把总"由万历四十年九月戊戌兵部回覆两广总督张鸣冈条防海五议文所设立："添广州东西中三总哨、里海把总，俾有统属，责成而任以谋勇武科。俱依议行。"[⑤] 广州沿海以内的商人被称为"广州里海商人"。还对里海战船的修缮作出了规定，具体有修造年限和合用费用，即从外海四寨修船预算支付内里海船只的

① 《兵部尚书张凤翼等为广东深受澳夷之患等事题行稿》，崇祯七年四月二十二日（1634 年 5 月 18 日），参见中国第一历史档案馆、澳门基金会及暨南大学古籍研究所合编：《明清时期澳门问题档案文献汇编》卷 1，北京：人民出版社，1999 年，第 17—18 页。

② 中山市档案局（馆）、中国第一历史档案馆编：《香山明清档案》，上海：上海古籍出版社，2006 年，第 1 页。

③ （明）颜俊彦：《盟水斋存牍》，北京：中国政法大学出版社，2002 年，第 325 页。

④ （明）颜俊彦：《盟水斋存牍》，北京：中国政法大学出版社，2002 年，第 572 页。

⑤ 《明神宗实录》卷 499"万历四十年九月戊戌"条。

所需。“板藏海道”一语说明已制成刻板，可随时刊印。

这两条加强了海上部署，以确保明朝对澳门葡人的军事防控。1614年，明朝政府为了从陆地加强对澳门的防务，采安性之建议，设参将于中路雍陌营，调千人戍之。这样，部署海陆重兵，两面并举，俨如铁桶，有效行使主权。①

## （四）《香山澳散倭记事》

此文以近千字篇幅，详记安性单骑入澳，逐倭全过程。鉴于其极高的历史价值及稀有性，我们先作全文转录与注释，然后再进行笺读。

香山澳散倭记事

喻安性

万历癸丑春，余以罗定备兵移巡海使。海中有濠镜澳，为西洋诸夷荐食者，凡六十年所矣。三面环海，惟塘基环一线可通，若荷盘之梗，形势极奇巧。西南夷贸易其中，不下三四十国，而主澳事者惟佛郎机人，若判事，若和尚头，皆共襄澳事。先时，番舶至广，易换唐货，一出一入皆征税，毋敢匿。后缘闽中巨猾跳入拨置，或逃税，或略（掠）卖子女出海，或私贩硝黄及一切违禁之物。至又驾言防卫红毛，夹带倭奴，潜住本澳，势岌岌有窥逼会城状。诸弁喜事者，复张皇其说，乡士大夫忧形于色。朝议兴十万师捣其巢穴，制府张公集群僚议行止。余抗言曰：“夷不足患，在蓄倭。倭去，夷不必兵也。”难者曰：“夷方广制火器，高筑城垣，复蓄倭千百，为谋叵测，即倭去，夷不足患，倭果易去乎哉？”余直应曰：“受事，后当为地方去之。”四月，抵广城，

① 故宫博物院编：《喻氏疏议诗文稿 定辑存稿 芳洲诗文集 芳洲先生年谱》第1册，海口：海南出版社，2000年，第155—156页。

报益急。余密进香山，但令图所以去倭。行间谍诸事，随单骑蹑后行。有翠微村父老遮道诉曰：“澳蓄倭自雄，数被阑入，方筑关以绝，何入为？”余曰：“澳故中国地也，若筑关以绝，是以澳弃夷也。余巡澳去倭，握诸夷于掌中，何以关为？”遂逾关入澳门。诸酋长逆于海滨，疑惧未定，盛陈利器番乐，故令黑鬼叫跳道旁。我马惊却，胥吏色变。余霁颜遣诸酋长前导至澳中，诸酋长入谒罗拜。予南向宣布朝廷恩威，指陈祸福，而吃紧一语惟在倭散则澳夷存，倭留则澳夷戮。诸酋长稽首言曰：“夷辈挟重赀冒险，远与中国通有无，匪徒夷利，亦以利中国。倭故无良，动十万师，萧蕙焚之何忍为？”予曰：“朝议果有之，今亲览形势，惟截住三面海艇，不使粒米渡澳，止用数百人，掘断塘（基）环一线，绝汝内溃，不逾半月，汝万千老幼尽为饿鬼，奚用十万师为？”酋长相顾错愕，稽首复言曰：“澳中万千生命仰给天朝，若有叛志，是自绝也。诚如明谕，百凡惟明谕是听！”余即下令曰：“亟籍倭以报，倭去我乃归。”诸酋长连夜索倭，夜半，凡三四惊。诘旦，倭惧诛，强不能入。余令但令每十人一牌，导以通事，尾以夷主。一牌入一牌出，倭什（释）疑，始鱼贯入阶下。每牌犒以斗酒豚蹄，立遣登海舶。余再宿，候帆渺而归。明年，余复巡澳，诸夷投诚益笃。并以从幼婚嫁之倭，为前所不忍遽去者，悉遣之归。更有从鱼舠潜投海船者，不知其数。于是倭尽散，而澳夷悉受汉法惟谨。余亦舟宿而还。诸酋长各携稚子送之海滨，曰：“此皆中国所产赤子也，望天朝毋夷视我！”欷嘘感泣久之。余入紫（翠）微村，诸夷尚目送不忍还。余凭轼叹曰：“忠信可以孚蛮貊，信哉！”及倭抵国，取有日本印结回缴制府。张公鸣冈以始末奏闻。逾三年，继张公督抚者是为汉川周公嘉谟，复以散倭事宣扬于朝。余惧后来者因循不复巡澳，则十余年后倭必潜滋，仍为粤患，故复追，惟其略记之如此。若夫经略澳务，俾处置得宜。另有条议五款勒石澳门，兹未暇殚述云。[①]

笺读如下：

至于1613年下澳海道的姓氏，之前的研究无所适从，因为一些方志和一些史书用俞安性，另外一些同类资料却作喻安性。笔者从其家乡方志，用喻姓。从《香山澳散倭记事》的内容来看，“巡视”共两次，分别是1613年和1614年，还有1615年的追记。

其一，1613年，此为首次。安性以海道身份，下澳“散倭”。当时澳门乃“西洋诸夷荐食”之地，时间已长达“六十年”之久。1613年往后退60年正好是1553年。这是澳门开埠的传统说法之一。在澳门贸易者“不下三四十国”，其他文献因有“诸夷”和“诸番”之语，这说明葡萄牙人的身份只是“主澳事者”，换言之，葡萄牙人并不具排他性，因此，澳门不是一个像他们所说的“葡萄牙的城市”，而是以他们为主的城市。既然是有各国商人光顾和经商，说明澳门是“官澳”。“官澳”即官方设立或允许之澳。出来接待安性的头面人物是西洋判事官与主教，所以他才断言“皆共襄澳事”。我们知道，澳城早期确由葡萄牙人和耶稣会共管，甚至在未有行政机构前，耶稣会承担了管理在澳葡人的责任，因为天主教是葡萄牙的国教。

安性简单回顾了澳门早期贸易情形。葡萄牙人入羊城销售“洋货”“易换唐货”之初，曾安分守法，老实纳税。“一出一入皆征税”一语所透露的信息是，葡萄牙人也合法地将“舶来品”运抵广州售换中国货。之前，我们只是大概知道他们从广州购物的情况。此条资料补充了一个关于葡中双向贸易的宝贵信息。

---

① 故宫博物院编：《喻氏疏议诗文稿 定辑存稿 芳洲诗文集 芳洲先生年谱》第1册，海口：海南出版社，2000年，第180—181页。

种种不轨行为均由其笔下的“闽中巨猾”，亦称“闽揽”引导所为。颜俊彦撰《盟水斋存牍》记录了多种粤东对闽人“走澳奸徒”的鄙称，如“闽棍”“澳揽”及“棍揽”等。下澳要解决的最主要问题是“散倭”，因为有传言说，葡萄牙人要用他们攻打省城。略微分析一下，便可发现此说其实并不靠谱。葡萄牙人居澳的主要目的是做对日生意，以东南亚货和“唐货”，从日本换取中国所需要的白银。如果他们用“倭”攻打省城，不是自断财路，因而断了生路吗？持此论者为“武弁”。道理很简单：一打就有钱，所以先扬言受到威胁，为大动干戈做舆论准备，于是就夸大其词，给士大夫和普罗大众造成恐惧。

面对这一形势，虽有官员集议“兴十万师捣其巢穴”，而老谋深算的两广总督张鸣冈深知朝廷的真意，力排众议，否定采取军事行动。似乎无必要“兴十万师”来征讨区区几万人。况且，断掉了朝廷精心安排的澳门，不是断了“银路”吗？“银路”断了，岂能保“官路”？

不同时代对澳门有不同的需要。“国需”有之，“私需”亦不乏，但贯穿历史的一个根本需求则是白银。张鸣冈深知个中的利弊，于是做出了最明智的选择“集群僚议行止”。实际上，驱澳夷说在嘉靖朝和万历初年就有之，且不绝于耳，不绝于文。虽种种建议慷慨激昂，但从来不过一番叫嚣，并未见有实施。

统观早期澳门历史，军事威胁加饥饿是有效治理澳门的两大法宝，尤其之二更是宝中之宝，屡试不爽。“饥饿法”靠通过建立关闸而实现。[①] 澳地所需食粮皆靠内地供给。倘若葡人违禁，为非作歹，只要闭关关闸，立刻粒米不能入澳，澳地便陷入饿殍载道的绝境。

此议早于1564年便动议，但至1574年才得施行。明政府在莲花

---

① （清）吴兴祚的一首诗中作“官闸”。章文钦笺注：《澳门诗词笺注：明清卷》，珠海：珠海出版社，2002年，第43页；吴志良、杨允中主编：《澳门百科全书》，北京：中国大百科全书出版社，1999年，第322页。

茎上建设关闸，遣官派兵戍守。作为“管海”与“治澳”的最高官员，安性在时粤督张鸣冈的授意下，挺身而出，受任下澳，实地解决葡萄牙人“蓄倭”事并制定了历史上有名的《澳门立石五禁》。

农历四月，安性从南头抵穗，警报频传。于是他密至香山，借道巡澳。入澳前，他便下令集思广益，甚至派人先打探了夷情，然后才“单骑”驰澳。途经临澳的翠微村时，父老乡亲拦路诉说葡萄牙人闯关擅入内地，尤其是黑奴骚扰滋事的种种劣行。这是一个经常导致中葡冲突的导火索，后来专门制定了“禁夷人出澳”条。对设关一事，他精辟地表达了己见：“澳故中国地也，若筑关以绝，是以澳弃夷也。”

安性入澳后，葡萄牙人列队、持枪、奏乐、黑人起舞欢迎。一示盛情，二耀武力。古今中外，欢迎常用此仪。这反而惊吓了安性及其随从，但他很快恢复镇定。在葡萄牙人首领的引导下入澳。代表朝廷宣恩时，撂下了一句狠话：“倭散则澳夷存，倭留则澳夷戮。”一语惊煞葡萄牙人。他们马上跪拜，不叠解释说，他们不远万里来中国，求通商以互利。动用十万大军驱倭，不免芝残蕙焚。安性不失时机地抛出一小威胁：封锁海面，挖断塘基环，禁绝菜米下澳。只此一招便可让澳门陷入困境，何需动用十万大军进剿。葡萄牙人又表示唯中命是从。于是安性下令对倭登记造册。将其编为十人一组，还给了犒劳。十人一组起源于“十家牌法”。“明朝王守仁镇压赣南、粤北农民起义时，为了防止乡里基层滋生盗贼，创建十家牌法，以每十家为一牌，将十家所有居民的姓名、籍贯、房屋等，分户登记于一块粉牌上，十家轮流掌管。牌内各家互相监视，联保连坐，谁家发现有可疑之人，随时向地方官报告。五至十牌为一保，遇事互相救援，由保长统一指挥。十家牌法同时兼有征调赋役以及向乡民进行伦理道德、法律说教的职责。”[①]

---

① 雷家宏：《中国古代的乡里生活》，北京：商务印书馆，2017 年，第 25 页。

后在葡萄牙人首领和通事的伴随下，监督遣返日人。完后，安性又在澳留宿一夜。翌日，乘官船而归。

其二，1614年，次年，安性再次“巡澳”，葡萄牙人表现得更加恭顺，可以用“诸夷投诚益笃”来形容。从“余亦舟宿”一语可知，和前次一样，临澳期间，葡萄牙人可能未为他安排官邸[①]，或是他未入住葡萄牙人准备好的地方，而是留宿于官舟。

为了向他表示驱倭的决心，葡萄牙人毅然将上次不忍心遣返的“幼倭”也尽驱。很明显，唯中国法律是遵，这说明禁倭条收到了效果。

在他离澳之际，葡萄牙人扶老携幼欢送，且竟然说出了这样的话：“此皆中国所产赤子也，望天朝毋夷视我！”对天朝的效忠之情溢于言，这种忠顺应该说是发自内心的。葡萄牙人是作为皇帝的子民而享受居澳通商之利。安性登船将至翠微村，葡萄牙人还久久目送，致使他感叹道：“忠信可以孚蛮貊，信哉！”

恩威并用服，收服葡萄牙人心远胜于动武收复一弹丸之地。中国官方安插葡萄牙人于澳的目的是让他们为我所用。武力驱逐与此背道而驰，最多是叫嚣而已。被逐日人返回后还做了具结，以证事竣。总督张鸣冈揣摩到了上意，放弃动武，而是利用有军事保障的法制力量及行政措施来钳制澳门葡萄牙人并将办理情形上奏万历帝。作为封疆大吏，首先要捍卫的是朝廷的利益，其次要考虑的才是当地的权益，因此既需要弹压葡萄牙人，又要平息士民和军人的过激情绪，找到一个平衡点，安稳澳门。张鸣冈治澳措施平衡了各方利益，因此为人所称道。沈德符说：“盖疆圉多故，时异势殊，不可执泥隅见。今澳夷安

---

① 金国平、吴志良：《中国官员临澳驻地考》，《早期澳门史论》，广州：广东人民出版社，2007年，第210—230页。

堵，亦不闻蠢动也。”[①]张鸣冈的作为不失为一种明智而务实的策略。

其三，1615年，越三年，周嘉谟继任粤督后，仍将此治澳事奏报朝廷。安性担心其后继者遵循旧习，不再每年巡澳，所以他写了这篇追记来进言。“经略澳务，俾处置得宜”表明了他个人的基本看法。

办理澳事何为宜？大概天机在于：葡人不可去，宜羁縻之。澳门既为“天子之南库”，又是两广封疆大吏获取“西洋奇器”以献上的唯一口岸，这个特殊功能令澳门在天朝体制中生存了五百年。

总之，中国治澳的总体政策是将葡萄牙人稳在濠镜，让其妾身不明，为我所用，以长期而稳定地获得白银和西方奇珍异物。葡萄牙人为了保全澳门，则是奉行一种明智的生存之道——双重效忠。[②]关于安性立碑的年代，根据我们之前披露的葡语译文的落款来看[③]，不是万历四十一年（1613），也不是万历四十二年（1614），而是万历四十五年（1617）以后。两广总督周嘉谟、广东巡按田生金于万历四十五年五月才上奏，兵部批复也需要时间，故真正起碑的日期应在1617年之后。

## 余论

万历三十六年（1608），香山知县蔡善继的《制澳十则》应为首份管理澳门的法规，惜其文不可考。安性的《澳门立石五禁》及其背

---

① （明）沈德符撰，杨万里校点：《万历野获编》下，上海：上海古籍出版社，2012年，第665页。

② 详细论述可见吴志良：《生存之道——论澳门政治制度与政治发展》，澳门：澳门成人教育学会，1998年。

③ 金国平：《TCHANG-SI-LAO其人文海钩稽——“海盗说”溯源》，《中葡关系史地考证》，澳门：澳门基金会，2000年，第69—78页。

景档成为名副其实的首部治澳“万历法典”[①]，其内容涉及对澳门实施主权、土地、军事、行政、司法及海关等诸多方面的管制。

“五禁”具有明确的法规性质。中国官方立约的原则是保证澳地安定、保障经济利益、保持城市原貌，限制擅自发展，这些构成了明政府对澳葡“自治”机构的有力监管，全面加强管辖澳门的各项措施。

“五禁”对葡人影响重大，标志着万历年间中方治澳政策的确定，将中葡政治关系纳入了条文化和制度化的框架，也正式承认了葡萄牙人在澳门“永居管理”的地位。

“五禁”使中方放心，葡方安心。“放心”，有一条稳固的白银和西洋奇珍异宝入华的孔道；“安心”，可以作为皇帝的子民“租居”和“税居”经商。[②]

“五禁”既是明朝对澳门行使主权的象征，也是治澳制度化的标志，亦是中国涉外法制史之肇始。

---

① António Vasconcelos de Saldanha, *Autoridade Imperial e simbolística da sua contradição: a propósito dos códigos de Wan Li e de Qianlong em Macau*, Revista de Cultura, N.º 1 (Janeiro 2002), pp. 106-115.

② “二辰丸”事件后，广东护督胡湘林再就勘界事致电外务部称：“本护督窃查葡人税居澳门二百余年，界址迄未划定。”台北“中央研究院”近代史研究所编：《澳门专档》第2册，台北：“中央研究院”近代史研究所，1993年，第19页。

# 《史记·殷本纪》考源疏证（一）

李　旭*

**摘　要：**本文研究《史记·殷本纪》前半部分之史源。此篇所本之文献，其明确可考者，先予指明；无法确考者，则略仿杨树达先生《论语疏证》之例，就于先秦两汉经子典籍之整体脉络，予以定位、疏通。两汉文献之出于《史记》之后者，内容若别有所本，足以反映其“同源”或“异源”之史源，亦予采择讨论。

**关键词：**《史记·殷本纪》；《尚书》；《诗经》

**殷契，母曰简狄，有娀氏之女，为帝喾次妃。三人行浴，见玄鸟堕其卵，简狄取吞之，因孕生契。**①

［考源疏证］

《殷本纪》篇末太史公赞语云：

> 余以《颂》次契之事，自成汤以来，采于《书》《诗》。

---

*　作者简介：李旭，暨南大学中国文化史籍研究所副教授，研究方向为中国经学史、历史文献学。2020年秋，笔者开设“史源学实习”课程，与课程班同学会读《殷本纪》。终一学期之功，研读及半。本文乃会读中个人准备报告之修订稿，凡采诸君之说处，均一一注明。

基金项目：本文为国家社会科学基金青年项目“汉宋礼学的秩序理路嬗变研究”（编号18CZS076）以及暨南大学研究生教育教学优秀成果培育项目“人文学科研究生文献能力提升对策研究”的阶段性研究成果。

①　（汉）司马迁：《史记》卷3，北京：中华书局，2014年，第119页。本文所引《史记》原文，均据此本，后不一一出注。

观此可知本篇史源之梗概。开篇次殷始祖契之事，按《诗·商颂·玄鸟》云：

天命玄鸟，降而生商，宅殷土芒芒。①

毛传云：

玄鸟，鳦也。春分，玄鸟降。汤之先祖有娀氏女简狄配高辛氏帝，帝率与之祈于郊禖而生契，故本其为天所命，以玄鸟至而生焉。

郑笺云：

降，下也。天使鳦下而生商者，谓鳦遗卵，娀氏之女简狄吞之而生契，为尧司徒，有功，封商。尧知其后将兴，又锡其姓焉。自契至汤，八迁，始居亳之殷地而受命，国日以广大芒芒然。汤之受命，由契之功，故本其天意。

二家之说有别。

毛以简狄之受孕，缘起高辛氏帝喾春分郊禖之祀。《玉篇·示部》："禖，求子祭。"简狄为高辛氏次妃，此说本《帝系》：

帝喾卜其四妃之子而皆有天下。上妃，有邰氏之女也，曰姜嫄氏，产后稷；次妃，有娀氏之女也，曰简狄氏，产契；次妃曰陈丰氏，产帝尧；次妃陬訾氏，产帝挚。②

玄鸟为春分郊禖之瑞，古月令多有记载，按《逸周书·时训解》云：

---

① （汉）毛亨传，（汉）郑玄笺，（唐）孔颖达疏：《毛诗正义》卷20，影印《十三经注疏》嘉庆二十年南昌府学刻本，台北：艺文印书馆，2001年，第793页。

② （清）孔广森：《大戴礼记补注》卷7，北京：中华书局，2013年，第140页。

春分之日，玄鸟至；又五日，雷乃发声；又五日，始电。玄鸟不至，妇人不［娠］；雷不发声，诸侯［失］民；不始电，君无威震。①

《礼记·月令》“仲春之月”条云：

是月也，玄鸟至。至之日，以大牢祠于高禖。天子亲往，后妃帅九嫔御。乃礼天子所御，带以弓韣，授以弓矢，于高禖之前。②

《吕氏春秋·仲春纪》云：

是月也，玄鸟至，至之日，以太牢祀于高禖。天子亲往，后妃率九嫔御。乃礼天子所御，带以弓韣，授以弓矢，于高禖之前。③

然《殷本纪》虽以简狄为高辛氏次妃，然全未涉及春分郊禖之事，盖别有史源。

郑笺较《史记》为后出，其说与《殷本纪》同，皆以简狄吞玄鸟之卵而生契。孔颖达《毛诗正义》言其说源出纬书，《殷本纪》亦其所据：

郑以《中候契握》云“玄鸟翔水遗卵，流，娀简吞之，生契，封商”，《殷本纪》云“简狄行浴，见玄鸟堕其卵，简狄取吞之，因孕生契”，此二文及诸纬候言吞鳦生契者多矣，故郑据之以易传也。④

---

① 黄怀信等撰：《逸周书汇校集注》卷6，上海：上海古籍出版社，2007年，第587页。

② （汉）郑玄注，（唐）孔颖达疏：《礼记正义》卷15，影印《十三经注疏》嘉庆二十年南昌府学刻本，台北：艺文印书馆，2001年，第793页。

③ （汉）高诱注，（清）毕沅校：《吕氏春秋》卷2，《二十二子》影印本，上海：上海古籍出版社，1986年，第632页。

④ （汉）毛亨传，（汉）郑玄笺，（唐）孔颖达疏：《毛诗正义》卷20，影印《十三经注疏》嘉庆二十年南昌府学刻本，第794页。

考《殷本纪》所本，《吕氏春秋·季夏纪·音初》有云：

> 有娀氏有二佚女，为之九成之台，饮食必以鼓。帝令燕往视之，鸣若谥隘。二女爱而争搏之，覆以玉筐，少选，发而视之，燕遗二卵，北飞，遂不反。二女作歌，一终曰："燕燕往飞"，实始作为北音。[①]

此节未明言有娀氏二佚女与契之关系，然其故事之要素则颇有类于《殷本纪》者。至董仲舒《春秋繁露·三代改制质文》：

> 天将授汤，主天法质而王，祖锡姓为子氏，谓契母吞玄鸟卵生契，契先发于胸，性长于人伦。[②]

此盖为太史公之直接根据也。此外，烁伟君检得《淮南子·修务训》云："契生于卵。"《淮南子》与《太史公书》大约为同时之作，而大旨归之于道，盖西汉前期思想之一集结也，治《太史公书》者宜参证焉。

会读诸君又检得屈原《天问》语：

> 简狄在台，喾何宜？
> 玄鸟致贻，女何喜？[③]

按《九章·思美人》亦云：

> 高辛之灵圣兮，遭玄鸟而致贻。[④]

---

① （汉）高诱注，（清）毕沅校：《吕氏春秋》卷6，《二十二子》影印本，上海：上海古籍出版社，1986年，第646页。

② 苏舆：《春秋繁露义证》卷7，北京：中华书局，1992年，第212页。

③ （宋）洪兴祖：《楚辞补注》卷3，北京：中华书局，1983年，第105页。

④ （宋）洪兴祖：《楚辞补注》卷4，第147页。

王逸注《天问》云："贻，遗也。言简狄侍帝喾于台上，有飞燕堕遗其卵，喜而吞之，因生契也。"又洪兴祖《补注》引柳宗元《天对》云："喾狄祷禖，契形于胞，胡乙鷇之食，而怪焉以嘉？"王、柳所言，虽申驳异趋，然均以《殷本纪》《玄鸟》郑笺之玄鸟遗卵说为据。唯《楚辞》本文所云"致贻"者，并未确指鸟卵，且喾子说与鸟卵说，本非一源，势若水火，《楚辞》言玄鸟而不离高辛，则与后世玄鸟遗卵之说，仍不能无别也。

**契长而佐禹治水有功。帝舜乃命契曰："百姓不亲，五品不训，汝为司徒而敬敷五教，五教在宽。"封于商，赐姓子氏。契兴于唐、虞、大禹之际，功业著于百姓，百姓以平。**

［考源疏证］

大禹治水之副贰，据《尚书·益稷》则为益、后稷：

> 帝曰："来，禹！汝亦昌言。"禹拜曰："都，帝，予何言？予思日孜孜。"皋陶曰："吁！如何？"禹曰："洪水滔天，浩浩怀山襄陵，下民昏垫。予乘四载，随山刊木。暨益奏庶鲜食。予决九川，距四海，浚畎浍，距川。暨稷播奏庶艰食。鲜食，懋迁有无化居。烝民乃粒，万邦作乂。"皋陶曰："俞，师汝昌言。"[①]

《夏本纪》述其事云："禹乃遂与益、后稷奉帝命，命诸侯百姓兴人徒以傅土，行山表木，定高山大川。"至《殷本纪》言契佐禹治水，未详所本。邹逸轩、王柳婷二君据《尚书·舜典》云：

> 舜曰："咨，四岳。有能奋庸，熙帝之载，使宅百揆，亮采惠

① 伪（汉）孔安国传，（唐）孔颖达疏：《尚书正义》卷 5，影印《十三经注疏》嘉庆二十年南昌府学刻本，台北：艺文印书馆，2001年，第 66 页。

> 畴？”佥曰：“伯禹作司空。”帝曰：“俞咨，禹，汝平水土，惟时懋哉！”禹拜稽首，让于稷、契暨皋陶。[①]

治水为虞廷首要大事，董其事者宜总百揆，舜因以命禹，而禹让于稷、契暨皋陶，则三人亦与于斯役，盖可推见。文献不足征，姑存其说备考。

舜命契语，具载《尚书·舜典》：

> 帝曰：“契，百姓不亲，五品不逊。汝作司徒，敬敷五教，在宽。”[②]

契理民之效，古书多言及之，按《礼记·祭法》云：

> 契为司徒而民成。[③]

又《国语·鲁语上》云：

> 契为司徒而民辑，冥勤其官而水死。[④]

又《国语·郑语》云：

> 夫成天地之大功者，其子孙未尝不章，虞、夏、商、周是也。虞幕能听协风，以成乐物生者也。夏禹能单平水土，以品处庶类者也。商契能和合五教，以保于百姓者也。周弃能播殖百谷蔬，

---

① 伪（汉）孔安国传，（唐）孔颖达疏：《尚书正义》卷3，影印《十三经注疏》嘉庆二十年南昌府学刻本，第44页。

② 伪（汉）孔安国传，（唐）孔颖达疏：《尚书正义》卷3，影印《十三经注疏》嘉庆二十年南昌府学刻本，第44页。

③（汉）郑玄注，（唐）孔颖达疏：《礼记正义》卷46，影印《十三经注疏》嘉庆二十年南昌府学刻本，第803页。

④ 徐元诰：《国语集解》，北京：中华书局，2002年，第158页。

以衣食民人者也。[1]

**契卒，子昭明立。昭明卒，子相土立。相土卒，子昌若立。昌若卒，子曹圉立。曹圉卒，子冥立。冥卒，子振立。振卒，子微立。微卒，子报丁立。报丁卒，子报乙立。报乙卒，子报丙立。报丙卒，子主壬立。主壬卒，子主癸立。主癸卒，子天乙立，是为成汤。**

［考源疏证］

此章言殷先公先王世系，《索隐》《正义》以为本于《世本》，《汉书·艺文志》春秋类著录《世本》十五篇，为“古史官记黄帝以来讫春秋时诸侯大夫”，其书早佚，今有多家辑本，茆泮林辑《世本》体例最为谨严，引述如下：

> 契是帝喾子。（书帝喾序正义。）
>
> 契生昭明。昭明生相土。相土生昌若。昌若生曹圉。（史殷本纪索隐引作粮圉。）曹圉生根国。根国生冥。（礼祭法正义。案《史记·殷本纪》，无根国一世。郑注礼云：冥，契之六世孙也。康成必有所据。孔疏引世本作证，仍作曹圉。窃疑索隐所见粮圉，系字形相近，撰写脱根国之讹。）
>
> 冥子核。（史殷本纪索隐。）
>
> 汤名天乙。（书释文引马融注论语正义。）[2]

按《史记·三代世表》序言：

> 五帝、三代之记，尚矣。自殷以前诸侯不可得而谱，周以来乃颇可著。孔子因史文次《春秋》，纪元年，正时日月，盖其详哉。

---

① 徐元诰：《国语集解》，北京：中华书局，第466页。

② 茆泮林辑：《世本》，《世本八种》，北京：中华书局，2008年，第14页。

> 至于序《尚书》则略，无年月；或颇有，然多阙，不可录。故疑则传疑，盖其慎也。余读谍记，黄帝以来皆有年数。稽其历谱谍终始五德之传，古文咸不同，乖异。夫子之弗论次其年月，岂虚哉！于是以《五帝系谍》《尚书》集世纪黄帝以来讫共和为世表。

太史公所见“谍记”，今难详考；“历谱谍终始五德之传”，盖《汉志》数术略“历谱”之类。由是观之，太史公次三代世系，稽考者博，所据非止《世本》而已。

近儒王静安先生撰《殷卜辞中所见先公先王考》《续考》，以新出甲骨证传世文献，指出“有商一代先公先王之名，不见于卜辞者殆鲜”，“而《世本》《史记》之为实录，且得于今日证之”，二《考》胜义披纷，足资参考。

**成汤，自契至汤八迁。汤始居亳，从先王居，作《帝诰》。**

［考源疏证］

此节本《书序》：

> 自契至于成汤八迁，汤始居亳，从先王居，作《帝告》《厘沃》。[①]

**汤征诸侯。葛伯不祀，汤始伐之。汤曰：“予有言：人视水见形，视民知治不。”伊尹曰：“明哉！言能听，道乃进。君国子民，为善者皆在王官。勉哉，勉哉！”汤曰：“汝不能敬命，予大罚殛之，无有攸赦。”作《汤征》。**

---

① 伪（汉）孔安国传，（唐）孔颖达疏：《尚书正义》卷7，影印《十三经注疏》嘉庆二十年南昌府学刻本，第104页。

［考源疏证］

《书序》：

> 汤征诸侯，葛伯不祀，汤始征之，作《汤征》。[①]

此间补入汤、伊尹数语，史源未详。然太史公补述之意，仍待详究。就其观念论析，以民心所趋为天命所寄，故臣勉君以“明德”，君勉臣以“敬德”，以求保民，此乃《尚书》政教观之纲领所在，如《皋陶谟》载：

> 曰若稽古皋陶曰：“允迪厥德，谟明弼谐。”禹曰：“俞，如何？”皋陶曰：“都！慎厥身修，思永。惇叙九族，庶明励翼，迩可远，在兹。”禹拜昌言曰：“俞。”皋陶曰：“都！在知人，在安民。”禹曰：“吁！咸若时，惟帝其难之。知人则哲，能官人；安民则惠，黎民怀之。能哲而惠，何忧乎驩兜？何迁乎有苗？何畏乎巧言令色孔壬？”皋陶曰：“都！亦行有九德；亦言其人有德，乃言曰：载采采。”……帝曰：“来，禹！汝亦昌言。”……禹曰：“都，帝！慎乃在位。”帝曰：“俞。”禹曰：“安汝止，惟几，惟康，其弼直；惟动丕应。徯志以昭受上帝，天其申命用休。”帝曰：“吁！臣哉邻哉！邻哉臣哉！”禹曰：“俞。”帝曰：“臣作朕股肱耳目：予欲左右有民，汝翼；予欲宣力四方，汝为；予欲观古人之象，日、月、星辰、山、龙、华虫、作会，宗彝、藻、火、粉米、黼、黻、絺绣，以五采彰施于五色，作服，汝明；予欲闻六律、五声、八音，在治忽，以出纳五言，汝听。予违，汝弼，汝无面从，退有后言。钦四邻，庶顽谗说，若不在时，侯以明之，

① 伪（汉）孔安国传，（唐）孔颖达疏：《尚书正义》卷7，影印《十三经注疏》嘉庆二十年南昌府学刻本，第105页。

挞以记之；书用识哉，欲并生哉。工以纳言，时而飏之；格则承之庸之，否则威之。”①

又《孟子·滕文公下》述汤征天下之势，实因应民心所趋，义亦本诸《尚书》：

万章问曰：“宋，小国也；今将行王政，齐楚恶而伐之，则如之何？”孟子曰：“汤居亳，与葛为邻。葛伯放而不祀。汤使人问之曰：‘何为不祀？’曰：‘无以供牺牲也。’汤使遗之牛羊。葛伯食之，又不以祀。汤又使人问之曰：‘何为不祀？’曰：‘无以供粢盛也。’汤使亳众往为之耕，老弱馈食。葛伯率其民，要其有酒食黍稻者夺之，不授者杀之。有童子以黍肉饷，杀而夺之。《书》曰：‘葛伯仇饷。’此之谓也。为其杀是童子而征之，四海之内皆曰：‘非富天下也，为匹夫匹妇复雠也。’‘汤始征，自葛载’，十一征而无敌于天下。东面而征，西夷怨；南面而征，北狄怨，曰：‘奚为后我？’民之望之，若大旱之望雨也。归市者弗止，芸者不变，诛其君，吊其民，如时雨降。民大悦。《书》曰：‘徯我后，后来其无罚。’‘有攸不为臣，东征，绥厥士女。篚厥玄黄，绍我周王见休，惟臣附于大邑周。’其君子实玄黄于篚以迎其君子，其小人箪食壶浆以迎其小人；救民于水火之中，取其残而已矣。《太誓》曰：‘我武惟扬，侵于之疆，则取于残，杀伐用张，于汤有光。’不行王政云尔，苟行王政，四海之内皆举首而望之，欲以为君，齐楚虽大，何畏焉？”②

---

① 伪（汉）孔安国传，（唐）孔颖达疏：《尚书正义》卷4—5，影印《十三经注疏》嘉庆二十年南昌府学刻本，第59—68页。

② （汉）赵岐注，（宋）孙奭疏：《孟子注疏》卷6上，影印《十三经注疏》嘉庆二十年南昌府学刻本，台北：艺文印书馆，2001年，第111—112页。

太史公于《汤征序》中补入《尚书》政教观念，盖欲明汤征之道，非恃武力，要在德化也。

**伊尹名阿衡。阿衡欲奸汤而无由，乃为有莘氏媵臣，负鼎俎，以滋味说汤，致于王道。或曰，伊尹处士，汤使人聘迎之，五反，然后肯往从汤，言素王及九主之事。汤举任以国政。伊尹去汤适夏。既丑有夏，复归于亳。入自北门，遇女鸠、女房，作《女鸠》《女房》。**

［考源疏证］

《书序》叙《汤征》之后，为《汝鸠》《汝方》二篇：

> 伊尹去亳适夏，（［传］伊尹，字氏，汤进于桀。）既丑有夏，复归于亳。（［传］丑恶其政。不能用贤，故退还。）作《汝鸠》《汝方》。（［传］言所以丑夏而还之意，二篇皆亡。）[①]

既云伊尹去亳适夏，则伊尹本为汤臣。伊尹见举于汤之事，先秦两汉百家之书多有论列，如《墨子·尚贤上》云：

> 汤举伊尹于庖厨之中，授之政，其谋得。[②]

又《尚贤下》云：

> 昔伊尹为莘氏女师仆，使为庖人，汤得而举之，立为三公，使接天下之政，治天下之民。[③]

《庄子·庚桑楚》云：

---

① 伪（汉）孔安国传，（唐）孔颖达疏：《尚书正义》卷 7，影印《十三经注疏》嘉庆二十年南昌府学刻本，第 105 页。

② （清）孙诒让：《墨子间诂》卷 2，北京：中华书局，2001 年，第 47 页。

③ （清）孙诒让：《墨子间诂》卷 2，第 68 页。

汤以胞人笼伊尹，秦穆公以五羊之皮笼百里奚。①

《韩非子·难言》：

上古有汤，至圣也；伊尹，至智也。夫至智说至圣，然且七十说而不受，身执鼎俎为庖宰，昵近习亲，而汤乃仅知其贤而用之。故曰：以至智说至圣，未必至而见受，伊尹说汤是也。②

又《韩非子·难二》云：

伊尹自以为宰干汤。③

《楚辞·九章·惜往日》：

闻百里之为虏兮，伊尹烹于庖厨。④

《战国策·赵四》：

伊尹负鼎俎而干汤，姓名未著而受三公。⑤

《新语·慎微》：

夫建大功于天下者必先修于闺门之内，垂大名于万世者必先行之于纤微之事。是以伊尹负鼎，屈于有莘之野，修达德于草庐之下，躬执农夫之作，意怀帝王之道，身在衡门之里，志图八极之表，故释负鼎之志，为天子之佐，克夏立商，诛逆征暴，除天

---

① （清）郭庆藩：《庄子集释》卷8，北京：中华书局，2004年，第814页。
② （清）王先慎：《韩非子集解》卷第1，北京：中华书局，1998年，第22页。
③ （清）王先慎：《韩非子集解》卷第15，北京：中华书局，1998年，第364页。
④ （宋）洪兴祖：《楚辞补注》卷第4，第151页。
⑤ （汉）刘向集录，范祥雍笺证，范邦瑾协校：《战国策笺证》卷21，上海：上海古籍出版社，2006年，第1217页。

下之患，辟残贼之类，然后海内治，百姓宁。①

《韩诗外传》：

伊尹，故有莘氏僮也，负鼎操俎，调五味，而立为相，其遇汤也。②

《淮南子·修务训》：

伊尹负鼎而干汤。③

《说苑·杂言》：

伊尹，有莘氏媵臣也，负鼎俎调五味而佐天子，则其遇成汤也。④

《说苑·尊贤》：

邹子说梁王曰："伊尹，故有莘氏之媵臣也，汤立以为三公，天下之治太平。"⑤

以上诸家言，可见太史公云伊尹"有莘氏媵臣，负鼎俎"之根据。唯伊尹之见举于汤，求之欤？抑与之欤？此间复有辨。上述《韩非子》《战国策》《淮南子》说，明言伊尹"干"汤，《尔雅·释言》云"干，求也"，则伊尹之相位乃主动干求所得。然孟子别持一说：

万章问曰："人有言：'伊尹以割烹要汤。'有诸？"孟子

① 王利器：《新语校注》卷上，北京：中华书局，1986年，第89页。
② 许维遹：《韩诗外传集释》卷第7，北京：中华书局，1980年，第244页。
③ 刘文典：《淮南鸿烈集解》卷19，北京：中华书局，1989年，第633页。
④ 向宗鲁：《说苑校证》卷17，北京：中华书局，1987年，第423页。
⑤ 向宗鲁：《说苑校证》卷8，第177页。

> 曰："否，不然。伊尹耕于有莘之野，而乐尧舜之道焉。非其义也，非其道也，禄之以天下，弗顾也，系马千驷，弗视也。非其义也，非其道也，一介不以与人，一介不以取诸人。汤使人以币聘之，嚣嚣然曰：'我何以汤之聘币为哉？我岂若处畎亩之中，由是以乐尧舜之道哉？'汤三使往聘之，既而幡然改曰：'与我处畎亩之中，由是以乐尧舜之道，吾岂若使是君为尧舜之君哉？吾岂若使是民为尧舜之民哉？吾岂若于吾身亲见之哉？天之生此民也，使先知觉后知，使先觉觉后觉也。予，天民之先觉者也，予将以斯道觉斯民也。非予觉之，而谁也？'思天下之民匹夫匹妇有不被尧舜之泽者，若己推而内之沟中。其自任以天下之重如此，故就汤而说之以伐夏救民。吾未闻枉己而正人者也，况辱己以正天下者乎？圣人之行不同也，或远，或近，或去，或不去：归洁其身而已矣。吾闻其以尧舜之道要汤，未闻以割烹也。《伊训》曰：'天诛造攻自牧宫，朕载自亳。'"①

盖儒家严义利之辨，正己而后乃足以正人，以滋味悦君王，不为也，故孟子论伊尹之出处至为详悉，而以其为"圣之任者"之典型，按《孟子·告子下》云：

> 居下位，不以贤事不肖者，伯夷也；五就汤，五就桀者，伊尹也；不恶污君，不辞小官者，柳下惠也。三子者不同道，其趋一也。一者何也？曰：仁也。君子亦仁而已矣，何必同？②

又《孟子·公孙丑上》云：

---

① （清）赵岐注，（宋）孙奭疏：《孟子注疏》卷9下，影印《十三经注疏》嘉庆二十年南昌府学刻本，第170—171页。

② （清）赵岐注，（宋）孙奭疏：《孟子注疏》卷12上，影印《十三经注疏》嘉庆二十年南昌府学刻本，第213页。

非其君不事，非其民不使，治则进，乱则退，伯夷也。何事非君，何使非民，治亦进，乱亦进，伊尹也。可以仕则仕，可以止则止，可以久则久，可以速则速，孔子也。皆古圣人也，吾未能有行焉，乃所愿，则学孔子也。①

太史公于伊尹干汤说之后，补述汤聘迎五反之说，盖本儒家言也。至于“素王九主”之论，则未详所本。

伊尹既为汤臣，何故就夏？《尚书正义》述二说：

伊尹不得叛汤，知汤贡之于桀。必贡之者，汤欲以诚辅桀，冀其用贤以治；不可匡辅，乃始伐之。此时未有伐桀之意，故贡伊尹使辅之。

《孙武兵书·反间篇》曰：“商之兴也，伊尹在夏。周之兴也，吕牙在殷。”言使之为反间也，与此说殊。②

前者纯乎为儒家道义之言，记载相近者有《韩诗外传》之说：

昔者桀为酒池糟堤，纵靡靡之乐，而牛饮者三千。群臣皆相持而歌：“江水沛兮，舟楫败兮。我王废兮，趣归于亳，亳亦大兮。”又曰：“乐兮乐兮，四牡骄兮，六辔沃兮。去不善兮从善，何不乐兮！”伊尹知大命之将去，举觞告桀，曰：“君王不听臣言，大命至矣，亡无日矣。”桀拍然而抃，盍然而笑，曰：“子又妖言矣。吾有天下，犹天之有日也。日有亡乎？日亡，吾亦亡也。”于是伊尹接履而趋，遂适于汤。汤以为相。可谓适彼乐土，

① （清）赵岐注，（宋）孙奭疏：《孟子注疏》卷3上，影印《十三经注疏》嘉庆二十年南昌府学刻本，第55—56页。

② 伪（汉）孔安国传，（唐）孔颖达疏：《尚书正义》卷7，影印《十三经注疏》嘉庆二十年南昌府学刻本，第105页。

爰得其所矣。《诗》曰："逝将去汝，适彼乐土。乐土乐土，爰得我所。"①

后者为兵家权谋之术，记载相近者，如《吕氏春秋·慎大览》云：

桀为无道，暴戾顽贪，天下颤恐而患之，言者不同，纷纷分分，其情难得。干辛任威，凌轹诸侯，以及兆民。贤良郁怨，杀彼龙逢，以服群凶。众庶泯泯，皆有远志，莫敢直言，其生若惊。大臣同患，弗周而畔。桀愈自贤，矜过善非，主道重塞，国人大崩。汤乃惕惧，忧天下之不宁，欲令伊尹往视旷夏，恐其不信，汤由亲自射伊尹。伊尹奔夏三年，反报于亳，曰："桀迷惑于末嬉，好彼琬琰，不恤其众，众志不堪，上下相疾，民心积怨，皆曰：'上天弗恤，夏命其卒。'"汤谓伊尹曰："若告我旷夏尽如诗。"汤与伊尹盟，以示必灭夏。伊尹又复往视旷夏，听于末嬉，末嬉言曰："今昔天子梦西方有日，东方有日，两日相与斗，西方日胜，东方日不胜。"伊尹以告汤。商涸旱，汤犹发师，以信伊尹之盟，故令师从东方出于国，西以进。未接刃而桀走，逐之，至大沙，身体离散，为天下戮。不可正谏，虽后悔之，将可奈何？汤立为天子，夏民大说，如得慈亲，朝不易位，农不去畴，商不变肆，亲郼如夏。此之谓至公，此之谓至安，此之谓至信。尽行伊尹之盟，不避旱殃，祖伊尹，世世享商。②

又《说苑·权谋》云：

汤欲伐桀。伊尹曰："请阻乏贡职以观其动。"桀怒，起九夷

---

① 许维遹：《韩诗外传集释》卷2，第57—59页。《新序·刺奢》亦载此故事。

② （汉）高诱注，（清）毕沅校：《吕氏春秋》卷15，《二十二子》影印本，上海：上海古籍出版社，1986年，第675—676页。

之师以伐之。伊尹曰："未可。彼尚犹能起九夷之师，是罪在我也。"汤乃谢罪请服，复入贡职。明年，又不供贡职。桀怒，起九夷之师，九夷之师不起。伊尹曰："可矣。"汤乃兴师，伐而残之，迁桀南巢氏焉。[①]

"伊尹去汤适夏"，太史公仅述其事，未揣其意，则见其慎也。

**汤出，见野张网四面，祝曰："自天下四方皆入吾网。"汤曰："嘻，尽之矣！"乃去其三面，祝曰："欲左，左；欲右，右。不用命，乃入吾网。"诸侯闻之，曰："汤德至矣，及禽兽。"**

［考源疏证］

《吕氏春秋·孟冬纪·异用》：

汤见祝网者，置四面，其祝曰："从天坠者，从地出者，从四方来者，皆离吾网。"汤曰："嘻！尽之矣，非桀其孰为此也？"汤收其三面，置其一面，更教祝曰："昔蛛蝥作网罟，今之人学纾。欲左者左，欲右者右，欲高者高，欲下者下，吾取其犯命者。"汉南之国闻之曰："汤之德及禽兽矣。"四十国归之。人置四面，未必得鸟；汤去其三面，置其一面以网其四十国，非徒网鸟也。[②]

其后刘向《新序·杂事五》亦采其说：

汤见祝网者置四面，其祝曰："从天坠者，从地出者，从四方来者，皆离吾网。"汤曰："嘻！尽之矣，非桀其庸为此？"汤乃

---

① 向宗鲁：《说苑校证》卷13，第328—329页。

② （汉）高诱注，（清）毕沅校：《吕氏春秋》卷10，《二十二子》影印本，上海：上海古籍出版社，1986年，第659页。

> 解其三面，置其一面，更教之祝曰："昔蛛蝥作网，今之人循序，欲左则左，欲右则右，欲高则高，欲下则下，吾取其犯命者。"汉南之国闻之曰："汤之德及禽兽矣。"四十国归之。人置四面，未必得鸟，汤去三面，置其一面，以网四十国，非徒网鸟也。①

史公于《汝鸠》《汝方》与《汤誓》之间，补述此节轶事者，以见汤得民心之渐也。

**当是时，夏桀为虐政淫荒，而诸侯昆吾氏为乱。汤乃兴师率诸侯，伊尹从汤，汤自把钺以伐昆吾，遂伐桀。汤曰："格女众庶，来，女悉听朕言。匪台小子敢行举乱，有夏多罪，予维闻女众言，夏氏有罪。予畏上帝，不敢不正。今夏多罪，天命殛之。今女有众，女曰'我君不恤我众，舍我啬事而割政'。女其曰'有罪，其奈何'？夏王率止众力，率夺夏国。众有率怠不和，曰'是日何时丧？予与女皆亡'！夏德若兹，今朕必往。尔尚及予一人致天之罚，予其大理女。女毋不信，朕不食言。女不从誓言，予则帑戮女，无有攸赦。"以告令师，作《汤誓》。于是汤曰"吾甚武"，号曰武王。**

**桀败于有娀之虚，桀犇于鸣条，夏师败绩。汤遂伐三嵏，俘厥宝玉，义伯、仲伯作《典宝》。汤既胜夏，欲迁其社，不可，作《夏社》。伊尹报。于是诸侯毕服，汤乃践天子位，平定海内。**

［考源疏证］

太史公述商汤代夏之事，以《书序》为主干史源。唯《书序》之次，太史公所见本与后世郑康成、伪孔本均有出入。按伪孔本《书序》如下：

> 伊尹相汤，伐桀，升自陑，（传：桀都安邑，汤升道从陑，出

① 石光瑛：《新序校释》卷5，北京：中华书局，2017年，第661—664页。

其不意。陑在河曲之南。）遂与桀战于鸣条之野，地在安邑之西，桀逆拒汤。作《汤誓》。

汤既胜夏，欲迁其社，不可。（传：汤承尧、舜禅代之后，顺天应人，逆取顺守而有惭德，故革命创制，改正易服，变置社稷，而后世无及句龙者，故不可而止。）作《夏社》《疑至》《臣扈》。（传：言夏社不可迁之义，《疑至》及《臣扈》，三篇皆亡。）

夏师败绩，汤遂从之，大崩曰败绩。从谓遂讨之。遂伐三朡，俘厥宝玉。（传：三朡，国名，桀走保之，今定陶也。桀自安邑东入山，出太行，东南涉河。汤缓追之，不迫，遂奔南巢。俘，取也。玉以礼神，使无水旱之灾，故取而宝之。）谊伯、仲伯作《典宝》。（传：二臣作《典宝》一篇，言国之常宝也，亡。）①

又《尚书正义》“尧典第一”疏云：

《书》篇之名，因事而立，既无体例，随便为文。其百篇次第，于序孔、郑不同。孔以《汤誓》在《夏社》前，于百篇为第二十六；郑以为在《臣扈》后，第二十九。②

然则三家《汤誓》《典宝》《夏社》诸篇序次之别，略如下表：

| | | | |
|---|---|---|---|
| 史记 | 汤誓 | 典宝 | 夏社 |
| 郑注 | 夏社 | 汤誓 | 典宝 |
| 伪孔传 | 汤誓 | 夏社 | 典宝 |

① 伪（汉）孔安国传，（唐）孔颖达疏：《尚书正义》卷 8，影印《十三经注疏》嘉庆二十年南昌府学刻本，第 108—110 页。

② 伪（汉）孔安国传，（唐）孔颖达疏：《尚书正义》卷 2，影印《十三经注疏》嘉庆二十年南昌府学刻本，第 17 页。

《汤誓》在《夏社》前，《史记》与伪孔本同，与郑本异。《典宝》在《夏社》前，《史记》与郑、伪孔二本皆异。《序》次既殊，史事之理解亦不能无别。

伪孔传所述商汤伐夏始末，就地理关隘言之，“桀都安邑”，安邑在河曲之内，“汤升道从陑”，“陑在河曲之南”。汤自亳伐桀都，自东徂西，因其取道河曲之南，故桀逆拒汤于“鸣条之野”，传云鸣条“地在安邑之西”，可见其路线之迂曲。夏师败绩，“桀自安邑东入山，出太行，东南涉河”，走保三朡，三朡，今定陶也，传云：“汤缓追之，不迫。”故《汤誓》序所言鸣条之战，与《典宝》序所言伐三朡获宝玉，有一时间差，而《夏社》之议，起于二事之间也。

太史公述其事，不言“升陑”一节，乃云“伐昆吾，遂伐桀”，盖据《诗·商颂·长发》：

> 武王载旆，有虔秉钺。如火烈烈，则莫我敢曷。苞有三蘖，莫遂莫达，九有有截。韦、顾既伐，昆吾、夏桀。
>
> 昔在中叶，有震且业。允也天子，降予卿士。实维阿衡，实左右商王。[①]

昆吾地在河曲之内（据郭声波教授《史记地名族名词典》，在今山西运城市），故伐昆吾进而伐夏桀，可谓长驱直入，了无迂曲之态。夏师败绩，“桀奔于鸣条”。鸣条之地，清儒孙星衍《尚书今古文注疏》辨《史记正义》引《括地志》“鸣条战地，在安邑西”之非，举《吕氏春秋》《淮南子》《史记》以证郑康成“鸣条，南夷地名”之说，以为“桀所奔地皆在东南”[②]。职是之故，《殷本纪》言“桀奔于鸣条”，异于

① （汉）毛亨传，（汉）郑玄笺，（唐）孔颖达疏：《毛诗正义》卷20，影印《十三经注疏》嘉庆二十年南昌府学刻本，第803页。

② （清）孙星衍：《尚书今古文注疏》卷30，北京：中华书局，2004年，第567页。

伪孔传所谓“桀逆拒汤”，“战于鸣条之野”。汤伐昆吾，遂伐桀，遂伐三朡，史公叙述诸事，一气呵成，间不容发，至获宝玉，“二臣言国之常宝”，节奏乃稍缓，其后乃有迁夏社之议，故《夏社》又次在《典宝》后也。

夏社之议，《史记》、伪孔传本《书序》皆云：“汤既胜夏，欲迁其社。”其意盖为《礼记·郊特牲》所云：“丧国之社屋之，不受天阳也。”然郑本《书序》叙《夏社》于《汤誓》之前，何也？《周礼注疏》大宗伯职疏引及《书序》郑注：“牺牲既成，粢盛既洁，祭以其时，而旱暵水溢，则变置社稷。当汤伐桀之时，旱致灾，明法以荐，而犹旱至七年，故汤迁社而以周弃代之，欲迁句龙，以无可继之者，于是故止。”清儒王鸣盛释郑意云：“王者革命，必别建大社。……此序所云‘迁社’则非此之谓，故郑引《孟子》以为大旱而欲变置。……然则此事固与革命无涉。”[①] 此其说与《史记》、伪孔传所以别也。

王者必依天命以保民，故史公全引《汤誓》之文，以明夏、商鼎革之义：

> 王曰：“格尔众庶，悉听朕言。非台小子，敢行称乱；有夏多罪，天命殛之。今尔有众，汝曰：‘我后不恤我众，舍我穑事，而割正夏。’予惟闻汝众言；夏氏有罪，予畏上帝，不敢不正。今汝其曰：‘夏罪其如台？’夏王率遏众力，率割夏邑，有众率怠弗协。曰：‘时日曷丧？予及汝皆亡！’夏德若兹，今朕必往。尔尚辅予一人，致天之罚，予其大赉汝。尔无不信，朕不食言。尔不从誓言，予则帑戮汝，罔有攸赦。”[②]

---

① 参见（清）孙星衍：《尚书今古文注疏》卷30，第565—567页。

② 伪（汉）孔安国传，（唐）孔颖达疏：《尚书正义》卷8，影印《十三经注疏》嘉庆二十年南昌府学刻本，第108页。

汤归至于泰卷陶，中𫷷作诰。

既绌夏命，还亳，作《汤诰》："维三月，王自至于东郊。告诸侯群后：'毋不有功于民，勤力迺事。予乃大罚殛女，毋予怨。'曰：'古禹、皋陶久劳于外，其有功乎民，民乃有安。东为江，北为济，西为河，南为淮，四渎已修，万民乃有居。后稷降播，农殖百谷。三公咸有功于民，故后有立。昔蚩尤与其大夫作乱百姓，帝乃弗予，有状。先王言不可不勉。'曰：'不道，毋之在国，女毋我怨。'"以令诸侯。

伊尹作《咸有一德》。

咎单作《明居》。

汤乃改正朔，易服色，上白，朝会以昼。

［考源疏证］

汤既克夏，践天子位，还亳，君臣作诰，以安定民志，更始天命。伪孔本《书序》如下：

汤归自夏，至于大坰（传：自三朡而还。大坰，地名）。仲虺作诰。（传：为汤左相，奚仲之后。）

汤既黜夏命（传：黜，退也，退其王命）。复归于亳，作《汤诰》。

咎单作《明居》（传：咎单，臣名，主土地之官。作明居民法一篇，亡）。

成汤既没，太甲元年（传：太甲，太丁子，汤孙也。太丁未立而卒，及汤没而太甲立，称元年）。伊尹作《伊训》《肆命》《徂后》（传：凡三篇，其二亡）。

肆命（传：陈天命以戒太甲，亡）。

徂后（传：陈往古明君以戒，亡）。

太甲既立，不明（传：不用伊尹之训，不明居丧之礼）。伊尹放诸桐（传：汤葬地也。不知朝政，故曰放）。三年复归于亳，思庸（传：念常道）。伊尹作《太甲》三篇。

伊尹作《咸有一德》（传：言君臣皆有纯一之德，以戒太甲）。

又《尚书正义》“尧典第一”疏云：

孔以《咸有一德》次《太甲》后，第四十；郑以为在《汤诰》后，第三十二。[①]

诸篇《书序》三家次第之别，略如下表：

| | | | | | |
|---|---|---|---|---|---|
| 史记 | 中䴲之诰 | 汤诰 | 咸有一德 | 明居 | 伊训 |
| 郑注 | 仲虺之诰 | 汤诰 | 咸有一德 | 明居 | 伊训 |
| 伪孔传 | 仲虺之诰 | 汤诰 | 明居 | 伊训 | 咸有一德 |

《仲虺之诰》亡，其佚文有见于《墨子·非命篇上》者：

何以知命之为暴人之道？昔上世之穷民，贪于饮食，惰于从事，是以衣食之财不足，而饥寒冻馁之忧至，不知曰“我罢不肖，从事不疾”，必曰“我命固且贫”。昔上世暴王不忍其耳目之淫，心涂之辟，不顺其亲戚，遂以亡失国家，倾覆社稷，不知曰“我罢不肖，为政不善”，必曰“吾命固失之”。于《仲虺之告》曰：“我闻于夏，人矫天命，布命于下，帝伐之恶，龚丧厥师。”此言汤之所以非桀之执有命也。[②]

① 伪（汉）孔安国传，（唐）孔颖达疏：《尚书正义》卷2，影印《十三经注疏》嘉庆二十年南昌府学刻本，第17页。

② （清）孙诒让：《墨子间诂》卷9，第271—272页。

又《非命篇中》：

圣王之患此也，故书之竹帛，琢之金石，于先王之书《仲虺之告》曰："我闻有夏，人矫天命，布命于下，帝式是恶，用阙师。"此语夏王桀之执有命也，汤与仲虺共非之。①

又《非命篇下》：

《仲虺之告》曰："我闻有夏，人矫天命于下，帝式是增，用爽厥师。"彼用无为有，故谓矫，若有而谓有，夫岂为矫哉！昔者，桀执有命而行，汤为《仲虺之告》以非之。②

政权鼎革，关乎天命，故此诰明辨之。又《左传》宣十二年载：

仲虺有言曰"取乱侮亡"，兼弱也。③

襄十四年载：

仲虺有言曰："亡者侮之，乱者取之。推亡、固存，国之道也。"④

襄三十年载：

《仲虺之志》云："乱者取之，亡者侮之。推亡、固存，国之利也。"⑤

---

① （清）孙诒让：《墨子间诂》卷9，第276页。

② （清）孙诒让：《墨子间诂》卷9，第281页。

③ （西晋）杜预注，（唐）孔颖达疏：《春秋左传注疏》卷23，影印《十三经注疏》嘉庆二十年南昌府学刻本，台北：艺文印书馆，2001年，第391页。

④ （西晋）杜预注，（唐）孔颖达疏：《春秋左传注疏》卷32，影印《十三经注疏》嘉庆二十年南昌府学刻本，第564页。

⑤ （西晋）杜预注，（唐）孔颖达疏：《春秋左传注疏》卷40，影印《十三经注疏》嘉庆二十年南昌府学刻本，第682页。

此《仲虺之志》盖即《仲虺之诰》，夏桀之政，亡乱者也，故必取之。

又《吕氏春秋·恃君览·骄恣》载：

昔者楚庄王谋事而当，有大功，退朝而有忧色。左右曰："王有大功，退朝而有忧色，敢问其说？"王曰："仲虺有言，不榖说之，曰：'诸侯之德，能自为取师者王，能自取友者存，其所择而莫如己者亡。'今以不谷之不肖也，群臣之谋又莫吾及也，我其亡乎？"①

伪古文《尚书·仲虺之诰》据之构建情境：

成汤放桀于南巢，惟有惭德，曰："予恐来世以台为口实。"仲虺乃作诰，曰："……王懋昭大德，建中于民，以义制事，以礼制心，垂裕后昆，予闻曰：'能自得师者王，谓人莫己若者亡。'"②

据以上三则佚文，则此诰大意，盖仲虺释成汤克夏之不得不然，复勉汤以虚怀受言。此篇伪古文之文字虽不可据，其意则仍有可参考处。《仲虺之诰》作于克夏之后，还亳大诰天下之前，宜也。

《汤诰》之文，伪孔本云：

王归自克夏，至于亳，诞告万方。王曰："嗟尔万方有众，明听予一人诰！惟皇上帝，降衷于下民。若有恒性，克绥厥猷惟后，夏王灭德作威，以敷虐于尔万方百姓，尔万方百姓罹其凶害，弗忍荼毒。并告无辜于上下神祇。天道福善祸淫，降灾于夏，以彰厥罪；肆台小子，将天命明威，不敢赦，敢用玄牡，敢昭告于上

① （东汉）高诱注，（清）毕沅校：《吕氏春秋》卷20，《二十二子》影印本，第707页。

② 伪（汉）孔传，（唐）孔颖达疏：《尚书正义》卷8，影印《十三经注疏》嘉庆二十年南昌府学刻本，第110—112页。

> 天神后，请罪有夏。聿求元圣，与之戮力，以与尔有众请命。上天孚佑下民，罪人黜伏，天命弗僭，贲若草木，兆民允殖。俾予一人，辑宁尔邦家，兹朕未知获戾于上下。栗栗危惧，若将陨于深渊。凡我造邦，无从匪彝，无即慆淫。各守尔典，以承天休。尔有善，朕弗敢蔽，罪当朕躬，弗敢自赦。惟简在上帝之心。其尔万方有罪，在予一人。予一人有罪，无以尔万方。呜呼！尚克时忱，乃亦有终。"①

重在汤之自誓自励。太史公所述，则为天子勉励诸侯之言，与前述《汤征》《汤誓》之意，一脉相承。

伊尹作《咸有一德》，伪孔传以为"言君臣皆有纯一之德，以戒太甲"，重在勉太甲以纯一之德，故次于《太甲篇》后。按《礼记·缁衣》引述此篇云：

> 子曰："长民者衣服不贰，从容有常，以齐其民，则民德壹。《诗》云：'彼都人士，狐裘黄黄，其容不改，出言有章，行归于周，万民所望。'"子曰："为上可望而知也，为下可述而志也，则君不疑于其臣，而臣不惑于其君矣。尹吉曰：'惟尹躬及汤，咸有壹德。'《诗》云：'淑人君子，其仪不忒。'"②

然则此篇之旨，盖在君德化民，道一风同之效欤？其下《明居》一篇，《史记集解》引马融之说："咎单，汤司空也。明居民之法也。"亦关乎民事也。

---

① 伪（汉）孔传，（唐）孔颖达疏：《尚书正义》卷8，影印《十三经注疏》嘉庆二十年南昌府学刻本，第112—113页。

② （汉）郑玄注，（唐）孔颖达疏：《礼记正义》卷55，影印《十三经注疏》嘉庆二十年南昌府学刻本，第929—930页。

由此观之，成汤既践天子之位，中虺作诰以明天命转移之故，勉汤以人君纳言之德；汤还亳，作诰以命诸侯保民；伊尹作《咸有一德》，咎单作《明居》，其意亦在保民、安民，与《汤诰》相呼应：太史公、郑康成二家《书序》之次序逻辑盖如此。

既述汤克夏之始末，太史公以一语收束商汤历史云："汤乃改正朔，易服色，上白，朝会以昼。"此说本于《春秋》公羊家之"三统论"，按董仲舒《春秋繁露·三代改制质文》云：

> 春秋曰："王正月。"传曰：王者庸谓？谓文王也。曷为先言王而后言正月？王正月也。何以谓之王正月？曰：王者必受命而后王，王者必改正朔，易服色，制礼乐，一统于天下，所以明易姓非继人，通以己受之于天也。王者受命而王，制此月以应变，故作科以奉天地，故谓之王正月也。
>
> …………
>
> 故汤受命而王，应天变夏，作殷号，时正白统，亲夏、故虞，绌唐，谓之帝尧，以神农为赤帝，作宫邑于下洛之阳，名相官曰尹，作濩乐、制质礼以奉天。文王受命而王，应天变殷，作周号，时正赤统，亲殷、故夏，绌虞，谓之帝舜，以轩辕为黄帝，推神农以为九皇，作宫邑于丰，名相官曰宰，作武乐、制文礼以奉天。
>
> …………
>
> 正白统奈何？曰：正白统者，历正日月朔于虚，斗建丑，天统气始蜕化物，物初芽，其色白，故朝正服白，首服藻白，正路舆质白，马白，大节绶帻尚白，旗白，大宝玉白，郊牲白，牺牲角茧，冠于堂，昏礼逆于堂，丧事殡于楹柱之间，祭牲白牡，荐尚肺，乐器白质，法不刑有身怀任，是月不杀，听朔废刑发德，

> 具存二王之后也，亲黑统，故日分鸣晨，鸣晨朝正。[①]

《礼记·檀弓上》亦尝论黑白赤三统之说：

> 夏后氏尚黑，大事敛用昏，戎事乘骊，牲用玄。殷人尚白，大事敛用日中，戎事乘翰，牲用白。周人尚赤，大事敛用日出，戎事乘騵，牲用骍。[②]

顾颉刚先生《五德终始说下的政治与历史》指出，汉儒三统之说，乃自邹衍五德终始说化出，邹子之说，今略见于《吕览》《淮南》等书，如《吕氏春秋·有始览·应同》云：

> 凡帝王者之将兴也，天必先见祥乎下民。黄帝之时，天先见大螾大蝼，黄帝曰："土气胜。"土气胜，故其色尚黄，其事则土。及禹之时，天先见草木秋冬不杀，禹曰："木气胜。"木气胜，故其色尚青，其事则木。及汤之时，天先见金刃生于水，汤曰："金气胜。"金气胜，故其色尚白，其事则金。及文王之时，天先见火，赤乌衔丹书集于周社，文王曰："火气胜。"火气胜，故其色尚赤，其事则火。代火者必将水，天且先见水气胜，水气胜，故其色尚黑，其事则水。水气至而不知，数备将徙于土。天为者时，而不助农于下。[③]

---

① （清）苏舆撰，钟哲点校：《春秋繁露义证》卷7，第184—194页。

② （汉）郑玄注，（唐）孔颖达疏：《礼记正义》卷6，影印《十三经注疏》嘉庆二十年南昌府学刻本，第114页。

③ （东汉）高诱注，（清）毕沅校：《吕氏春秋》卷13，《二十二子》影印本，上海：上海古籍出版社，1986年，第666页。

# 南朝梁元帝《职贡图》历代摹本著录述略

赵灿鹏　潘龙威*

**摘　要**：南朝梁元帝萧绎所作《职贡图》的画像与题记，是研究南北朝时期中外关系与周边国家部族历史地理文化的重要史料。论文在榎一雄、徐邦达、余太山、中村和树、尹龙九等中、日、韩国学者论著的基础上，将传世文献中梁元帝《职贡图》历代摹本的相关著录资料，进行较为全面的搜集整理，并对其版本流传、内容体制、收录国家及编排次序等问题作初步分析，供研究者参考使用。

**关键词**：梁元帝；萧绎；《职贡图》；朝贡；中外关系史

南朝梁元帝萧绎（508—555）[①]，字世诚，小字七符，是梁武帝萧衍第七子。大宝三年（552），萧绎平定侯景之乱后，于江陵（今属湖北荆州）即位，改元承圣；三年，江陵被西魏攻陷，因而遇害。他聪

---

* 作者简介：赵灿鹏，暨南大学中国文化史籍研究所教授，研究方向为中国思想文化史、古文献学、魏晋南北朝史、宋史。潘龙威，暨南大学中国文化史籍研究所中国古代史博士研究生。

基金项目：本文系暨南大学一流研究生课程“中国史理论与学术前沿”项目（编号2022YKC001）阶段性研究成果。

① 按《梁书》卷5《元帝纪》、《南史》卷8《梁本纪》下，梁元帝薨于承圣三年十二月辛未。承圣三年为公元554年，但十二月辛未已进入公历次年，即555年1月27日。在19世纪末发表的一篇论文中，德国汉学家夏德（Friedrich Hirth）已把梁元帝的在位时期，正确地写作552—555年（Friedrich Hirth,“Ueber die chinesischen Quellen zur Kenntniss Centralasiens unter der Herrschaft der Sassaniden etwa in der Zeit 500 bis 650”［《关于约500至650年之间萨珊王朝统治下的中亚知识的中国来源》］, *Wiener Zeitschrift für die Kunde des Morgenlandes*, Vol. 10［1896］, p. 227）。

悟勤学，才识渊博，著述宏富，兼有书画艺术的才能。《梁书》卷五《元帝纪》、《南史》卷八《梁本纪》下载其著作有《贡职图》一种。梁元帝撰《金楼子》卷五《著书篇》所载著作中，亦有“《贡职图》一秩一卷”。梁元帝所作《职贡图》的画像与题记，是研究南北朝时期中外关系与周边国家部族历史地理文化的重要史料。

关于梁元帝《职贡图》的研究史，近年米婷婷做过较为充分的综述，又分别从艺术史、政治史、民族史、交通史等四个领域摘要进行评议，可以参看[①]。综合而言，比较重要的学术论著有以下几种：（1）金维诺：《〈职贡图〉的时代与作者》，《文物》1960年第7期。（2）日本学者榎一雄《梁職貢図について》（关于梁职贡图）（《東方学》，第二六辑，1963年7月）、《梁職貢図の流伝について》（关于梁职贡图的流传）（《鎌田博士還暦記念歷史学論叢》，1969年9月）、《職貢図の起源》（职贡图的起源）（《東方学会創立四十周年記念東方学論集》，1987年6月）等系列论文[②]。（3）徐邦达《古书画伪讹考辨》（南京：江苏古籍出版社，1984年，上卷）有专门章节对梁元帝《职贡图》旧本进行讨论。（4）王素：《梁元帝〈职贡图〉新探》，《文物》1992年第2期。（5）余太山：《〈梁书·西北诸戎传〉与〈梁职贡图〉》，《燕京学报》新五期，北京：北京大学出版社，1998年。（6）米婷婷：《梁职贡图摹本源流初探》，中国艺术研究院硕士学位论文，2016年，指导教师王素。其中榎一雄《梁職貢図の流伝について》、徐邦达《古书画伪讹考辨》、余太山《〈梁书·西北诸戎传〉与〈梁职贡图〉》三种论著，对历代书画著录资料进行了梳理，特别是余太山的论文，将自宋至明的各

---

① 米婷婷：《梁〈职贡图〉摹本源流初探》，中国艺术研究院硕士学位论文，2016年，第1—9页；米婷婷：《梁元帝〈职贡图〉研究综述》，《中国魏晋南北朝史学会会刊》第1卷，桂林：广西师范大学出版社，2020年，第261—282页。

② 榎一雄有关梁元帝《职贡图》的研究计有七篇论文，都收入榎一雄著作集编集委员会编：《榎一雄著作集》第7卷，东京：汲古书院，1994年。

种传本逐一考校研究，极具参考价值。另外，日本学者中村和树《“梁職貢図”の国名記載順》（梁职贡图的国名记载顺序），韩国学者尹龙九《“梁職貢図”流伝と模本》（梁职贡图的流传与摹本），二文并载铃木靖民等编：《梁職貢図と東部ユーラシア世界》（梁职贡图与东部欧亚世界），东京：勉诚出版，2014年），也较多地涉及梁元帝《职贡图》的历代摹本流传问题。鉴于梁元帝《职贡图》摹本的历代著录情形，是探讨其绘纂过程、版本流传、内容体制、收录国家及排编次序、历史文化内涵等问题的出发点，笔者拟在前人论著的基础上，将传世文献中的相关著录资料进行较为全面的搜集整理，并作初步分析，供研究者参考。

在承圣三年江陵被西魏攻陷前夕，梁元帝纵火焚毁图籍，“乃聚图书十余万卷尽烧之”（《南史》卷八《梁本纪》下），“命舍人高善宝焚古今图书十四万卷”（《太平御览》卷六一九引《三国典略》），“（上略）故江表图书，因斯尽萃于绎矣。及周师入郢，绎悉焚之于外城，所收十才一二。此则书之五厄也”（《隋书》卷四九《牛弘传》），成为中国古代图书史上的一大灾难。唐张彦远撰《历代名画记》卷一《叙画之兴废》亦云：“（梁）元帝雅有才艺，自善丹青，古之珍奇，充牣内府。侯景之乱，（中略）及景之平，所有画皆载入江陵，为西魏将于谨所陷。元帝将降，乃聚名画法书及典籍二十四万卷，遣后阁舍人高善宝焚之。（中略）于谨等于煨烬之中，收其书画四千余轴，归于长安。故颜之推《观我生赋》云：‘人民百万而囚虏，书史千两而烟扬。史籍已来，未之有也。溥天之下，斯文尽丧。’”[①] 虽然如此，《职贡图》并未

① 《历代名画记》的文本，系根据冈村繁译注：《历代名画记译注》，载俞慰刚译《冈村繁全集》第6卷，上海：上海古籍出版社，2002年。又唐代张彦远撰，范祥雍点校：《法书要录》（北京：人民美术出版社，1984年），卷4载唐张怀瓘《二王等书录》：“承圣末，魏师袭荆州，城陷。元帝将降，其夜乃聚古今图书十四万卷，并大小二王遗迹，遣后阁舍人高善宝焚之。（中略）历代秘宝，并为煨烬矣。周将于谨、普六茹忠等捃拾遗逸，凡四千卷，将归长安。”

亡佚，其真迹后世存殁情形无考，但是有多种摹本递相繁衍流传下来。

在唐代初期，梁元帝《职贡图》未见广泛流布。[①]《隋书》卷三三《经籍志》二史部地理类不载此书，姚思廉撰《梁书》似乎也没有参考。《梁书》卷五四《诸夷传》中，周古柯、呵跋檀、胡密丹等三国传文仅有寥寥数语，内容比较简单，而《职贡图》北宋摹本中，此三国题记有进贡表文，篇幅较长，具有很高的史料价值。《梁书·诸夷传》录有盘盘、丹丹、干陁利、狼牙修、婆利、中天竺、师子国等七国表文，并没有什么特别理由要删弃此三国表文。[②]可以推测姚思廉撰写《梁书·诸夷传》之时，并未看到此三国题记，有可能《职贡图》未曾寓目。

活动年代稍晚于姚思廉，唐初僧人释道宣（596—667）的几种著作中对《职贡图》都有征引，比如《大唐内典录》（《大正新修大藏经》）本卷四《后魏元氏翻传佛经录》引梁湘东王绎《贡职图》（鲁国

① 传说唐贞观年间，唐太宗遣梁元帝曾孙、监察御史萧翼至越州，用计谋从僧辩才处，取得王羲之《兰亭序》真迹，萧翼所携书画中即有“梁元帝自画《职贡图》”（唐张彦远撰《法书要录》卷3载唐何延之《兰亭记》）。关于何《记》是否可信的问题，历代学者有不同的看法，1960年代与《兰亭序》真伪问题相联系，曾经发生热烈辩论，当代学者最近的研究倾向于持否定性的意见，参见郭沫若《由王谢墓志的出土论到兰亭序的真伪》（《文物》1965年第6期），徐复观《中国艺术精神》（台北：台湾学生书局，1966年）附录五《兰亭争论的检讨》，庄严《唐阎立本绘萧翼赚兰亭图卷跋》（收入《前生造定故宫缘》，北京：紫禁城出版社，2006年），祁小春《文本与记录文献中所见的兰亭序》（《美术学报》2012年第5期）等论文。

② 余太山：《〈梁书·西北诸戎传〉与〈梁职贡图〉》（《两汉魏晋南北朝正史西域传研究》，北京：商务印书馆，2013年，第66页）提出，《梁书》周古柯、呵跋檀、胡密丹三国传，乃删节《职贡图》题记而成。李埌周《早期职贡题材绘画之再探讨》（《美术研究》2001年第3期，第46—47页）主张，周古柯、呵跋檀、胡密丹、白题等国在现存北宋摹本及南唐顾德谦摹本中排列顺序一致，且与《梁书·诸夷传》记载次序相同，说明《诸夷传》的书写来源为《职贡图》，但删去了各国表文，此可备一说。金子修一《关于宋书蛮夷传的若干问题》（载张金龙主编：《黎虎教授古稀纪念中国古代史论丛》，北京：世界知识出版社，2006年）认为，《梁书》没有记载周古柯国、呵跋檀国、胡密丹国的国书的原因是基于其表现的拙劣和内容的缺乏。金子修一之说，意即三国贡表粗率不文，故被姚思廉删汰，似不尽然。如果平心而论，三国表文与南海诸国相较，在修辞方面并不见得有天壤悬殊之别。

使题记），《续高僧传》（郭绍林点校，北京：中华书局，2014年）卷二五《释慈藏传》引《梁贡职图》（新罗国使题记），《四分律删繁补阙行事钞》（《大正新修大藏经》本）卷下注引梁时《贡职图》（白木条国使题记），《释迦方志》（范祥雍点校，北京：中华书局，2000年）卷下《遗迹篇之余》引《梁贡职图》（波斯国使题记述搧懔国语）各一则。[①] 五代后唐僧人景霄纂《四分律行事钞简正记》（《续藏经》本）卷一五引《贡职图》（白木条国使题记）一则，文字较道宣《四分律删繁补阙行事钞》所引繁复，当据《职贡图》征引，而非沿袭后书。

唐代四大类书《北堂书钞》《艺文类聚》《初学记》《白氏六帖》之中，亦未见征引《职贡图》题记。《艺文类聚》卷五五引梁元帝《职贡图序》，卷七四引梁元帝《职贡图赞》，可能来源于梁元帝的文集。唐张彦远《历代名画记》卷七谓梁元帝萧绎“又画《职贡图》并序，善画外国来献之事”下，原注“序具本集”四字，可为左证。包括张彦远本人，并未亲见梁元帝《蕃客入朝图》和《职贡图》，前者是根据别本《梁书》的记载而得知，后者亦未列入梁元帝“传于后”诸图中，仅在卷三《述古之秘画珍图》中提及。[②] 我们推测，梁元帝《职贡图》在唐代前期官方并未收藏，可能只在佛教僧徒中流传。

从五代开始，特别是在宋代以后，《职贡图》有多种传本出现。这一时期编撰的图书目录中有很多记载。《旧唐书》卷四六《经籍志》上乙部史录地理类：“《职贡图》一卷，梁元帝撰。”《新唐书》卷五八《艺文志》二乙部史录地理类：“梁元帝《职贡图》一卷。”《宋史》卷二〇四《艺文志》三史部地理类：“梁元帝《职贡图》一卷。”宋王尧臣等撰《崇文总目》（《崇文总目辑释》，《续修四库全书》影印清嘉庆

① 唐释道世撰《法苑珠林》卷29《感通篇·圣迹部》引《梁贡职图》（波斯国使题记述拂懔国语）一则，与《释迦方志》文字相同，当录自后书。

② 参见余太山：《〈梁书·西北诸戎传〉与〈梁职贡图〉》，第42页。

刻《汗筠斋丛书》本，上海：上海古籍出版社，2002年）卷二地理类："《职贡图》一卷，梁元帝撰。"宋尤袤撰《遂初堂书目》（清道光咸丰间番禺潘氏刊《海山仙馆丛书》本）地理类："《梁二十八国职贡图》。"宋郑樵撰《通志》（《万有文库》影印本，上海：商务印书馆，1935年）卷六六《艺文略》四地理朝聘类："《职贡图》一卷，梁元帝撰。"同书卷七二《图谱略》一记有部："梁元帝《二十八国职贡图》。"宋王应麟撰《玉海》（影印合璧本，京都：中文出版社，1977年）卷一五二《梁职贡图》："《书目》：《金楼子》其自序云：'乃纂百国一卷。'今存二十有七。为湘东王时，诸蕃使者入贡，图其形貌服饰，次以本国风俗。"

梁元帝《职贡图》原本应是既有图像，又有题记的图文合璧长卷。[①]历代书目及书画题跋资料中提到的《职贡图》传摹版本，大略可分为三种类型：第一种类型兼有图像和题记；第二种类型有图像无题记；第三种类型有无题记情形不详。

第一类传本有八种：

（一之一）梁元帝萧绎《贡职图》，见宋史绳祖撰《学斋占毕》（《丛书集成初编》据《百川学海》本排印本，上海：商务印书馆，1939年）卷二《王会贡职两图之异》引《秘府群玉帖》中宋元祐元年李公麟跋语所述。内容为虏、蜑等三十余国使者画像和题记。

（一之二）梁元帝《职贡图》，载宋王应麟撰《玉海》卷一五二《梁职贡图》引《中兴馆阁书目》。内容为二十七国使者画像和题记。

（一之三）梁元帝《职贡图》，载明宋濂撰《宋文宪公全集》（清嘉庆十五年金华府学刻本）卷四五《题梁元帝画〈职贡图〉》。内容为且末、中天竺、师子、北天竺、渴盘陀、武兴番、高昌、建平蜑、临

① 参见王素：《梁元帝〈职贡图〉高昌国使图像与题记》，《魏晋南北朝隋唐史资料》第41辑，上海：上海古籍出版社，2020年，第72页。

江蛮等九国使者画像和题记。题记注云“陶学士书”。后有五代后周广顺三年陶縠跋语。

（一之四）阎立德《王会图》，见清吴升撰《大观录》（《续修四库全书》影印民国九年武进李氏圣译廔铅印本）卷一一著录阎立德《王会图》后子容（苏颂）题语所述。苏颂题语云：“熙宁丁巳传张次律国博本，杭州山堂校过。子容题。”所谓“张次律国博本”，即北宋神宗熙宁年间国子监博士张次律摹本。[①] 内容同《大观录》著录本。

（一之五）阎立德《王会图》，载清吴升撰《大观录》卷一一。内容为滑[②]、波斯、百济、龟兹、倭、高句骊、于阗、新罗、宕昌、狼牙修、邓至、周古柯、阿跋檀、胡密丹、白题、靺、中天竺、师子、北天竺、朅盘陀、武兴番、高昌国、天门蛮、建平蜑、临江蛮等二十六国使者设色画像和题记。[③] 后有北宋熙宁十年苏颂题语，“压宋印一方”；以及元人子山（康里巙巙）、王余庆二跋。

（一之六）唐阎立德《职贡图》，载清张照等撰《石渠宝笈》（《文渊阁四库全书》本）卷三二。《石渠宝笈》著录为清宫书画藏品。内容为二十五国使者着色画像和题记，国名未录。后有《（职贡图）赞》一篇，北宋熙宁十年苏颂题语，“上钤一印，（中略）漫漶不可识”；以及元人子山（康里巙巙）、王余庆二跋。与《大观录》所载阎立德

---

① 参见徐邦达：《顾闳中画韩熙载夜宴图》，《中国书画》第 2 期，北京：文物出版社，1980 年，第 26 页。按张次律其人生平不详。宋赵蕃撰《淳熙稿》（《丛书集成初编》据《聚珍版丛书》本排印本，上海：商务印书馆，1935 年）卷 7、卷 12、卷 20 有与时人张次律唱和诗多首，然赵蕃（1143—1229）为南宋人，与此时代不合。

② 《大观录》著录称“第一国前已损失，止存后书十四行”，此与中国国家博物馆藏梁元帝《职贡图》北宋摹本残卷相同，据后者题记内容为滑国使。

③ 按《大观录》所录国名只有二十五，疑“六”字误书（参见金维诺：《〈职贡图〉的时代与作者》，第 16 页；余太山：《〈梁书·西北诸戎传〉与〈梁职贡图〉》，第 54 页；李埏周：《早期职贡题材绘画之再探讨》，第 45 页）。清张照等撰《石渠宝笈》卷 32 著录唐阎立德《职贡图》，与此本内容基本相同，亦为二十五国。

《王会图》相较，此本著录内容多出《〈职贡图〉赞》一篇，其他基本相同。[①] 此本即今中国国家博物馆藏梁元帝《职贡图》北宋摹本残卷。[②] 在历代书画题跋资料中，梁元帝《职贡图》多著录为唐阎立德或阎立本所作，是一个明显的错误。据当代学者金维诺对北宋摹本残卷的研究，绘画的风格和技巧较为朴拙，与初唐阎氏兄弟作品差别较大；残卷现存各国，滑国在隋唐时称作嚈哒（或作挹怛），周古柯、呵跋檀、胡密丹在南朝萧梁以后不见史书记载，宕昌、邓至灭于北周，狼牙修在隋唐时未曾通好，《隋书》《唐书》并未立传，白题、末国在《隋书》《唐书》亦无传记。又题记内容与《梁书·诸夷传》几乎完全符合，其纪事止于梁，叙述宋齐事实年号之前冠以朝代，记梁朝事实只出年号；末国使题记云“今王姓安名末深盘”，《梁书·末国传》称“其王安末深盘，普通五年，遣使来贡献”，题记中的“今王”二字，是《职贡图》断代的重要证据。《石渠宝笈》著录使者画像题记后有《〈职贡图〉赞》，与《艺文类聚》卷七四引梁元帝《职贡图赞》文字相合。总而言之，这个《职贡图》不可能是初唐时阎立德或阎立本的作品，可以肯定是梁元帝所作。[③]

（一之七）《诸番职贡图》（或作《诸番图》《职贡图》），见清张庚撰《图画精意识·白描职贡图》（《丛书集成续编》影印《槐庐丛书》重校本，上海：上海书店，1994 年）、葛嗣浵纂《爱日吟庐书画续录》（民国三年［1914］上海刊本）卷五著录清张庚《诸番职贡图卷》后张

---

① 二本尺寸稍异。《大观录》著录阎立德《王会图》高八寸，长一丈二尺二寸。《石渠宝笈》著录唐阎立德《职贡图》卷高八寸四分，广一丈三尺三寸八分。

② 《大观录》卷 11 著录称“第一国前已损失，止存后书十四行”，此与中国国家博物馆藏北宋摹本残卷起首滑国使题记情形相同，亦可为《大观录》《石渠宝笈》著录本近似之证明。金维诺《〈职贡图〉的时代与作者——读画札记》（第 15 页）指出北宋摹本残卷曾经清初梁清标鉴藏，《大观录》作者吴升与梁氏交往密切。

③ 参见金维诺：《〈职贡图〉的时代与作者——读画札记》，《文物》1960 年第 7 期，第 14—15 页。

庚跋语所述。内容同清张庚摹《诸番职贡图卷》。清乾隆初年山西潞城县知县李橐藏本。[①] 无款，无题跋。

（一之八）清张庚《诸番职贡图卷》，载葛嗣浵纂《爱日吟庐书画续录》卷五。内容为渴盘陀、武兴蕃、高昌、天门蛮、滑、波斯、百济、龟兹、倭、高句骊、于阗、斯罗、周古柯、呵跋檀、胡蜜檀、宕昌、邓至、白题等十八国使者白描画像和题记。此本为清张庚据乾隆初年山西潞城县知县李橐藏本临摹，后有清乾隆四年张庚跋语。

第二类传本有七种：

（二之一）梁元帝《番客入朝图》，载宋李廌撰《德隅斋画品》（《文渊阁四库全书》本）。白描粉本，内容为鲁国、高昌等三十五国使者画像[②]，高昌等国名题字注云贞观某年灭，纸缝有唐代书家褚长文审定印章。此本与台北故宫博物院藏南唐顾德谦摹梁元帝《蕃客入朝图》基本相同，主要差异在于后者国名下没有贞观某年灭字样，亦无褚长文印章。

（二之二）《职贡图》，载宋楼钥撰《攻愧先生文集》（宋四明楼氏家刻本）卷七三《跋傅钦父所藏职贡图》。内容为鲁国、丙丙[③]、河南、中天竺、师子、北天竺、渴盘陀、武兴蕃、滑、波斯、百济、龟兹、倭、因古柯[④]、呵跋檀、胡密丹、白题、末、林邑、婆利、宕昌、狼牙

---

① 参见赵灿鹏：《南朝梁元帝〈职贡图〉题记佚文的新发现》，《文史》2011 年第 1 期。

② 王素《梁元帝〈职贡图〉高昌国使图像与题记》（第 72 页）谓此本图像与题记俱全，疑非是。

③ “丙丙”，疑为“芮芮”之讹（参见余太山：《〈梁书·西北诸戎传〉与〈梁职贡图〉》，第 46 页）。王素《梁元帝〈职贡图〉新探——兼说滑及高昌国史的几个问题》（第 75 页）认为“丙丙国”当作“西虏国”，即西魏国，是辗转临摹擅改所致；梁元帝创作《贡职图》，大书“西虏国”朝贡之事，作为洗刷称臣于西魏耻辱计划的一部分。按台北故宫博物院藏唐阎立本《王会图》、南唐顾德谦摹梁元帝《蕃客入朝图》，首二国皆为虏（鲁）、芮芮，明倪谦撰《倪文僖公集》卷 24《跋王会图卷》载《王会图》亦有芮芮国，王说似嫌考求过深，不足信据。

④ “因古柯”，疑为“周古柯”之讹。

修等二十二国使者画像，有国名标题，而没有记录历史地理风俗的题记。[1]百济国下题字注云“显庆四年灭”[2]。此本与《德隅斋画品》所载《番客入朝图》类似，但只有二十二国，数目较少。

（二之三）《王会图》，载明倪谦撰《倪文僖公集》（明弘治六年倪岳刻本）卷二四《跋王会图卷》，内容为芮芮、滑、渴槃陀、狮子、胡密丹、白题、于阗、周古柯、呵跋檀、龟兹、河南、武兴、鞅、宕昌、邓正[3]、波斯、百济、新罗、倭、高句骊、北天竺、中天竺、狼牙修、高昌、天门、建平蜑等二十六国使者画像。倪氏跋云“观斯图所绘四夷人物，（中略）凡二十有八，咸有名识”，知有国名标题，而无题记；其最前一种“失其名识”，故臆测为唐世突厥可汗，则无题记可以参证。[4]其国名二十六，人物二十有八，与郁逢庆《续书画题跋记》所载《诸夷图》相同。倪跋云“最前一种，冠缨笼巾，朝衣宽博，翼以二侍，类大酋长者，缣素朽败，失其名识”，国名当即虏（鲁）。此本与台北故宫博物院藏唐阎立本《王会图》相似，差别在于后者无滑、河南、高昌、天门四国，而另有女蛋国一种。

（二之四）唐阎立本《诸夷图》（一作《诸番图卷》），载明郁逢庆编《续书画题跋记》（中国国家图书馆藏清抄本）卷一《唐阎立本诸夷

① 应该注意的是，楼钥跋语前部记述河南等二十国朝贡史事的文字，并非傅钦父藏本《职贡图》的题记，而是楼钥本人根据《南史》等书进行考订的记录，所谓“姑纪其略”是也。这些文字与中国国家博物馆藏梁元帝《职贡图》北宋摹本残卷，及清张庚摹本《诸番〈职贡图〉卷》题记并不对应，原因就在这里。楼钥跋语明言：“又（李龙眠）帖云‘状其形而识其土俗’，今不见所识，又疑止摹其形也。”所谓“不见所识”，即无“识其土俗”的题记，也就是“止摹其形”的意思（参见王素：《梁元帝〈职贡图〉新探》，第75页；余太山：《梁书西北诸戎传与梁〈职贡图〉》，第45页、83页注14）。

② 按《旧唐书》卷4《高宗纪上》、卷199上《东夷·百济传》，唐讨平百济在显庆五年。

③ “邓正”，疑为“邓至”之讹。

④ 王素《梁元帝〈职贡图〉高昌国使图像与题记》（第73页）谓此本图像与题记俱全，疑非是。

图》。[①] 内容为武兴、狼牙修等二十六国使者图像，郁氏题跋惟云“计国二十六，为人二十八，具列国状貌”，当无题记。

（二之五）阎立德《王会图》，载明张丑撰《真迹日录》（《文渊阁四库全书》本）卷三阎立德《王会图》。[②] 内容为虞□□[③]、芮芮国、波斯国、百济国、胡密丹、白题国、靺国、中天竺、狮子国、北天竺、㵎盘陀、武兴国、龟兹国、倭国、高丽国、于阗国、新罗国、宕昌国、狼牙修、邓至国、周古柯、阿跋檀、建平蜑、女蜑国[④] 等二十四国使者着色画像，无题记。后有元人子山（康里巎巎）、王余庆，明人损庵堂（王肯堂）三跋。清吴其贞撰《书画记》（《续修四库全书》本影印清乾隆写《四库全书》本）卷六著录阎立德《王会图》一卷，亦为二十四国使者着色画像，后有吴子山[⑤]、王余庆、王肯堂三跋。此二本与台北故宫博物院藏唐阎立本《王会图》内容相同，但台北故宫博物院藏本仅有损庵堂跋语，而无康里子山、王余庆二跋。

（二之六）唐阎立本《王会图》，载清张照等撰《石渠宝笈》卷32。内容为24国使者着色画像，有国名标题，惟具体国名不详。后有损庵堂（王肯堂）跋语一则。此本即台北故宫博物院藏唐阎立本《王会图》。本幅绢本，纵28.1公分，横238.1公分；引首纸本，纵28.1公分，横99.2公分；拖尾纸本，纵28.1公分，横65.7公分。引首乾隆御题“重译共球”四字，款署“乾隆御笔”。本幅所钤乾隆、嘉庆、

① 亦载明汪砢玉撰：《珊瑚网》（《文渊阁四库全书》本）卷25《唐阎立本诸夷图》、清卞永誉撰：《式古堂书画汇考》（《文渊阁四库全书》本）卷38《阎立本诸番图卷》。

② 《真迹日录》卷2又载阎立本《王会图》，著录稍略，亦是二十四国使者画像，着色，有国名标题，后有康里子山等三跋。当为同一图卷著录重出，只是作者署名阎立德、阎立本之异耳。

③ 按台北故宫博物院藏唐阎立本《王会图》，第一段使者画像（一人二侍，共三人）国名标题漫漶，谛审首字残缺字形，似当作“虜”，即“虏”之异体字，而非“虞”字。

④ 建平蜑、女蜑国之“蜑”字，台北故宫博物院藏唐阎立本《王会图》作“蜑”。

⑤ 徐邦达《古书画伪讹考辨》（第40页）、余太山《〈梁书·西北诸戎传〉与〈梁职贡图〉》（第63页）指出“吴子山”之“吴”字应为“康里”之误。

宣统间清宫鉴藏玺印甚夥。拖尾损庵堂跋语前后，有“吴廷私印”、“吴国逊”[①]、“吴廷书画之印”等收藏印记。二十四国依次为虏□□、芮芮国、波斯国、百济国、胡密丹、白题国、靺国、中天竺、狮子国、北天竺、陽盘陀、武兴国、龟兹国、倭国、高丽国、于阗国、新罗国、宕昌国、狼牙修、邓至国、周古柯、阿跋檀、建平蜑、女蜑国。[②]

（二之七）顾德谦摹梁元帝《蕃客入朝图》，载清王杰等辑《钦定石渠宝笈续编·养心殿藏》二（《续修四库全书》影印清内府抄本），内容为鲁、芮芮、河南、中天竺[③]、为[④]、林邑、师子、北天竺、渴盘

① “吴国逊”《石渠宝笈》卷32作“吴国弼”，非是，此据故宫博物院编辑委员会编辑：《故宫书画图录》第15册，台北：故宫博物院，1995年，第28页。按吴国逊为吴廷胞兄，字景伯（参见马泰来：《明代文物大贾吴廷事略》，《采铜于山——马泰来文史论集》，北京：国家图书馆出版社，2017年，第318页；吴有祥等编著：《明清西溪南诗词选》附录《三希墨宝有其二：明末徽州收藏家吴廷其人其事》，芜湖：安徽师范大学出版社，2019年，第290—292页）。又《故宫书画图录》所录唐阎立本《王会图》为黑白图片。

② 参见故宫博物院编辑委员会编辑：《故宫书画图录》第15册，第25—28页。中村和树《梁職貢図の国名記載順》（《梁職貢図と東部ユーラシア世界》，第121—122页）谓唐阎立本摹本女蜑使者，与南唐顾德谦摹本临江蛮使者形象高度相似，女蜑与临江蛮应属同一蛮蜑。

③ 按台北故宫博物院藏南唐顾德谦摹梁元帝《蕃客入朝图》，中天竺国使者之后有一使者画像，标题缺失。中村和树《梁職貢図の国名記載順》（《梁職貢図と東部ユーラシア世界》，第113—114页）认为，佚名使者与林邑、干陀、扶南使者姿态相近，应属东南亚国家，《梁书·诸夷传》海南诸国盘盘、丹丹、婆利未在图中出现，而《职贡图》传本著录不见盘盘、丹丹，南宋楼钥《跋傅钦甫所藏〈职贡图〉》记载有婆利，所以此佚名使者最有可能为婆利国。罗丰《邦国来朝——台北故宫藏〈职贡图〉题材的国家排序》（《文物》2020年第2期，第47页）谓使者上身裸体，腰缠吉贝，跣足，明显为一热带国人，疑即《梁书》所载丹丹或盘盘。

④ 中村和树《梁職貢図の国名記載順》（《梁職貢図と東部ユーラシア世界》，第112—113页）指出，北宋摹本的末国，台北故宫博物院藏唐阎立本《王会图》的靺国、南唐顾德谦摹《梁元帝蕃客入朝图》的为国使者画像，三者具有相同的帽子、姿式、衣服的形状和搭配，“为国”当为“末国”之误。米婷婷《梁〈职贡图〉摹本源流初探》（第36页）推测这个错误，可能是后人在传抄过程中，将“末”字误写作“未”，而“未”与“为”字读音相似所致。又罗丰《邦国来朝——台北故宫藏职贡图题材的国家排序》（第47页）谓“为国”装束同汉式，或为“伪国”或西魏国；南朝称北朝为“伪”，“为”“伪”“魏”三字的中古音接近。疑罗说非是。

陀、武兴蕃、宕昌、狼牙修、邓至、波斯、百济、龟兹、倭、周古柯、呵跋檀、胡密丹、白题、临江蛮①、万丽②、高昌、天门蛮、建平蛮、滑、于阗、新罗、干陀③、扶南等三十三国使者白描画像（其中失题名二国），有国名标题，此本即台北故宫博物院藏南唐顾德谦摹梁元帝《蕃客入朝图》。本幅纸本，纵 26.8 公分，横 531.5 公分。引首乾隆御题"自文其弱"四字，及御题诗并记语数百字。本幅首尾有宋理宗题识"梁元帝《蕃客入朝图》""定为南唐顾德谦所临"，钤有"御书之宝""乾"卦圆印及"己酉"瓢印。图卷并有乾隆、嘉庆、宣统间清宫鉴藏玺印多方，以及"封"（重八，二半印）"南邑开国""步瀛书院""郑侠如印""郑侠如鉴定""郑熙绩懋嘉氏一字有常""希世之宝""坦坦生""郑玉珩书画印"等收藏印记。④按北宋宣和七年（1125）有顾德谦画《入贡图》流传，见宋程俱撰《北山小集》（《四部丛刊续编》景印景宋写本）卷第十六《闰唐待诏顾德谦画入贡图赞》，其内容不知是否与此本相同。⑤

第三类传本有六种：

（三之一）《梁职贡图》，载宋孙升撰《孙公谈圃》（杨倩描等点校，北京：中华书局，2012 年）卷中，后有宋开宝年间陶穀跋语数百字。

---

① 按台北故宫博物院藏南唐顾德谦摹梁元帝《蕃客入朝图》，临江蛮使者之后有一使者画像，标题缺失。罗丰《邦国来朝——台北故宫藏职贡图题材的国家排序》（第 47 页）谓使者装饰与临江蛮、天门蛮类似，当是荆州所辖"江北诸郡蛮"之一。

② "万丽"，台北故宫博物院藏南唐顾德谦摹梁元帝《蕃客入朝图》作"高丽"，是。

③ 余太山《〈梁书·西北诸戎传〉与〈梁职贡图〉》（第 66 页）、李埏周《早期职贡题材绘画之再探讨》（第 46 页）认为即"干陀利"之夺讹，疑是。

④ 参见故宫博物院编辑委员会编辑：《故宫书画图录》第 15 册，第 135—140 页。当代文物学者庄严《唐阎立本绘萧翼赚兰亭图卷跋》认为，台北"故宫博物院"所藏顾德谦摹梁元帝《番客入朝图》是赝本，非顾氏原作（庄严：《前生造定故宫缘》，第 181 页）。

⑤ 参见徐邦达：《古书画伪讹考辨》，第 41 页；余太山：《〈梁书·西北诸戎传〉与〈梁职贡图〉》，第 66 页。

（三之二）《梁二十八国职贡图》，载宋尤袤撰《遂初堂书目》地理类。宋郑樵撰《通志》卷七二《图谱略》一记有部亦有梁元帝《二十八国职贡图》。

（三之三）梁元帝《蕃客入朝图》，载宋周密撰《云烟过眼录》（中华书局，2018 年）卷上“兰坡赵都丞与懃所藏”名画部分。

（三之四）梁元帝《番客入朝图》，见明张丑撰《清河书画舫》（《文渊阁四库全书》本）卷五上引《悦生别录》载南宋末贾似道藏书画名迹。《钦定石渠宝笈续编·养心殿藏》二著录顾德谦摹梁元帝《蕃客入朝图》（即台北故宫博物院藏本）有按语云：“《悦生古迹记》载梁元帝《蕃客入朝图》。今此卷有长脚‘封’字，乃贾似道印，或即此卷。”

（三之五）梁湘东王绎《贡职图》，载元吴澄撰《吴文正集》（《文渊阁四库全书》本）卷五九《题梁湘东王绎〈贡职图〉后》。内容为魏等二三十国使者画像[①]，题记有无不详。后有五代时陶穀跋语多则。此本与《孙公谈圃》所载《职贡图》类似，但陶穀跋语在五代时，且不止一则，详记图卷于后晋、后汉、后周间三次得失始末。

（三之六）阎立本《王会图》，见明黄宗羲编《明文海》（中国国家图书馆藏清抄本）卷三一五陈沂《书所观苏汉臣瑞应图》所述。使者画像有国名标题，题记有无不详。

就笔者见闻所及，进行粗略考察的结果，以上三类传本，共计二十一种。其中（一之三）、（一之五）、（一之八）、（二之二）、（二之三）、（二之五）、（二之六）、（二之七）等 8 种传本，列举详细国名，经过综合排比统计，共有虏（鲁）、芮芮、林邑、扶南、干陀[②]、狼牙修、婆利、北天竺、中天竺、师子（狮子）、高丽（高句骊）、百

① 吴澄跋云：“梁史所载，若扶南，若林邑，若婆利，若于阤利，及蠕蠕、盘盘、丹丹等，并有使至，而此无之。”虽未详列使者画像国名，然提及图卷阙载诸国，亦可供研究参考。

② 李垠周《早期职贡题材绘画之再探讨》（第 46 页）认为即“干陀利”，漏书一“利”字。

济、新罗（斯罗）、倭、河南、高昌、滑、周古柯、呵跋檀（阿跋檀）、胡密丹（胡蜜檀）、白题、龟兹、于阗、渴盘陀（渴盘陀、渴擎陀、揭盘陀、暍盘陀）、末（靺、且末）、波斯、宕昌、邓至、武兴（武兴蕃、武兴番）、天门蛮、建平蜑（建平蛮）、临江蛮、女蜑、为等三十四国。[①]诸本各国次序互有差异，《职贡图》于千百年间，历经传摹以及藏家割裱重装，其间序次分合线索，颇不容易整理清楚。[②]

---

① 此处列举诸国次序，前面是虏（鲁）、芮芮，后面为天门蛮、建平蜑、临江蛮等国，以合乎宋人所谓“首虏而后蜑”（语出宋史绳祖撰《学斋占毕》卷2《王会贡职两图之异》引李公麟帖；宋王应麟撰《玉海》卷56《梁职贡图》引李公麟帖作“首虏而终蜑”）的旧貌，中间诸国大体依照《梁书·诸夷传》排序。王素《梁元帝〈职贡图〉新探》（第74页）、米婷婷《梁元帝〈职贡图〉“女蜑”即“临江蛮”考》（《文物》2020年第2期，第56页）认为，梁元帝《职贡图》完整本应有三十五国。其立论依据为宋李廌撰《德隅斋画品》载梁元帝《番客入朝图》白描粉本，有鲁国、高昌等三十五国使者画像。此说恐不尽然，只能说宋代某种传本有三十五国，而不能由此判断《职贡图》全本有三十五国。按《玉海》卷152《梁职贡图》引《中兴馆阁书目》：“《金楼子》，其自序云：乃纂百国一卷。今存二十有七。”宋释元照撰《四分律行事钞资持记》（《大正新修大藏经》本）下一亦云：“（上略）《贡职图》，梁湘东王撰，一卷，号《百国贡职图》。”百国不一定是实数，然现所知三十余国，恐非《职贡图》原本全貌。比如唐宋佛教文献所引梁元帝《职贡图》白木条国一种（参见赵灿鹏：《南朝梁元帝〈职贡图〉题记佚文续拾》，《文史》2011年第4期），当即其中一部分亡佚的内容。余太山《〈梁书·西北诸戎传〉与〈梁职贡图〉》（第47页）谓《玉海》引《中兴馆阁书目》“乃纂百国一卷”，“国”一本作“图”，“百图”二字疑为“职贡图”之夺讹，其说迂曲，疑非是。

② 无可否认，在《职贡图》各种传本的国家编排方式中，似乎隐含着一些较为固定（或者说是较高频率显现）的内容。比如李埏周《早期职贡题材绘画之再探讨》（第46—47页）注意到周古柯、呵跋檀、胡密丹、白题等国在《职贡图》北宋摹本及南唐顾德谦摹本中排列顺序相同的情形；韩昇《萧梁与东亚史事三考》（《上海社会科学院学术季刊》2002年第3期）认为传统上东亚各国顺序为高句丽、百济、新罗、日本，但《职贡图》的东亚国家顺序变成以百济为首，位于高句丽之上，这与萧梁时期高句丽—北朝、百济—南朝的外交格局及政治秩序的变化相吻合。关于梁元帝《职贡图》各种传本的国家编排次序包含的政治文化含义，特别是其中反映的梁朝与周边国家的利益关系，王素《梁元帝〈职贡图〉新探——兼说滑及高昌国史的几个问题》、罗丰《邦国来朝——台北故宫藏〈职贡图〉题材的国家排序》等论文进行了专门的讨论，略有穿凿之嫌，此不具论。中村和树《梁職貢図の国名記載順》（《梁職貢図と東部ユーラシア世界》，第103—129页）关于《职贡图》国家顺序复原工作的尝试，比较富于启发性。

# 《双溪醉隐集》引金、蒙、宋实录述略

张　斌*

**摘　要：**《双溪醉隐集》是蒙元重臣、中州名士耶律铸的诗文集。该集向来以载录金元典故及西北史地而为人所熟知。集内多处征引金、蒙、宋官修实录，为研究耶律铸的修史活动、《双溪醉隐集》各版本的优劣以及正史的编纂与生成等问题提供了珍贵的材料。因此，《双溪醉隐集》中保存的实录佚文，具有独特的文献和史料价值。

**关键词：**耶律铸；《双溪醉隐集》；实录；正史

耶律铸（1221—1285）诗文全集散佚已久，幸得四库馆臣从《永乐大典》中辑出《双溪醉隐集》六卷，这也是《双溪醉隐集》现存最早的版本。《四库全书》修成后，又衍生出多种抄校本。关于《双溪醉隐集》的版本流传[①]、诸篇漏辑与误辑的现象[②]以及译名乙正[③]等问题，

---

*　作者简介：张斌，南开大学历史学院博士研究生，研究方向为蒙元史。

①　邱瑞中：《〈双溪醉隐集〉版本考》，《北京师范大学学报》1992年增刊“文史论考·元代专号”；李军：《论耶律铸和他的〈双溪醉隐集〉》，《民族文学研究》2004年第2期；王欢欢：《〈双溪醉隐集〉研究》，中央民族大学硕士学位论文，2016年。

②　栾贵明：《四库辑本别集拾遗》下册，北京：中华书局，1983年，第776—783页；魏崇武：《大典辑本〈双溪醉隐集〉误收考》，《文献》2011年第1期；和谈：《〈双溪醉隐集〉误收耶律履〈送张寿甫尚书出尹河南〉考辨》，《文献》2014年第6期。

③　陈晓伟：《辽金元的夏捺钵——“阿延川”、“上京”及“爪忽都”辨》，《中国边疆史地研究》2015年第2期；石坚军、张晓非：《〈双溪醉隐集〉吴长元钞本所批校人名地名考释》，《西北民族论丛》第13辑，北京：社会科学文献出版社，2016年，第105—126页。

已有相当数量的论述。[①] 前人研究偏重于订补文渊阁本《双溪醉隐集》的疏失，似乎没有关注到后出各种抄本中普遍存在讹误之处，也未及深究集中所见金、蒙、宋实录佚文的文献价值。本文拟在已有的研究基础上，对《双溪醉隐集》所载诸朝实录佚文进行探讨，以期增进对耶律铸及其诗文集、金一蒙（元）一宋实录与正史编纂的认识。不当之处，祈请方家批评、指正。

## 一

在《琼林园赋（并序）》一篇中，耶律铸极力描绘出金海陵王完颜亮（1149—1161 年在位）修葺无度、穷奢极欲的场景。赋文“岂纵无厌之欲，匮有生之用，佐燕安酖毒之雄夸者哉”句后小注云：

> 《海陵实录》：宫殿之饰多偏用金傅，然后间以五采，金屑飞空如落雪。凡一殿之费，以巨万计。往往成而复毁，务极华丽。国力困弊，曾不少恤。[②]

《海陵实录》全称应为《海陵庶人本末》，《琼林园赋》前序称之为“庶人本末”。[③] 上揭《海陵实录》佚文，经过删改修饰之后，较为完整地保存在今本《金史·海陵本纪》之中：

> 宫殿之饰，遍传黄金而后间以五采，金屑飞空如落雪。一殿

① 许风云：《20 世纪 80 年代以来耶律铸及其〈双溪醉隐集〉研究综述》，《西南交通大学学报》2017 年第 3 期。

② 耶律铸：《双溪醉隐集》卷 1《琼林园赋》，景印文渊阁《四库全书》，台北：台湾商务印书馆，1986 年，第 368 页下栏；李修生主编：《全元文》卷 177《琼林园赋》，南京：凤凰出版社，1998 年，第 15 页。

③ 邱靖嘉：《〈金史〉纂修考》，北京：中华书局，2017 年，第 39 页。

之费以亿万计，成而复毁，务极华丽。[①]

由此可以窥见《海陵实录》与《金史·海陵本纪》之间的文本源流关系。不妨将后出的吴长元抄本、《知服斋丛书》本、《辽海丛书》本与文渊阁本之间的差异略作比较[②]：

| 吴长元抄本 | 《知服斋丛书》本 | 《辽海丛书》本 |
| --- | --- | --- |
| 宫殿之饰多遍用金傅，然后间以玉采，金屑飞空如落雪。凡一殿之费，以巨万计。往往成而复毁，务极华丽。国力困弊，曾不少恤。 | 宫殿之饰多偏用金傅，然后间以玉采，金屑飞空如落雪。凡一庭之费，以万计。往往成而复毁，务极华丽。国力困弊，曾不少恤。 | 宫殿之饰多偏用金傅，然后间以玉采，金屑飞空如落雪。凡一庭之费，以万计。往往成而复毁，务极华丽。国力困弊，曾不少恤。 |

自吴长元抄本以下，诸本皆作"玉采"，于文意有所不协。应据文渊阁本《双溪醉隐集》及《金史·海陵本纪》作"五采"为是。《辽海丛书》本又沿袭了《知服斋丛书》本之误，将"一殿之费"，妄改为"一庭之费"。文本舛误有时虽不足以导致史实上的误解，但积少成多的案例表明，在校勘作业和引用史料时，不应忽视文渊阁本《双溪醉隐集》的文献价值。

《双溪醉隐集》还有一处虽未直接征引实录原文，同样为我们深入了解金实录以及耶律铸本人提供了重要的信息。该篇题为《密谷行》，其相关文句引述如下：

……智谋士见未然事，窃叹众皆非所辩。（参政孟铸数上书，

---

① 《金史》卷5《海陵本纪》，北京：中华书局，2020年，第130页。

② 耶律铸：《双溪醉隐集》卷1《琼林园赋》，国家图书馆藏吴长元抄本，第16b页；《知服斋丛书》本，第11a页；《辽海丛书》本，沈阳：辽沈书社，1985年，第1882页。

言北方必称兵，胡沙虎必变。）堪怜当日金源氏，谁编良将忠臣传。（《金源氏实录》孟参政铸无传，添寿荣禄有传。）[1]

括号外为诗歌原文，括号内为原诗小注。《密谷行》是一首咏古诗，诗前小引叙述事件始末甚详。金卫绍王（1209—1213 年在位）“闻圣朝太祖皇帝（元太祖，1206—1227 年在位）围守西京”，派遣添寿率诸路兵八十余万前往救援。添寿为蒙古军所败，丧全师于密谷口。《元史·太祖纪》对此事也有记载，“金元帅左都监奥屯襄率师来援，帝遣兵诱至密谷口逆击之，尽殪”[2]，事在元太祖七年（1212）。添寿为奥屯襄本名[3]，“荣禄”应是其散官官衔[4]。耶律铸指出，添寿在《金源氏实录》中有传，今本《金史》卷一百三亦有《奥屯襄传》。

值得留意的是，孟铸虽于金实录无传，今本《金史》列传第三十八却有《孟铸传》。《双溪醉隐集》谓“《金源氏实录》孟参政铸无传”，此实录当为《宣宗实录》无疑。曾经参与《宣宗实录》的修撰、金亡之后尚存者，似只有元好问（1190—1257）与王鹗（1190—1273）二人。[5] 耶律铸与元好问的疏离，应在耶律楚材（1190—1244）卒后不久。元好问特作《答中书令成仲》一文，拒绝了耶律铸的招致。[6] 王鹗

① 耶律铸：《双溪醉隐集》卷 2《密谷行》，景印文渊阁《四库全书》，第 400 页下栏；杨镰主编：《全元诗》第 4 册《耶律铸·密谷行》，北京：中华书局，2013 年，第 26 页。

② 《元史》卷 1《太祖纪》，北京：中华书局，1976 年，第 16 页。

③ 《金史》卷 103《奥屯襄传》，第 2411 页。

④ 邱靖嘉认为“荣禄”所指不明，盖亦为金末人（见《〈金史〉纂修考》，第 54 页）。笔者按：《密谷行》中“孟参政铸”与“添寿荣禄”具有对应关系，且全诗未涉及其他金末官员。若以“荣禄”人名，也很难从今本《金史》中找到与之吻合的传记。

⑤ 邱靖嘉：《〈金史〉纂修考》，第 52—53 页。

⑥ 元好问著，狄宝心校注：《元好问文编年校注》卷 5《答中书令成仲书》，北京：中华书局，2012 年，第 813 页；魏崇武：《耶律铸之别业及其他——读〈双溪醉隐集〉献疑》，《元史及民族与边疆研究集刊》第 36 辑，上海：上海古籍出版社，2018 年，第 12—15 页。

与元好问同属亡金旧臣，对故国的感情极为深厚。[①]而耶律铸生长于大蒙古国时期，从其诗其文能够看出，他对金源一代只有对前朝的哀鉴之思。这正也是耶律铸与金元之际主流士人圈产生隔膜的重要原因，再观“堪怜当日金源氏，谁编良将忠臣传”，不难发现其间的感叹、戏谑之情。

中统二年（1261），世侯张柔进献《金实录》自始祖至宣宗共四百七十二帙[②]。同年，翰林国史院成立，《金实录》自然得以入藏。由此到世祖至元五年（1268），王鹗长期主持修撰《金史》事务。至元十三年（1276）六月，耶律铸获任“可监修国史”[③]，才能够便利地看到“金源氏实录”。王鹗所订《金史大纲》虽然初步设立了“其传须三品、有显烈者立”的基本原则[④]，但《金实录》附入列传的标准原本就是“三品以上”；而“有显烈者”的标准也略嫌主观。据今本《金史》，孟铸长期担任从三品的御史中丞，《密谷行》小引更指出其为“参政”，显然应予立传。顺帝朝修《金史》时，史臣或许注意到了耶律铸的批评以及旧史本身存在的疏失，将《孟铸传》补入《金史》列传之中。

## 二

至元十三年六月，耶律铸以平章军国重事，兼任监修国史之职。

---

① 苏天爵辑撰，姚景安点校：《元朝名臣事略》卷12《内翰王文康公》，北京：中华书局，2019年，第251页。

② 赵世延、虞集等撰，周少川、魏训田、谢辉辑校：《经世大典辑校·治典·臣事·张柔》，北京：中华书局，2020年，第70页。

③ 赵天民：《大元故光禄大夫监修国史中书左丞相耶律公墓志铭》；录文及相关考订参见刘晓：《耶律铸夫妇墓志札记》，《暨南史学》第3辑，广州：暨南大学出版社，2003年，第144—154页。

④ 王恽撰，杨晓春点校：《玉堂嘉话》卷1，北京：中华书局，2006年，第41页。原校点为“其传须三品有显烈者立”，笔者进行了微调。

与以往宰执“监修国史”不同，耶律铸所任的“监修国史”，实际上本人也需要参加具体的修撰活动。《元史·世祖纪》载其始末云：

> （至元十三年六月）戊寅，诏作平金、平宋录及诸国臣服传记，仍命平章军国重事耶律铸监修国史。①

耶律铸并非依例兼任虚衔，而是切实承担了繁重的修史任务。一方面，耶律铸主持修纂平金、平宋录两书及“诸国臣服传记”；另一方面，自然是负责“监修国史”。又据《元史·王利用传》，王利用在升任翰林直学士之后，“与耶律铸同修实录”②。《世祖纪》所言“国史”，是一种模糊的表达，而《王利用传》提及的“实录”，当指《五朝实录》。

《双溪醉隐集》中有多处文字与《元史》本纪相合。《凯歌凯乐词九首（并序）》诗注“辛巳岁（1221）夏，驻跸铁门关”“宋主宁宗遣国信使苟梦玉通好乞和”两句，同见今本《太祖纪》二十一年夏四月条。③《战三封（峰）》前序“太宗皇帝马渡大河，睿宗皇帝马渡汉江，与金人大战于三封（峰）之原”，也可与《太宗纪》四年壬辰春正月纪事取而同参。④可见耶律铸集内的部分条目与《元史》本纪具有同源关系，皆来自于《五朝实录》。

除去上述文本自身的证据之外，耶律铸在《双溪醉隐集》中还明确地提到了他参与修纂的一种“实录”——《征蜀实录》。该篇题作《述实录》，其诗序称：

---

① 《元史》卷9《世祖纪六》，第183页。

② 《元史》卷170《王利用传》，第3994页。

③ 耶律铸：《双溪醉隐集》卷2《凯歌凯乐词九首（并序）》，景印文渊阁《四库全书》，第383页下栏；《元史》卷1《太祖纪》，第21页。

④ 耶律铸：《双溪醉隐集》卷4《战三封（峰）》，景印文渊阁《四库全书》，第441页上栏；《元史》卷2《太宗纪》，第31页。

修《征蜀实录》，每以二鼓为期方息。中夜闻笛，既觉，细想《实录》事迹，亦如梦寐。怆然无以为怀，述此写之。[①]

首先还是需要对各版本之间的差异进行辨析。诗题“述实录”，吴长元抄本作“述实录”，小引却写成“征蜀道录”。[②]《知服斋丛书》本、《辽海丛书》本同吴长元抄本。清人钱熙彦编次的《元诗选补遗》收录此诗时，不仅沿袭了“征蜀道录”的说法，更将诗题记为“述宝（實）录”。[③] 据文渊阁本《双溪醉隐集》及诸本前后文，显然“征蜀道录”文字有误。此例再次说明，文渊阁本诚然存在擅改译名、误辑漏辑等诸多缺陷，不当因其常见易得而有所忽视。

《征蜀实录》修纂时间虽然难以确考，但应在至元十三年六月之后，从“每以二鼓为期方息”的记载来看，修史工作常至深夜，可能具有一定的紧迫感；且不晚于至元二十年（1283）十月，此时的耶律铸“坐不纳职印、妄奏东平人聚谋为逆、间谍幕僚，及党罪囚阿里沙”[④]，已经遭到了罢免。

至于《征蜀实录》的具体内容，只能从耶律铸中的诗注中略探一二。《述实录》全篇共四十韵，从“承天圣祖开天业，四海为家尽臣妾”到“未知其可将蛮触，相与区区较优劣”的前十四韵，多为歌颂元太祖、太宗（1229—1241 年在位）宏大功业的溢美之词。诗句间还强烈谴责了宋廷毁约食言，屡次杀害或者拘留使臣的卑劣行为。所谓“列圣未出无名师”，这也正是《征蜀实录》叙事主线——蒙哥汗（1251—1259 年在位）兴师伐宋的关键因素。宪宗八年（1258）二月，

① 耶律铸：《双溪醉隐集》卷 2《述实录（四十韵）》，景印文渊阁《四库全书》，第 399 页上栏。

② 耶律铸：《双溪醉隐集》卷 2《述实录（四十韵）》，国家图书馆藏吴长元抄本，第 28b 页。

③ 钱熙彦编次：《元诗选补遗》，《耶律丞相铸·述宝（实）录》，北京：中华书局，2002 年，第 93 页。

④ 《元史》卷 146《耶律铸传》，第 3464 页。

蒙哥下令江淮、荆湖、川蜀三路同时发兵攻打南宋（武皇问罪挥天戈，征发诸军自昆碣）。《征蜀实录》纪事由此正式开始，而以宪宗九年（1259）秋七月蒙哥崩于钓鱼山城之下为收束，详细地记述了蒙哥所率主力部队的行军路线以及宋蒙四川战场的大致情况。其间文字所记诸如云顶山、苦竹隘之役等，多可与《元史·宪宗纪》印证，且不无补充本纪之处，颇具史料价值。

遍检元代文献，找不到诏修《征蜀实录》的直接记载。笔者认为，耶律铸主持修纂的《征蜀实录》，实际上是《五朝实录》中《宪宗实录》的重要组成部分，大蒙古国时期“史官不备”，没有汉式官僚体制下成系统的修史制度。元世祖朝修纂“太祖以来历朝实录”时，只能通过“于亡金《实录》内采择肇造事迹”以及征询旧臣故老等方式进行初始文献的积累。[①]耶律铸获任监修国史之后，虽然无法从根本上改变搜辑《实录》所需史料的基本途径，但却充分发挥了作为史臣的主观能动性，为《五朝实录》尤其是《宪宗实录》的修纂做出了重要的贡献。

耶律铸便是蒙哥征蜀的亲历者。《元史·耶律铸传》载，“戊午（即宪宗八年，1258），宪宗征蜀，诏铸领侍卫骁果以从，屡出奇计，攻下城邑，赐以尚方金锁甲及内厩骢马”[②]。耶律铸在史馆将扈从蒙哥的早年见闻，编定为《征蜀实录》。从《述实录》所咏史事始末兼备，以及由诗前小引流露出来的“亦如梦寐”“怆然无以为怀”的深厚情感来看，于理于情，非切身经历者不能撰著。判定《征蜀实录》为《宪宗实录》早期稿本中的一部分，笔者还有一条旁证。《元史·宪宗纪》载录蒙哥在位 9 年期间事迹，以宪宗八年、九年的纪事最为翔实，绝

① 王恽著，杨亮、钟彦飞点校：《王恽全集汇校》卷 84《乌台笔补·论收访野史事状》，北京：中华书局，2013 年，第 3477 页。

② 《元史》卷 146《耶律铸传》，第 3465 页。

大部分都能精确到具体的日期。如前所述，这正与耶律铸侍从于蒙哥之侧、跟随蒙哥征伐川蜀的时段相吻合。耶律铸的家学渊源与汉文化修养无须多论[①]，他本人又能钟情于诗文撰述，因此扈从期间留下相应的文字记录自然也在情理之中。耶律铸进入史馆后，综合留存诗文与亲身经历，将宪宗征蜀的始末编定为《征蜀实录》。

按照上述理解，或许可以重新审视世祖忽必烈对《五朝实录》提出的指导性意见：

> （至元二十五年二月，1288）司徒撒里蛮等进读《祖宗实录》，帝曰："太宗事则然，睿宗少有可易者，定宗固日不暇给，宪宗汝独不能忆之耶？犹当询诸知者。"[②]

早在至元二十三年（1286）十二月，当时已为翰林学士承旨的撒里蛮上奏，"国史院纂修太祖累朝实录，请以畏吾字翻译，俟奏读后纂定"[③]。此间一年左右，翰林国史院的主要任务是将已经完成初稿的汉文实录翻译为回鹘体蒙古文，并通过"奏读"的形式提请忽必烈审核。忽必烈似乎只因《宪宗实录》内容过简而不甚满意。根据文意，"汝独不能忆之耶"，当对应地理解为"有人能够追忆宪宗时的事迹"（比如耶律铸），而非"为何唯独不能回想起宪宗时的事迹"——下文"犹当询诸知者"即是很好的证明。极有可能的解释是，至元二十三年的《宪宗实录》汉文初稿中，耶律铸编纂的《征蜀实录》占据了相当可观的内容，进而凸显出《宪宗实录》"脚重头轻"、篇幅失衡的不足。

最后，书名"征蜀实录"也是值得略加申说的问题。为何用"征"而不沿袭"平金、平宋录"之"平"呢？第一，"征"能表明蒙古攻

① 刘晓：《耶律楚材评传》，南京：南京大学出版社，2001 年，第 312—342 页。

② 《元史》卷 15《世祖纪十二》，第 308—309 页。

③ 《元史》卷 14《世祖纪十一》，第 294 页。

宋的正当性。《孟子·尽心章句下》云："征之为言，正也。"[①] 宋廷杀害使者、拘留行人在先，这也是《述实录》诗注详细排列相关事实的原因。第二，"征"同时反映出蒙哥征伐川蜀，以身亡失败而告终。平，即平定之意，偏重最终结果的表达。元代官方编纂的史著尤其注意"征""平"之别。前引《平宋录》及《经世大典·政典·征伐》之"平宋""平倒剌沙"诸篇，皆谓之"平"，而辑自《永乐大典》的《征缅录》则称为"征"。《述实录》诗题所呈现的两个方面，又与史事以及耶律铸的个人情感相互交织、融为一体。

## 三

《双溪醉隐集》中也有四处直接征引了南宋宁宗（1195—1224 年在位）、理宗（1225—1264 年在位）朝的日历与实录原文，内容多与宋、蒙两国外交密切相关。本节拟按照时间顺序逐条进行剖析，然后再进行综合的考察。

（1）《宁宗实录》第四百六十一：都干苟梦玉衔命使彼。[②]

来源于宋代官方材料的史著，如《宋史·宁宗纪》等，对此皆无直接的记载。具体出使时间虽不详，但由《元史·太祖纪》可知，苟梦玉在嘉定十四年（1221）四月见到了成吉思汗。此条又常与诗序前文"敕宣差噶哈，护送苟梦玉还其国"联系起来。王国维最早指出

---

① 阮元校刻：《十三经注疏·孟子注疏》卷 14 上《尽心章句下》，北京：中华书局影印清嘉庆刊本，2009 年，第 6035 页。

② 本节第（1）至（4）条，皆见耶律铸：《双溪醉隐集》卷 2《凯歌凯乐词九首（并序）》，景印文渊阁《四库全书》本，第 383 页下栏—384 页上栏页；杨镰主编：《全元诗》第 4 册，《耶律铸·凯歌凯乐词九首（并序）》，第 2—3 页。

“噶哈”与刘时举《续宋中兴编年资治通鉴》之“葛合赤孙”为同一人。[①] 近来，又有学者进一步指出此人在《续编两朝纲目备要》亦作“葛合赤孙”，《宋史全文》记为“葛合赤县”。[②]《续宋中兴编年资治通鉴》等三书纪事皆系在同年十一月，且只称“鞑使来”，而对苟梦玉引导、归国之事只字不提。

（2）《理宗日历》第百五十一：宝庆三年（1227）丁亥正月十一日辛酉，姚翀朝辞进对。次奏通好北朝事。上曰：“以我朝与北朝本无纤隙，不必言和，只去通好足矣。”

此日纪事，见于《宋史·理宗纪》：“知楚州姚翀朝辞，奏淮楚忠义军事，上曰：‘南北皆吾赤子，何分彼此，卿其为朕辅定之。’”[③]《理宗纪》只保留了姚翀关于淮楚忠义军的进对，却删略了《理宗日历》中“次奏”的纪事以及理宗的批复。

（3）《理宗日历》第三百九十五：十月二十一日，沔州统制张宣诱苏巴尔罕，使曹万户剿杀。

（4）《理宗实录》第八十三：绍定四年（1231）辛卯，北使苏巴尔罕来，以假道合兵为辞。[至]青野原[④]，沔州统制张宣诱苏巴尔罕杀之。

---

① 王国维：《〈蒙鞑备录〉跋》，载《观堂集林（外二种）》，石家庄：河北教育出版社，2003年，第398页。

② 石坚军、张晓非：《〈双溪醉隐集〉吴长元钞本所批校人名地名考释》，《西北民族论丛》第13辑，2016年，第107页。

③ 《宋史》卷41《理宗纪一》，北京：中华书局，1985年，第789页。

④ 箭内亘认为，根据文意，在“青野原”之前补入“至”字，可从。见〔日〕箭内亘著，陈捷、陈清泉译：《拖雷使者搠不罕之被杀》，载《蒙古史研究》，上海：商务印书馆，1936年，第13页。

上引（3）（4）两条，属于同一则纪事在南宋官修日历和实录中的不同表现。成书宋末元初的诸种编年史著对此事皆无记载，惟《宋史·理宗纪》有所涉及："（十月）癸酉，大元兵破蜀口诸郡，御前中军统制张宣战青野原有功，诏授沔州都统。"① 又《元史·太宗纪》称，"遣搠不罕使宋假道，宋杀之"②，系在元太宗三年，即宋绍定四年夏五月。

日本学者箭内亘曾著有《拖雷使者搠不罕之被杀》一文，不仅注意到了《双溪醉隐集》中对此问题的记载，并认为耶律铸引述《理宗日历》与《理宗实录》的内容有误。箭内博士的基本观点是：（一）据《宋史·理宗纪》，十月癸酉（即《日历》所记"二十一日"）应为张宣"受赏"之日，而非有功于青野原之日；（二）《双溪醉隐集》存在误引日历、实录的现象；（三）蒙古使者搠不罕被杀，综合当时宋蒙双方的形势及《续资治通鉴纲目》的记载，当在宋绍定四年秋七月。

箭内氏的观点提出之后，并未受到明确质疑，甚至还有一些赞同的意见。笔者认为耶律铸集中所引实录、日历无误。除了实录、日历的本证之外，还有一条来自《昭忠录》的材料可资参照：

> 绍定辛卯冬十月十七日，元兵至青野原。都统张宣以兵二千守之，部将冯择伪降诱杀大将苏布罕，遂拔营去。二十日，攻沔州。都统、知州杨起战死，通判王友仲死之，沔陷。③

苏布罕，亦即搠不罕。《昭忠录》所记日期与《理宗日历》及《宋

① 《宋史》卷41《理宗纪一》，第795页。"御前中军统制"与"沔州统制"实为同一官称的不同表述。详见王曾瑜：《宋朝军制初探（增订本）》，北京：中华书局，2011年，第178—180页。

② 《元史》卷2《太宗纪》，第31页。

③ 不著撰人：《昭忠录》，景印文渊阁《四库全书》，台北：台湾商务印书馆，1986年，第221页上栏。

史·理宗纪》虽有两三天的差异，但基本事实皆能吻合，甚至还提供了张宣部将伪降、沔州守贰殉职的诸多细节。因此，掤不罕被杀当在是年十月无疑，《双溪醉隐集》也没有出现征引错误。相反，张宣“诏授沔州都统”之事，应在更晚。正史修纂与日历记注不同，史臣纪事无需逐日条列，常有勾连、合并史事之举。《元史·太宗纪》“遣掤不罕使宋假道，宋杀之”，也只能理解为蒙古派遣掤不罕使宋是在五月而已。

以《双溪醉隐集》引述的南宋日历和实录为核心，辐散到宋末元初的编年体史书以及元修《宋史》的本纪部分，可以发现各种文献之间存在着“同源异流”的关系。“同源”即指前述文献或多或少地取材于宋代官方修纂的日历、实录。“异流”则表现为，不同文献的编者著者又根据自身的目的，将同一段史事塑造出迥异的样貌。耶律铸立足蒙古官僚与中州士人的立场，指摘宋廷“寻食其言，敢杀信使”；而《昭忠录》基于南宋遗民的视角，并不认可掤不罕的使臣身份，而称之为“大将苏布罕”。最值得关注的却是第三种态度——故宋统治区域下的元朝江南士人如何看待其间的“孰曲孰直”。[①] 南宋宁宗、理宗两朝日历及实录的佚文极为有限，但从《双溪醉隐集》引述几处文字来看，元末宋史馆馆臣似乎有意识地直接删略或者避重就轻地吸纳宋代实录中的内容，以求在当朝政治话语与文化、地域情感之间达成某种平衡。

## 结　语

近年来，深入挖掘宋元文集所蕴含的丰富信息，并对存世珍本开

---

① 他们在顺帝至正年间修撰《宋史》中，起到了重要的作用。参与修纂《宋史》的人员名单见邱靖嘉《〈金史〉纂修考》，第141—147页。

展整理与研究，日益受到学界关注。[①] 从耶律铸诗文中多处征引金、蒙（元）、宋实录可以窥见，《双溪醉隐集》具有独特的文献与史料价值。

版本问题是文献研究的基础。通过对《双溪醉隐集》各种版本的考察，《文渊阁四库全书》本虽然在译名、辑佚等方面多有疏漏，但在原集散失的前提下，仍然具有不容忽视的文献价值。后出诸本或以《四库》本为底本，或是将文字有失校勘的抄本进行排印。整体而言，其质量未必优于《四库》原本。研究者首先需要仔细进行版本上的比勘，而不可有先入为主的偏见。

实录是后世编修正史的核心史料，但不无遗憾的是，元代及其之前实录却罕见存世者，只有佚文散见于各处。[②] 结合《双溪醉隐集》中征引实录的文本，可知耶律铸阅读过《金海陵实录》《金宣宗实录》、《宋宁宗实录》及《宋理宗日历》《宋理宗实录》等官方材料，并主持了《元五朝实录》（包括《元宪宗实录》的早期稿本《征蜀实录》在内）的修撰工作。除此之外，这些珍贵佚文的保存，不仅推动了具体史事的考证，更使我们认识到，在《金史》《宋史》等正史的编纂过程中，史臣对原始文本所进行的取舍与调整。

附记：本文初稿完成于 2020 年年末。此后，读到陈晓伟教授提交给南开大学“元氏碑刻文献与多民族语言研讨会”（2020 年 6 月 11 日）的论文《〈元太祖实录〉纂修考：1206 年以后成吉思汗的历史》。文稿未做修改。特此说明。

---

① 黄宽重先生尤其强调“个人文集是研究宋代历史亟待开发的史料”，见黄宽重：《“嘉定现象”的研究议题与资料》，《中国史研究》2013 年第 2 期，第 203—204 页；《“嘉定现象”与南宋政治、社会研究刍议》，载氏著：《艺文中的政治 —— 南宋士大夫的文化活动与人际关系》，北京：北京大学出版社，2020 年，第 62—68 页。近年来，元史学界对珍本文集的关注，以陈广恩《静嘉堂所藏元刊本〈松乡先生文集〉的文献价值》（《暨南学报》2018 年第 10 期）等文章为代表。

② 谢贵安：《中国已佚实录研究》，上海：上海古籍出版社，2013 年，第 1—3页。

# 胡佛研究所藏海伦·斯诺档案及其价值

吴 青 黄家攀*

**摘 要**：海伦·斯诺是美国著名的新闻女记者和女作家，抗战时期她在中国生活了十年，她的个人档案现藏于斯坦福大学胡佛研究所。海伦·斯诺档案内容丰富、形式多样，解读这批档案有助于探析重大历史事件、还原历史人物面貌、勘辨重要历史问题以及丰富中外交往研究，对抗战时期相关领域的研究具有重要的文献价值与学术意义。但该档案也存在若干问题，须做好档案的整理、出版、翻译工作，进行中西多种文献相互印证，多视角真实客观地进行研究。本文介绍海伦·斯诺档案内容及其价值，希冀引起学界重视，进而推动相关研究。

**关键词**：海伦·斯诺；档案；尼姆·威尔斯

海伦·斯诺（Helen Foster Snow，1907—1997）是美国著名新闻女记者和女作家，笔名尼姆·威尔斯（Nym Wales），代表作品有《红色中国内幕》（*Inside Red China*）《中国为民主建设：工合的故事》（*China Builds for Democracy:A Story of Cooperative Industrial*） 等。[①] 1907年，海伦出生于美国犹他州一个富裕的中产阶级家庭；1931年她来到中

---

* 作者简介：吴青，暨南大学中国文化史籍研究所教授，研究方向为中西交流史、港澳文化研究、基督教与《圣经》研究、历史文献学。黄家攀，暨南大学中国文化史籍研究所历史文献学硕士研究生。

① Nym Wales, *Inside Red China*, Beijing: Foreign Languages Press, 2004; Nym Wales, *China Builds for Democracy: A Story of Cooperative Industrial*, Beijing: Foreign Languages Press, 2004.

国，此后在中国生活了十年，通过对中国社会的深入观察，积累了大量的写作素材。1932 年，海伦与美国著名记者埃德加·斯诺（Edgar Snow）结婚。1937 年，埃德加·斯诺出版了在国际上引起巨大影响的《红星照耀中国》（*Red Star Over China*）①，该书记录他1936 年6 月至 10 月在中国西北革命根据地实地采访的所见所闻，真实客观地报道了中国共产党和工农红军，在西方世界引起巨大反响。1940 年，由于日本占领中国沿海大部分领土，国民党限制斯诺夫妇的采访报道，再加上两人疗养身体的需要，海伦和埃德加离开中国，返回美国。埃德加·斯诺因《红星照耀中国》一书获得巨大成功与声望，在这背后，海伦付出大量时间、精力和心血，也耽误了自己的写作事业。此外，斯诺夫妇二人因个性冲突和婚姻观念迥异导致矛盾加剧，最终他们于 1949 年离婚。离婚后，海伦过着独居生活，晚年甚至因贫困而靠领取救济金为生，但她仍用尼姆·威尔斯（Nym Wales）笔名继续写作，专注于著述。海伦·斯诺的著作一半是关于中国的，遗憾的是绝大多数没能出版，直到今日仍是如此。

海伦·斯诺见证了抗日战争时期动荡不安的中国社会，在中国历经的十年（1931—1940）是她一生中最丰富且重要的岁月。海伦将她的中国经历视为一生的宝贵财富，对她的生命产生了至为深远影响，也为她今后的写作积累了大量重要素材和源泉。作为一名西方女记者，海伦·斯诺致力于客观、真实地报道战时中国的战事、政局和社会；作为一名女作家，她终其一生都在孜孜不倦地从事与中国有关的写作。海伦逝世前将自己大量的笔记和手稿捐赠给美国斯坦福大学胡佛研究所档案馆，被命名为“Hoover Institution Archives: Nym Wales”，

---

① Edgar Snow, *Red Star Over China*, Harmondsworth: Penguin Books, 1972.

至今这套档案尚未引起学界重视，也较少有学者展开研究。[①] 本文拟从胡佛研究所藏海伦·斯诺档案的内容和价值两方面进行探究，提出关于海伦·斯诺档案的若干思考，以期引起学界重视，进而加大国内研究者对海伦·斯诺档案的整理与利用，推动中国抗战史相关领域的相关研究。

## 一、胡佛研究所藏海伦·斯诺档案

目前国内学界关于胡佛研究所藏海伦·斯诺档案仅有的两份研究存在一定偏差，唐伯友、任竟的《斯坦福大学胡佛研究所抗战档案分类研究——基于斯坦福大学胡佛研究所抗战档案典藏现状的调查》一文称“威尔斯文书，113盒，又1视频资料”[②]；王成志《北美藏中国抗日战争历史档案文献提要》称海伦·斯诺档案“计62盒、2大盒、1个相册盒、33个信封、2个幻灯片盒、11个大文件夹、1盘录影带”[③]。笔者曾三次到访斯坦福大学胡佛研究所，根据胡佛研究所藏海伦·斯诺档案目录及指南，发现这批档案共61盒，另有视听文件1类。海伦·斯诺档案主要内容包括中国工业合作社运动、中国工运、学生运动、抗日战争、西安事变、中国共产党以及文学艺术，档案形式有文稿、报告、备忘录、会议记录、信件、宣传单、手稿、照片、影音文

① 目前学界涉及胡佛研究所藏海伦·斯诺档案的主要是文献介绍，相关成果有唐伯友、任竟：《斯坦福大学胡佛研究所抗战档案分类研究——基于斯坦福大学胡佛研究所抗战档案典藏现状的调查》（《西华大学学报》第34卷第1期，2015年），该文简略提及海伦·斯诺档案；王成志：《北美藏中国抗日战争历史档案文献提要》（上海：复旦大学出版社，2017年），该书部分章节简要介绍了海伦·斯诺档案，未展开深入探讨。

② 唐伯友、任竟：《斯坦福大学胡佛研究所抗战档案分类研究——基于斯坦福大学胡佛研究所抗战档案典藏现状的调查》，《西华大学学报》第34卷第1期，2015年。

③ 王成志：《北美藏中国抗日战争历史档案文献提要》，第277—278页。

件等。[①]

海伦·斯诺档案具体内容包括：1. 中国工业合作社（Chinese Industrial Cooperative）9 盒，有关 20 世纪三四十年代中国工业合作社运动的建立和发展，特别是海伦·斯诺、埃德加·斯诺、路易·艾黎（Rewi Alley）、艾达·普鲁伊特（Ida Pruitt）等人参与的书信、著作、讲稿、记录和印刷品，还有收集其他作者的作品、演讲稿、信件，以及中国工业合作社运动会员及附属组织的记录，包括报告、备忘录、会议记录、财务报表、宣传通告、章程等。2. 中国工人运动（Chinese Labor Movement）1 盒，内含著作、演讲、杂志和期刊文章，以及 19 世纪 20 年代到 40 年代中期通讯社发布与中国劳工运动历史有关的文件。3. 中国学生运动（Chinese Student Movement）4 盒，主要包括 20 世纪 30 年代与中国学生运动有关的信件、著作、新闻、剪报、传单和宣言，特别是海伦·斯诺作为记者和学生朋友所扮演的角色，以及海伦收集的关于学生运动的原始材料。4. 抗日战争（Sino-Japanese Conflict）2 盒，包括三四十年代有关中国抗日战争的著作、采访、檄文、宣言、剪报和新闻。5. 西安事变（Sian Incident）2 盒，有关 1936 年 12 月西安事变中相关的信件、著作、新闻报道、采访、通讯社公告、剪报、宣言等，还有海伦·斯诺收集的其他作者的作品以及关于西安事变的原始材料。6. 中国共产党（Chinese Communists）5 盒，关于中国共产党的信件、著作、采访、杂志和期刊文章以及新闻剪报，大部分材料是 1937 年海伦·斯诺在延安采访中国共产党人时所写和收集。7. 中国文学（Chinese Literature）4 盒，是海伦·斯诺和埃德加·斯诺撰写和收集的书信、著作和传记材料，关于 20 世纪二三十年代中国文学的相关内容。8. 中国艺术（Chinese Art）1 盒，是 20 世

① Nym Wales, *Register Nym Wales Collection*, Hoover Institution Archives, Box No. 1.

纪30年代早期，海伦·斯诺在与“左翼”画家和诗人的接触中收集的信件、著作和传记材料。9. 一般主题文件（General Subject File）5盒，包括书信、著作、报告、备忘录、图表、地图、名单、名册、笔记、演讲、通告、杂志和期刊文章、新闻剪报、海报、宣言、请愿书以及其他印刷品，主要关系远东地区，特别是中国。10. 海伦·斯诺和埃德加·斯诺的一般通信（General Correspondence of Nym Wales and Edgar Snow）1盒。11. 杂录（Miscellany）3盒，包括贺卡、电话卡、购物单、菜单、便笺等，还包括1735—1756年西里西亚贷款问题注释。12. 超大尺寸资料（Oversize Material）1盒。13. 增量文件（Increments）23盒，主要包括海伦·斯诺的各类著作、手稿、书信、剪报、文章、报道等。14. 视听文件（Audio-Visal）1类。

胡佛研究所藏海伦·斯诺档案内容丰富、形式多样，包含数量巨大的英文手稿，是抗战史研究领域中的一块处女地，具有重要价值与意义。遗憾的是，解读海伦·斯诺档案难度很大，这批一手史料至今尚未引起学界充分重视，乃至未有利用档案开展的专题研究。

## 二、海伦·斯诺档案的价值

目前，学界关于海伦·斯诺的研究大多侧重人物生平事迹、人物贡献、名人回忆，缺乏专门系统的学术研究，并且史料的发掘程度远远不够。从个人档案角度考察，海伦·斯诺档案为抗日战争时期诸多重要历史事件、人物和问题的研究，提供翔实的佐证史料，有利于探析以海伦·斯诺为代表的西方援华人士与抗战时期中国社会的深层互动关系。深入发掘和解读海伦·斯诺档案，对研究中国学生运动、西安事变、抗日战争、工业合作社运动、中国共产党以及中国文学艺术等领域具有重要的文献价值与研究意义。

## （一）有助于补充重大历史事件

海伦·斯诺在中国亲历亲见了一些重大事件，例如一二·九运动、西安事变、抗日战争等，她坚持并遵循“眼见为实”的客观原则，对这些事件进行了深入广泛的报道。在采访报道时，海伦·斯诺有记录笔记和收集资料的习惯，她的档案记录收集了大量相关事件的资料。因此，海伦·斯诺档案有助于补充重大历史事件的探究。

1935 年，日本帝国主义侵略我国华北，中共地下党员在斯诺家里商量一二·九运动的具体步骤，并把 12 月 9 日和 16 日两次大游行的路线、集合地点告知斯诺夫妇。在游行前夕，斯诺夫妇连夜把《平津十校学生自治会为抗日救国争自由宣言》译成英文，并分送驻北平外国记者，还联系大量外国记者进行采访报道。在游行当日，斯诺夫妇跟着游行队伍，认真报道了学生围攻西直门、受阻宣武门的真实情况。在一二·九运动中，海伦结识了黄敬、黄华、张兆麟、王林等进步青年学生，她对青年学生和中国社会有了更为深刻的认识，海伦被学生的爱国情怀和不畏牺牲的斗争精神深深感染，并对中国共产党人和陕北红色苏区产生了浓厚的兴趣。

1936 年 10 月，海伦·斯诺在西安采访了少帅张学良。海伦随后的报道《宁可要红军，不要日本人，中国将军要团结》得到多家国内外报纸的转载，引起广泛的舆论关注[①]，与此期间，她还发表了《东北流亡者准备“反击回家”》等新闻报道[②]。西安事变后，海伦四处收集与之相关的著作、新闻采访、剪报和宣言小册等材料。海伦·斯诺档案中保存的有关西安事变的文献是研究该事变的重要材料，至今未被学界重视，具有极大的史料价值。

---

① Nym Wales, *Register Nym Wales Collection*, Hoover Institution Archives, Box No. 1.

② Nym Wales, *Register Nym Wales Collection*, Hoover Institution Archives, Box No. 1.

海伦·斯诺档案中保存了三四十年代有关中国抗日战争的重要史料，包括著作、采访、檄文、宣言、剪报通讯和新闻稿等，对抗日战争相关专题研究具有重要意义。抗日战争时期，海伦·斯诺在中国四处流转，亲眼见证日军侵略的景象，她回忆称“在徐州，我们目睹了原先乘坐的那列火车的残骸，延迟了大约七小时。此时徐州已成空城，所有店铺都用木板钉住。三天以来，日军飞机天天前来轰炸，幸而损失不大。在我们到达的前一天，山东省会济南首次被轰炸，日本飞机还散发了给韩复榘主席的文告。9月22日，日本首次对山东青岛及邻省地区大肆轰炸。那天，85架飞机分成八队轰炸铁路沿线各城镇，包括孔子的诞生地曲阜。因此，我们身陷重围、时机紧迫”[①]。

### （二）有助于还原重要历史人物的面貌

海伦·斯诺亲自采访了许多中国近现代历史上的重要人物，例如毛泽东、朱德、周恩来等，并与宋庆龄、邓颖超等人有较为密切的来往，海伦·斯诺档案有利于还原重要历史人物的本来面貌。

1937年，海伦·斯诺历尽艰难，独自访问延安，她关注中共领导人、共产党的方针政策、苏区社会情形，采访了毛泽东、朱德、周恩来等共产党人，并广泛接触陕甘宁边区的战士、工人、农民、文艺工作者、妇女和学生。根据采访，海伦写出《红色中国内幕》（*Inside Red China*）一书，真实客观地记录了在延安的所见所闻，内容包括陕甘宁边区的著名人物、日常生活、文化习俗、妇女问题，向外界介绍了中国共产党和红色边区。

海伦·斯诺深入接触、亲自采访了毛泽东、朱德、周恩来等中共核心领导人，并对他们作了很高的评价。海伦评价毛泽东是“中国共

---

① Nym Wales, *Inside Red China*, Beijing: Foreign Languages Press, p. 296.

产党的一位头脑冷静、深谋远虑、一贯正确判断形势的出类拔萃的政治领袖。他的观点往往成为政策大纲，再由其他人进行补充和注解”[①]。海伦称朱德“很慈爱善良，沉默寡言，尤其是为人谦逊，甚至到了默默无闻的地步”[②]，“从外表上看，朱德普通身高，非常健壮结实。最显著的特征是他那双清澈的目光似乎永远充满同情。我当时对他的印象是：他打心底里是一位真正的罕见的人道主义者，尤其罕见的是：作为一名军人，却并不以战争为职业，而是把它作为结束苦难的一种方法。他无疑是一位感情丰富、慷慨大方的人”[③]，“与其说朱德是有权威的指挥官，还不如说是一位受欢迎的领袖，他的天性和习惯都是民主的，毫不矫揉造作”[④]。海伦评价周恩来是天生的外交家、政治家，她称“当毛泽东将要在人们世俗思想里火山爆发的时候，周恩来像工程师一样跟进组织工作，一丝不苟地注意每一个细节，极其擅长处理‘中国’各种情况。古代的官吏没有一个能超过周恩来。毛泽东主义是一种‘把不可能变为现实’的艺术；周恩来主义则是一种‘把可能变为现实’的艺术。毛泽东是政治家，周恩来也是政治家，而且还是一位天生的政治家。周恩来是团结协作的大师，是同国民党进行统一战线的联络首领”[⑤]。

与埃德加不同的是，海伦还更加关注红色边区的妇女和儿童群体，这一独特视角让她的文字更具感染力，也更加细腻生动。在延安，海伦详细采访了蔡畅、刘群先、康克清、李坚真等杰出女性以及红军“小鬼”。刘贵称“‘西行漫记’系列游记中的陕北解放区是个充满生

① Nym Wales, *Inside Red China*, p. 216.
② Nym Wales, *Inside Red China*, p. 108.
③ Nym Wales, *Inside Red China*, p. 109.
④ Nym Wales, *Inside Red China*, p. 109.
⑤ Nym Wales, *My China Years*, Beijing: Foreign Languages Press, 2004, p. 289.

机与活力的希望之所，政治、经济、教育的发展均取得了一定的成绩，在不断走向完善；它有诸多卓越的领袖、积极向上的红军战士；社会风气淳朴、乐观，人们拥有追求平等的意识……斯诺和威尔斯以兴奋的目光打量他们找到的‘红色中国’，它不同于‘白色中国’的全新形象使他们的陕北解放区想象具体化、丰富化了”①。

在工合运动中，宋庆龄一直积极支持并亲自参与相关工作，海伦·斯诺与她保持着密切的联系，海伦称“孙夫人从来没有失去她那敏锐的幽默感或者冷嘲讽刺，她是一位天生的政治家，她喜欢这种艺术”②。在延安时期，海伦·斯诺与邓颖超有着密切的往来，她称邓颖超是“一位重要的女性领导”③。

### （三）有助于勘辨若干历史问题

海伦·斯诺热爱中国、关心中国人民，除了对战时中国社会进行客观、真实的报道，海伦还密切关注中国社会的经济状况，特别是工业方面，她认真记录收集了关于中国社会经济的资料。抗日战争时期，海伦率先提出工业合作社的想法，并积极参与组织宣传和募捐筹款活动。因此，海伦·斯诺档案有助于勘辨工业合作社运动相关的重要历史问题。

1937年8月，淞沪会战爆发，战争带来巨大破坏，人民生活困苦、颠沛流离，大批贫民流落街头，广大工人失业，特别是上海及其周边地区。1938年，新西兰友人路易·艾黎与埃德加·斯诺、海伦·斯诺和国内爱国人士在上海发起工业合作社运动（简称工合运

---

① 刘贵：《跨文化视域下的“红色中国”——“西行漫记”系列游记研究》，陕西师范大学硕士学位论文，2018年。

② Nym Wales, *My China Years*, p.331.

③ Nym Wales, *Inside Red China*, p.177.

动），组织失业工人和难民开展生产自救，支援抗日前线，成为中国合作社运动史上最有影响的全国性群众运动。海伦·斯诺称，“1938年7月，中国政府在汉口组织了一项新的工业事业，这对国家的未来至关重要，对所有关心救济洪水和战争难民、重建中国国民经济或支持中国抗战的人尤其重要，这个事业是在全国内地促进工业合作社的发展”①。

海伦·斯诺是工合运动的创始人和发起人之一，在进行中国工业相关问题讨论时，海伦是“工合”想法的创造者。海伦·斯诺称“问题之一是我不知道如何称呼这个新想法。我在燕京大学研究过其他类型的合作社，得出的结论是它们没有什么价值，因为周围的整个经济毒害并使它们腐败，而且它们没有触及中国的真正问题。我记得我试着称它们为‘工人生产者协会’或‘工人合作社’，‘那时我不知道有什么先例可以证明这种东西曾经存在过，尽管合乎逻辑地说它们在某个地方某个时候存在过’”②。

海伦·斯诺积极宣传报道工合，为工合获取舆论和经济方面的支持。海伦先后发表了《需要工业合作社加强中国》《菲律宾援助中国工业合作社》《中国战时紧急工业》《中国工业防御的新防线》《中国的培黎男孩》等新闻报道③。为了“向公众展示案例，以获得真正的援助和政府贷款”④，海伦·斯诺写了《中国为民主建设：工合的故事》（*China Builds for Democracy:A Story of Cooperative Industrial*）一书，系统阐述

① Nym Wales, Industrial Cooperatives Needed to Strengthen China, *The China Weekly Reveiew*, Hoover Institution Archives, December 24, 1938. Box No. 2.

② Nym Wales, *Notes on the Beginnings of the Industrial Cooperatives in China*, Hoover Institution Archives, Box No. 2, p. 4.

③ Nym Wales, *Register of Nym Wales Collection*, Hoover Institution Archives, Box No. 2.

④ Nym Wales, *Notes on the Beginnings of the Industrial Cooperatives in China*, Hoover Institution Archives, Box No. 2, p. 80.

梳理了工合运动，对中国、印度等国的工合运动产生了巨大且深远的影响。除了宣传报道，海伦·斯诺还积极为工合筹资募款，她亲自赴菲律宾为工合筹款，积极呼吁华人华侨为工合捐款捐物[①]。返回美国后，海伦继续积极为工合募资，她与林语堂、约翰·加菲尔德等在好莱坞成立了一个小组委员会，向美国总统请愿，要求给中国工合拨款5000万美元；她还积极参与成立美国援助中国工业合作社委员会，并担任副主席，该委员会为中国工合共筹款350万美元。

在工合运动中，"红色主教"何明华发挥了重要作用，为工合做出了重要贡献[②]。海伦称"工合国际委员会极其幸运地获得香港主教何明华的领导，他担任主席……虽然他来中国比较晚，但一到中国，他就刻不容缓地开始了解中国各种各样的问题，并立即投身到救济和社会工作中去。在香港，他可能是最忙的人，但还要积极负责领导工合国际委员会。1940年春天，他到重庆、昆明和大理旅行，在此期间，他考察了工业合作社的工作"[③]。

关于中国工合运动的研究，学界已经取得相对丰硕的成果，但是，研究者侧重于工合运动的形成发展、社会名流的参与、经验教训，尚缺乏专门系统的深层研究；并且研究者一般没有使用一手档案，相关史料也有待进一步发掘。胡佛研究所藏海伦·斯诺档案是工合运动研究的重要一手资料。因此，从海伦·斯诺这位西方友华人物视角出发，利用海伦·斯诺档案一手文献，系统梳理工合运动的历史活动，深入探究中国工合运动，拓展抗战时期中国与世界的深层互动关系是值得

---

① Nym Wales, *Notes on the Beginnings of the Industrial Cooperatives in China*, Hoover Institution Archives, Box No. 2, pp. 79-81.

② 吴青：《何明华与中国关系之研究（1922—1966）》，杭州：浙江大学出版社，2017年，第33页。

③ Nym Wales, *China Builds for Democracy:A Story of Cooperative Industrial*, pp. 190-191.

深入研究的课题。

### （四）有助于加深中外交往研究

海伦·斯诺接触认识了众多近现代历史人物、著名人士，并与他们结下深厚的情谊，这对海伦产生了重要的影响。抗日战争时期，海伦·斯诺赴延安采访，与中国共产党人结下了深厚的友谊，新中国建立后，海伦依旧关注、关心中国，并两次访问中国。海伦·斯诺在中美交往方面具有重要作用，是中美之间交流的一座桥梁。因此，海伦·斯诺档案有助于加深中外交往相关研究，在中美关系、中外交流研究领域亦有重要价值。

在北平期间，斯诺夫妇创办了《民主》杂志，用于宣传报道时事政策和中国社会；当时，埃德加忙于写作，海伦起到主导作用，并承担了大部分工作。斯诺夫妇与鲁迅、萧乾、丁玲等著名作家有着广泛的接触和深厚的交往，在他们的影响下，广泛接触到五四运动后的文学艺术。海伦与埃德加共同编译《活的中国》一书，将鲁迅、茅盾、巴金、沈从文、林语堂、郁达夫、郭沫若等人的作品翻译成英文介绍给国外读者，用他们的作品展示中国的文化和面貌。

在一二·九运动中，海伦·斯诺结识了黄敬、黄华、张兆麟、王林等进步青年学生，在她 1937 年经西安前往延安采访时，他们为海伦冲破重围提供了重要帮助。采访延安后，海伦·斯诺与中国共产党人保持着长久的友谊，如朱德、邓颖超、康克清等。海伦·斯诺 1972 年、1978 年两度访问中国。第一次访问时，朱德委员长亲自接见她，邓颖超、康克清等老朋友设宴招待她，海伦还访问了北京、南京、上海、湖南等地；第二次访问时，海伦率领一个电视摄影小组，拍摄了从北京到西安、保安、延安的历程。海伦根据两次访问期间的所见所闻，写下了《毛泽东的故乡》《七十年代西行漫记》等著作。

海伦在中国结识了萧乾、丁玲等作家，成为亲密朋友，并通过书信保持沟通联络。80年代初，萧乾、丁玲在美国期间，曾亲自拜访看望海伦。1981年、1982年，因为沟通东方与西方的著作，以及为工业合作社运动所做的贡献，海伦·斯诺被两次提名诺贝尔和平奖。1991年9月，海伦·斯诺获得“理解与友谊”国际文学奖，她是此奖设立后的首位获得者。1997年1月，海伦逝世，10月14日，在北京人民大会堂隆重举行有数百名中外著名人士、国家领导人以及海伦生前好友参加的纪念会。

## 三、关于海伦·斯诺档案的若干思考

海伦·斯诺档案对抗日战争时期相关领域研究具有重要的价值与意义，但是研究者在使用、解读档案过程中，利用档案的难度不小，有诸多要点需要注意，须认真思考、仔细辨别。

### （一）开展档案整理、出版、翻译工作

胡佛研究所藏海伦·斯诺档案主要为西文档案，其中，包括大量初稿、原稿，部分档案不够清晰。由于解读海伦·斯诺存在很大难度，在利用过程中容易出现理解不准确或者有所偏差，研究者在使用过程中须认真辨识文稿、翻译文稿。因此，需要做好档案的整理、出版、翻译工作。

须辨别人名、地名、机构名称等相关记载，在姓名、机构名称方面，一些译者翻译不够准确，需要多多注意。例如：香港圣公会前主教“Bishop Roland Hall”应翻译为其中文名何明华，宋子文的英文名为“Tse-ven Song”，在书信中大多书写为“TV Song”，顾维钧的英文名为“Wellington Koo”，“Dee C. Chuan”是有“木材大王”之称的菲

律宾著名华商李清泉，“Yu Khe-thai”是菲律宾著名华侨富豪杨启泰；“Philippine Chinese Women's Relief Association”是菲律宾华人妇女救助组织，应该翻译为“菲华妇女会”，“International Committee for Chinese Industrial cooperative”是中国工业合作社国际委员会，“United China Relief”是美国援华联合会，“American Committee for Non-Participation in Japanese Aggression（ACNPJA）”是美国不参与日本侵略委员会，诸如此类。

## （二）进行中西多种文献相互印证

胡佛研究所藏海伦·斯诺档案里的中文档案极少，几乎全为英文档案，一些英文材料无法通过中文史料得到印证。在解读相关史料时，研究者需要认真思考、仔细辨别，尤其需要进行中西文献相互印证。

例如，在一二·九运动中，海伦·斯诺称“从 1935 年 11 月到次年 6 月学校放假，我一直在做取得公众关注这项特殊任务，同时教学生如何从外国新闻机构获取新闻；这对他们是一个全新的想法，他们害羞，不好意思做这些工作……但是，在那之前和之后，在华北，没有人确切地知道学生运动通过斯诺得到或没有得到多少美国人的支持，答案是零。然而，那个秘密是我们的重要武器，价值整个军队”[①]，“回首往事，我明白我和埃德加在促使学生反对法西斯，以及把原先的法西斯分子转变为反法西斯的过程中，曾经起到一种特殊的作用”[②]。斯诺夫妇在一二·九运动的宣传与传播中起到了重要的作用，但是他们毕竟不是发起或者领导运动的核心领导成员，一直处在外围边缘。张牧云称“斯诺夫妇在运动爆发前后并不了解中共北平临时工作委员会

① Nym Wales, *My China Years*, pp. 178-179.

② Nym Wales, *My China Years*, p. 175.

于1935年11月成立的情况，他们不在组织发起一二·九运动的核心领导圈中。不过，斯诺夫妇在营造外部舆论环境，推动运动的酝酿方面起到了重要作用”[①]。因此，应该中西文献相互印证，辩证地看待海伦·斯诺在一二·九运动中的作用。

再例如，1936年10月，海伦·斯诺在西安采访报道了少帅张学良。少帅回答了海伦预先提交的问题，还告诉海伦他和他的军队不赞同高层的相关政策，并称“如果共产党人能在中央政府的领导下同我们真诚合作，共同抵抗外国侵略者，和平解决这个问题是可能的，就像西南事变一样”[②]，表明了其“停止内战，一致抗日”的主张。回到北平后，海伦·斯诺“把采访张少帅的报道以电报形式发给了《伦敦每日先驱报》。美国的合众社则把这篇报道传遍了美国。《密勒氏评论报》和《华北明星报》也刊登了这篇文章，差点造成早产的西安事变。日本要求南京方面做出解释，南京方面否认这次采访”[③]。海伦·斯诺多次提到自己险些造成早产的西安事变。但是，西安事变是张学良思想主张的实践结果，事变的发生受多重因素影响，具有一定的偶然性，绝非海伦可以造成抑或引起。不过，不可否认的是：海伦·斯诺在采访张学良、报道抗日形势方面确实发挥了积极的宣传作用。

### （三）多视角真实客观地进行研究

海伦·斯诺在报道时坚持并遵循“客观”“真实”“眼见为实”的原则，但是“眼见未必为实”。海伦·斯诺身处特殊历史时期和社会环境，其视阈和观点具有一定的局限性；而个人档案又具有强烈的主

---

① 张牧云：《再论斯诺、海伦与一二·九运动之关系》，《中共党史研究》2018年第6期，第90—91页。

② Nym Wales, *My China Years*, p. 203.

③ Nym Wales, *My China Years*, p. 204.

观性，报道和笔记不一定能够反映事物的本来面目。因此，在使用海伦·斯诺档案时，研究者须多视角真实客观地进行相关研究，以探究历史的真实面目。

例如，海伦·斯诺在评述淞沪抗战称“这是中国军队第一次对抗一支现代化军队，他们违背蒋介石的不抵抗主义意愿这样做了。1927年以来，蒋介石一直身处困境，在沿海一带有日本的威胁，在后方进行内战。他宁愿打内战，反对自己的人民；日本似乎对他地位的威胁较小。然而，中国的学生则更愿意革命和抗日”①。这就存在一定的误解，淞沪抗战为蒋介石下令进行，并且其原则是“一面预备交涉，一面积极抵抗”，并不是不抵抗主义，蒋介石的“内战”策略也并非简单的一直贯穿始终，而是有一个不断变化、转变的过程，学生的愿意也是复杂多样并且一直变化。

再例如，海伦·斯诺关于西安事变的记载很大一部分是听闻或者在报纸上面看到的，其真实性和准确性有待进一步考察。海伦称“扣押蒋介石的并不是红军。这一计划是张少帅的3个参谋制订的，他们是年轻的非共产党左派上校孙铭九、应德田和苗凤山。1938年9月，我在香港从苗凤山那里得知这一事件的内幕……但是，张少帅的3个参谋驳斥了这种主张；他们离开了西安，由彭德怀将军保护起来”②。从目前的史料以及张学良晚年的口述资料来看，发动西安事变的主要策划者确系张学良，张认为发动“兵谏”对国家和民族有利，为了国家和民族的利益，他坚持自己的政治主张，毅然发动震惊中外的西安事变。

① Nym Wales, *My China Years*, p.44.
② Nym Wales, *My China Years*, p.224.

# 结语

海伦·斯诺在中国的十年经历对她的一生产生了至为深远的影响，她在报道一二·九运动、创办《民主》杂志、编译《活的中国》、打破封锁赴苏区采访、发起中国工合运动等方面做出了不可磨灭的重要贡献，并在中美两国之间的沟通交流中起到了无可替代的重要作用。纵观海伦·斯诺的人生，尽管她未能写出像埃德加《红星照耀中国》那样影响巨大的著作，但她终其一生都在为写作梦想不懈奋斗，即使晚年形单影只、贫病交加，海伦始终怀着作家的使命和梦想，以及对中国的真挚感情和深厚情结，一直在不断地从事写作。虽然她的大半生与孤独相伴，但在思想世界和精神领域，海伦·斯诺却又极其富足，她"在失败中永不失败"，用自己的一生诠释了何为现代女性。现实与理想之间的巨大反差，也为海伦丰富的人生历程增添了一份传奇色彩。

作为一名西方记者，海伦·斯诺致力于客观、真实地报道中国，她见证了抗日战争时期动荡不安的中国社会。对于抗战时期的学生运动、西安事变、工合运动、中国共产党以及文学艺术等领域，胡佛研究所藏海伦·斯诺档案是不可多得的珍贵史料，结合其他国内外档案进行对比甄别，可以多维度地展现抗战时期动荡复杂的中国社会。但是，具有美国援华女性身份背景的海伦·斯诺，身处特殊的历史时期和复杂的国际环境，其视阈和观点肯定具有一定的局限性，加上个人档案所具有的强烈主观色彩，研究者在使用过程中须认真思考、仔细辨别，以探究历史事件和历史人物的真实面目。海伦·斯诺所看到的是抗战时期中国社会的缩影，她的档案是反映中国社会的一面多棱镜，很大程度上折射出当时内忧外患的中国现实处境和坚韧不拔的中国人民形象，具有极为重要的史料价值与学术意义。

# 专题研究

# 18—19世纪澳门的私人住宅与花园
## ——以罗伯特·伯福德《澳门全景图》为中心展开

汤开建*

**摘　要：**自葡萄牙人入住澳门以来，葡萄牙人所建的各类欧洲风格房屋成为澳门的一大特色景观。据所留存下来的文字记述，我们可以基本了解早期澳门城内葡人民居的大致建筑形式及风格。然更有价值的是，在澳门19世纪的绘画作品中还保留了大量的、极具个性的澳门葡人民居的个案作品，尤其是罗伯特·伯福德的《澳门全景图》，其标注了澳门南湾一线最主要的建筑，还列出了南湾地区外国人租居葡人之民居所建的住宅、花园。通过对这类绘画作品的比对和研究，可以发现澳门建筑在不同时段有不同的体现，呈现出明显的变化，通过几百年的交融酝酿，最终形成澳门独特的建筑与城市面貌，这对认识澳门城市史发展具有重要的意义。

**关键词：**《澳门全景图》；罗伯特·伯福德；澳门；住宅与花园

16世纪中叶随着葡萄牙人入住澳门，先是用茅草木板建屋，“篷累数十间”，后则“渐运砖瓦木石为屋，若聚落”[①]，不到十年，在澳门半岛上葡萄牙人建起了各种房屋上千间。关于葡萄牙早期在澳门建筑

---

*　作者简介：汤开建，澳门科技大学讲座教授，研究方向为澳门史、中国基督教史、中西文化交流史。感谢暨南大学力学与建筑工程学院唐坚副教授参与本文的合作。

① （明）郭棐：《（万历）广东通志》卷69《外志》3《番夷》，广州大典影印日本国立公文书馆藏明万历三十年刻本，第243册，广州：广州出版社，2015年，第725页。

的房屋形态，透过16世纪末、17世纪初一些地志画的绘图，我们更可以看出当时葡萄牙人所修建的房屋住宅之真实状态。

当时葡萄牙人的住宅多为人字形，硬坡屋顶的板仓室建筑，一般高为两层，少数为一层，房屋建筑较为简单，但显得厚重。值得注意的是，在葡萄牙白色的石灰是葡萄牙房舍特有的基调，石灰所呈现的白色纯净、欢快，是反光镜能映出地中海明媚的阳光，它无所不知地在葡萄牙民间建筑中占有重要的地位。[①] 故葡人民居多为白色，而屋顶则多为红色，所有葡萄牙城市及其海外殖民地城市大体一致。

## 一、澳门文献中对葡人民居的一般记述

16到17世纪很少见到有人记载澳门葡萄牙民居的资料，到18世纪以后关于澳门葡人民居的记录多了起来，如1699年10月抵达澳门的马若瑟（Joseph-Henry-Marie de Prémare）神父称澳门：

> 这片高地其实是个不小的岛屿，它与澳门之间有个漂亮的港湾，城市便沿海岸展开。房屋是依欧洲式样建筑的，不过稍矮一点。此地同样树木葱茏，而且略具印度色彩。[②]

1760年完成的《澳门记略》称葡萄牙建筑：

> 屋多楼居。楼三层[③]，依山高下，方者、圆者、三角者、六

---

① Luís Sá Cunha, *Portugalbum 55 Quadros Para Conhecer Portugal E O Seu Povo*, Edição do Instituto Cultural de Macau, 1990, p. 38.

② 〔法〕杜赫德编，郑德弟等译：《耶稣会士中国书简集：中国回忆录》第1卷，郑州：大象出版社，2001年，第137页。

③ 此处称葡人住宅为3层楼，疑有误，在澳门3层楼的建筑极为少见，除了议事亭后面的监狱为3层楼的碉堡外，（《澳门记略》卷下《澳蕃篇》第153页称："狱设龙松庙右，为

角、八角者，肖诸花果状者，其覆俱为螺旋形，以巧丽相尚。垣以砖，或筑土为之，其厚四五尺，多凿牖于周，垣饰以垩。牖大如户，内阖双扉，外结项窗，障以云母。楼门皆旁启，历阶数十级而后入，窍窱诘屈，已居其上，而居黑奴其下。①

姚元之《竹叶亭杂记》称澳门葡人：

其人皆楼居，高楼峻宇，窗扇悉以玻璃，轩敞宏深，令人意爽。楼下多如城之瓮洞，贱者处之。其屋用白石攒灰垩之，宛如白粉，洁净可玩。②

1779年到达澳门的法国商务代表喷士噔（Charles de Constant）即称：

欧洲人被迫每年到澳门定居半年。他们在澳门租用和修缮非常豪华的住宅，这些住宅带有很大的美丽花园。③

1794年马戛尔尼（George Macartney）使团回国时停留澳门，副使斯当东（George Thomas Stawnton）称：

葡萄牙人在贸易中获得了巨大财富，从澳门风顺堂对面很多高大华丽的公司建筑可以体现出来，有些建筑现在已经处于荒废状态。④

---

（接上页）楼三重。"）还有就是圣保禄学院的楼房有3层，（清）吴历《三巴集》之《岙中杂咏》第17首称："楼房盖有三层，予眠食第二层上。"其余葡人民居均为两层楼建筑，这在各种澳门绘画中均清楚地看出。

① （清）印光任、张汝霖：《澳门记略》卷下《澳蕃篇》，北京：国家图书馆出版社影印国家图书馆藏清西阪草堂乾隆十六年张汝霖序刊本，2010年，第21页。

② （清）姚元之：《竹叶亭杂记》卷3，北京：中华书局，1982年，第90页。

③ 耿昇：《贡斯当与〈中国18世纪广州对外贸易回忆录〉》，《暨南史学》2003年第2辑。

④ 〔英〕斯当东著，叶笃义译：《英使谒见乾隆纪实》，上海：上海书店，2005年，第521页。

1807 年俄国航海家伊·费·克鲁森什恩特（И. Ф. Крузенштерн）对澳门葡人民居有如下描写：

> 那些占地很大、带着大院落和花园的高大建筑大部分都是空置的，住在这里的葡萄牙人大为减少。最好的私人府邸都属于荷兰和英国洋行的大班们的。[①]

1825 年 10 月，泰尔曼（Daniel Tyerman）牧师抵达澳门，他看到：

> 当接近海岸时，可以看到前面粉刷成白色的房子，从海滩边缘缓缓升起，呈现出美好的外观。在这之上可以看到一座炮台以及较此等房屋所围绕的许多教堂，构成一种欧洲的感觉。[②]

1830 年雅裨理（David Abeel）抵达澳门时从外海看到南湾景象，称：

> 一长排白色的欧式建筑，排列在海湾半月形的岸边。[③]

1833 年时，英国的义律船长描绘了澳门的住宅：

> 澳门是个令人愉快的居住地，炎热季节里，海风吹进所有的英国商人家的房里，这些房屋要么建在海湾的沙滩之上，要么建在面向大海的山头上。[④]

---

① 伍宇星编译：《十九世纪俄国人笔下的广州》，郑州：大象出版社，2011 年，第 6 页。

② Tyerman, Daniel Rev., George Bennet, *Journal of Voyages and Travels by the Rev. Daniel Tyerman and George Bennet*, Vol. 3, Boston: Croker and Brewster, New York: Jonathan Leavitt, 1832, p. 51.

③ Abeel, David, *Journal of Residence in China and the Neighbouring Countries from 1830 to 1833*, London: James Nisbet and Co., 1835, p. 34.

④ Elliot, Robert, R. N. Captain, *Views in the East; Comprising India, Canton, and the Shores of the Red Sea*, Vol. 1, London: H. Fisher, Son & Co., 1833, pp. 2-3.

英国画家罗伯特·伯福德描述19世纪40年代的澳门称：

房子是石头和砖头建的，没有特别优雅的外表，但是内部都很宽敞和便利，特别是那些在南湾的房子，为英国和其他国家商人所使用。①

他还说：

南湾的房屋都面向大海，占据了半月形的海滩，大部分建筑规模都很大，是非常气派的欧式建筑。有些建筑相当简单，有着很大的山墙，却很少装饰；有的被粉刷成各种颜色，有着各式各样的、令人愉悦的样貌。②

还有人对澳门葡萄牙人的住宅进行了这样的描述：

大部分房舍都只有两层，立面和内部的墙都是用砖砌的，楼梯和屋顶则是用木材制作。房间都有大窗户，便于通风，还有长百叶窗遮挡太阳。这与西班牙、葡萄牙的房屋非常相似。③

美国人亨特则在他的《广州番鬼录》中称澳门有：

宽敞坚固的私人住宅。东望澳门湾看起来酷似那不勒斯，一

---

① *Description of a View of Macao in China, now Exhibiting at the Panorama, Leicester Square, painted by the Proprietor*, Robert Burford, London: Printed by Geo. Nichols, Earl's Court, Cranbourn Street, Leichester Square, 1840, p. 5.

② *Description of a View of Macao in China, now Exhibiting at the Panorama, Leicester Square, painted by the Proprietor*, Robert Burford, London: Printed by Geo. Nichols, Earl's Court, Cranbourn Street, Leichester Square, 1840, p. 2.

③ Yuan, Melchior, *Six Months among the Malays; and a Year in China*, London: James Blackwood, Paternoster Row, 1855, pp. 280-281.

幢幢美丽的房屋，边沿上都有宽阔的海滨草地保护，草地又有一道筑有矮墙的防波堤环绕着，风景非常美。[①]

1858年来澳门考察的奥地利科学家冯·舍尔策（Karl Ritter Von Scherzer）更将澳门与香港比较：

澳门的景观，其美丽比起维多利亚港毫不逊色。鳞次栉比的高楼大厦在地峡的那些顶端有炮台的小山周围聚集成群，井然有序。风景如画的南湾，一座挨着一座的宫殿和富丽堂皇的住宅排成整齐的一长列，密密麻麻地高耸着。这一切使来访的外国人赞叹不已。竖着高高的双尖顶教堂和圣若瑟教堂的半圆顶，使这座城市带上了天主教城市的特色。[②]

法国旅行家德·波瓦（Ludovic de Beauvoir）公爵1867年2月抵达澳门，他这样记载澳门的建筑：

带有南方特有平台的房屋鳞次栉比，有的刷成蓝色，有的刷成绿色，有的刷成红色。有十来个教堂钟楼。每幢房屋窗户都装着铁条。城内各个街区呈圆锥状，仅有两米宽的小巷都铺着方砖。……“南湾”即滨海空地，是条繁华干道。装有铁门的宅第、总督官邸、警察局、政府机关和商店都集中在这里。五颜六色的拱形建筑和一座座修道院呈现出浓厚的葡萄牙风格。[③]

① 〔美〕威廉·C. 亨特著，冯树铁译：《广州番鬼录：1825—1844年》，广州：广东人民出版社，1993年，第59页。

② 〔葡〕若热·迪亚士著，军波译：《19世纪中叶的澳门：奥地利考察卡尔·李特·冯·舍尔策的报告》，《文化杂志》（中文版）1989年第7—8期，第23—28页。

③ 〔葡〕德立·龙巴著，李长森译：《德·波瓦公爵在澳门》，《文化杂志》（中文版）1995年第23期，第13、15页。

1899 年来澳门的欧洲人称澳门的住宅：

> 许多当地的或从宗主国搬迁而来的卢济塔尼亚的住宅，无论是旧官邸，还是一般的住宅，都带有我们内地的建筑风格。碎石街道让我们想起了雷依利亚（Leiria）或维拉雷奥（Vila Real）的街道。[①]

综上所述，可以看出，18 到 19 世纪来澳门的外国人对澳门葡萄牙人民居住宅的描述都一致的显现出，澳门的葡萄牙人所建屋舍均保持了原来的欧洲风格，或者更准确地说是保持了南欧地中海地区的民居风格。葡萄牙人的民居一般为两层，房屋都比较宽敞，外部多用花岗石且粉刷成白色，内部则多用砖，楼梯和屋顶多用木材制作，房间多用大窗户，还有百叶窗遮挡太阳，内部很少装饰。这应该反映了早期澳门城内葡人民居的大致建筑形式及风格。

## 二、19 世纪绘画中的西洋豪宅及花园

除了上述对澳门葡人民居一般性的描述以外，令人惊喜的是，在澳门 19 世纪的绘画作品中还保留了大量的、极具个性的澳门葡人民居的个案作品。英国画家罗伯特·伯福德在 1840 年给澳门作了一幅全景式的绘画，且以南湾为主要点。在这幅图上标注了澳门南湾一线最主要的建筑，特别是列出了南湾地区外国人租居葡人之民居所建的住宅花园。其中共有 17 处：

---

① 〔葡〕布朗科：《十九世纪最后一年的澳门》，《文化杂志》（中文版）第 32 期，第 133 页。

| 住宅序号 | 原图序号 | 住宅名称（中文） | 住宅名称（英文） | 原图建筑形状 |
|---|---|---|---|---|
| 1 | 4 | 摆华夫人花园 | Gardens of Mrs. Paiva |  |
| 2 | 6 | 部楼顿先生住宅 | Mr.Plowden's Residence |  |
| 3 | 7 | 格兰特船长住宅 | Captain Grant's Residence | |
| 4 | 8 | 康斯坦丁女士住宅 | Mrs.Constantino's Residence | |
| 5 | 9 | 乔治·钱纳利住宅 | Residence of Sig. Jorge | |
| 6 | 11 | 托马斯·比尔住宅花园 | Beale's Garden | |
| 7 | 12 | 丹尼尔先生和伊纳斯先生住宅 | Mr.Daniell's and Mr.Innes' Residence |  |
| 8 | 13 | 罗伯森先生住宅 | Mr.Robertson's Residence | |
| 9 | 14 | 巴斯人住宅 | Parsee's,Gent | |
| 10 | 15 | 金先生住宅 | Mr.King's Residence | |
| 11 | 33 | 贾丁先生住宅 | Mr.Jardine's Residence |  |
| 12 | 34 | 葡萄牙教授住宅 | Portuguese Professor's Residence | |

续表

| 住宅序号 | 原图序号 | 住宅名称（中文） | 住宅名称（英文） | 原图建筑形状 |
|---|---|---|---|---|
| 13 | 35 | 古拉特先生住宅 | Senhor Gulartes' Residence |  |
| 14 | 36 | 马礼逊博士住宅 | Dr.Morrison's Residence | |
| 15 | 22 | 颠地先生住宅 | Mr.Dent's Residence |  |
| 16 | 27 | 原怀特曼先生住宅 | Formerly Mr.Whiteman's Residence |  |
| 17 | 28 | 义律船长住宅 | Capt.Elliott's Residence | |

上述 17 座住宅均是位于南湾地区比较豪华的葡萄牙人民居。下面，我们将依照伯福德《澳门全景图》中可以考证清楚的花园和住宅，再结合 18—19 世纪澳门最重要的几座著名花园和住宅分别予以介绍，有的见于上图，有的不见于上图。

### （一）新花园

新花园位于内港司打口处下环街 2 号。为澳门土生葡人富商雅努阿里奥·阿尔梅达（Januário Agostinho de Almeida）物业，18 世纪末购入，改建成一幢宫殿式的大宅，被人称为“新花园”。19 世纪初，该家族已经衰落，1825 年其主要物业“男爵宫（新花园）”被卖给卡内罗家族。[①] 后又被富商李加禄（Juan Lecaroz）继承。1919 年其家产为政府收购，由于管理不善，新花园逐渐荒芜，以致成为“烂花园”。[②] 后因面临倒塌的危险，遂下令拆除。关于新花园的具体情况已无详细材料印证，更无图像数据。

## （二）十六柱住宅

十六柱住宅原为澳门葡商高士德（António Soza da Costa）在南湾所建之私人宅邸，1772 年 7 月，英国东印度公司管理委员会与高士德达成协议，租用他在南湾的两栋住宅，租期三年，从当年 2 月 26 日起以每年 450 西班牙元为租金。由于该住宅正面有十六根柱子，称“十六柱”[③]，又因为居住此宅者为英国东印度公司管理委员会的成员，故又称之为英国东印度公司商馆，俗称为“红毛公司馆”。伯福德 1840 年《澳门全景图》称为“旧公司商馆（Old ditto）”，图序编号为 17。十六柱的主人高士德于 1780 年担任澳门总督，不幸于 1781 年去世，他的三个儿子都献身教会，其产业由子若瑟·达·哥斯达神甫管理，1818 年神甫去世，1823 年高士德地产以 12500 元卖掉。[④] 第一次鸦片战争后，十六柱住宅为澳门教会所收购，作为教会的慈善和教育机构使用。1848 年 12 月 21 日，十六柱住宅修缮后作为圣罗萨孤女

---

① Jorge Forjaz, *Famílias Macaenses*, Vol. 1, Macau, 1996, pp. 89-90; Manuel Teixeira, *Toponímia de Macau*, Vol. 2, 1997, pp. 334-335.

② 金国平、吴志良：《新花园业主系何人？》，《过十字门》，澳门：澳门成人教育协会，2004 年，第 241—243 页。

③ 英国东印度公司档案：R/10/9，1772-07-29，p. 34.〔葡〕施白蒂著，小雨译：《澳门编年史》，澳门：澳门基金会，1995 年，第 167 页。

④ 1824 年 2 月 20 日《澳门宪报》，引自郭永亮：《澳门香港之早期关系》，台北“中央研究院”近代史研究所，1990 年，第 78—79 页。

院居所，直到1849年孤女院迁入奥古斯定修道院。[①]1903年11月22日，在十六柱住宅创办恒毅书院，后于1910年关闭。[②]1910年，十六柱住宅的两层木楼及屋后小山坡，被拨给圣母无原罪孤儿院（又称慈幼学校）作为新校舍。[③]

钱纳利1829年的一幅素描，描绘了十六柱住宅，画面右侧的大台阶是风顺堂前台阶，画面左侧浓荫遮蔽下一处住宅，入口正立面具八组双柱，计十六根西洋柱，这就是十六柱住宅。下图为十六柱住宅的背面。

葡商高士德十六柱住宅的背面，钱纳利绘[④]

---

① Manuel Teixeira, *Macau e a Sua Diocese*, Vol. III, As Ordens e Congregações Religiosas em Macau, Macau, Tipogafia soi sang, 1956-1961, p. 519; Manuel Teixeira, *Toponímia i mia de Macau*, Vol. 2, Toponímia i mia de Macau, 1997, p. 215.

② Manuel Teixeira, *A Educacao em Macau*, p. 334; Aureliano Baratra, *O Ensino em Macau*, 1572-1979, Macau, 1999, p. 196.

③ Manuel Teixeira, *Macau e a Sua Diocese*, Vol. III, As Ordens e Congregações Religiosas em Macau, Macau, Tipogafia soi sang, 1956-1961, p. 789.

④ Chater, Catchrick Paul, Sir, *The Chater Collection: pictures relating to China, Hong Kong, Macao, 1655-1860, with Historical and Descriptive Letterpress by James Orange*, London: Butterworth, 1924, p. 308.

## （三）摆华夫人花园（Gardens of Mrs.Paiva）

据伯福德的描述，摆华夫人花园非常特别，位于西望洋山麓，有很多巨大的岩石，花园被修整成层层的梯台，并按照中国花园的风格进行布置。《澳门全景图》[①] 中显示该花园在烧灰炉一带的高坡之上，规模相当大，层叠的平台有着圆柱状特征，比对 1860 年历史地图与画作，花园应在山水园围（Beco do Bom desus）一带，位于西望洋变电站、磨盘山变电站所在山头，至今这里的道路保持着弧形，包括山水园巷（Travessa do Bom desus）与学校巷（Travessa do Colegio），摆华夫人花园应该就是所谓的“山水园”。在一幅大约于 1870 年创作的水粉画中描绘了其景观。此幅画中有一座山包，周边有石头砌成的圆形围墙，围墙内树木葱茏，在树木掩映中还有房屋和亭楼，构成一座巨大的花园。

## （四）俾利喇花园别墅（Jardim de Manuel Pereira）

俾利喇花园别墅，华人称之为“八角巢”[③]，位于澳门圣安多尼堂区白鸽巢前地，花园占地 19,800 平方米，该别墅建于 1779 年，由葡萄牙皇室贵族、财政顾问、澳门保险之家创始人之一的巨商俾利喇（Manuel Pereira）在白鸽巢旁兴建，时人称“俾利喇行宫”。俾利喇，最初在果阿从事海上贸易，在果阿即已成为当地富豪，其间来过澳门几次。1770 年，他来澳门，并在白鸽巢东北端买下一幅地，开始营建巨宅，同时经营澳门的鸦片贸易。该宅为一幢二层高的宫殿式南欧风

---

① 《澳门全景图》：摆华夫人花园编号为 4。

② Urban Council, *Historical Pictures: Collection of the Hong Kong Museum of Art*, Hong Kong: Hong Kong Museum of Art, Urban Council, 1999, c 1991, p. 70.

③ （清）姚元之：《竹叶亭杂记》卷 3（北京：中华书局，1982 年，第 91 页）称“又有曰‘八角巢’者，别一家之园也。巢乃一六方亭子耳，园中曲道逶迤，竹树葱蒨，与唐人园亭无异，惟屋宇不同”。

格建筑物，金字形红瓦顶，希腊式前出檐，上有细致精美的石雕檐饰，檐饰中间有俾利喇的“爵士纹章图案”，正门前有大理石石阶，门廊是古罗马样式，厅堂装饰富丽堂皇，宅前即是一片广袤花园。当时在澳门居住的美国商人吉迪恩·奈（Gideon Nye）将其称为“宫殿似的富丽堂皇的建筑物”。[①] 1780 年俾利喇将该住宅租与英国东印度公司成员威廉·佛苏格（William Fitzhagh），“新来的人带来了其国家的建筑模式和建筑方法”，佛苏格租住以后，将其修缮一番，使其具有英国建筑的影响。[②]“俾利喇行宫”虽是俾利喇本人亲自规划营建而成，但实际上他本人一天也未住过。豪宅落成之后，由于他与英国东印度公司关系密切，这座豪宅遂租予东印度公司，作为公司的公署及高级官员的官邸，直至东印度公司撤离澳门，一共租了 55 年。俾利喇本人也因此被英女皇册封为爵士，这也是澳门历史上唯一拥有英国贵族荣衔的葡萄牙商人。[③] 据科茨（Austin Coates）言：“（东印度公司）主席的房子是一个官邸，这是东印度公司经过和葡萄牙人九年的谈判达成的结果。房子坐落在旧城墙以内的高地上，有着古典设计风格，是一座很大的花园式建筑，很容易使人在里面迷路。英国人将其命名为卡萨花园（Casa Garden）。”[④]

1834 年英国东印度公司结束，俾利喇其后将花园别墅传给在澳的唯一女儿玛利亚，业权后转给其表兄及丈夫葡籍商人马葵士（Lourenço Caeta-no Cortela Marques）。葡籍富商马葵士在这里修葺新建别墅后，在园内石洞（即现在贾梅士洞的前身）洞顶设六角亭一座

---

① Gideon Nye, *The Morning of my life in China*, Canton, 1873, p. 22.

② 谭树林：《英国东印度公司与澳门》，广州：广东人民出版社，2010 年，第 331 页。

③ 李鹏翥：《澳门古今》，香港：三联书店香港公司，2001 年，第 37 页；金丰居士：《白蚁蛀蚀，拆去最高一层，东方基金大楼自矮》，《新报》2006 年 3 月 30 日。

④ Austin Coates, *City of Broken Promises*, Hong Kong: Oxford University Press, 1967, p. 31.

（此亭现今已不存在）。1885 年马葵士将此建筑捐给澳门政府，遂成为澳葡政府的财产。葡国政府为纪念在公园山洞中隐居并写下《葡国魂》部分篇章的贾梅士，将园内石洞改名为贾梅士洞，公园于 1885 年改名为贾梅士公园。

俾利喇花园别墅 (1890 年 )

1984 年改建后的东方基金会会址

## （五）部楼顿先生住宅（Mr.Plowden's Residence）

部楼顿为英国东印度公司大班，1827 年 12 月成为东印度公司驻广州特选委员会主席，1834 年返回英国。他的私人住宅也是租用了葡萄牙人的民居。在伯福德《澳门全景图》中，部楼顿先生住宅编号为 6，在编号为 11 的风顺堂西南边。据 1805 年南湾图，在南湾西端的一排房子中，部楼顿住宅位于其中，图中绘有红色箭头处即为部楼顿住宅。据居住澳门的美国姑娘哈丽特 · 洛（Harriett Low）的记载，当部楼顿第二任太太来澳门居住时，部楼顿的住宅成为澳门音乐会的中心。[①] 在钱纳利绘制的作品中，有两幅图是描写律劳卑勋爵的住宅，由于律劳卑勋爵是在 1834 年英国东印度公司结束后出任的首位贸易监督，因此 1834 年部楼顿回国后，律劳卑则很有可能继续使用部楼顿先

① Harriett Low, *Lights and Shadows of a Macao Life, The Journal of Harriett Low, Travelling Spinster*, History Bank, 2002, p.376, note.77；张坤：《在华英商群体与鸦片战争前的中英关系》，广州：暨南大学出版社，2014 年，第 105 页。

生的住宅。该住宅为硬坡屋顶，有突出的半圆形外栏，建筑的另一侧则是平直的，也有一个较大的外栏，住宅为两层，楼上的窗户为大落地百叶窗，楼下窗户较小，院子里有草坪、树木、盆栽等。钱纳利在另一幅南湾西南面景色图最西端的一座房屋应就是部楼顿先生住宅，也即是律劳卑后来居住的房子。

律劳卑的住宅，钱纳利绘

澳门南湾西南面景色图[①]，钱纳利绘

### （六）乔治·钱纳利先生住宅（Residence of Sig.Jorge）

据伯福德《澳门全景图》，图中编号 9 为乔治先生住宅，位于编号为 11 的风信堂左旁。余以为，乔治先生住宅即是钱纳利住宅。澳门政府 1826 年 6 月 17 日的档案有如下的记载："丽达·卡瓦略（Rita Maria de Carvalho），她是曼努埃尔·卡瓦略（Manuel Homem de Carvalho）的妻子，请求将其位于圣老楞佐堂街往下环街（Manduco）的屋租给钱纳利，他是一位英国商人，期限为六个月。"英国大不列颠博物馆藏有一份于 1830 年出版的《澳门指南》，该份文件用中文标出过 60 个英国商人的住处和澳门的地点及文物处，其中居在圣老楞佐教堂附近的有东印度公司书记员罗伯特·赫德尔斯顿先生（Robert Burland Hudleston）及积逊先生（John Jackson）和钱纳利先生。钱纳利居于鹅眉街 8 号，对于他的住处，近百年来不少学者对它进行考证。澳门历史学家徐萨斯（Montalto de Jesus）根据上文所述的“指南”，认为钱纳利是居于鹅眉巷。然而，另一位历史学家白乐嘉（José Maria Braga）引述鹅眉街的街坊说，钱纳利当时住在鹅眉路。[①] 但也有些街坊说，很久以前鹅眉街，被称作鹅眉巷的，只因有一间屋毁坏了才将道路扩宽而称作“路”。另一方面，白乐嘉先生同时认为钱纳利居于鹅眉路12号，但此语不确。根据圣若瑟修院房租账目档案，钱纳利居所确实是鹅眉路8号。[②] 钱纳利是著名的画家，从1826年租居此屋，直到1852年逝世，在此屋居住长达26年，现存大量的钱纳利画作，大多出自于此屋。现存钱纳利绘《澳门眺望东北方图》中，风信堂左侧之红顶白墙之房屋当即为钱纳利住宅，亦为一普通葡萄牙民居形式。

## （七）金仕曼住宅（Nathaniel Kisman's Residence）

美国商人金仕曼（Nathaniel Kisman，1798—1847）为美国威特莫勒公司（Wetmore & Co.）的合伙人，他和家人于1843年10月13日抵达澳门，住在南湾豪宅，金仕曼在对华贸易中积累了大量财富，正当他决定回国之际，于1847年4月30日病逝于澳门，葬于澳门基督坟场，三周后其夫人带领家人返回美国。[③] 著名外销画家关乔昌（Lam Qua）约1843年创作的两幅画描绘了金仕曼住宅的内外景，画的题注称此住宅位于“律劳卑曾居住过的屋子”旁边。[④]

---

① *The China Jornal Vol. III*, No. 6, June, 1928, pp. 294-297.

② Manuel Teixeira, *George Chinnery*, Imprensa Oficial Macau, 1974. 以上参考陈继春：《钱纳利与澳门》第六章《澳门》第四节《家局》，澳门：澳门基金会，1995年。

③ Ride, lindsay and May, *An East India Company Cemetery: Protestant Burials in Macao*, Hong Kong: Hong Kong University Press, c 1996, pp. 194-195.

④ 香港历史博物馆编制：《东方印象：钱纳利绘画展》（2005年6月22日至8月29日），康乐及文化事务署与香港上海汇丰银行有限公司合办，香港：香港历史博物馆，2005年，第20页。

## （八）托马斯·比尔住宅与花园（Thomas Beale's Garden）

托马斯·比尔住宅与花园，汉文又称“咇哋花园”，又称“百鸟巢”。① 伯福德在《澳门全景图》中明确指出风顺堂下面是托马斯·比尔先生住宅及花园（St.Lorenço，below which is Beale's Garden）②。这就是说，比尔花园即在风顺堂街上。托马斯·比尔先生是著名的苏格兰商人，1796 年来华，与他人合伙成立了公司，从事鸦片、棉花和茶叶贸易。③ 他是在澳门居住超过四十年的老居民，也是位自然学家，热衷于收集养育珍稀动植物。1811 年，比尔在其澳门宅院的花园内创建一个规模很大的植物园，内有盆花 2500 个，所植花卉以中国品种居多。在园内还养了许多鸟，鸟笼高达 50 英尺，里面有各种各样来自各地的鸟类，包括鹦鹉、八哥、印度孔雀、鹊、金丝雀、天堂鸟、热带雉、石鸡、金野雉、银野雉、大奖章野雉、红尾野雉及各种各样的鸽子。④ 清人姚元之曾于嘉庆后期游澳门，去过托马斯·比尔的花园，后撰文称：有咇哋花园者，园中以铜丝结网蒙之，内有大树一株，小树数株，有假山，有水池。壁上多插以树枝，蓄各种鸟，红黄白绿，五色灿然。鸟之上下飞鸣，宛如在园林中也。或巢于树，或巢于山间水旁，或巢于簷壁及所插枝上，名曰石鸟巢。⑤《旧中国杂记》的作者亨特对比尔花园有一段专门描写：

---

① （清）姚元之：《竹叶亭杂记》卷 3，北京：中华书局，1982 年，第 90 页。

② Robert Burford, *Description of a View of Macao in China*, London: George Nichol, 1840.《澳门全景图》：托马斯·比尔住宅花园编号为 11。

③ Ride, Lindsay and May, *An East India Company Cemetery: Protestant Burials in Macao*, Hong Kong: Hong Kong University Press, c 1996, pp. 253-254.

④ J. M. Braga, A seller of "sing-song", *Journal of Oriential Studies*, Vol. 6, 1961-1964, HKU Press, 1967; *The Chinese, Respository*, Vol. 11, No. 1, pp. 59-60. 郭永亮：《澳门与香港早期关系》，台北：台北“中央研究院”近代史研究所，1988 年，第 92 页。

⑤ （清）姚元之：《竹叶亭杂记》卷 3，北京：中华书局，1982 年，第 90 页。

> 他在一条名叫比尔巷（Beale's Lane）的狭窄街道上拥有一座极好的葡式房子，周围有高高的围墙。这条街得名是由于他的兄弟在他之前曾在那里居住。房子连接着一个宽大的花园，花园里种满了最珍贵的奇花异草。一株孟买芒果树结着累累果实，还有荔枝、柑橘和番荔枝等果树。园里还有一个鸟舍，里面除了有美丽的孔雀和鸳鸯以及许多珍稀鸟类之外，还有一只活的极乐鸟，在当时，这是所有鸟类中最稀有的。花园的布局是按照中国式样，花卉植物种在花盆里。这个花园成为澳门的一景。[①]

一份 1841 年的财产列表详细记录了比尔住宅的状况，包括房间特征、装饰与家具等，据施其乐说，其住宅代表了南湾豪宅的基本状况。这份财产列表显示，比尔住宅有两层，上层设有门厅连接各个房间，一侧有图书馆，紧挨着画室，还有大概是餐室的大房子，还有一个卧室，底层设有一个门厅，靠近入口是买办的房间，还有很多间仓库。[②]1841 年 1 月 13 日，托马斯·比尔由于晚年投资失败而负债累累，在劏狗环海滩自杀，后葬于澳门基督教坟场。

### （九）颠地先生住宅（Mr.Dent's Residence）

颠地先生住宅位于南湾的东端，据伯福德《澳门全景图》，颠地先生住宅编号为 22，其具体位置上方是编号为 38 的澳门大堂，左边是编号为 20 的爱德华酒店，右边是编号为 23 的法院大楼（番差衙门）。颠地住宅实际上指的是兰斯洛特-加龙省·颠地（Lancelot Dent）先生的

---

① 1841 年 1 月 13 日，比尔的遗体在劏狗环海滩被发现。在关于“托马斯·比尔”一节中，亨特也记录了比尔自杀前后的情形。〔美〕亨特：《旧中国杂记》，广州：广东人民出版社，1992 年，第 81—82 页。

② 引自英国牧师施其乐手稿，来源：UGS microfilm of Juiz de Direitor de Macau, reel 1128003, 14 Dec. 1841。

住宅，与托马斯·颠地（Thomas Dent）无关，托马斯·颠地 1823 年来华，1830 年已返回英国，兰斯洛特-加龙省 1826 年来华，直到 1842 年。托马斯·颠地与兰斯洛特·颠地是兄弟，是颠地洋行（Dent & Co.）先后的负责人，都是著名的鸦片商人，兰斯洛特在澳门的住宅就应该是下面这幢房子，又据 1835 年义律船长绘南湾图，其东部有一排建筑，左起第 2 间即为颠地先生住宅，该宅为硬坡斜屋顶的两层楼建筑，两层均有 5 扇窗户，屋顶为红色，墙面为白色，外表无装饰，与右边的番差衙门和左边的爱德华酒店均属于葡萄牙普通民居建筑。

在 19 世纪的绘画中还保留了颠地先生住宅走廊的一幅画，从画中可以看出住宅走廊十分宽阔，有巨大的圆形廊柱，中间还有雕花栏杆。[①]

### （十）马礼逊博士住宅（Dr. Morrison's Residence）

马礼逊，基督新教第一位来华的伦敦会传教士，1807 年抵达澳门，即开始在澳门租居。由于每次来澳门的时间并不固定，所以他在澳门应该多次租用葡萄牙民居。据 1812 年 12 月 22 日马礼逊的信称："这一年他被迫搬出了他在澳门居住已久的房子，两名葡萄牙先生替他在澳门总督面前美言，他因此获准在澳门另找一个住处。他找到了一处更凉爽、更漂亮的住处，但是房租也更高。这套房子紧连着一个小套，连同我的套房的另一个房间，可以留着接待米怜先生。"[②] 这应该是他在回英国之前所租居的房子。从英国返回澳门后，又在澳门租了一套房子，但不知是不是原来的房子。其妻玛丽去世以后，1821 年 6 月

---

① Alexander Michie, *The Englishment in China During the Victoria Era, as Illustrated in the Career of Sir Rutherford Alock, K. C. B., D. C. L., Many Years Consul and Minister in China and Japan*, Vol. 1, Edinburgh and London: William Blackwood and Sons, 1900, pp. 294-295.

② 〔英〕艾莉莎·马礼逊编，杨慧玲等译：《马礼逊回忆录》第 1 册，郑州：大象出版社，2008 年，第 189 页。

12 日他在澳门写回国的信中说："我们在澳门海边的房子前面有一块空地，每天晚上我们全家一起在海滩散步。"[①] 但没有交代这所海边的房子具体在什么地方。据伯福德《澳门全景图》，其中编号为 36 的房屋是马礼逊博士的住宅，编号 37 为圣保禄教堂，而编号 36 房屋位于编号 37 房屋之后面，根据此方位，马礼逊博士的住宅应在沙梨头与白鸽巢之间。

### （十一）怀特曼先生住宅（Mr.Whiteman's Residence）

约翰·怀特曼（John C.Whiteman），英国商人。1830 年 12 月来广州开设怀特曼洋行（Whitemen & Co.），因在澳门没有房子，他带着妻子住进广州的商馆。广东政府立即提出抗议，要求怀特曼将其夫人送往澳门。1831 年 2 月 11 日，怀特曼夫妇被迫迁往澳门，并在澳门总督依德费基（Joao Cabral de Estefique）的允许下，在圣若瑟修院租来一所房子居住。第二天，又从澳门总督处传来命令要他离开澳门。总督解释说，从里斯本下达极明确的训令，禁止英国散商侨居澳门。[②] 由于英国东印度公司驻广州商馆大班马治平（Charles Marjoribanks）的交涉，澳门正式批准怀特曼全家在澳门居住。[③] 然而，据伯福德 1840 年《澳门全景图》，怀特曼在南湾东部又租居了一套房子，但不知租于何时。图中编号 27 为怀特曼先生的住宅。又据 1830 年代中国佚名画家所绘南湾图，在南湾东端与水坑尾交汇处有一幢楼当即怀特曼先生住宅。该建筑为一硬坡斜屋顶的两层楼建筑，东北两面均有圆柱门廊，可以直接眺望南湾，底层则为较小的窗户，四周还围有不大高的

---

① 〔英〕艾莉莎·马礼逊编，杨慧玲等译：《马礼逊回忆录》第 2 册，第 51 页。

② 〔美〕马士著，区宗华等译：《东印度公司对华贸易编年史》第 4 卷，广州：中山大学出版社，1991 年，第 278 页。

③ *The Canton Register*, 1831,Vol.4, No.20.

木栅栏。钱纳利有一幅《澳门马地臣府邸的阳台》的绘画，从房屋所处的方位和建筑造型与怀特曼住宅十分相近，我怀疑怀特曼很可能后来返回英国，此楼又由英商马地臣租居，所以伯福德称此楼为“原怀特曼先生住宅”。

### （十二）义律船长住宅（Capt.Elliott's Residence）

义律，英国商人，1834 年来华，1836 年出任英国对华贸易监督。伯福德《澳门全景图》中，编号 28 为义律船长的住宅，编号 29 为义律船长的联络船“路易莎”号，编号 40 为圣家辣堂，编号 43 为嘉思栏教堂与嘉思栏炮台。据此图可以清楚地看出，义律船长在澳门的住宅位于南湾的最东端，圣家辣堂与嘉思栏炮台的西南之地。据现存 1840 年《南湾图》，可以比较清楚地看出，位于圣家辣堂旁边的一幢两层楼的白色建筑即应是义律船长的住宅。

### （十三）郭雷枢医生住宅（Doctor Thomas R. Clledge's Residence）

郭雷枢，英国人，英国东印度公司随船医生，1826 年来华，曾任英国驻华商务监督秘书、广州商馆医生。1833 年与美国少女西拉贝尔·卡露莲（Caroline Shillaber）在澳门英国小教堂举行婚礼。[①] 1827 年在澳门开设眼科诊所，诊所在澳门租下了两间小屋，能够收治大约 40 名外地病人。[②] 据钱纳利所绘郭雷枢医生住宅图可知，该住宅位于西望洋山山麓，为一间人字形硬坡斜屋顶，楼高 2 层，2 楼正面有一大两小的三扇窗户，房前有一砌有砖饰栏杆的围墙，应为一院落，这

---

① Harriett Low, *Lights and Shadows of a Macao Life, The Journal of Harriett Low, Travelling Spinster*, History Bank, 2002, p. 522.

② Austin Coates, *Macao and the British*, Hong Kong, 1978, p. 149.

是一普通的葡人民居。

### （十四）官也夫人别墅

1855年“官也夫人（D.Carotina Antónia da Cunha）别墅”建成。澳督官也于1850年去世后，官也夫人表示不愿意返回果阿，澳门议事会遂将磨盘山（岗顶）上最好的一幅土地给其兴建住宅，又从澳门葡商募集到一笔钱，遂建成一幢南欧式花园宅邸。官也夫人在此宅邸中生活了26年，直到逝世。后该宅由买办周东生（Chau Tung Shang）出面买下，清末时又被澳门葡商米格尔·马加度（Miguel Rodrigues Machado）买下，最后被香港富商何东购买，名为“何东楼”。[①]

### （十五）圣珊泽别墅（Palacete de Santa Sancha）

圣珊泽别墅，又称圣珊泽宫，位于西望洋山腰的圣珊泽马路。1845年由澳门圣母救济会主席杜阿尔特·贝尔南迪诺（Manuel Duarte Bernardino）先生修建，由澳门土生葡人著名建筑师托马斯·亚坚奴（José Agostinho Tomás de Aquino）主持修建。别墅建成后，成为当时澳门最为豪华的花园住宅。花园面积约为1200平方米，四周建有围墙。整个楼房是为一两层之建筑，初建时为硬坡斜屋顶，每层都有宽大的门廊。1855年澳门富商塞尔卡尔梅洛以800澳门元购下了坐落在西望洋山圣珊泽别墅，从此，梅洛拥有了两幢澳门最豪华的别墅：南湾别墅和圣珊泽别墅。[②]1868年12月12日，塞尔卡尔梅洛先生在其私人别墅圣珊泽宫设“贾梅士（Luís de Camões）”博物馆，并对公众

---

① 金丰居士：《花园前高楼大厦遮挡，何东图书馆犯煞》，《新报》2006年2月9日。

② Conservatória do Registo Predial, *Santa Sancha*（圣珊泽），L.° B3, fol.221, Reg.n.° 465, Isabel Nunes, 1993, p.12.

开放。[①] 圣珊泽别墅设计为西洋风格，为典型的巴洛克风格（葡式巴洛克）。

### （十六）阿尔梅达花园（Jardim de Vitorino José de Sousa e Almeida）

阿尔梅达花园，是由索萨·阿尔梅达（Vitorino José de Sousa e Almeida）神父在东望洋山麓二龙喉地方修建一座豪华别墅，并在该处开辟了一座小花园，人称“二龙喉宫殿”，该花园亦是由澳门土生葡人著名建筑师托马斯·亚坚奴设计。[②] 1872—1873年苏沙（Sergio de Sousa）总督期间，这座小宫殿卖给政府，作为总督的避暑行宫。该别墅位于士多鸟拜斯大马路、松山西麓，占地总面积约16100平方米，是一座欧洲风格为主，具中西合璧风格，建筑为新古典风格。

## 三、结语

综上所述，我们根据大量的原始文献及图像资料进行论证，可以从以下四个方面看出澳门16至19世纪城市建设中的西洋元素的形成与发展。

### （一）16世纪始主要西洋建筑风格流派次第登场

1562年始，葡萄牙人开始在自己的居住区内建造一些教堂。以教堂作为每个小区中心的葡萄牙人住宅群慢慢在教堂周围建立并辐射出去形成了澳门城市的雏形。葡萄牙人早期的建筑相当简陋，大多是木

① 〔葡〕施白蒂著，姚京明译：《澳门编年史：16—19世纪》，澳门：澳门基金会，1998年，第173页。

② 〔葡〕文德泉（Manuel Teixeira）著，军波译：《阿尔诺索伯爵笔下的澳门》，《文化杂志》（中文版）1989年第7—8期，第55—78页。

制、一两层的临时建筑，只有少量教堂具有规模。在葡萄牙的影响下，澳门改变了其延续很久的建筑传统，成为西方古城在东方的代表。[①]

随着葡萄牙人把西洋建筑风格带到澳门，澳门建造的新建筑无不显现出与西洋建筑风格传统的渊源关系，依次为：哥特式（Gothic）、文艺复兴（Renaissance）、巴洛克（Baroque）、新古典主义、哥特复兴（Gothic Ⅱ）、art-deco 风格、现代主义（Modernism）等，同时这些建筑风格融合亚洲不同建筑元素在澳门产生了新的变体，形成了澳门独特的建筑风格。[②]

### （二）澳门建筑风格发展过程与葡萄牙比对

到 16 世纪中叶，澳门开埠之后，来自世界各地的不同文化在此登陆，逐步互相侵蚀与融合，西方的建筑文化到达澳门并经过适应和调整，逐步形成了澳门独有的亦中亦西的建筑文化现象，这一点也是澳门建筑遗产最为主要的特征之一。基于以上分析整理，澳门 17 世纪以来西洋风格类型、登场顺序、起始时期，并与葡国比较发现澳门和葡国 17 世纪以来西洋风格类型、登场顺序一致。

澳葡政府一直与葡萄牙保持着密切联系，相应葡国本土建筑文化变迁也经由葡移民带到澳门。历史上葡国建筑风格多变，自 11 世纪末至 20 世纪初，葡国本土先后流行罗曼风格、哥特风格、文艺复兴、巴洛克、新古典主义、哥特复兴、art-deco 以及现代主义等建筑风格，并且在这些风格基础上还发展了属于自己的“曼努埃尔”风格、“素淡风格”等。[③]

16 世纪开埠之后，葡萄牙人在澳门岛上定居，并修建了一系列教

① 吴尧：《澳门近代晚期建筑转型研究》，东南大学博士学位论文，2004 年，第 67 页。
② 吴尧：《澳门近代晚期建筑转型研究》，东南大学博士学位论文，2004 年，第 36—37 页。
③ 吴尧：《建筑遗产之移植特征》，《合肥工业大学学报》2009 年第 6 期，第 911—916 页。

堂。教堂的风格与他们本土 16 世纪上半叶的文艺复兴风格一致。到 17 世纪 80 年代开始，巴洛克风格开始风靡葡萄牙，直到 18 世纪末。与此同时，澳门出现了两种不同的巴洛克风格。先是由从菲律宾来到澳门的西班牙多明我会传教士带来的菲律宾巴洛克风格；后来澳门出现的葡式巴洛克风格是巴洛克风格的一种在葡萄牙的变体。19 世纪新古典主义开始在葡萄牙流行，它一直延续到 20 世纪初，与葡国本土相类似，新古典主义此时在澳门也非常盛行，许多当时的住宅、剧院都深受这种风格的影响。葡萄牙 19 世纪中叶出现的哥特复兴是随着公共工程大臣丰特斯·佩雷拉·德·海洛的现代化政策而启动的。① 随后由于技术的进步，葡萄牙出现了 art-deco 风格。在这段时期，由于香港的开埠，近邻香港的经验则成为澳门最直接的学习榜样。同时，澳门还处于葡萄牙的影响下，出现了哥特复兴、art-deco 风格。②

### （三）澳门与欧洲建筑风格发展比对的两个标识性特征

希腊风格、罗曼风格、哥特风格、文艺复兴、巴洛克风格、新古典主义、哥特复兴、art-deco 以及现代主义等建筑风格的发源地都是欧洲，但是由于欧洲各国各自复杂的国情和发展进程的差异，造成各国的建筑发展呈现出不同情况。本研究基于文献资料分析了意大利③、西班牙④，

---

① 〔葡〕若泽·曼努埃尔·费尔南德斯著，陈用仪译：《葡萄牙建筑》，北京：中国文联出版公司，1998 年，第 61 页。

② 吴尧：《建筑遗产之移植特征》，《合肥工业大学学报》2009 年第 6 期，第 911—916 页。

③ 陈志华：《外国建筑史》，北京：中国建筑工业出版社，2009 年，第 66—92 页，拜占庭风格：第 96—105 页，哥特风格：第 113、128 页，文艺复兴：第 128、142 页，巴洛克风格：第 148、186、194 页，新古典主义：第 194 页。罗小未：《外国近代建筑史》，北京：中国建筑工业出版社，2003 年，哥特复兴：第 9 页。

④ 李晓刚：《当代西班牙建筑地域性研究》，西安建筑科技大学硕士论文，2009 年，罗曼风格：第 22 页，哥特风格：第 22 页，文艺复兴：第 23—24 页，巴洛克风格：第 230 页，新古典主义：第 230 页。彭澎：《设计艺术文化》，北京：清华大学出版社，2008 年，银匠风格：第 160 页。

英国[①]以及欧陆法国[②]、德国[③]的建筑风格发展，并将这几个国家建筑风格与葡萄牙发展进行了对比。欧洲文艺复兴后建筑流派（风格与技术）发展有两个标识性特征：

标识 a. 巴洛克与古典主义出现顺序：

一种发展进程是在文艺复兴之后，建筑风格是持续的巴洛克风格兴盛期，之后进入新古典主义。这种发展路线以意大利和西班牙为代表。意大利属传统教权国家，并影响到靠航海技术维持兴盛并与罗马教廷保持密切联系的西班牙，包括德国甚至英伦离岛。

另一种发展进程是以欧陆法国为代表，在巴洛克出现时期，同时古典复兴也马上并行出现了，并且法国削减了对巴洛克风格的传入。[④]在法国古典主义、巴洛克之后还出现了一种柔媚温软、细腻纤巧的洛可可风格。以这种进程发展的国家主要是欧陆法国，流向尼德兰和英国这些先进的新教国家。[⑤]

标识 b. 是否出现了发祥于英国尊崇古典技术的“哥特复兴”之后进入现代主义：

新古典主义之后，哥特复兴这样强调技术的古典流派发祥于英伦

---

① 陈志华：《外国建筑史》，北京：中国建筑工业出版社，2009 年，哥特风格：第 113—128 页，都铎风格：第 235 页，古典主义：第 236、249 页，洛可可风格：第 223 页，新古典主义：第 271 页，哥特复兴：第 271 页。杨潺：《中世纪英国的城市建筑初探》，《文化商业》2011 年 12 月，巴洛克。罗小未：《外国近代建筑史》，北京：中国建筑工业出版社，2003 年，新古典主义：第 4 页，浪漫主义：第 4、7—9 页，折衷主义：第 4 页。

② 陈志华：《外国建筑史》，北京：中国建筑工业出版社，2009 年，哥特风格：第 113—128 页，古典主义：第 197 页，巴洛克风格：第 194、203—208 页，洛可可风格：第 217—218 页，新古典主义：第 260 页。罗小未：《外国近代建筑史》，北京：中国建筑工业出版社，2003 年，哥特复兴：第 4 页，折衷主义：第 4 页。

③ 尹国均：《图解西方建筑史》，武汉：华中科技大学出版社，2010 年，罗曼风格：第 55 页；陈志华：《外国建筑史》，北京：中国建筑工业出版社，2009 年，第 278—280 页。

④ 吴尧：《建筑遗产之移植特征》，《合肥工业大学学报》2009 年第 6 期，第 911—916 页。

⑤ 陈志华：《外国建筑史》，北京：中国建筑工业出版社，2009 年，第 194 页。

离岛，18 世纪末传到欧陆法国、德国，19 世纪初传到意大利、俄罗斯、美国，而在西班牙没有出现，之后各国进入现代技术带来的 art-deco 和现代主义时期。

从历史上看，17 到 19 世纪期间，意大利传统教权很强，而西班牙靠航海技术维持兴盛并与罗马教廷保持密切联系，是耶稣教团的老巢，天主教堂建筑中流行巴洛克式。

在法国，到 17 世纪，随着绝对君权的形成，伴随着新教改革，形成了古典主义文化，也包括古典主义建筑；古典主义讲求理性，因此削弱了意大利巴洛克艺术的传入。17 世纪末 18 世纪初，法国专制政体出现了危机。对外作战失利，经济面临破产，宫廷生活糜烂。阳刚之气的严肃的古典主义建筑风格被厌弃了，在新建的府邸中形成了洛可可建筑风格。[①] 18 世纪中，英国爆发了工业革命，此时出现的哥特复兴和 art-deco 风格都是一种突出表现技术的建筑风格。19 世纪后期，欧洲建筑师主张要摆脱传统建筑形式的束缚，大胆创造适应于工业化社会的条件要求的崭新建筑，现代主义建筑风格由此而生。

在葡萄牙，以巴洛克风格时期为界，前后出现了与紧邻的西班牙不同的发展过程。在巴洛克风格之前的建筑风格发展与西班牙、意大利同步，在文艺复兴之后，建筑风格是持续的巴洛克风格兴盛期，之后直接进入新古典主义。这种发展进程说明了葡萄牙受到传统天主教国家影响，其主导作用的是教权因子。但在巴洛克之后的发展却是跟英、法、德的发展过程同步，出现了发祥于英伦，而西班牙未出现的古典技术流派"哥特复兴"，之后经 art-deco 风格，各国一起进入现代主义时期，主导作用的是技术因子。

考察葡萄牙历史，艾维兹王朝第一位国王裘奥一世（1385—1433）

① 陈志华：《外国建筑史》，北京：中国建筑工业出版社，2009 年，第 217 页。

在位时，与英国签订《温瑟条约》建立永久的同盟关系。但是葡萄牙于1580年起隶属西班牙王室，在哈布斯堡王朝统治60年中，葡萄牙被卷进好几次战争中，特别是1588年西葡无敌舰队惨败给英国，经过这些岁月葡萄牙帝国也逐渐消失。1640年，葡萄牙布拉干萨王朝为反抗西班牙的菲利普四世而宣布独立，为抵抗西班牙维持国家独立，他再次长途跋涉与英国修好。[①] 此后，拿破仑在1807年攻进葡萄牙，葡萄牙在英国的帮助下于1811年击败法国军队。由此看来，葡萄牙之后的建筑风格发展脱离西班牙影响受到英国及其他欧洲国家影响和技术的进步。

### （四）亚洲殖民地二变种风格

以葡萄牙巴洛克风格时期为界，澳门在受西班牙影响时期还出现了深受天主教会及西班牙影响的殖民风格——菲律宾巴洛克；随着香港的崛起，受到近邻英国殖民地香港的兴起、英国东印度公司的影响以及英伦为主其他欧洲国家影响，出现了哥特复兴、art-deco风格以及殖民地风格的新印度风格。

澳门上述独特的发展存留在其城市格局和建筑之中，不同时段有不同的体现，呈现出明显的变化，通过几百年的交融酝酿，最终形成澳门独特的建筑与城市面貌。

其一，16世纪始，欧洲主要建筑风格流派在澳门次第登场。通过比对建筑的西洋元素，可知澳门与葡萄牙建筑风格高度相关。

其二，欧洲风格发展的两个标识：以葡萄牙巴洛克风格时期为界，在巴洛克风格之前的建筑风格发展与西班牙同步，“标识性特征a”是

---

① 〔美〕查·爱·诺埃尔（Charles E. Nowell）著，南京师范学院教育系翻译组译：《葡萄牙史》，香港：商务印书馆，1979年，第181页。

巴洛克的兴盛时古典主义并未同时兴起；但是在巴洛克之后的发展却是跟英、法发展过程同步，“标识性特征 b”是出现了发祥于英国的“哥特复兴”这样强调技术的古典流派，而在西班牙没有出现。之后各国进入现代技术带来的 art-deco、现代主义时期。

其三，亚洲殖民地两变种风格：澳门建筑在受西班牙影响时期还出现了深受天主教会及西班牙影响的殖民风格、“标识性特征 c”——菲律宾巴洛克；随着香港的崛起，受到英伦为主其他欧洲国家影响，还出现了殖民风格、“标识性特征 d”——新印度风格。

其四，澳门西洋元素巴洛克兴盛时期主要是伴随着航海技术和意大利——西班牙天主教自欧洲逸出，可概括为受到欧洲天主教教权因子影响；之后主要受到以英伦为主欧洲国家影响出现哥特复兴、art-deco、现代主义，可以概括为受到工业革命和建筑领域以现代主义为主的技术因子影响。

# 元代乡试考官的学风导向
## ——以《类编历举三场文选》为考察中心

王建军 *

**摘　要：**程朱理学在元代的传播，促进了务实学术思潮在元前期的滋生，为科举改革奠定了基础。乡试考官承担着命题、评阅、甄别选拔的职责，为推行务实学风，他们坚持以学术为导向，引导着乡试考场学风的转变。但这种行为与民间社会的浮华学风形成碰撞，说明元代的科举发展实际处于两种学风的胶着时期。本文以《类编历举三场文选》为考察对象，着重对江浙、江西、湖广三地乡试考官的命题、评阅情况进行分析，以探讨考官的考场行为与学风引导的关系。

**关键词：**元代；乡试考官；务实学风；《三场文选》

一时代的科举考试总会影响到一时代的学风，那么元代的科举考试呢？本文所依据的日本敬嘉堂文库所藏的《类编历举三场文选》（系元代江西吉安刘贞所辑，至正元年［1341］虞氏务本堂刻本）（以下简称《三场文选》），收录了延祐甲寅（1314）以下八科乡试、会试和五科廷试的优秀试卷，部分反映了元代复行科举前期的考试情况。本文对其中江浙、江西、湖广三地乡试考官的命题、评阅情况进行分析，以探讨考官的考场行为与学风引导的关系。

---

*　作者简介：王建军，广东理工学院教授，主要从事中国教育史、元史研究。
基金项目：本文属于国家社科基金重大项目“日本静嘉堂所藏宋元珍本文集整理与研究”（编号 18ZDA180）的阶段性研究成果。

## 一、乡试考官倡导务实学风的成因

从科举发展角度看，每一个历史节点都面临着承前启后的历史课题，元代也是如此。宋、金时期“以文辞取士，而不考其实，惟务雕镌镂刻，破碎支离，诐淫邪遁之辞，靡所不至，六经之道或几乎息矣”[①]的科举危机，在元前期已被朝野所认识。元初期科举的停废，原因固然是多方面的，例如蒙古贵族重根脚而轻儒学，“四等人制”对汉族士人的防范等，但宋、金科举的浮华无实与元代统治者务实的治国理念相悖，则是其中较为关键的因素。忽必烈的“科举虚诞，朕所不取”[②]与许衡的意见不谋而合，正反映了元代科举面临着一场改革，而改革的路向也很清晰，那就是朝着学风务实的方向走。崇尚实用的治国理念，程朱理学在元代的传播，批判宋、金科举空疏无用的流弊，这种种因素交织在一起，共同促成了务实学风在元代前期的滋长。它是一种倡导士子不务辞章，深究经典，根于经史，言之有物，以研究的态度学习程朱理学的务实学风。

对以上诸因素的影响，学术界已进行了许多的研究。本文所要强调的是，元代特别是元前期，知识群体对程朱理学的接受和传播是以研究的态度进行的。元代理学家是在反思宋、金学风的基础上认识和传播程朱理学的，是在与元廷务实治国理念的磨合中推广程朱理学的，是在和会朱陆的过程中发展程朱理学的。许衡研究程朱理学：“往来河洛间，从柳成姚枢得伊洛程氏及新安朱氏书，益大有得。寻居苏门，与枢及窦默相讲习，凡经传、子史、礼乐、名物、星历、兵刑、食货、

① 许谦：《送尉彦明赴开化教谕序》，李修生主编：《全元文》第25册，南京：凤凰出版社，1999年，第33页。

② 苏天爵：《左丞许文正公》，《元代名臣事略》卷8，北京：中华书局，1996年，第168页。

水利之类，无所不讲，而慨然以道为己任。”[①]《元史·刘因传》记载：“国子司业砚弥坚教授真定，（刘）因从之游，同舍生皆莫能及。初为经学，究训诂疏释之说，辄叹曰：‘圣人精义，殆不止此。’及得周、程、张、邵、朱、吕之书，一见能发其微，曰：‘我固谓当有是也。’及评其学之所长，而曰：‘邵，至大也；周，至精也；程，至正也；朱子，极其大，尽其精，而贯之以正也。’其高见远识率类此。”[②]吴澄也经历了由训诂章句之学向伊洛义理之学的转变，他说：“年十有六，始知举业之外，有所谓圣贤之学者，而吾未之学，于是始厌科举之业，慨然以豪杰之士自期，必欲为周、程、张、邵、朱，而又推此道，以尧舜其君民而后已也。试尝实用其力于此，则豁然似有所见，坦然若甚易行，以为天生我也，似不偶然也，吾又何忍自弃？于是益务加勉，以穷尽天下之理。”[③]正是本着这样的研究精神，程朱理学在元代焕发出一股活力，形成一股具有生机的学术思潮，务实的学术风气才得以在元代蔓延，并深刻地影响到科举的改革。

从世祖朝到仁宗朝，一批力主恢复科举的朝臣纷纷提出了改革的设想，针对前朝科举“学出剽窃，不根经史”和“行谊蔑闻，廉耻道丧”的弊端，人们强调元朝科举必须“迈隆前代，创为新制”[④]，在考试内容方面则“请以朱文公《贡举私议》损益行之，经学当祖程、朱传注，文词宜革宋、金宿弊”[⑤]，这样的倾向最终影响到科举制度的构建。

---

① 宋濂：《元史》卷158《许衡传》，北京：中华书局，1976年，第3717页。

② 宋濂：《元史》卷171《刘因传》，北京：中华书局，1976年，第4007—4008页。

③ 吴澄：《谒赵判簿书》，李修生主编：《全元文》第14册，南京：凤凰出版社，1999年，第67页。

④ 王恽：《贡举议》，李修生主编：《全元文》第6册，南京：凤凰出版社，1999年，第39—40页。

⑤ 危素：《程公神道碑铭》，李修生主编：《全元文》第48册，南京：凤凰出版社，1999年，第434页。

皇庆二年（1313）十一月，元仁宗下诏“行科举”，明确要求：“要其本末，举人宜以德行为首，试艺则以经术为先，词章次之，浮华过实，朕所不取。”[①] 中书省的意见则更为具体：“学秀才的经学、词赋是两等，经学的是说修身、齐家、治国、平天下的勾当，词赋的是吟诗、课赋、作文字的勾当。自隋唐以来，取人专尚词赋，人都习学的浮华了。罢去词赋的言语，前贤也多曾说来。为这上头，翰林院、集贤院、礼部先拟德行明经为本，不用词赋来。俺如今将律赋省，题诗、小义等都不用，止存留诏诰章表，专立德行明经科。明经内四书、五经，以程子、朱晦庵注解为主，是格物、致知、修己、治人之学。这般取人呵，国家后头得人材去也。”[②]

在这样的改革理念主导下，元代科举试之“经疑经义以观其学之底蕴，古赋诏诰章表以著其文章之华藻，复策之以经史时务以考其用世之才”[③]。其目标如苏天爵所言：“其为制也，询之孝悌信义，盖欲其行之有常；试之经义疑问，盖欲其学之有本；继以古赋诏诰章表，欲其敷扬宏休，以备代言之选；策以经史时务，欲其经济斯世，发为有用之学。”[④] 这就为科举考试朝着务实方向改革奠定了基础。

元代乡试考官的科举理念就是在这种务实学术风气熏陶下成就的。延祐元年（1314）六月，中书省在回复江浙行省的一则文件中提到：“选考试官，即今江浙、湖广、江西三省所辖州郡，后进儒人比之腹里颇多，又兼江浙尤重，江西次之，湖广又次之。如蒙都省选有德望文

① 宋濂：《元史》卷 81《选举志一》，北京：中华书局，1974 年，第 2018 页。

② 方龄贵：《通制条格校注》卷 5《学令・科举》，北京：中华书局，2001 年，第 220 页。

③ 郑玉：《送唐仲实赴乡试序》，李修生主编：《全元文》第 46 册，南京：凤凰出版社，1999 年，第 311 页。

④ 苏天爵著，陈高华、孟繁清点校：《滋溪文稿》卷 6《济阳文会序》，北京：中华书局，1997 年，第 79 页。

学官员以为主文，预期到来庶几可以镇压浮议。”[①] 这里讲的“后进儒人”，其实就是指在元代前期务实学风熏陶下成长的学者，他们完全“可以镇压浮议”，充分反映了朝廷对乡试考官的信任与厚望。

从《三场文选》看，这三地的乡试考官大致来源于两种类型。一类为元前期在反思和批判宋、金学风中接受程朱理学的地方官员，如延祐甲寅（1314）担任江浙乡试考官的邓文原和担任江西乡试考官的吴澄等。另一类则是元代早期的科举及第者，如《三场文选》中收录了汪泽民的延祐甲寅（1314）《春秋》义试卷和延祐丁巳（1317）“经疑”试卷，说明他参加了元代最初的科举考试，然后在泰定丙寅（1326）和天历己巳（1329）的江浙乡试，以及元统乙亥（1335）的江西乡试担任了考官。又如《三场文选》收录了彭士奇的试卷共有六篇，分别是在延祐丁巳（1317）江西乡试、至治癸亥（1323）江西乡试、泰定甲子（1324）中书堂会试中的试卷，说明他也是元代科举初期的及第者。后来彭士奇出任了泰定丙寅（1326）湖广乡试的考官，在天历己巳（1329）江西乡试考官中，又看到了彭士奇的名字。这是一批经过元代早期科举熏陶成长的学者，他们对务实学风也有着亲身的体悟。

在乡试的主考中，这些乡试考官表现出很强的科举改革意识。他们很注意将元代科举改革的意义传达给应试士子，表达出强烈的倡导务实学风意向。例如担任延祐甲寅（1314）江浙乡试考官的邓文原“以朝廷立法之初，多采考亭朱氏《贡举私议》，虑远方之士未悉上意，大书其文揭示之，由是，士无复踵异时场屋之弊”[②]。又如延祐丁巳（1317）江西乡试，考官在命题中指出：“明诏天下郡县兴其贤者能者，推选贡举，骎骎乎三代乡举里选之盛制矣。视汉初孝弟力田，其后孝

---

① 《类编历举三场文选・都省奏准科举条画》，至正元年（1341）虞氏务本堂刻本。

② 黄溍：《邓公神道碑》，李修生主编：《全元文》第30册，南京：凤凰出版社，1999年，第184页。

廉贤良，魏晋秀才中正，隋唐宋进士收其言而弃其行，用其文而失其实，是何足以语今日也哉。”（延祐丁巳江西乡试“策试”）

为什么乡试考官们要宣扬元代科举改革的意义？延祐甲寅（1314）江浙乡试考官在命题中指出：“以科举取士岂徒务以经术变前代设科之陋而已，盖务得真儒之用，使风移俗易臻至治也。”元代科举的复行，表明崇儒兴学的文治路线进一步加强，儒者的地位得以提升。以选拔南人为职责的江浙、江西、湖广等考场的考官们对此更有一番领悟，“务得真儒之用，使风移俗易臻至治”就是他们心中的希望。他们知道：“儒者之通时务，足以大用矣。”（泰定丙寅江浙乡试“策试”）而要为世所用，必须是具有仁义之心的通古识今的真儒：“有能为之策者，合古之道，得今之宜，隆国之仁，尽民之义，察察乎其甚明也，凿凿乎其可行也。”（延祐丁巳江西乡试“策试”）他们还特别以魏徵的榜样鼓励应试士子：“魏徵论五帝三王不易民而化，封德彝非之曰：魏徵，书生，岂知时务？彼不知教化乃时务也，魏徵言焉，太宗纳焉，是以有贞观之治。”（延祐甲寅江浙乡试“策试”）

出于这种自觉的意识，乡试考官们要求应试士子能够发挥务实的学风，做到明经之要，明务之本：“古之治天下者，经具焉，而何经为之要？经言平天下者，务具焉，而何务为之本？知经之要，明务之本，逢今之时，平天下犹运之掌上尔。”（延祐甲寅江浙乡试“策试”）为此，在论证上，考官希望应试士子能够“据经而订史，酌古以准今”（至治癸亥江浙乡试“策试”），能够“参酌古今以对，毋泛毋略”（延祐甲寅湖广乡试“策试”）；能够“酌古今之宜，究利病之原务，切实用，毋事虚文”（元统乙亥江西乡试“策试”）。如果“沦于高虚，流于苟简，则非有司之所愿闻”（延祐甲寅江西乡试“策试”）。总之，考官们希望应试士子能“条列而悉陈之，毋汩于常谈，毋拘于文义，使其言灼然可行于世，他日以用儒之效暴于天下”（延祐丁巳江浙乡试

“策试”）。

元代乡试考官的这种科举改革意识，与元前期的务实学术思潮融为一体，互为合力，有效地强化了元代乡试的务实学风。

## 二、乡试考官命题的学风导向

元代科举考试科目设置贯彻了“以通经为本”的原则。元代规定，汉人、南人乡试的第一场为经疑二问，经义一道；第二场为古赋诏诰表章；第三场为经史时务策一道。和往朝相比，经疑为新增科目，经义乃继承宋代科目，策试则强化了经史与时务的结合。这些科目都需要考生对儒家经典加以疏释，引申和阐发义理，以考察其儒学底蕴，以及运用程朱理学的功夫。

要实现这样的目标，在乡试考场上，考官们的命题是关键因素。元代乡试考官为加强考试的务实学风，其命题不是单层次单向度地设问，而是多层次多向度地增加难度，使考题具有研究性和学术性。

例如经疑的命题就不是单纯地以某一经传的一个内容要求简答，而是注重收集经传中相同、相关或相对的内容，将其排比于一处令考生释疑解难。例如，“《孟子》两言四端，仁皆曰恻隐之心，义皆曰羞恶之心，智皆曰是非之心，独于礼一曰辞让之心，一曰恭敬之心，所言仁义智与礼不同，何哉？或言端或不言端，又何也？”（延祐丁巳湖广乡试“经疑”）“《大学》两言慎独，《中庸》亦言慎独，程子于《论语》子在川上章、仲弓问仁章、洒扫应对章，皆以慎独言之，何也？”（延祐庚申江浙乡试“经疑”）“子曰，博学于文，约之于礼，亦可以弗畔矣夫。《孟子》曰，博学而详说之，将以反说约也。孔孟之旨将不同欤？”（至治癸亥江西乡试“经疑”）这三道经疑题都将两个以上经典的相同观点并列，以求其义理，这些问题都不能简单地回答“是什么”，而是要能够进行一番比较与论证，回答“怎么一回事”。这样的命题具有很强的研究性，从而增强了考试的学术性。

“经义”的题目也是如此，如“岁月日时无易，百谷用成，乂用明俊，民用章，家用平康”（泰定丙寅湖广乡试《书》义），这道题看似平易，但如果不能论证“时”之题旨，不能揭示四个“用”之义理，这道题很难破解，又如“易有太极，是生两仪，两仪生四象，四象生八卦”（延祐庚申江浙乡试《易》义），这道题如能抓住“有”之题旨，揭示“生”之义理，才能破解。再如“齐侯、宋公、江人、共人盟于贯。齐侯、宋公、江人、黄之会于阳穀。楚屈完来盟于师，盟于召陵”（至治癸亥江西乡试《春秋》义），这道题将不同的历史场景并列，要阐发其“盟”之义理，没有通透的经典阅读是不可能答好这张卷子。其他的如“日月得天而能乂照，四时变化而能乂成，圣人乂于其道而天下化成”（延祐丁巳江西乡试《易》义），“故天生时而地生材，人其父省而师教之，四者君以正用之”（至治癸亥江浙乡试《礼记》义）等，都属于这样的研究性质的题目，都需要作一番比较、深究、论证的功夫，学术的味道就体现出来了。

策试考题同样呈现出这样的特点，为加强对策考试的研究性，考官在命题中将不同著作并列，以讨论其异同。例如延祐庚申（1320）江西乡试有一道对策考题是“问河图、洛书、太极图、皇极经世书同异”，又如泰定丙寅（1326）湖广乡试的对策考题“问孟子周子本无二道，《易》与太极图初无二理”等，都体现了这样的特点。

元代策试还有一个与往代不同的特点，即将经史与时务结合，注重考察应试者运用经史论断时务的能力。如延祐甲寅江西乡试的对策题目是“问礼乐”，在阐述了礼乐的相关理论后，问：“欲大备皇元之典，若之何而为礼，若之何而为乐，必有能明制作之意者，庶几有补于明时。”这就把关注点引向了对现实的思考。又如元统乙亥（1335）

湖广乡试的对策题目是“问古今天下治道人才”，题干列举了三代、汉、唐人才之异，问当今的治道人才之策。元统乙亥（1335）江浙乡试的对策考题为“问古之治道今之时务”，先介绍了三代、先秦治之道，问汉唐所损益者，然后讲述元代社会各种治理之弊，问：“今之时务有出于古之经史之外者欤？”最后落点在现实。这一类的题目都需要应试士子在阐述经旨和反思历史之后必须提炼出具有现实意义的观点。

在对策命题中，切中时务也是考官们关心的问题，如“问治道十事”“问时务六事”“问吏治五事”“问水利”等，这样的题目直击社会治理问题，要求应试士子就用真儒、考殿最、任守令、简狱讼、息盗贼、平赋役、滋户口、劝农桑、救灾荒、强吏治等问题提出适用可行的意见。在考题中，考官们敢于直面现实问题，直指官府治理之弊，对应试士子的时务素质更具挑战性。例如天历己巳（1329）湖广乡试的对策考题为“问风俗学教”，题干列举了社会追逐不义之财现象与教育、选举的种种弊端，考官问道：“考之于经，证之于史，凡若此者皆古今之通患风俗之积弊，其原安在？将欲治之，其道何由？或曰：五刑之兴以弼五教，则刑罚非本也；礼义之生后于富足，则衣食非末也；然则富而教之亦无有未至者乎？”

天历己巳（1329）江浙乡试的对策考题为“问浙右公田两浙盐利”，题干谈到朝廷经费一岁之入，江浙独当其十之五，而盐赋之重给盐民带来了沉重的负担。形成这种格局既有历史原因，也有现实原因，考官问道：“欲敛此其薄则国用未充，欲谨正盐荚则民惧其咎，将何术以处之？”至顺壬申（1332）江西乡试的对策考场也出了一个“问盐课茶课”的考题，在题干中直述南方受盐课茶课赋税重，法规不健全，由来已久，民不堪重负。例如，“食盐之民以饥馑而逃亡，商贩之家以利微而消耗，由是民力愈困，而课额愈亏”。考官问道：“欲废置有宜，官民两便，果何道以处之欤？二者之利，国家仰给多取则损民，寡取则亏官，欲为求允之成规，俾有司遵守而无弊。”

仅举数例，足以看出元代乡试考题的特色所在。这样的考题多层次多向度，本诸经史，直面现实，确实有助于引导考生深通经史，关注时务，有助于培养科举考试的务实学风。

另外，元代的科举考试有“兼用古注疏”的规定：“《诗》以朱氏为主，《尚书》以蔡氏为主，《周易》以程氏、朱氏为主，已上三经，兼用古注疏，《春秋》许用《三传》及胡氏《传》，《礼记》用古注疏。”[①] 蔡氏乃朱熹门人蔡沈，胡氏乃程颐私淑胡安国，这些都是程朱理学一派，而古注疏则是与宋儒新说不同的汉唐旧说。注疏乃理解经典的钥匙，强调新说与旧说的“兼用”，就是强调研究须比较，须论证，要言之有据，持之有故，要以研究的态度认识程朱理学。清代四库馆臣曾就元代科举“兼用古注疏”评价到：“足知当时学者犹知旁览注疏，固不至如明季举业家墨守讲章，于古书全未寓目也。”[②] 有学者指出：“‘兼用古注疏’可以使‘治经者不敢妄牵己意而必有据依’‘使治经者必守家法’‘以求至当之归’。此一规定，一定程度上表明了程朱理学在元代当时的实际地位，也因此而保证了元代学术‘犹有研究古义之功’的宝贵品格。”[③]

## 三、乡试考官阅卷的学风导向

如果说命题体现了学术的指引，那么试卷评阅则关系到能否对务

① 宋濂：《元史》卷81《选举志一》，北京：中华书局，1974年，第2019页。

② 王充耘：《书义矜式·提要》，《文津阁四库全书·经部书类》第22册，北京：商务印书馆，2005年，第731页。

③ 周春健：《元代科考程式“兼用古注疏”考论》，《安徽大学学报（哲学社会科学版）》2018年第4期。

实学风的坚守。要做到这一点，试卷的评判标准就必须突出学术性和研究性的导向。从《三场文选》看，乡试考官们对试卷持肯定态度，主要基于三方面的理由。第一，能否正确且熟练地运用程朱理学来阐释儒家经典。如：

发明朱子兼气质之说，推尊孔子相近之言，非平日讲明精义不能到。（延祐丁巳江西乡试“经疑”）

二答举程子之说甚备，非讲贯素熟者不能。（延祐庚申江浙乡试“经疑”）

二问剖析养气养心而不乱开陈，大本达道而明。（泰定丙寅湖广乡试“经疑”）

二问融合朱子之旨，折衷当理。（至顺壬申江西乡试“经疑”）

第二，能否兼用古注疏进行比较论证来阐述经旨：

二疑可见理学甚熟，识高文健，斟酌事宜，融会胡氏传如自胸中流出，必老于数经者。（延祐丁巳江浙乡试《春秋》义）

《春秋》本胡传，又发明宋辅齐霸及说，书法之详略处极善，文字婉曲，必一作者。（至治癸亥江西乡试《春秋》义）

此卷独能引出舜典五礼蔡氏所注与古注异，考证详明，终篇可观。（延祐丁巳江浙乡试《书》义）

说主蔡传而兼用古注疏，义既无差，文亦可取，篇首数行卓见大意，终篇多所发明，甚善。（泰定丙寅湖广乡试《书》义）

第三，对策能否切中时弊，能否折衷经注，援古证今：

策多有以学校、农桑、教养为说者，往往有其义而无其辞，笼皋不切，此卷援古证今，纲举目张，首尾周密，非迂阔无用之谈，而文亦条畅。（泰定丙寅江浙乡试“策试”）

答策详明，援引精切，本朱文公救荒之政，尤见所蕴安富恤贫亦忠恕之论。（天历己巳江西乡试“策试”）

此策通古学而不迂，陈时务而有据，有深远之虑，有良便之策，有用之才也。（至顺壬申江西乡试“策试”）

性理之题难以驰骋笔力，独此篇与乙房一篇以太极为纲，而以孟、周之言为目者，迥然高出众作，观此二篇，则他卷缀缉成言、敷衍问目者，皆出下风也。（泰定丙寅湖广乡试“策试”）

这三条标准比较集中地体现了元代乡试考官对学术性的坚守。程朱理学在元代前期本质上就是一种学术思潮，运用程朱理学去理解儒家经典，去面对现实问题，本质上就是一种学术性研究。那些得到考官们认可的试卷，都是在认真阅读经典和新旧注疏的基础上，融会贯通，考证翔实，形成了自己独特体会的答卷。

相反，那些平日学习将主要精力放在背诵朱子传注，揣摩考题，在考试中只能抄录朱熹《集注》的考卷，乡试考官们则予以了摈弃：

答疑者或不知程氏之旨而臆说，或泛引集注章句而无折衷之论。（延祐庚申江浙乡试“经疑”）

二疑剖析尽明，非碌碌抄注解者。（至顺壬申江浙乡试“经疑”）

《礼记》卷数不及它经十之二，而能记注疏融化作义者极不多见。（元统乙亥江浙乡试《礼记》义）

这里所提到的“或不知程氏之旨而臆说，或泛引集注章句而无折衷之论”“碌碌抄注解者”“能记注疏融化作义者极不多见”，说明了单纯背诵朱氏集注的现象在应试者中还是很普遍。由于元代还处于程朱理学传播的上升期，广大应试士子并没有深刻认识到朝廷将程朱理学定为“国是”的重大意义，也没有深刻认识到程朱理学的理论意义，因而其学习依然沉溺在宋金记诵章句的学习风气之中。

由此带来的弊端，则是许多的应试者对儒家经典的旨意把握不到位。乡试考官们在评阅中对这些现象也予以了关注：

> 此卷深得文王之心，与诸卷所谓万民咸和者异矣，本房初复言《书》卷毋虑四百有余，未有出其右者。（至顺壬申江西乡试《书》义考场）
>
> 《诗经》两句，一句言其析理之精，一句言其治己之密。自《大学》传引诗释之，分属知行而后义明，能依《大学》传者仅两三卷。（延祐甲寅江西乡试《诗》义考场）
>
> 本经七十余卷，有以予曰为文王自予者固非经旨，知以为诗人自予者又仅能写朱传两语，更无发明。（天历己巳湖广乡试《诗》义考场）
>
> 本房《易》卷最多有对待流行者矣，有不易变易者矣，有实体妙用者矣，有卦昼卦象者矣，有乾坤定位而六子用事者矣，能者兼后天以为工，不能者守先天而无味。（泰定丙寅湖广乡试《易》义考场）

第一例的题目是“文王卑服即康功田功……用咸和万民”，但大多数的试卷中都在“咸和万民”上做文章，忽视了对“文王之心”的探讨。第二例的题目是“如切如嗟，如琢如磨”，但大多数应试者却忽视了《大学》引用这两句诗的用意。第三例的题目是“予曰有疏附，予曰有先后，予曰有奔奏，予曰有御侮”，大多数应试者对“予曰者”理解错误，有少数能判断者又不能依据朱氏集注思想来阐发。第四例的题目是“天地定位……八卦相错”，应试者的理解则五花八门，抓不到要点。这些现象都反映了元代社会对程朱理学的学习还处于浅层次阶段，还不能运用综合、比较、归纳等方法来论证儒经的义理。

正因为民间社会还存在着学风不正的现象，也由于元代还处于学习程朱理学的浅层次阶段，所以乡试考官们的坚守就具有了学术意义，它至少能从考试这个角度，为全社会的学习树立一根学术标杆。

## 四、乡试考官对文法结构的学风导向

务实学风同样表现在科举考试的文风上。元代科举较之南宋，在文风上有两大改革，一是取消了格律的限制，一是在文法结构上不讲究繁琐的格式规范。《三场文选》的考官评语在这方面表现出了较好的引导。

自北宋经义文产生，至南宋已经走向了繁琐冗长的歧路。除了要求格律之外，南宋后期的经义文已有破题、接题、小讲、官题、原题、大讲、余意、原经、结尾等格式的要求，每段格式里面又有诸多的规定，篇篇按此次序，以致到了“其文多拘于捉对，大抵冗长繁复可厌”[①]的地步。元代初行科举，曾公布一篇程文范式，“元代陈绎曾之《文说》，因延祐复行科举，示程试之式”[②]。这篇程文结构如何，已不得而知，但“元仁宗皇庆初复行科举，仍用经义一篇，而其体式视宋为小变”[③]，这说明元代科举在文法结构方面也进行了改革。从《三场文选》的考官评语看，至少在元代科举前期，其文法结构并没有走向程式化，而是重视破题、发越（发明）、后场（终场）这样几个环节。

① 倪士毅：《作义要诀·自序》，《丛书集成新编》第 80 册，台北：新文丰出版公司，2008 年，第 431 页。

② 梁章钜著，陈居渊校点：《制艺丛话　试律丛话》卷 1，上海：上海书店出版社，2001 年，第 3 页。

③ 王充耘：《书义矜式·提要》，《文津阁四库全书·经部书类》第 22 册，北京：商务印书馆，2005 年，第 731 页。

元代乡试考官首重破题，他们视开篇之破题为一篇之纲领，能不能开门见山直击经旨题意，其后接题能不能用简洁语言承接破题之意，将本文的主旨交代明白，这二者合称为“冒子”，其质量直接影响经义文的谋篇布局。元代倪士毅在《作义要诀》中对如何破题说道：“第一要识得道理透彻，第二要识得经文本旨分晓，第三要识得古今治乱安危之大体，然后一见题目胸中便有称量。”并强调破题“以体面为贵”，他说：“冒头如人头面，著不得十分多肉，肉多则嫌有肥气，不雅观也。”[①]这个观点深得乡试考官赞同，在他们的评语中常有“一冒”“一破”的说法，他们提倡的是，破题要言简而意足，接题要语工而旨明：

> 此作首语混然题意自足，行文整健，讲证尤详。（元统乙亥江西乡试《书》义）
>
> 经义引拟穀梁参以三传，文势整暇而详密，佳作也，他卷破语皆不及。（至顺壬申江西乡试《春秋》义考场）
>
> 此篇精粹全在“翕、受、敷、施”四字，作者纲举而目自张矣（延祐甲寅湖广乡试《书》义）
>
> 此卷径以与《易》同其体，与天同其用，十字括定，而又以动静二字承之，精彩焕然，条理不紊。（元统乙亥江浙乡试《易》义）

破题不当的主因是对经旨题意理解偏差。泰定丙寅（1326）湖广乡试《诗》义的题目是“颙颙卬卬，如圭如璋，令闻令望，岂弟君子，四方为纲”，这是取自《诗经·大雅·卷阿》中的诗句，但大多数应试者对其经旨把握不准。考官彭士奇看到：“其间指此题以文王圣德圣

① 倪士毅：《作义要诀·自序》，《丛书集成新编》第80册，台北：新文丰出版公司，2008年，第431、432页。

化圣天子作起语者凡数卷，以‘颙卬’三句属人才者又数卷。其言为纲也，或云为天下之维持，或云为天下之取正，或云为天下之取法，或云下民之纲常，或云统领乎众庶，或终篇以为康公告诫，而略略搀入题字。间有能学朱传‘四方以为纲’一语，则又萧然卤莽。”为此，彭士奇亲拟了一篇“冒子”，以揭示经旨题意，给应试者以示范：

王者惟能备天下之德，而后足以系天下之心。夫系天下之心者，以德不以力，而德未易言也。外貌必极于尊严，内行必极于纯洁，纯洁者必播而为令闻，尊严者必著而为令望，表里之相符，名实之俱至，如是而后，可以为岂弟之君子。如是而后，四方以为纲。盖君为臣纲者理之常，而四方以为纲者德之至。夫能使四方以之而为纲，则非以力服人者也，必其以德服人，能使之中心悦而诚服也。噫！德岂一言所可尽哉？色之庄也而行未粹，非所以为岂弟之君子也。言之隆也而实未孚，亦非所以为岂弟之君子也。故谓之岂弟君子，虽一言而有□，而所以为是岂弟君子者，累言之而不足。召康公之戒成王，盖欲王知夫德愈全而责愈备，任愈重而事愈难，要必如上章之得贤，而后有是章之全德。

然后自批曰：

此题头绪最多，必如此说，庶几包括题目方尽，而于朱子“四方以为纲”一意，亦发明颇彻。故以一冒，从明经者商之。士奇拜手。（泰定丙寅湖广乡试《诗》义）

破题之后，考官们看重的是发越，这在考官评语中还有发明、讲、发等称谓，这是经义文的主体部分。发越是指议论的展开，依据论题的先后次序、伦理分晓，或旁引事实，或唤出出处，融会经典之旨，玩味注疏之义，阐发论题的微言大义。考官们欣赏的是，发越要意新而不背离主题，论证透彻详尽而不繁冗散漫：

> 经义祖蔡氏注，发越透彻。（延祐丁巳江西乡试《书》义）
>
> 经义不违蔡传，讲证明白，文足以达意。（元统乙亥江西乡试《书》义）
>
> 蔡传之不差，发己意而甚畅。（泰定丙寅湖广乡试《书》义）
>
> 《诗》义本祭祀文王立说，中间想象形容言不迫切而意已独至，读之宛然。（至治癸亥江西乡试《诗》义）
>
> 此卷能融会《诗》传而为文，援引《礼》经以为证，理明辞顺，整然可观。（元统乙亥江浙乡试《诗》义）
>
> 此经之文虽无异说，而此篇发意透彻，行文整肃，来归二字比事引证深得圣人书法。（延祐甲寅江西乡试《春秋》义）
>
> 书秋明书法之微，发胡传之蕴，反复详尽，而文尤峻洁，必老于经学者。（天历己巳江浙乡试《春秋》义）

最后考官们要看经义文的终场（后场、结语、终篇）的质量，终场要求呼应题意，强化经旨，照应全篇。元代的经义文取消了格律规定，乡试考官们看重的是议论明白，辞气忠厚，抑扬有味，提倡平实、醇厚、简洁的文风：

> 《春秋》贯串经传褒贬有义，文亦简洁，后场更优。（泰定丙寅江浙乡试《春秋》义）
>
> 《书》题蔡传释之既详，此卷即用其说衍之成文，中间发越明尽，而转抑尤有力，结语不脱传意，更见抑扬有味。（元统乙亥江浙乡试《书》义）
>
> 发越朱说无余蕴，讲末开合福极，尤有笔力。（天历己巳江浙乡试《诗》义）

作义善包括题意而不戾蔡说，终篇议论明白，辞气忠厚，庶几知文王之心而识周家之气象者。（至顺壬申江西乡试《书》义）

诚中形外之说甚正，终篇善于发挥，抑且温润缜密，深得作诗之体原，以下笔意更佳，非他卷可及。（延祐庚申江西乡试《诗》义）

由此看来，元代科举考试文风之务实，这在考官评语中还是能够得到印证。倪士毅在《作义要诀》也强调，文句“长而转换新意，不害其为长；短而曲折意尽，不害其为短。务高则多涉乎僻，欲新则类入乎怪。下字恶乎俗，而造作太过则语涩；立意恶乎同，而搜索太甚则理背”[①]，这也说明言之有物的务实文风在当时是得到提倡的。

## 五、元代乡试考官倡导务实学风的命运

应该说，元代乡试考官的这些努力是富有积极意义的。从《三场文选》看，考官们恪守乡试岗位，在命题、阅卷、甄别选拔等环节坚持学术导向，实际是在提倡和坚守务实的学风。他们努力的目标，如程端礼所言：“贡举之制又用朱子《私议》，明经主程朱说，兼用古注疏，经义不拘格律，盖欲学者读经有沈潜自得之实，其所作经义，能条举程朱与注疏之说，辩汉儒传注之得失，一洗宋末反覆虚演文妖经贼之弊，俾经术、理学、举业合一，以便志道之士。”[②]

但从总体效果看，元代乡试考场的试卷质量不为考官们看好。担任过江西乡试考官的吴澄说：“往年予考乡试程文，备见群士之作。初

---

① 倪士毅：《作义要诀·自序》，《丛书集成新编》第80册，台北：新文丰出版公司，2008年，第432页。

② 程端礼：《弋阳县新修蓝山书院记》，李修生主编：《全元文》第25册，南京：凤凰出版社，1999年，第533页。

场在通经而明理，次场在通古而善辞，末场在通今而知务。长于此或短于彼，得其一或失其二，其间兼全而俱优者，不多见也。”① 不仅是三场的全才难得，仅就第一场的试卷，乡试考官们的失望之情也是满满的：

> 阅卷数日不差，舛则雷同，令人闷闷。（延祐丁巳江西乡试“经疑”）
>
> 《诗》义亡虑五十余卷，阅之令人闷闷。（延祐丁巳湖广乡试《诗》义）
>
> 《易》题头绪多，诸作往往无说，以为之□一，故文多散漫。（元统乙亥江浙乡试《易》义）
>
> 本房阅卷近千本，惟《礼记》义独少，近阅数卷，往往醇疵相半，令人慨叹。（天历己巳江西乡试《礼记》义）
>
> 阅卷十余日，《易》义佳作绝少。（天历己巳湖广乡试《易》义）
>
> 诸作中惟此篇不失题意。（至治癸亥江浙乡试《书》义）

从考官们“仅得此卷”“唯有此卷”的描述中，从考官们“闷闷”“慨叹”的感受中，可以看出当时乡试考场的佳作确实绝少，这种状况应该可以理解。程朱理学传入元代不久，提倡以研究态度来认识这一种新的学术理论，对大多数应试士子来说还是有难度的。延祐丁巳（1317），吴澄为江西乡试的“经疑”命题：“出经问曰《孟子》道性善，尧舜至于涂人一耳。而《论语》曰：性相近，何也？”有同考官“怪其平易”，吴澄反驳道：“于此有真知，则言不差。”结果这次中举的 22 人中，答此题不差者“才得三四卷耳”②。

① 吴澄：《跋吴君正程文后》，李修生主编：《全元文》第 14 册，南京：凤凰出版社，1999 年，第 608 页。

② 虞集：《故翰林学士临川吴公形状》，李修生主编：《全元文》第 27 册，南京：凤凰出版社，1999 年，第 174 页。

程度、水平的不够尚可理解，问题还是在学风。元代科举的复行，社会上侥幸奔竞的传统心理也随之复萌，背诵模仿的浮华学风也相应地流行开来。《三场文选》的出版在某种程度上就是为满足这种社会需求的产物。辑录这些试卷，按选编者的说法，是为了让应试者“便观览，明矜式，以授其徒”（编辑者刘贞的篇首按语）。按梓刻出版者的说法，其目的是为了让“庶几学者有所矜式，以锐其志，将以抱才负艺，借径科第而行其实学焉”（出版者虞壄的篇首按语）。二者说法有个共同的指向，即“矜式”，即要让应试者了解、模仿和掌握写作程文的“矜式”。当一种有价值的学术理论一旦与考试，尤其是与关系人们前途命运的考试挂起钩，它立刻就会变成人们所背诵的文字和教条，变成人们追巧逐利的考试行为，变成人们揣摩考题、模仿范文的学习套路。元代学者韩性就遇到这样一群“以文法为请”的学子，他无奈地说：“今之贡举，悉本朱文公私议。欲为贡举之文，而不知文公之学，可乎？四书六经，千载不传之学，自程氏两夫子至文公，而发明无余蕴矣，顾力行如何耳。有德者必有言，施之场屋，直其末事，岂有他法哉？”①

元代科举后期，研究经义文矜式的行为开始增多。如《三场文选》收录了王充耘的至顺壬申（1332）江西乡试、元统癸酉会试、廷试的试卷，他后来写了《书义矜式》。《三场文选》收录了涂晋生的元统乙亥（1335）江西乡试的试卷，他后来写了《易义矜式》（已佚），另有《周易经疑》《周易经义》传世，皆先举经文为题，后附拟答之程文。这些科举中后期的及第者钟情于这样的研究，说明元代科举后期这种现象已成为时尚。这种行为的增多，促进了经义文体开始走向程式化，学术思

① 黄溍：《安阳韩先生墓志铭》，李修生主编：《全元文》第30册，南京：凤凰出版社，1999年，第330页。

想的生命力也随之退隐了。当时有个叫徐勉之的也编了一本与《三场文选》类似的科举程文集，自延祐迄至顺，经义、古赋、诏、诰、章、表、策，一应俱全。王沂为其作序，很兴奋地说："作之者若干人，而如出于一手，历年廿余而气象如一时，又何其盛哉！"王沂在序中还讲了一个典故，当年鲁君到宋国，呼叫城门，守者曰："此非吾君也？何其声之似我君也。"王沂很欣赏这种如同一声的文章气象，强调说："此无他，其所养然也。"[①] 科举与教育的博弈又渐回惰性的轨道。

在科举发展史中，由宋代经义文转化到明清八股文，由元代科举的以程朱理学为指导转变为明清科举的以程朱理学为独尊，是一个渐变的过程。但这个过程并不是直线形的，而是起伏回旋形的，而元代所处的位置，正好在科举发展向上回旋的关口。元代复行科举，以朱熹的《学校贡举私议》为基本精神，接续以朱熹为代表的宋代理学家反对科举虚诞、举业浮嚣的务实思潮，意在革除累世虚文妄举之弊，以收实学适用之效。可以这么说，元代复行科举的初衷是具有积极意义的。但由于历史惰性的力量强大，民间社会"钓声名、取利禄"的传统心理很有市场，元代乡试考官倡导务实学风与民间社会浮华学风的碰撞自然就不可避免了。从这个角度讲，元代的科举发展实际是处于两种学风的胶着时期。

---

① 王沂：《科举程文序》，李修生主编：《全元文》第 60 册，南京：凤凰出版社，1999 年，第 48 页。

# 从“好事者”管窥唐宋书画收藏文化的转向

李芳瑶 *

**摘　要**：本文以“好事者”为切入点，以张怀瓘、张彦远、米芾的文本为基础，讨论了三人文本语境中对“好事者”的评价和态度的不同，以及背后所体现的唐宋之际私人书画收藏的发展。唐宋时期收藏主体增多，收藏种类多元化，一部分鉴藏家以和“好事者”的对话为开头，总结了书画鉴藏活动的执行标准和注意事项。在这过程中，书画鉴藏的核心话题得到归纳，由此形成了关于书画鉴藏的著述。对“好事者”的讨论还体现了写作者即鉴藏家自我意识的觉醒和行为模式的形成，在本文所采用的分析文本中，体现出张怀瓘对“好事者”的鼓励，张彦远的热心教导，以及米芾的疏离。

**关键词**：好事者；张怀瓘；张彦远；米芾

唐宋时期是中国文化形态发生重要变革的时期，具有悠久历史的书画收藏文化亦在这一时期经历了剧烈的变革。这一时期内，书法绘画艺术进一步发展，艺术品交易市场逐渐扩大，收藏文化亦随之发生变化。在书画收藏家的著述中，时常出现“好事者”这一个群体，他们没有明确的实体和具体的姓名，却常常成为收藏家对话和讨论的对象，不同时期的收藏家对“好事者”的评价和态度各有不同。本文将

---

*　作者简介：李芳瑶，暨南大学中国文化史籍研究所讲师，研究方向为唐宋史、历史文献学。
基金项目：本文系国家社科基金青年项目“唐宋长安文献研究”（编号18CZS002）的阶段性研究成果。

以“好事者”为切入点，以张怀瓘、张彦远、米芾等几位收藏家的著述为基本文本，讨论文献背后蕴含的书画收藏文化的历史变化。

## 一、《书估》与法书作品的标准

好事者，在文学作品中常常见到这一群无名氏的身影。如刘禹锡《彭阳唱和集》赞彭阳诗文“体备今古，好事者多传布之”①，白居易将自己的一百多首诗书于屏风之上，感慨“安知此屏不为好事者所传”②。在文学语境中，好事者的身份大致为爱好文学的广大文人。在书画鉴赏和收藏活动中，也有好事者的身影。他们热心于探访名家法书和画作，考究名家作品的来龙去脉，如何延之作《兰亭记》记载王羲之《兰亭集序》流散始末，“其有好事同志须知者，亦无隐焉”③。和文学好事者一样，书画好事者也乐于传播作品，如张彦远曾祖张嘉贞所书定州《北岳碑》为好事者临摹，传抄四方④。大体而言，好事者的属性取决于他们所好之“事”，在书画鉴藏的语境中，他们的身份则为书画艺术的爱好者，而当好事者具备一定的经济能力，他们可以晋升成为书画艺术品的收藏者。

唐前期（618—755），皇家是书画收藏的主体，服务于内府文馆的士人多有如褚遂良、虞世南、韦述、徐浩这样精于鉴藏的人才。私人收藏群体在隋唐初期不占优势，尤其皇家屡向私家发布进献令，大

① 刘禹锡著，卞孝萱校订：《刘禹锡文集》卷 39，北京：中华书局，1990 年，第 588 页。

② 白居易著，朱金城笺校：《白居易集笺校》卷 17《题诗屏风绝句》，上海：上海古籍出版社，1988 年，第 1091 页。

③ 张彦远撰，武良成、周旭点校：《法书要录》卷 3，杭州：浙江人民美术出版社，2012 年，第 107 页。（以下《法书要录》引用为此版本）

④ 《法书要录·序》，第 1 页。

收藏家如杨素、萧瑀、许善心、王方庆的家藏都被下诏进贡入内府[①]，私家收藏损失巨大，收藏家进而通过艺术品交易市场获得补充。唐初，名家书法作品可径以钱衡量，如《太平广记》卷第二百八“褚遂良”条记载：“褚遂良问虞（世南）监：‘某书何如永师？’曰：‘闻彼一字直五万，官岂得若此。’”[②]从唐初到盛唐，社会秩序基本稳定，商品经济充分发展。大概到玄宗开元时期，已经形成杜甫描述的“忆昔咸阳都市合，山水之图张卖时”的图景[③]。唐肃宗乾元（758—760）年间窦臮撰写《述书赋》[④]，其中列举从事法书中介买卖的“利通货易穆聿等八人”[⑤]，可证艺术品交易市场的成熟。艺术品交易的发展催生了私人收藏家，《述书赋》以“征求保玩”命名收藏鉴赏之事，列举了 26 位收藏家和 11 位收藏家的用印[⑥]，可见私人收藏家已经形成群体，引起艺术理论家的重视。

受到艺术品市场滋养的收藏家，开始思考总结艺术品交易的核心问题，其中最具代表性的文章为张怀瓘的《书估》。张怀瓘与其弟张怀瓌出身书法世家，张怀瓘善大小篆及八分，怀瓌善真书及草隶。盖是因书法之艺，怀瓘、怀瓌开元中（713—741）应玄宗征召任翰林待诏。《述书赋》将张怀瓘兄弟列入“征求保玩”之列[⑦]。《书估》的核心

---

① 裴孝源撰：《贞观公私画史》，卢辅圣主编：《中国书画全书》（一），上海：上海书画出版社，1993 年，第 172 页。欧阳修撰：《新唐书》卷 116《王綝传》，北京：中华书局，1975 年，第 4224 页。

② 李昉等撰：《太平广记》卷第 208，北京：中华书局，1961 年，第 1593 页。

③ 杜甫著，仇兆鳌注：《杜诗详注》卷 15《夔州歌十绝句》，北京：中华书局，1979 年，第 1306 页。

④ 本文参考熊飞《〈述书赋〉作者注者考》关于《述书赋》成书时代的观点，《文献》2001 年第 3 期，第 40—47 页。

⑤ 《法书要录》卷 6，第 190 页。

⑥ 《法书要录》卷 6，第 190 页。

⑦ 《法书要录》卷 6，第 181 页。

并不是讨论法书作品的交易价值，而是交易标准。即：

因取世人易解，遂以王羲之为标准。如大王草书字直一百，五字乃敌一行行书，三行行书敌一行真正，偏帖则尔。至如《乐毅》《黄庭》《太师箴》《画赞》《累表》《告誓》等，但得成篇，即为国宝，不可计以字数，或千或万，惟鉴别之精粗也。他皆仿此。①

书法作品不同于一般的商品，不是价值立现的钱物。作为艺术品，书法作品的历史价值和审美价值都需要诠释和定义。张怀瓘创造性地以王羲之各种书体的作品作为交易标准的核心，又建立“三估”“五等”的体系，将历代书法家纳入其中，以此评估他们的作品价值。

对于《书估》，有研究者认为这是具有官方指导性色彩的法书交易价格评估体系②，但是唐代并没有针对艺术交易的文化政策出台，且此文的风格不符合唐朝政府官方文章文风，如果只因为张怀瓘翰林待诏的身份作此推测，恐怕难以确论。实际上，张怀瓘已在文章的开头直言，本文的写作是为了回答某位“好事者”的疑惑：

有好事公子，频纡雅顾，问及自古名书，颇为定其差等。曰：“可谓知书矣。”夫丹素异好，爱恶罕同，若鉴不圆通，则各守封执。是以世议纷糅，何不制其品格，豁彼疑心哉！且公子贵斯道也，感之，乃为其估，贵贱既辨，优劣了然。③

根据语境推断，《书估》提到的“好事公子”应是张怀瓘的一位熟识，而且身份地位不低，故有“频纡雅顾”之语。张怀瓘鉴藏家的声名远播，应常常被人问起如何对书法作品估价。张怀瓘为回答此类问题，

① 《法书要录》卷4，第116页。
② 李放：《〈书估〉：唐代书法市场交易繁荣的重要标志》，《美术观察》2005年第9期，第91页。
③ 《法书要录》卷4，第116页。

以“好事公子”的提问为引子，阐述自己对书法作品交易标准的看法。《书估》应视为书法收藏者之间交流的文章。

如何定义张怀瓘所提到的“好事者”的身份？可以认为，“好事”是张怀瓘对与他同样爱好法书收藏的用词，如《书估》中提到书法家钟绍京，“亦为好事，不惜大费，破产求书”[①]。只是随着收藏者群体的扩大，收藏者之间由于鉴赏知识专精程度的不同，不可避免地产生了分化。一部分收藏者通过家传收藏和自身经验积累了关于鉴藏的专门知识，张怀瓘即其中之一。张怀瓘对知识水平不如他的收藏者没有居高临下的态度，反而乐于与他们分享经验和体会，如《二王等书录》谈及市场中名家作品的赝品，“张翼及僧惠式效右军，时人不能辩。近有释智永临写草帖，几欲乱真”，经验不足的收藏者容易踏入伪作的陷阱，张怀瓘对此专门警告，“好事所蓄，尤宜精审”。[②]

## 二、张彦远与《历代名画记》

唐代书画收藏的整体面貌因为安史之乱（755—763）发生了巨大的变化。安史之乱中，两都长安和洛阳遭到巨大破坏，皇家内府和一些旧家收藏在战乱中毁佚，如韦述家“经籍资产，焚剽殆尽”[③]。书画从原有的收藏主体流散，但待社会重归稳定后，流散的图籍为新的收藏者获得，又形成了新的收藏家，即张彦远所谓“物有所归，聚于好事之家”[④]。唐中后期，书画交易市场重新发展。李肇在《国史补》卷下中

① 《法书要录》卷4，第116页。
② 《法书要录》卷4，第123页。
③ 《旧唐书》卷102，北京：中华书局，1975年，第3184页。
④ 张彦远撰：《历代名画记》卷1，杭州：浙江人民美术出版社，2012年，第6页。（以下《历代名画记》引用为此版本）

总结："长安风俗，自贞元侈于游宴，其后或侈于书法、图画，或侈于博弈，或侈于卜祝，或侈于服食，各有所蔽也。"[①]《唐朝名画录》记载周昉画，"贞元末，新罗国有人于江淮以善价收市数十卷，持往彼国，其画佛像、真仙、人物、士女，皆神品也"[②]。相比于私家收藏震荡后的发展，唐王朝权威丧失，陷入与藩镇的拉锯中，无暇重整文治，从此公私书画收藏易势。

张彦远家族很可能是唐中后期的战乱中获益的收藏家之一。张彦远（815—907），字爱宾，高祖张嘉贞、曾祖张延赏、祖父张弘靖皆官至宰相，李绰《尚书故实》称"河东张氏，三相盛门，四朝雅望"[③]。从张彦远的高祖张嘉贞开始，该家族致力于收集书法绘画作品，至张弘靖时，已达到"家聚书画，侔秘府"的规模[④]。但是窦臮《述书赋》中统计开元以来的收藏家，没有提到张嘉贞及其族人。至张弘靖时，张家的收藏已经有名于当世，说明张延赏和张弘靖是张家收藏形成的主要时期。建中四年（783）泾原军的叛乱引起的"朱泚之乱"，长安失陷，德宗和百姓外逃。其时张延赏任西川节度使，镇守成都，成都又为关中人士避难所之一，长广敏雄认为张延赏很可能在战乱中收集到旧家流出的书画作品。[⑤]不过从张弘靖开始，张家汇集数代的书画收藏开始损失，先是被迫向宪宗进奉书画，其后又遇兵乱。张彦远少时，家中书画收藏已坠失殆尽，他自弱年开始鸠集遗失，"鉴玩装理，昼夜精勤，每获一卷，遇一幅，必孜孜葺缀，竟日宝玩"[⑥]。张彦远由于多年

---

① 李肇撰，聂清风校注：《唐国史补校注》，北京：中华书局，2020年，第288页。

② 朱景玄撰，温肇桐注：《唐朝名画录》，成都：四川美术出版社，1985年，第7页。

③ 李绰撰：《尚书故实》，《景印文渊阁四库全书》子部十杂家类三，台北：台湾商务印书馆，1985年，862册，第469页。

④ 《新唐书》卷127，第4448页。

⑤ 〔日〕长广敏雄译注：《历代名画记》1，东京：平凡舍，1977年，第45—46页。

⑥ 《历代名画记》卷2，第35页。

勤于书画收藏，积累了丰富的鉴藏知识，是为写作《历代名画记》的知识基础。

张彦远关于绘画鉴藏的见解主要体现于卷二《论鉴识收藏购求阅玩》中。这一篇文章中也频频出现了“好事者”的身影。如：

> 夫识书人多识画，自古蓄聚宝玩之家，固亦多矣。则有收藏而未能鉴识，鉴识而不善阅玩者，阅玩而不能装褫，装褫而殊亡诠次者，此皆好事者之病也。①
>
> 非好事者不可妄传书画。近火烛不可观书画，向风日，正餐饮唾涕，不洗手，并不可观书画。昔桓玄爱重图书，每示宾客。客有非好事者，正餐寒具，以手捉书画，大点污。②
>
> 常恨不得窃观御府之名迹以资书画之广博，又好事家难以假借，况少真本。③

根据“好事家难以假借”句以及《叙古今公私印记》提到“诸好事家印”句，张彦远所提及的“好事”之人的基本身份应该也是爱好书画的收藏者。张彦远对“好事者”的感情色彩颇为复杂。首先，张彦远对“好事者”爱好书画收藏之事持基本的肯定，“非好事者不可妄传书画”，因为收藏者对书画有基本的爱护珍惜之情，因此只有收藏者才有资格近身观阅。其次，并非所有的收藏者都具备鉴识赏玩的专业技巧。张彦远认为收藏、鉴识、阅玩、装褫、诠次是收藏者应该具备的能力，即收藏者在有购入书画的经济实力以外，还要会鉴别藏品的真迹，赏玩时小心谨慎，不可破坏书画，收藏者还应懂得装裱的技术。最后，还要进一步具备书史、画史的知识，知道藏品在整个书画史中

---

① 《历代名画记》卷 2，第 33 页。
② 《历代名画记》卷 2，第 35 页。
③ 《历代名画记》卷 2，第 36 页。

的相应位置，为之“诠次”顺序，缺乏其一，“皆好事者之病也”。

张彦远写作《论鉴识收藏购求阅玩》一文，借对“好事者”的教导说明书画收藏阅玩应注意的种种问题，实质上源于他对唐中后期书画收藏文化转向的焦虑。虽然张家可能为战乱中获益的收藏家，但是张彦远对于安史之乱以后书画毁坠的基本态度是痛心和惋惜。他认为，书画收藏的盛世是皇家收藏占主体的唐前期，那时“天子神圣而多才，士人精博而好艺，购求至宝，归之如云”①。张彦远所关注的并非谁拥有更多的书画作品，而是书画作品在何种状态下可以得到最好的保存。战乱之中，珍贵的艺术品命运多舛，书画作品为新的藏家获得，但书画收藏不仅是经济的占有，而且是一系列精致复杂的文化活动。唐中后期，虽然很多内府和旧家收藏流入书画交易市场，但是收藏者多缺乏鉴识精审的能力，不能披沙拣金，挑选出真迹。即使获得真迹，如果不具备一整套细致的鉴藏知识，也可能由于失当的操作造成作品无法修复的毁坏。因此张彦远感慨：“何故开元、天宝间踪迹或已耗散，良由宝之不得其地也。”②

对于《历代名画记》，前人多关注到它所包含的关于书史画论的内容③，但也有研究者关注到了它所包含的关于绘画收藏的知识。④实质上，“收藏”的主题不仅贯穿《历代名画记》全书，甚至可以解释《法书要录》的编辑。张彦远在《法书要录》序中云：“又别撰《历代

---

① 《历代名画记》卷2，第33页。

② 《历代名画记》卷2，第35页。

③ 余绍宋《书画书录解题》称其为“画史之祖”，北京：北京图书馆出版社，2003年，第105页。

④ 许理和最早将《名画记》和收藏联系起来，参考“Recent Studies on Chinese Painting”，*T'ong Pao* I LI, 1964, pp.377-422。金维诺《〈历代名画记〉和〈唐朝名画录〉》认为《历代名画记》涉及了著录、鉴藏、名价、装裱各方面的问题，具有绘画“百科全书”性质，《美术研究》1979年第2期，第58—64页。

名画记》十卷。有好事者得余二书，书画之事毕矣，岂敢言具哉！”[①]《历代名画记》亦有呼应之语：“今彦远又别撰集《法书要录》等，共为二十卷，好事者得余二书，则书画之事毕矣。”[②]“好事者”，即书画收藏者，所需要知道的不仅是书画鉴赏收藏的技巧，而且应对书画历史和书画理论有基本的认识。张彦远写作《法书要录》和《历代名画记》两书，总结书画历史和收藏理论，构成了“书画之事”的知识体系。和《法书要录》相比，《历代名画记》更加凝聚了张彦远的构思和原创，进而言之，《历代名画记》整部可以视作为绘画收藏者提升鉴藏知识，使之具备“议画”“言画”的能力而提供的文献教材。分析《名画记》各篇，大致可以认为《叙画之源流》《叙画之兴废》《叙历代能画人名》教授历代绘画历史；《论画六法》《论画山水树石》《论传授南北时代》《论顾陆张吴用笔》《论画体工用拓写》教授爱好者如何品评鉴赏绘画；《论名价品第》教授如何定价；《论鉴识收藏阅玩》《叙自古跋尾押署》《叙自古公私印记》《论装背裱轴》教授如何鉴别、赏玩、保存书画作品；《两京外州寺观画壁》《述古之秘画珍图》提供观阅目录。以上仅是粗略分析，具体文章中往往是画史、画论与收藏知识相互交织在一起的。

概括上文，书画收藏文化从唐初开始蓬勃发展，到唐中期安史之乱之前，已经有收藏家如张怀瓘有意识地总结书法收藏中与交易标准相关的核心问题。安史之乱的爆发和随之而来的社会动荡使书画藏品频繁易主，在动乱的环境中难以得到良好的保存。晚唐书画收藏家张彦远有感于此，编撰《法书要录》和《历代名画记》两书提供给有志书画收藏之事的“好事者”，帮助他们提升鉴藏知识。相较于《书

① 《法书要录·序》，第1页。
② 《历代名画记》卷2，第36页。

估》，张彦远期待的读者群体有所增加，唯恐好事者经验缺乏的焦虑也更深，这与唐中后期书画收藏群体的扩大，以及知识层次区隔增大的时代背景紧密相连。

## 三、米芾的书画论著

北宋时期，商品经济的发展和都市文化的丰富，促使书画艺术总体发展，进入书画交易市场的艺术品数量源源不断。仁宗时期刘道醇在《圣朝名画录》中例数当代画作受到藏家追捧，非王公贵族不可得之，如王瓘，“王公大臣有得瓘画者以为珍玩”[①]；孙梦卿，“梦卿之画，世少藏者，王公大人第往往有之”；僧人元霭，“通古人相法，遂能写真”[②]，“上优赐之，由是有声名，巨贵人争求其笔”[③]；刘文惠，“善画翎毛花竹，京师人重之，至携金玉换而不得者，故四方少见”[④]。在此情况下，公私书画收藏的规模都远超前代，尤其私人藏家通过皇室赏赐、市场交易、艺术家创作等多个渠道获得藏品，收藏家群体不断扩大，成为社会书画收藏的绝对主体。在上文的讨论中，作为鉴藏家的张怀瓘和张彦远对于好尚书画收藏之事知识经验却较为缺乏的“好事者”基本上仍持肯定和鼓励的态度，且热心与他们探讨或者直接教授书画鉴赏收藏的具体知识。但是，到了北宋时期，鉴藏家对“好事者”的态度开始出现了改变，这个转变典型地体现于米芾的书画论著中。

米芾（1051—1107），初名黻，字元章，北宋中后期著名的书法

① 刘道醇撰：《圣朝名画评》卷 1，卢辅圣主编：《中国书画全书》（一），上海：上海书画出版社，1993—1998 年，第 447 页。（以下引用《圣朝名画评》为此版本）

② 《圣朝名画评》卷 1，第 448 页。

③ 《圣朝名画评》卷 1，第 451 页。

④ 《圣朝名画评》卷 1，第 457 页。

家、文人画家和鉴藏家，历仁宗、英宗、神宗、哲宗、徽宗五朝，曾任徽宗朝翰林院书学博士。米芾交游圈中的苏轼、黄庭坚、李公麟、王诜、薛绍彭、刘泾等亦为精于鉴藏且能书善画之人。米芾著《书史》《画史》《宝章待访录》三书，记述了他所见到的名书名画、收藏人家、作品递传，并对书画鉴藏的细节表达自己的态度和观点，其中常常谈到“好事者”。

米芾对“好事者”的基本定义亦是书画收藏者，如他谈及泗州南山杜氏有唐刻板本《兰亭》，“遇好事者见求，即与一本，不可再得”①；又谈及怀素《自序》在苏泌处，此苏氏家族“四世好事，有精鉴，亦张彦远之比”②，以及虞世南书《汝南公主铭》，“真迹在洛阳好事家，有古跋”③。米芾眼中的“好事者”也常犯各种错误，如不能鉴别真伪，“余临张直清家虞永兴汝南公主墓志，浙中好事者以为真”④；有的冒失鲁莽，擅自改变原作面貌，“（颜真卿书送辛子序）前后为好事者以笔描二大印，其文乱”⑤。大致而言，米芾眼中的“好事者”与张彦远的“好事者”的差别不大，都是在阅玩鉴藏经验上相对不足的收藏者。但与张怀瓘和张彦远不同的是，米芾不再将“好事者”视为自己的同伴，在《画史》中，他发出了将“赏鉴家”与“好事者”截然区分的著名论断，即：

> 好事者与赏鉴之家为二等。赏鉴家谓其笃好，遍阅记录，又复心得，或自能画，故所收皆精品；近世人或有资力，元非酷好，

---

① 米芾撰：《书史》，卢辅圣主编：《中国书画全书》（一），上海：上海书画出版社，1993—1998年，第966页。（以下《书史》为此版本）

② 米芾撰：《宝章待访录》，《中国书画全书》（一），第960—961页。

③ 《宝章待访录》，第961页。

④ 《书史》，第971页。

⑤ 《宝章待访录》，第957页。

意作标韵，至假耳目于人，此谓之好事者。[1]

米芾将收藏者分为两类，一为“赏鉴家”，一为“好事者”。米芾本人即为赏鉴家的代表，“笃好”“遍阅”“记录”“心得”“能画”无一不具。好事者的最大特点就是有“资力”，但是米芾认为他们对书画并非全心爱好，而只是以此作为文化和身份的标榜，因此对如何收藏鉴赏不能有自己的判断。作为赏鉴之家，米芾不再像唐朝前辈一样乐于分享，“余老矣，每求新赏，与赏鉴之家博易书画最多，不一一记。上多有印记可辨，无非奇笔，万金之玩，自付识者击节，不为好事道”[2]，“赏鉴之家”和“好事者”已经成为米芾交谈与否的划分标准。

从张怀瓘到米芾，鉴藏家态度转变的背后是唐宋之间书画鉴藏活动的变迁和鉴藏家对此变迁的回应。在张怀瓘的时代，书画收藏活动方兴未艾，未在整个士大夫的阶层内普及，因此张怀瓘《书估》的写作带着普及知识的目的。在张彦远的时代，虽然有更多的“好事者”进入书画收藏的行列，但是由于唐中后期的社会冲击，书画收藏文化出现了断层，张彦远在对书画史论进行总结的同时，亦带着普及知识的意图，教授收藏者更专业谨慎地从事书画鉴藏活动，从而更好地保存流传不易的书画真迹。到了米芾的时代，在书画鉴藏文化蓬勃发展的前提之下，已经不需要他再进行类似的普及工作。米芾面对的新的时代问题是，一方面，依托于科举选仕制度的社会普及，区别于中古社会士族阶层的文人官僚群体正在形成，并开始定义他们的生活形态和社会形象；另一方面，由于社会阶层的打破，经济能力较强的权贵及富商亦可轻易地加入收藏者的行列中，与米芾所处的文人群体展开

---

① 米芾撰：《画史》，卢辅圣主编：《中国书画全书》（一），上海：上海书画出版社，1993—1998年，第983页。（以下引用《画史》为此版本）

② 《画史》，第983页。

竞争。米芾即代表着新兴的文人群体旗帜鲜明地发出声音，他通过与“庸俗”收藏者的对比，表述出他理想中以书画为情趣的文人生活，即《画史》所述：

> 书画不可论价，士人难以货取，所以通书画博易，自是雅致。今人收一物与性命俱，大可笑。人生适目之事，看久即厌，时易新玩，两适其欲，乃是达者。①

书画鉴藏原只是知识兴趣和个人爱好，米芾则通过鉴赏行为提炼出“雅致”的审美标准和通达的人生态度。在这个过程中，米芾不仅描绘了文人的生活情致，并且区分出不具有文人文化特质的收藏者群体。

## 结论：被书写的“好事者”

从唐初到北宋，伴随着社会经济的总体发展，虽然中间历经朝代变革和社会动荡，书画艺术总体仍然呈发展的趋势，由此带动了书画艺术品收藏文化的发展，其具体表现即为收藏行为主体的增多和收藏种类的多元化。为了帮助书画爱好者更好地参与艺术品鉴赏和收藏活动，一部分鉴藏家以和“好事者”的对话为开头，开始了对书画鉴藏活动执行标准和注意事项的论述和总结。“好事者”在唐宋书画论述中频频出现，代表的是掌握书写权力的鉴藏家意识到其他收藏者的存在和参与能力，由此展开沟通和对话。在这样的书写活动中，书画鉴藏的核心话题有意识地得到归纳，由此形成了关于书画鉴藏的著述。因此，书画文献中“好事者”的基本历史语境是私人书画收藏的发展。参与书画鉴藏活动的人越多，“好事者”出现的频率越高，关于书画鉴

---

① 《画史》，第 984 页。

藏话题的讨论越深入，这是唐宋书画鉴藏文化发展的基本历史趋势。

随着书画鉴藏话题的深入，唐至北宋书画鉴藏家对“好事者”的感情色彩逐渐体现出不同，具体表现为身为鉴藏家的作者与“好事者”之间的心理距离。上文述及，“好事者”的基本含义是书画艺术品收藏活动的参与者，也就是说张怀瓘、张彦远等鉴藏家亦是“好事者”中的一员，如北宋《宣和书谱》就是这样的观点，在卷二十称张彦远“其家既出累世缙绅之后，且复好事”①。而唐代的张怀瓘和张彦远亦不排斥这样的观点，如张怀瓘十分高兴解答“好事公子”对于如何购买名家书迹的询问，张彦远尽管意识到好事者“有收藏而未能鉴识，鉴识而不善阅玩者，阅玩而不能装褫，装褫而殊亡铨次”等不足，仍然坚持“非好事者不可妄传书画”。他们在承认“好事者”基本含义的基础上，以这一个名词指代知识经验稍逊于他们的收藏者，他们没有因为知识层次的区隔将“好事者”划出自己所在的群体，而是反之以教导“好事者”的方式传播在精英阶层内部已经成熟的书画鉴藏文化。而到了北宋，出身于文人官僚群体的米芾将这一套张怀瓘和张彦远眼中可以技术化的鉴藏知识提升到理念和生活方式的高度，并以此排斥与他理念不同的人群，并冠之以“好事者”之名。

具体到书画鉴藏家的著述中，每个作者对“好事者”的内涵和感情色彩就随着具体语境出现了变化。在他们的书画艺术论著中，“好事者”这一个没有具体姓名的群体的出现，与其说真实地描述了“好事者”的面貌和行为，毋宁说更体现了写作者即鉴藏家自我意识的觉醒和行为模式的形成。在本文所采用的分析文本中，体现出张怀瓘对“好事者”的鼓励，张彦远的热心教导，以及米芾的疏离。唐宋书画鉴藏家在著述中对“好事者”的态度出现了较大变化，这背后的原因在

① 王群栗点校：《宣和书谱》卷20，杭州：浙江人民美术出版社，2012年，第188页。

于唐宋之际书画收藏文化的变化。从唐至北宋，尽管消费市场发生了巨大的变化，书画鉴藏理论的书写权力却一直掌握在具有鉴赏能力的精英人士手中。他们是收藏者中的少部分人，却掌握着收藏文化的话语权和解释权。文人不一定具有丰厚的财力获得最稀缺最昂贵的藏品，但是他们可以通过对收藏文化的书写和解释，建立符合他们审美取向的鉴藏标准，使文人士大夫的收藏观"优于"其他的收藏者。① 这背后的实质是文化所有权对经济所有权的竞争和超越，而获胜者将继续定义中国书画鉴藏文化的主流标准。

① 此处颇似布迪厄（Pierre Bourdieu）对马克思的资本理论进行非经济学解读之后提出的"文化资本"（capital culture）概念。文化资本又被区分为具体文化资本和内涵文化资本。具体文化资本是书籍、绘画、古董等文化财富的物质形式。这些文化产品可以物理性地作为经济资本被转移（卖出）。内含文化资本是"文化资本"的身体化之后，内含于个人的文化资本。你可以购买一幅绘画作品，拥有它的物质形态，同时却没有丝毫的鉴赏能力。相反，你也可能具有良好的鉴赏力和广泛的艺术知识，却不在物质上和法律上占有任何文化产品。一个人虽然可以经由拥有一幅画来得到具体文化资本，但若他有着相应类型的内涵文化资本，他就可以通过了解其文化意涵而"消费"了这幅画。参考 Pierre Bourdieu and Jean-Claude Passeron, *Reproduction in Education, Society and Culture*, translated from the French by Richard Nice, London: Newbury Park, 1990;〔法〕皮埃尔·布迪厄著，包亚明译：《文化资本与社会炼金术（布迪厄访谈录）》，上海：上海人民出版社，1997 年。

# 宋代北郊礼与仿“诗”乐的运用

刘 茜*

**摘 要**：宋代北郊礼包括夏至祀皇地祇礼与孟冬祀神州地祇礼，是宋代十分重要的祭礼。宋代北郊礼源于周代祀地祇礼，其在祭礼制度上主要继承唐制，并采用四祖迭配的配享制度。宋代北郊礼从宋仁宗时期开始得到迅速发展，至徽宗时期臻于鼎盛。《中兴礼书》《宋史》等文献对南宋绍兴后祀皇地祇具体仪程及其中所用仿“诗”乐的乐章、乐曲内容等都有详细记载，展现了南宋绍兴后祀皇地祇仪较为完整的祭祀场景。但对于宋代祀神州地祇仪，由于文献散佚，整个祭仪已难复原，现仅能据《政和五礼新仪》《宋史》《中兴礼书》所载，大致勾勒出南宋绍兴后祀神州地祇的仪程与仿“诗”乐的运用情况。

**关键词**：宋代北郊礼；祀皇地祇礼；祀神州地祇礼；仿“诗”乐

## 一、宋代北郊礼的历史渊源及发展

北郊礼源于周代祭祀地祇的礼仪。《周礼·大司乐》载曰：“乃奏大簇，歌应钟，舞《咸池》，以祭地示。……凡六乐者，一变而致羽物及川泽之示，再变而致蠃物及山林之示，三变而致鳞物及丘陵之示，

---

* 作者简介：刘茜，暨南大学中国文化史籍研究所教授，研究方向为先秦两汉文献、礼乐文化。

基金项目：本文系国家社科基金项目“宋代《诗》宋文献整理与研究”（项目编号17CZWO14）阶段性研究成果。

四变而致毛物及坟衍之示，五变而致介物及土示，六变而致象物及天神。……凡乐，函钟为宫，大蔟为角，姑洗为徵，南吕为羽，灵鼓灵鼗，孙竹之管，空桑之琴瑟，《咸池》之舞，夏日至，于泽中之方丘奏之。若乐八变，则地示皆出，可得而礼矣。”① 从这一记载可以看到，周代祭祀地祇的时间是在夏至日，乐舞用《咸池》，祭祀地点是在泽中方丘。至于周代北郊礼所对应的具体神祇，历来存在多种说法，如《文献通考》引郑玄之说：地祇有二，有昆仑之神，又有神州之神②。又有将后土之神视为地祇的说法，如《尚书·汤诰》载曰：“敢昭告于上天神后”③，《左传·僖公十五年》载曰：“君履后土而戴皇天”④ 等。汉代多以后土为地祇。如汉武帝祠后土于汾阴，汉宣帝祠后土于河东等。唐代则以皇地祇与神州地祇并为地祇。可见，周代祀地祇的这一传统虽在后世得到继承，但神祇的具体名称却非一成不变。

宋代的北郊礼主要是继承唐制，以皇地祇与神州地祇为祭祀对象，其中前者的祭祀时间为夏至，后者则为孟冬。宋代祭礼中有“七祭”最为盛大：南郊四祭（圆丘、祈谷、雩祀，明堂）及感生帝、皇地祇、神州地祇。可以看到，北郊礼在宋代“七祭”中占据“二祭”，应是十分重大的祭祀活动。与南郊礼相对应，宋代北郊礼举行的地点是在宫城以北。据《宋史·礼志》记载：“宋初，方丘在宫城之北十四里，以夏至祭皇地祇；别为坛于北郊，以孟冬祭神州地祇。”⑤ 宋人继承了上古“天圆地方”的观念，仍以“方丘”作为皇地祇的象征。此外，神州地祇的祭祀地点也在北郊，但另设一坛。宋初，皇地祇与神州地

① 《十三经注疏》整理委员会整理：《周礼注疏》卷22，北京：北京大学出版社，2000年，第684—689页。

② （元）马端临：《文献通考》卷76，北京：中华书局，2011年，第2335页。

③ 《十三经注疏》整理委员会整理：《尚书正义》卷8，北京：北京大学出版社，2000年，第238页。

④ 杨伯峻：《春秋左传注》，北京：中华书局，1981年，第358页。

⑤ 《宋史》卷100，北京：中华书局，1977年，第2449页。

祇皆以四祖迭配，如据《宋史·礼志》记载："建隆以来，迭奉四祖崇配二坛。太平兴国以后，但以宣祖、太祖更配。真宗乃以太宗配方丘，宣祖配神州地祇。"[①]

宋代从仁宗开始，北郊礼有了逐步提升。这主要表现在皇地祇的祭坛作了进一步扩增，"皇祐初，礼官直言：'皇地祇坛四角再成，面广四丈九尺，东西四丈六尺。上成高四尺五寸，下成高五尺，方五丈三尺，陛广三尺五寸，卑陋不应典礼。请如唐制曾广之。'五年，诸坛皆改"。随后，谏官司马光又提出，皇地祇祭祀也应如南郊祭礼行事，"大行请谥于南郊，而皇地祇止于望告，失尊卑之序"[②]。神宗时期，北郊祭礼逐渐增隆。元丰元年，详定郊庙奉祀礼文。元丰三年，翰林学士张璪提出皇地祇祭礼应"盛礼容，具乐舞，遣冢宰摄事"。随后，礼官按照张璪的提议"设宫架乐、文武二舞，改制乐章"。元丰四年，下诏无故须亲祀北郊，有故则以上公摄事。哲宗时期，朝臣们对于皇地祇是否应与昊天上帝合祭一事争议不休。哲宗即位之初，因太皇太后力主合祭，哲宗即下诏"冬至合祭天地于圆丘"[③]。绍圣时期，朝臣则提出了罢除合祭、亲祀皇地祇的建议，哲宗下诏从之，"然北郊亲祀，终帝之世未克举云"[④]。

徽宗时期，北郊祭礼臻于鼎盛。这主要表现在以下几个方面：其一，政和年间，徽宗下诏新造方坛；其二，皇地祇神位大大提升，如按照南郊礼增加从享的五行之神，调整了神位的秩序等；其三，增加了北郊礼的祭祀仪程，提升了酌献的规格。其四，亲祀的频次增多，如徽宗政和四年之后的七年，"至宣和二年、五年，亲祀者凡四"[⑤]。

---

① 《宋史》卷 100，北京：中华书局，1977 年，第 2449 页。
② 《宋史》卷 100，北京：中华书局，1977 年，第 2449 页。
③ 《宋史》卷 100，北京：中华书局，1977 年，第 2452 页。
④ 《宋史》卷 100，北京：中华书局，1977 年，第 2453 页。
⑤ 《宋史》卷 100，北京：中华书局，1977 年，第 2455 页。

南宋高宗建国，南郊祭祀逐渐恢复，但由于国步艰难，各项仪程去繁就简。高宗之后渐废怠不兴。

## 二、南宋绍兴后祀皇地祇的具体仪程及仿“诗”乐的运用

相较于南郊礼与明堂礼，南宋绍兴后祭祀皇地祇礼仪大体遵循的是“省繁就减”的原则。[①]据《中兴礼书》卷九十二所载，南宋绍兴后祀皇地祇的仪程包括时日、斋戒、奏告、陈设、省牲器、奠玉币、进熟、望瘗等仪程。该卷对仪程的具体细节也做了详细的记录，并完整记载了整个仪程所用的雅乐即仿“诗”乐的乐章名，但并没有对乐章与乐曲的具体内容做记载，但《中兴礼书》卷159则对绍兴后祀皇地祇仪所用乐曲乐章十五首包括乐章与乐曲的具体内容作了详细记载。考之发现，该卷所载仿“诗”乐的乐章名与九十二卷相同，故可推知这两卷所记载的应是同一祭祀活动的内容。此外，《宋史·乐志》也记载了绍兴祀皇地祇乐章十五首，但无乐曲，其乐章名称与内容皆与《中兴礼书》159卷所载完全相同，可见二者所载也应是同一时期祭祀活动所采用的乐章。现结合《中兴礼书》卷九十二、卷一百五十九及《宋史·乐志》[②]所载，整理南宋绍兴后祀皇地祇仪所用仿“诗”乐章、乐曲及相关祭祀仪节如下：

南宋绍兴后祀皇地祇所用仿“诗”乐章[③]主要集中于奠玉币、进熟两个环节。其中奠玉币包括迎神、初献盥洗、初献升殿、初献诣皇地祇位奠玉币、初献诣太祖皇帝位奠币等仪程。具体用乐及相关仪节如下：

“迎神”，用《宁安之乐》《储灵锡庆》之舞：

---

① （清）徐松辑：《中兴礼书》卷92，《续修四库全书》，上海：上海古籍出版社，2002年。

② 《宋史》卷133，北京：中华书局，1977年，第3112—3114页。

③ 所谓仿“诗”乐是指模仿《诗经》“雅”“颂”体乐章的雅乐形式。

祭前丑前五刻（行事用丑时一刻），太社令先入视设神位版讫退。乐正帅工人舞人就位（登歌工人俟监察御史点阅讫，升殿各就位）。次太官令光禄丞帅其属宴馔具毕，光禄丞还斋所。次引光禄丞卿入诣殿下席位，北向立。赞者曰“再拜”。光禄卿再拜，升殿点视礼馔毕，次引监察御史升殿点阅陈设，纠察不如仪者（凡点视及点阅皆先诣正位）。光禄卿还斋所，余官各服祭服。次引行事、执事官各诣殿之东南揖位，立定。礼直官赞揖，次引太常卿、太常丞、协律郎先入就殿下席位，北向立。赞者曰：“再拜。”押乐太常卿以下皆再拜，各就位。次引监察御史、奉礼郎、太祝、太社、太官令入就殿下席位，北向立。次引初献兵部、工部、尚书、亚献终献各入就殿东阶之东席位，西向立。礼直官稍前，赞有司谨具请行事。协律郎跪、俯伏，举麾兴，工鼓柷，宫架作《宁安之乐》《储灵锡庆》之舞，八成，偃麾戛敔乐止（凡乐皆协律郎跪、俯伏，举麾兴，工鼓柷而后作，偃麾戛而后止）。太常瘗血讫。赞者曰：“再拜”。在位者皆再拜。

**迎神，宫架奏《宁安之乐》《储灵锡庆》之舞，八成**

| 函钟为宫二奏 | | | | | | | | | |
|---|---|---|---|---|---|---|---|---|---|
| 林 | 应 | 太 | 姑 | ， | 蕤 | 姑 | 大 | 林 | ！ |
| 至 | 哉 | 厚 | 德 | ， | 物 | 生 | 是 | 资 | ！ |
| 南 | 林 | 应 | 南 | ， | 林 | 姑 | 南 | 林 | 。 |
| 直 | 方 | 维 | 则 | ， | 翕 | 辟 | 攸 | 宜 | 。 |
| 南 | 应 | 太 | 姑 | ， | 林 | 应 | 太 | 应 | 。 |
| 于 | 昭 | 祀 | 典 | ， | 致 | 享 | 坤 | 仪 | 。 |
| 南 | 应 | 蕤 | 姑 | ， | 蕤 | 姑 | 南 | 林 | 。 |
| 礼 | 罔 | 不 | 答 | ， | 神 | 之 | 格 | 思 | 。 |

| 太簇为角二奏 | | | | | | | | | |
|---|---|---|---|---|---|---|---|---|---|
| 蕤 | 姑 | 夷 | 蕤 | ， | 大 | 蕤 | 应 | 南 | |
| 葳 | 事 | 方 | 丘 | ， | 旧 | 典 | 时 | 式 | 。 |
| 太 | 应 | 夷 | 南 | ， | 大 | 应 | 蕤 | 夷 | 。 |
| 至 | 诚 | 感 | 神 | ， | 馨 | 非 | 黍 | 稷 | 。 |
| 姑 | 太 | 蕤 | 姑 | ， | 姑 | 蕤 | 应 | 南 | 。 |
| 肸 | 蠁 | 来 | 临 | ， | 鉴 | 兹 | 明 | 德 | 。 |
| 蕤 | 夷 | 太 | 应 | ， | 应 | 大 | 夷 | 蕤 | 。 |
| 永 | 锡 | 坤 | 珍 | ， | 时 | 万 | 时 | 亿 | 。 |

| 姑洗为徵二奏 | | | | | | | | | |
|---|---|---|---|---|---|---|---|---|---|
| 应 | 大 | 夷 | 蕤 | ， | 无 | 夹 | 应 | 夷 | |
| 至 | 哉 | 坤 | 元 | ， | 乃 | 顺 | 承 | 天 | 。 |
| 大 | 夹 | 蕤 | 夷 | ， | 应 | 夷 | 大 | 应 | 。 |
| 厚 | 德 | 载 | 物 | ， | 含 | 洪 | 八 | 埏 | 。 |
| 姑 | 蕤 | 应 | 夷 | ， | 大 | 夹 | 无 | 夷 | 。 |
| 日 | 壮 | 多 | 署 | ， | 祀 | 仪 | 吉 | 蠲 | 。 |
| 大 | 应 | 蕤 | 姑 | ， | 夷 | 蕤 | 大 | 应 | 。 |
| 式 | 昭 | 母 | 事 | ， | 敢 | 告 | 恭 | 虔 | 。 |

| 南吕为羽二奏 | | | | | | | | | |
|---|---|---|---|---|---|---|---|---|---|
| 蕤 | 姑 | 应 | 南 | ， | 大 | 应 | 蕤 | 夷 | |
| 葳 | 事 | 方 | 丘 | ， | 情 | 文 | 孔 | 时 | 。 |
| 南 | 应 | 姑 | 蕤 | ， | 姑 | 蕤 | 大 | 应 | 。 |
| 明 | 山 | 大 | 泽 | ， | 侑 | 祭 | 无 | 遗 | 。 |
| 夹 | 大 | 应 | 夷 | ， | 夹 | 大 | 蕤 | 姑 | 。 |
| 牲 | 陈 | 黝 | 犊 | ， | 乐 | 备 | 咸 | 池 | 。 |
| 夷 | 蕤 | 大 | 应 | ， | 姑 | 蕤 | 夷 | 蕤 | 。 |
| 柔 | 祇 | 皆 | 出 | ， | 介 | 我 | 繁 | 禧 | 。 |

初献盥洗，用《正安之乐》；初献升殿，亦作《正安之乐》。具体仪节如下：

次引监察御史、奉礼郎、太祝、太社、太官令升殿，各就位，立定（太官令就正位酌尊所）。次引初献诣盥洗位，宫架《正安之乐》作（凡初献升降行止皆作《正安之乐》）。至洗位，北向立。搢笏，盥手，帨手，执笏，升殿，乐止。

| 初献盥洗，宫架奏太簇宫《正安之乐》（凡盥洗、还位并望瘗乐曲并同） | | | | | | | | | |
|---|---|---|---|---|---|---|---|---|---|
| 大 | 蕤 | 南 | 应 | ， | 大 | 应 | 蕤 | 夷 | |
| 于 | 穆 | 盛 | 礼 | ， | 肃 | 雝 | 在 | 庭 | 。 |
| 姑 | 大 | 蕤 | 姑 | ， | 夷 | 南 | 大 | 应 | 。 |
| 蒇 | 事 | 有 | 初 | ， | 直 | 于 | 东 | 荣 | 。 |
| 蕤 | 姑 | 太 | 姑 | ， | 大 | 太 | 大 | 应 | 。 |
| 涤 | 濯 | 是 | 谨 | ， | 惟 | 寅 | 惟 | 清 | 。 |
| 南 | 蕤 | 应 | 南 | ， | 姑 | 蕤 | 南 | 太 | 。 |
| 祇 | 荐 | 柔 | 祇 | ， | 享 | 兹 | 克 | 诚 | 。 |

| 初献升殿，登歌作应钟宫《正安之乐》（凡升殿、降殿乐曲并同） | | | | | | | | | |
|---|---|---|---|---|---|---|---|---|---|
| 应 | 夷 | 蕤 | 应 | ， | 大 | 应 | 蕤 | 夹 | |
| 景 | 风 | 应 | 时 | ， | 聿 | 严 | 毖 | 祀 | 。 |
| 夷 | 无 | 夹 | 大 | ， | 无 | 仲 | 大 | 夹 | 。 |
| 用 | 事 | 方 | 丘 | ， | 锵 | 锵 | 济 | 济 | 。 |
| 应 | 夹 | 夷 | 仲 | ， | 夷 | 大 | 仲 | 夹 | 。 |
| 登 | 降 | 有 | 节 | ， | 三 | 献 | 成 | 礼 | 。 |
| 大 | 应 | 夷 | 蕤 | ， | 应 | 夷 | 大 | 应 | 。 |
| 神 | 其 | 格 | 思 | ， | 锡 | 我 | 繁 | 祉 | 。 |

初献诣皇地祇位奠玉币，用《嘉安之乐》，具体仪节如下：

诣皇地祇神位前，北向立，乐止。登歌《嘉安之乐》作。搢笏，跪。次引奉礼郎搢笏，西向跪，执事者以玉币授奉礼郎。奉礼郎奉玉币授初献讫，执笏，兴。先诣太祖皇帝神位前，北向立。初献授玉币奠讫，执笏，俯伏，兴，再拜，乐止。

| 初献诣皇地祇位奠玉币，登歌作应钟宫《嘉安之乐》 | | | | | | | | | |
|---|---|---|---|---|---|---|---|---|---|
| 应 | 夷 | 蕤 | 夹 | ， | 夹 | 蕤 | 夷 | 蕤 | |
| 坤 | 元 | 博 | 厚 | ， | 对 | 越 | 天 | 明 | 。 |
| 夷 | 无 | 夹 | 大 | ， | 应 | 夷 | 大 | 应 | 。 |
| 展 | 事 | 方 | 泽 | ， | 亶 | 惟 | 顾 | 歌 | 。 |
| 大 | 应 | 夷 | 蕤 | ， | 夷 | 仲 | 应 | 夷 | 。 |
| 嘉 | 玉 | 量 | 币 | ， | 祇 | 荐 | 精 | 纯 | 。 |
| 夹 | 大 | 仲 | 夹 | ， | 蕤 | 夷 | 大 | 应 | 。 |
| 锡 | 我 | 繁 | 祉 | ， | 燕 | 及 | 函 | 生 | 。 |

初献诣太祖皇帝位奠币，作《定安之乐》，具体仪节如下：

次引初献诣太祖皇帝神位前，东向立（酌献诣配位准此）。奠币如上仪（唯登歌作《定安之乐》），乐止。奉礼郎复位，初献将降殿，登歌乐作，降阶，乐止。宫架乐作，复位，乐止。

| 初献诣太祖皇帝位奠币，登歌作应钟宫《定安之乐》 | | | | | | | | | |
|---|---|---|---|---|---|---|---|---|---|
| 应 | 夷 | 蕤 | 应 | ， | 大 | 应 | 蕤 | 夷 | |
| 崈 | 祀 | 泰 | 折 | ， | 柔 | 祇 | 是 | 承 | 。 |
| 夹 | 大 | 仲 | 夷 | ， | 夹 | 蕤 | 夷 | 无 | 。 |
| 于 | 赫 | 艺 | 祖 | ， | 道 | 格 | 三 | 灵 | 。 |
| 夹 | 大 | 夹 | 仲 | ， | 大 | 夷 | 大 | 应 | 。 |
| 式 | 严 | 配 | 侑 | ， | 厚 | 德 | 惟 | 宁 | 。 |
| 夷 | 蕤 | 应 | 夷 | ， | 夷 | 蕤 | 夷 | 应 | 。 |
| 昭 | 荐 | 量 | 币 | ， | 享 | 于 | 克 | 诚 | 。 |

进熟包括奉俎、初献诣皇地祇位酌献、初献诣太祖皇帝位酌献、文舞退武舞进、亚献、终献、彻笾豆、送神等仪程。具体仪节如下：

奉俎，用《丰安之乐》：

祭日，有司帅进馔者诣厨以匕升羊载于一俎（肩、臂、肋在上端，肫、胳在下端，正脊一、直脊一、横脊一、长肋一、短肋一、代脊一、皆二骨以并在中）。次升豕如羊载于一俎（正配位羊豕各一俎），设于馔幔内。俟初献既升，奠玉币讫，入陈于殿西阶下，北向上。次引兵部尚书诣殿西街下，搢笏，奉俎，升殿（兵部奉羊、工部奉豕），宫架《丰安之乐》作。诣皇地祇神位前，北向跪奠。先荐羊，次荐豕，各执笏，俯伏，兴。有司设于豆右肠胃肤之前（羊在左，豕在右），次诣太祖皇帝神位前，奉俎如常仪，乐止。俱降复位。初奠俎讫，引太祝取菹擩于醢，祭于豆间三，又取黍、稷、肺祭如初，俱借以茅，退复位。

| 奉俎，宫架奏太簇宫《丰安之乐》 | | | | | | | | | |
|---|---|---|---|---|---|---|---|---|---|
| 太 | 姑 | 夷 | 蕤 | ， | 南 | 太 | 蕤 | 姑 | |
| 丕 | 答 | 灵 | 贶 | ， | 蒇 | 事 | 方 | 丘 | 。 |
| 太 | 应 | 姑 | 蕤 | ， | 夷 | 蕤 | 太 | 应 | 。 |
| 豆 | 登 | 在 | 列 | ， | 鼎 | 俎 | 斯 | 侑 | 。 |
| 南 | 蕤 | 姑 | 太 | ， | 夷 | 蕤 | 应 | 南 | 。 |
| 牲 | 牷 | 告 | 具 | ， | 寅 | 畏 | 弥 | 周 | 。 |
| 夷 | 南 | 大 | 应 | ， | 南 | 大 | 姑 | 太 | 。 |
| 柔 | 祇 | 昭 | 格 | ， | 飏 | 至 | 云 | 流 | 。 |

初献诣皇地祇位酌献，用《光安之乐》：

次引太祝诣皇地祇神位前，东向立。次引初献再盥洗位，宫架乐作。至洗位，北向立。搢笏，盥手，帨手，执笏诣爵洗位，北向立。搢笏，洗爵，拭爵以授执事者。执笏，升殿，乐止。登歌乐作，诣正位酌尊所，西向立，乐止。登歌《光安之乐》作，执事者以爵授初献，搢笏，跪，执爵，执尊者举幂，太官令酌着尊之醴齐讫，先诣配位酌尊所，北向立。初献以爵授执事者，执笏兴，诣皇地祇神位前，北向立，搢笏跪，执事者以爵授初献，初献执爵祭酒，三祭酒于茅苴奠爵，执笏，俯伏，兴，少立，乐止。

| 初献诣皇地祇位酌献，登歌作应钟宫《光安之乐》 | | | | | | | | | |
|---|---|---|---|---|---|---|---|---|---|
| 应 | 太 | 夷 | 蕤 | ， | 大 | 应 | 夹 | 蕤 | |
| 祇 | 事 | 坤 | 元 | ， | 饬 | 躬 | 敢 | 惮 | 。 |
| 夷 | 仲 | 无 | 夷 | ， | 夹 | 蕤 | 应 | 夷 | 。 |
| 爰 | 洁 | 粢 | 盛 | ， | 载 | 严 | 圭 | 瓒 | 。 |
| 夹 | 太 | 仲 | 夹 | ， | 无 | 夷 | 大 | 夹 | 。 |
| 清 | 明 | 内 | 融 | ， | 嘉 | 旨 | 外 | 粲 | 。 |
| 夷 | 应 | 夷 | 蕤 | ， | 应 | 夷 | 大 | 应 | 。 |
| 介 | 我 | 繁 | 厘 | ， | 时 | 亿 | 时 | 万 | 。 |

初献诣太祖皇帝位酌献，用《英安之乐》：

太祝搢笏跪，读祝文，读讫，执笏，先诣太祖皇帝神位前，南向立。初献再拜，次诣太祖皇帝神位前，酌献并如上仪（唯登歌作《英安之乐》）。太常令复诣正位酌尊所，太祝复位。初献将降殿，登歌乐作，降阶，乐止。

| 初献诣太祖皇帝位酌献，登歌作应钟宫《英安之乐》 | | | | | | | | | |
|---|---|---|---|---|---|---|---|---|---|
| 应 | 夷 | 夹 | 蕤 | ， | 夷 | 蕤 | 大 | 应 | |
| 皇 | 矣 | 艺 | 祖 | ， | 九 | 围 | 是 | 式 | ！ |
| 蕤 | 夷 | 大 | 应 | ， | 大 | 夹 | 夷 | 仲 | 。 |
| 至 | 哉 | 柔 | 祇 | ， | 万 | 汇 | 允 | 殖 | 。 |
| 夹 | 大 | 应 | 夷 | ， | 夹 | 仲 | 无 | 夷 | 。 |
| 保 | 兹 | 家 | 邦 | ， | 介 | 我 | 黍 | 稷 | 。 |
| 大 | 应 | 蕤 | 夷 | ， | 夷 | 蕤 | 大 | 应 | 。 |
| 酌 | 鬯 | 告 | 虔 | ， | 作 | 配 | 无 | 极 | 。 |

文舞退、武舞进，用《正安之乐》：

文舞退、武舞进，宫架《正安之乐》作，舞者立定，乐止。

| 文舞退、武舞进，宫架奏太簇宫《正安之乐》 | | | | | | | | | |
|---|---|---|---|---|---|---|---|---|---|
| 太 | 蕤 | 姑 | 太 | ， | 夷 | 蕤 | 应 | 南 | |
| 于 | 穆 | 媪 | 神 | ， | 媲 | 德 | 彼 | 天 | 。 |
| 夷 | 蕤 | 大 | 应 | ， | 应 | 大 | 姑 | 太 | 。 |
| 我 | 修 | 毖 | 祀 | ， | 以 | 莫 | 不 | 虔 | 。 |
| 蕤 | 南 | 应 | 南 | ， | 姑 | 太 | 姑 | 蕤 | 。 |
| 肆 | 陈 | 时 | 夏 | ， | 干 | 羽 | 相 | 宜 | 。 |
| 太 | 蕤 | 应 | 夷 | ， | 姑 | 蕤 | 南 | 太 | 。 |
| 灵 | 其 | 来 | 游 | ， | 降 | 福 | 绵 | 绵 | 。 |

亚献、终献，用《文安之乐》《严恭将事之舞》：

次引亚献诣盥洗位，北向立。搢笏，盥手，帨手，执笏诣爵洗位，北向立。搢笏，洗爵，拭爵以授执事者。执笏，升殿诣正位酌尊所，西向立。宫架作《文安之乐》《严恭将事之舞》，执事者以爵授亚献。亚献搢笏跪，执爵、执尊者举幂，太官令酌壶尊之盎齐讫，先诣配位酌尊所，北向立。亚献以爵授执事者，执笏兴，诣皇地祇神位前，北向立，搢笏，跪。执事者以爵授亚献，亚献执爵祭酒，三祭于茅苴，奠爵执笏，俯伏，兴，再拜。次诣太祖皇帝神位前行礼并如亚献之仪讫，乐止，降复位。次引终献诣洗及升殿行礼并如亚献之仪，降复位。

| 亚献，宫架奏太簇宫《文安之乐》《严恭将事之舞》（终献同） | | | | | | | | | |
|---|---|---|---|---|---|---|---|---|---|
| 太 | 姑 | 应 | 南 | ， | 太 | 应 | 南 | 应 | |
| 礼 | 有 | 祈 | 报 | ， | 国 | 惟 | 典 | 常 | 。 |
| 姑 | 太 | 蕤 | 姑 | ， | 南 | 应 | 夷 | 蕤 | 。 |
| 笾 | 豆 | 丰 | 洁 | ， | 降 | 升 | 齐 | 庄 | 。 |
| 太 | 应 | 夷 | 南 | ， | 姑 | 太 | 应 | 南 | 。 |
| 备 | 物 | 致 | 志 | ， | 式 | 荐 | 累 | 觞 | 。 |
| 太 | 蕤 | 大 | 应 | ， | 南 | 应 | 姑 | 太 | 。 |
| 来 | 格 | 来 | 享 | ， | 自 | 天 | 降 | 康 | 。 |

彻笾豆，用《娱安之乐》：

次引太祝诣正配神位前，彻笾豆（笾豆各一，少移故处），登歌《娱安之乐》作，卒，彻乐止。

| 彻笾豆，登歌作应钟宫《娱安之乐》 | | | | | | | | | |
|---|---|---|---|---|---|---|---|---|---|
| 应 | 夷 | 蕤 | 应 | ， | 应 | 蕤 | 夹 | 蕤 | |
| 承 | 天 | 效 | 法 | ， | 其 | 道 | 贵 | 诚 | 。 |
| 夹 | 大 | 应 | 夷 | ， | 夷 | 无 | 大 | 应 | 。 |
| 牲 | 羞 | 黄 | 犊 | ， | 荐 | 德 | 之 | 馨 | 。 |
| 应 | 大 | 夹 | 仲 | ， | 夷 | 蕤 | 应 | 夷 | 。 |
| 芳 | 俎 | 告 | 毕 | ， | 礼 | 备 | 乐 | 盈 | 。 |
| 夹 | 大 | 夹 | 蕤 | ， | 蕤 | 夷 | 大 | 应 | 。 |
| 既 | 静 | 既 | 安 | ， | 庶 | 物 | 露 | 生 | 。 |

送神，用《宁安之乐》：

次引太社令束茅讫，俱复位。礼直官曰：“赐胙。”赞者承传曰：“赐胙，再拜。”在位者皆再拜，送神，宫架《宁安之乐》作，一成止。

| 送神，宫架奏林钟宫《宁安之乐》 | | | | | | | | | |
|---|---|---|---|---|---|---|---|---|---|
| 林 | 姑 | 林 | 应 | ， | 应 | 大 | 姑 | 林 | |
| 至 | 厚 | 至 | 深 | ， | 其 | 动 | 也 | 刚 | 。 |
| 大 | 应 | 南 | 应 | ， | 姑 | 太 | 南 | 林 | 。 |
| 精 | 诚 | 默 | 通 | ， | 或 | 出 | 其 | 藏 | 。 |
| 南 | 林 | 应 | 南 | ， | 太 | 姑 | 蕤 | 林 | 。 |
| 神 | 之 | 言 | 归 | ， | 化 | 斯 | 有 | 光 | 。 |
| 南 | 应 | 蕤 | 姑 | ， | 太 | 姑 | 南 | 林 | 。 |
| 相 | 我 | 炎 | 图 | ， | 万 | 世 | 无 | 疆 | 。 |

## 三、祀神州地祇仪中仿“诗”乐的运用及相关仪程

据《宋史·乐志》记载，南宋绍兴祀神州地祇所用仿“诗”乐章共 16 首，《中兴礼书》卷一二〇对所用乐曲乐章及相关仪程皆有详细记载，但该卷现已散佚，目前又无其他材料可资查阅，故这一祭礼的具体仪程与用乐情况已难还原。但《政和五礼新仪》对皇帝祀神州地祇祭仪有详细记载，而对比其与《宋史·乐志》所载绍兴祀神州地祇乐章，不难看到二者有着明显的继承关系。本文在此根据《政和五礼新仪》所载对政和年间祀神州地祇仪中仿“诗”乐的应用及具体仪程作一整理，并将之与《宋史·乐志》所载绍兴祀神州地祇仪中所用的乐曲乐章进行列表对比，以尝试呈现宋代祀神州地祇用乐及相关仪程的大致状貌。

据《政和五礼新仪》八十五卷记载，皇帝亲祀神州地祇仪大致分为以下几个仪程：时日、斋戒、奏告、陈设、车驾自大庆殿诣青城、省牲器、奠玉币、进熟、望瘗、车驾还内。其中仿“诗”乐的运用集中在奠玉币、进熟、望瘗、车驾环内等环节。具体仪节如下：

奠玉币包括：皇帝入中壝，降神、盥洗、升殿、神州地祇位奠玉币、太宗皇帝位奠币等步骤。其中皇帝入中依次用壝用《仪安之乐》；降神用《宁安之乐》；盥洗用《仪安之乐》；升殿用《仪安之乐》；神州地祇奠玉币用《禧安之乐》；太宗皇帝奠玉币用《化安之乐》；皇帝还版位用《仪安之乐》等。具体如下：

皇帝入中壝，用《仪安之乐》：

> 祭日丑前五刻（行事用丑时七刻），诸与祭及陪祠之官各服其服。郊社令与太史官属入设神位版。太府卿、少府监入陈玉币，

光禄卿入实笾、豆、簠、簋。太官令入实俎，良酝令入实尊，乐正帅工人二舞以次入与执尊、罍、篚、幂者各就位次，通事舍人等分引陪祠文武官及宗室客使各入就位次，礼直官、赞者分引大礼使以下行事、执事官就卯阶内壝门外，揖位立定。礼直官赞揖次监察御史，次引大礼使以下入就位，次引监察御史按视坛之上下纠察不如仪者，退复位。尚辇奉御进舆于斋殿。皇帝服通天冠，绛纱袍乘舆以出。近侍及扈从之官导从至大次门外。皇帝降舆入次，帘降，礼仪使枢密院官、太常卿东上阁门。官太常博士、礼直官分立于大次外之左右。次引礼部侍郎诣前，奏请中严，少顷，又奏外办符宝郎奉宝陈于宫架之北。礼仪使当次前，俯伏、跪，奏礼仪使臣某言，请皇帝行事，奏讫。俯伏，兴，还侍位（礼仪使奏请礼毕，准此）。帘卷，皇帝服衮被衮以出，侍卫如常仪。礼仪使以下前导至中壝门外。殿中监跪进大圭。殿中少监副之（凡殿中监进圭、受圭皆少监副之）。礼仪使奏请执大圭，前导皇帝入自正门（侍卫不应入者止于门外）。协律郎跪，俯伏，举麾兴（凡行礼执事者取物奠物皆跪，俯伏，兴）。工鼓柷宫架《仪安之乐》作（皇帝升降行止皆作《仪安之乐》）。至午阶版位，西向立，偃麾戛敔，乐止（凡行礼皆礼仪使、枢密院官、太常卿东上阁门，官太常博士、礼直官前导至位，则分引左右）。

降神，用《宁安之乐》《广生储祐之舞》八成：

礼仪使前奏有司谨具请行事，宫架作《宁安之乐》《广生储祐之舞》，八成，止。光禄瘗血。礼仪使奏请再拜。皇帝再拜。赞者曰“再拜”。在位官皆再拜。内侍取玉币于篚，立于尊所。次引太宰、吏部尚书、侍郎升诣神州地祇神位前立。

盥洗，用《仪安之乐》：

太宰、吏部尚书俱西向北上，侍郎东向。礼仪使以下前导皇帝诣盥洗位，宫架乐作。至洗位，北向立，乐止。内侍酌水以进，礼仪使奏请搢大圭，盥手，内侍跪取巾于篚，兴，以进。皇帝帨手，内侍受巾跪奠于篚。

皇帝升坛，《仪安之乐》：

礼仪使奏请执大圭，前导皇帝升坛，大礼使从（皇帝升降，大礼使皆从，左右侍卫量人数升）。宫架乐作，至坛下，乐止。升自午阶，登歌乐作，至坛上，乐止。

神州地祇位奠玉币，用《禧安之乐》：

登歌《禧安之乐》作，殿中监跪进镇圭。礼仪使奏请搢大圭，执镇圭，前导至神州地祇神位前，北向立。内侍前设缫藉于地，礼仪使前奏请奠镇圭于缫藉，执大圭，俯伏，兴。又奏请搢大圭，跪。内侍加玉于币以授吏部尚书。吏部尚书以授太宰。太宰西向跪以进。礼仪使奏请授玉币，皇帝受奠讫。吏部侍郎东向跪，受以兴，进，奠于神州地祇神位前。

太宗位奠玉币，用《化安之乐》：

太宰、吏部尚书、侍郎俱诣太宗皇帝神位前以俟。礼仪使奏请执大圭，俯伏，兴。内侍取镇圭、缫藉诣太宗皇帝神位前，先设缫藉于地。礼仪使奏请再拜，皇帝再拜讫，乐止。礼仪使前导皇帝诣太宗皇帝神位前，东向，奠币如上仪（惟登歌作《化安之乐》）。

皇帝还版位，用《仪安之乐》：

太宰以下俱复位。礼仪使前导皇帝还版位。登歌乐作。内侍举镇圭、缫藉。以镇圭授殿中监以还有司。皇帝降阶，乐止。宫架乐作，至版位，西向立，乐止。祝史奉毛血盘立于壝门外，由其阶升，太祝迎于坛上俱进，奠于神位前。祝史、太祝退立于尊所。

进熟包括：奉俎、神州地祇位酌献、太宗皇帝位酌献、还版位、还小次、文舞退武舞进、饮福、彻豆、送神等环节。其中奉俎用《丰安之乐》；神州地祇位酌献用《充安之乐》；太宗皇帝位酌献用《韶安之乐》；还版位用《仪安之乐》；还小次用《仪安之乐》；文舞退武舞进用《仪安之乐》；亚献、终献，用《隆安之乐》《厚载凝福之舞》；饮福用《禧安之乐》；彻豆用《成安之乐》；送神用《宁安之乐》。具体仪节与用乐如下：

奉俎，用《丰安之乐》：

祭日，有司陈鼎二于神厨，各在镬右，太官令帅进馔者诣厨，以匕升牛于镬，实于二鼎（肩、臂、臑、肫、胳，正脊一、直脊一、横脊一、长肋一、短肋一、代肋一、皆二骨以并正配位各一鼎），皆设扃幂。祝史对举陈于馔幔内重行，西向以南为上。光禄实笾、豆、簠、簋于馔幔内（笾实以粉糍，豆食以糁食，簠实以粱，簋实以稷）。次引礼部侍郎诣馔所，视腥熟之节，俟皇帝升殿奠玉币讫，还位，乐止。引礼部尚书诣馔所执笾、豆、簠、簋以入，户部尚书诣馔所奉俎以入。太官令引入门，宫架《丰安之乐》作，设于卯阶下，北向西上。奉牲者在南，祝史抽扃委于鼎右，除幂，初鼎序入，有司执匕及俎以从，至卯阶下，各设于鼎西，匕加于鼎，太官令以匕升牛，载于一俎（肩、臂、肝在上端，肫、胳在下端，脊、肋在中，正配位各一俎）。鼎先退，次祝史进，彻毛血盘以次出。次引礼部尚书搢笏，执笾、豆、簠、簋。户部尚书搢笏、奉俎以升。执事者各迎于坛上。礼部尚书奉笾、豆、簠、簋诣神州地祇位前，北向跪奠，启盖于下，执笏，俯伏，兴。有司设笾于糗饵前，豆于醓醢前，簠于稻前，簋于黍前。

神州地祇位酌献，用《充安之乐》：

次引户部尚书奉俎诣神州地祇神位前，北向跪奠讫，执笏，俯伏，兴。有司设于豆前。次诣太宗皇帝神位前，东向跪奠并如上仪。乐止。俱降复位，太祝取菹擩于醢，祭于豆间三，又取黍、稷、肺祭如初，皆借以茅，各还尊所。次引太宰左丞诣神州地祇神位前，西向立，以北为上。次引吏部侍郎诣爵洗位，东向立。礼仪使前导皇帝诣盥洗位，宫架乐作，至洗位，西向立，乐止。内侍酌水以进。礼仪使奏请搢大圭，盥手，内侍跪，取巾于篚，兴，以进。皇帝帨手，内侍受巾，跪奠于篚。礼仪使奏请执大圭。前导皇帝诣爵洗位，宫架乐作，至洗位，北向立，乐止。吏部侍郎跪取爵于篚，兴以进。礼仪使奏请搢大圭，受爵。内侍酌水以进。礼仪使奏请洗爵，内侍跪取巾于篚，兴以进。皇帝拭爵，内侍受巾，跪奠于篚。吏部侍郎受爵，升自午阶。礼仪使奏请执大圭。前导皇帝升坛，宫架乐作。至午阶，乐止。升自午阶。登歌乐作。至坛上，乐止，登歌《充安之乐》作。礼部侍郎奉爵诣正位酌尊所，西向立。酌尊者举幂，良醖令酌太尊之泛齐讫，先诣配位酌尊所，北向立。礼仪使前导皇帝诣神州地祇神位前，北向立。礼仪使奏请搢大圭，跪。吏部侍郎以爵授左丞。左丞授太宰。太宰西向跪以进。礼仪使奏请执爵祭酒（三祭于茅苴），奠爵执大圭，俯伏，兴。又奏请皇帝少立，乐止。

太宗皇帝位酌献，用《韶安之乐》：

太宰左丞俱诣太宗皇帝神位前，北向立，以俟。举册官举祝册进于神州地祇神位之后。读册官搢笏东向跪读册文，读讫，执笏兴。先诣太宗皇帝神位前，南向立。礼仪使奏请再拜。皇帝再拜。有司奠册于神州地祇神位前。礼仪使前导皇帝诣太宗皇帝神位前酌献并如上仪（惟登歌作《韶安之乐》）。

还版位，用《仪安之乐》：

太宰以下俱复位。礼仪使前导皇帝还版位。登歌乐作，降阶，乐止。宫架乐作，至版位，西向立，乐止。

还小次，用《仪安之乐》：

礼仪使奏请还小次。宫架乐作。将至小次。礼仪使奏请释大圭，殿中监跪受大圭，皇帝入小次，帘降，乐止。

文舞退、武舞进，用《仪安之乐》：

文舞退、武舞进，宫架《仪安之乐》作。舞者立定，乐止。

亚献、终献，用《隆安之乐》《厚载凝福之舞》：

初，皇帝将诣小次。礼直官太常博士引亚献诣盥洗位，北向立，搢笏，盥手，帨手。执笏诣爵洗位，北向立，搢笏，洗爵，拭爵以授执事者。执笏升诣正位酌尊所，西向立，宫架作《隆安之乐》《厚载凝福之舞》，执事者以爵授亚献。亚献搢笏，执爵。执尊者举幂，太官令酌山尊之醴齐讫。先诣配位酌尊所，北向立。亚献以爵授执事。执事者执笏诣神州地祇神位前，北向，搢笏，跪。执事者以爵授亚献。亚献执爵祭酒（三祭于茅），奠爵，执笏，俯伏，兴，少退，北向再拜。次诣太宗皇帝神位前酌献并如上仪，乐止，降复位。初亚献行礼将毕。次礼直官太常博士引终献诣洗（位）及升坛酌献并如亚献之仪，降复位。

饮福，用《禧安之乐》：

初，皇帝既奠玉币，光禄以左臂一骨及长胁、短胁俱二骨以并载于胙俎设于饮福位之西，俟终献既升献，赞者引户部尚书搏黍，太祝、太官令诣饮福位，东向立，奉俎，豆爵酒者各位其后，礼仪使奏请执大圭，前导皇帝诣饮福位，将至，乐止。宫架《禧安之乐》作，皇帝至饮福位，北向立，尚酝典御执事升诣酌尊所，良酝令酌上尊福饮，合置一尊，奠御奉尊，降至饮福位，以授殿中监，尚酝奉御执爵，殿中少监酌之奉御以爵酒授殿中监，西向捧以立，礼仪使奏请再拜，皇帝再拜。殿中监跪以爵酒进，礼仪使奏请搢大圭，跪受爵祭酒（三祭于地）啐酒奠爵，殿中监跪受爵以兴，诸太祝帅执事者，持胙俎进减神位前，正脊二骨、横脊二骨加于俎上。内侍受俎以授户部尚书，户部尚书西向跪以进。皇帝受俎奠之，户部尚书受俎以兴，复位，太官令取黍于簠抟以授太祝，太祝受以豆，东向跪以进，皇帝授讫，奠之。太祝受豆以兴，复位次，殿中监再跪以爵酒进，礼仪使奏请受爵饮福酒，奠爵，殿中监受虚爵以兴，以授典御，奉御，北向立。执事者俱复位，礼仪使奏请执大圭，俯伏兴，又奏请再拜，皇帝再拜，乐止。礼仪使前导皇帝还版位。宫架乐作，至版位，西向立，乐止。

彻豆，用《成安之乐》：

次引礼部尚书升坛，彻笾、豆。户部尚书升坛，彻俎（笾、豆、俎各一俱少移故处），登歌《成安之乐》作。彻乐止。

送神，用《宁安之乐》：

礼部、户部尚书降复位。礼直官曰："赐胙。"行事陪祠官拜。赞者承传曰："赐胙，再拜。"在位官皆再拜，送神。宫架《宁安之乐》作，一成止。

望瘗，用《仪安之乐》：

《宁安之乐》毕。礼仪使奏请诣望瘗位。前导皇帝诣望瘗位。宫架乐作。至位，北向立，乐止。初，赐胙，再拜讫。郊社令以黍、稷、肺祭，借以白茅束之。吏部侍郎帅太祝执筐进诣神位前取玉币、祝册，借以茅，以俎载牲体，黍、稷、饭、爵酒各由其阶降坛，东行诣瘗，以玉币、祝册、馔物置于坎。礼直官曰："可瘗。"举爟火寘土平坎。礼仪使奏礼毕。前导皇帝还大次，宫架乐作。至中壝门外，礼仪使奏请释大圭。殿中监跪受大圭以还。有司侍卫如常仪。皇帝至大次，乐止。礼部郎中奏解严，引大礼使以下诣卯阶东内壝门外，揖位立。礼直官赞礼毕，揖讫，退。通事舍人引陪祠文武官及宗室客使以次出，将士不得辄离部位（行宫斋殿受贺如夏祭大礼明烟殿受贺仪）。

车驾还内，用《采茨之乐》：

前期殿中监率其属尚舍设御幄于大庆殿门之东南向，大晟设宫架于宣德门外稍南。其日，礼毕，所司转仗卫卤簿于还途，如来仪。文武百官、宗室、客使先诣宣德门外就次以俟，立班奉迎。乘黄令进金辂于行宫殿门外，南向，千牛将军一员执长刀立于辂

> 右。尚辇奉御进舆于斋殿，导驾官俱诣斋殿门外奉迎。礼部侍郎奏请中严，少顷，又奏外办。帘卷，皇帝服通天冠、绛纱袍乘舆以出，应导驾官等并迎驾，奏圣躬万福（内祇应官赞谢皆再拜）。太仆卿出诣金辂所，摄衣而升正立执辔。皇帝乘舆降自西阶，至金辂所，左辅奏请皇帝降舆升辂。太仆卿立授绥，千牛将军御驾，如来仪。门下侍郎奏请车驾进发（有司并具大辇。若乘辇，即云“降舆乘辇”）。车驾动，称警跸，侍卫如仪。至侍臣上马所，门上侍郎奏请车驾少驻，敕侍臣上马。侍臣上马。左辅前承旨，退，称曰：“制可。”门下侍郎传制，称侍臣上马，赞者承传敕侍臣上马。门下侍郎奏请车驾进发，车驾动，称警跸，鼓吹及诸军乐振作。车驾将至行宣德门外，文武百官、宗室、客使并立班再拜奉迎，退，次大内留守见，再拜讫，退。车驾至宣德门外少驻，文武侍臣皆下马步道，千牛将军降立于辂右。车驾动，千牛将军夹辂而趋，大乐正令奏《采茨之乐》，入门，乐止。车驾至幄前，左辅奏请降辂乘舆（若乘辇，即奏云“降辇”），皇帝降辂乘舆以入。礼部郎中奏解严，通事舍人承旨敕群官各还次，将士各还其所（若大赦并如夏祭大礼宣德门肆赦之仪）。

以上为《政和五礼新仪》卷八十五[①]所载“皇帝亲祀神州地祇仪”的用乐与相关仪程。现将《政和五礼新仪》记载的仿“诗”乐名称与《宋史·乐志》[②]记载的“绍兴祀神州地祇”乐章相比，可以看到二者之间的传承关系。

---

① 《政和五礼新仪》卷85，《文渊阁四库全书》，台北：台湾商务印书馆，1986年。
② 《宋史》卷133，北京：中华书局，1977年，第3115—3118页。

| 《政和五礼新仪》 | 绍兴祀神州地祇 |
|---|---|
| 皇帝入中壝，《仪安之乐》 | — |
| 迎神，《宁安之乐》《广生储祐之舞》八成 | 迎神，《宁安之乐》 |
| 盥洗，《仪安之乐》 | 盥洗，《正安之乐》 |
| 升殿，《仪安之乐》 | 升殿，《正安之乐》 |
| 神州地祇位奠玉币，《禧安之乐》 | 神州地祇奠玉币，《嘉安之乐》 |
| 太宗皇帝位奠玉币，《化安之乐》 | 太宗位奠币，《嘉安之乐》 |
| 奉俎，《丰安之乐》 | 奉俎，《丰安之乐》 |
| 神州地祇位酌献，《充安之乐》 | 神州地祇位酌献，《嘉安之乐》 |
| 太宗位酌献，《化安之乐》 | 太宗位酌献，《化安之乐》 |
| 文舞退、武舞进，《仪安之乐》 | 文舞退、武舞进，《文安之乐》 |
| 亚献、终献，《隆安之乐》 | 亚献、终献，《文安之乐》 |
| 饮福，《禧安之乐》 | — |
| 彻豆，《成安之乐》 | 彻豆，《成安之乐》 |
| 送神，《宁安之乐》 | 送神，《宁安之乐》 |
| 望瘗，《仪安之乐》 | 望瘗，《正安之乐》 |
| 车驾还内，《采茨之乐》 | — |

通过对比可以看到，绍兴时期的祀神州地祇的仪程基本上是对徽宗政和时期的全面继承，但所用仿“诗”乐有较大不同。又《中兴礼书》卷一百五十九对南宋绍兴祀神州地祇仪所用乐曲乐章都作了详细记载，其乐章名与《宋史·乐志》所载完全相同。可见，二者所记录的应是同一时期的祭祀活动。现根据《中兴礼书》一百五十九卷整理绍兴祀神州地祇乐曲乐章如下：

## 迎神，宫架奏《宁安之乐》《广生储佑》之舞，八成

| 函钟为宫二奏 | | | | | | | | | |
|---|---|---|---|---|---|---|---|---|---|
| 林 | 无 | 太 | 姑 | ， | 蕤 | 姑 | 南 | 林 | |
| 芒 | 芒 | 下 | 土 | ， | 恢 | 恢 | 方 | 仪 | 。 |
| 南 | 林 | 应 | 南 | ， | 太 | 姑 | 南 | 林 | 。 |
| 富 | 媪 | 统 | 摄 | ， | 潜 | 运 | 八 | 维 | 。 |
| 林 | 应 | 大 | 应 | ， | 太 | 姑 | 太 | 林 | 。 |
| 爰 | 称 | 元 | 祀 | ， | 告 | 备 | 告 | 时 | 。 |
| 蕤 | 姑 | 大 | 应 | ， | 姑 | 应 | 南 | 林 | 。 |
| 揭 | 兹 | 虔 | 恭 | ， | 偃 | 其 | 格 | 思 | 。 |

| 太簇为角二奏 | | | | | | | | | |
|---|---|---|---|---|---|---|---|---|---|
| 蕤 | 姑 | 夷 | 蕤 | ， | 太 | 姑 | 应 | 南 | |
| 洪 | 惟 | 坤 | 元 | ， | 道 | 著 | 品 | 物 | 。 |
| 太 | 蕤 | 应 | 夷 | ， | 姑 | 蕤 | 夷 | 应 | 。 |
| 上 | 配 | 紫 | 旻 | ， | 厚 | 载 | 其 | 德 | 。 |
| 姑 | 太 | 姑 | 蕤 | ， | 姑 | 蕤 | 应 | 南 | 。 |
| 良 | 月 | 肇 | 蒇 | ， | 祭 | 器 | 布 | 列 | 。 |
| 蕤 | 南 | 太 | 应 | ， | 应 | 太 | 夷 | 蕤 | 。 |
| 必 | 先 | 皇 | 祇 | ， | 以 | 迓 | 景 | 福 | 。 |

| 姑洗为徵二奏 | | | | | | | | | |
|---|---|---|---|---|---|---|---|---|---|
| 应 | 太 | 夷 | 蕤 | ， | 应 | 夹 | 无 | 夷 | |
| 坱 | 圠 | 无 | 垠 | ， | 磅 | 礴 | 罔 | 测 | 。 |
| 大 | 应 | 蕤 | 夷 | ， | 姑 | 蕤 | 夷 | 应 | 。 |
| 山 | 盈 | 川 | 冲 | ， | 自 | 生 | 自 | 殖 | 。 |
| 应 | 夷 | 大 | 应 | ， | 大 | 夹 | 无 | 夷 | 。 |
| 其 | 报 | 维 | 何 | ？ | 率 | 礼 | 靡 | 忒 | 。 |
| 大 | 应 | 蕤 | 姑 | ， | 夷 | 蕤 | 大 | 应 | 。 |
| 亿 | 万 | 斯 | 年 | ， | 功 | 被 | 无 | 极 | 。 |

| 南吕位羽二奏 | | | | | | | | | |
|---|---|---|---|---|---|---|---|---|---|
| 蕤 | 姑 | 应 | 南 | ， | 大 | 应 | 夷 | 蕤 | |
| 翕 | 辟 | 以 | 时 | ， | 叶 | 气 | 陶 | 蒸 | 。 |
| 夷 | 应 | 姑 | 蕤 | ， | 姑 | 蕤 | 大 | 应 | 。 |
| 播 | 之 | 金 | 石 | ， | 锵 | 厥 | 和 | 声 | 。 |
| 夹 | 大 | 应 | 夷 | ， | 夷 | 蕤 | 大 | 应 | 。 |
| 冥 | 冥 | 呦 | 呦 | ， | 孔 | 享 | 纯 | 诚 | 。 |
| 夹 | 大 | 蕤 | 姑 | ， | 姑 | 蕤 | 夷 | 蕤 | 。 |
| 是 | 听 | 是 | 娭 | ， | 邦 | 基 | 永 | 宁 | 。 |

| 初献盥洗，宫架奏太簇宫《正安之乐》（凡盥洗、还位乐曲并同） | | | | | | | | | |
|---|---|---|---|---|---|---|---|---|---|
| 太 | 蕤 | 南 | 应 | ， | 大 | 应 | 蕤 | 夷 | |
| 晨 | 炀 | 致 | 烟 | ， | 涬 | 然 | 四 | 施 | 。 |
| 姑 | 太 | 蕤 | 姑 | ， | 夷 | 南 | 大 | 应 | 。 |
| 飘 | 飘 | 风 | 马 | ， | 放 | 佛 | 来 | 斯 | 。 |
| 太 | 姑 | 蕤 | 姑 | ， | 大 | 太 | 南 | 应 | 。 |
| 祀 | 事 | 惟 | 清 | ， | 沃 | 之 | 盥 | 之 | 。 |
| 姑 | 南 | 蕤 | 夷 | ， | 南 | 夷 | 姑 | 大 | 。 |
| 载 | 涓 | 载 | 肃 | ， | 罔 | 有 | 愧 | 辞 | 。 |

| 初献升殿，登歌作应钟宫《正安之乐》（凡升殿、降殿乐曲并同） | | | | | | | | | |
|---|---|---|---|---|---|---|---|---|---|
| 应 | 夷 | 蕤 | 夹 | ， | 夹 | 蕤 | 应 | 夷 | |
| 崇 | 崇 | 其 | 坛 | ， | 屹 | 矣 | 层 | 级 | 。 |
| 仲 | 无 | 大 | 应 | ， | 蕤 | 夷 | 大 | 应 | 。 |
| 佩 | 约 | 步 | 趋 | ， | 降 | 登 | 中 | 节 | 。 |
| 夹 | 大 | 夹 | 蕤 | ， | 无 | 夷 | 大 | 应 | 。 |
| 左 | 瞻 | 右 | 睨 | ， | 祥 | 风 | 蔼 | 集 | 。 |
| 夷 | 大 | □ | 仲 | ， | 夷 | 蕤 | 大 | 应 | 。 |
| 斿 | 旆 | 羽 | 纷 | ， | 昭 | 鉴 | 翊 | 翊 | 。 |

| 初献诣神州地祇位奠玉币，登歌作应钟宫《嘉安之乐》 | | | | | | | | | |
|---|---|---|---|---|---|---|---|---|---|
| 应 | 夷 | 蕤 | 夹 | ， | 夹 | 蕤 | 大 | 应 | |
| 璿 | 玑 | 谐 | 序 | ， | 藉 | 敛 | 荐 | 嘉 | 。 |
| 夹 | 大 | 应 | 夷 | ， | 夹 | 大 | 夹 | 蕤 | 。 |
| 昭 | 答 | 柔 | 祇 | ， | 迭 | 奏 | 雅 | 歌 | 。 |
| 大 | 蕤 | 无 | 夷 | ， | 应 | 夷 | 夹 | 仲 | 。 |
| 币 | 琮 | 以 | 侑 | ， | 仪 | 腆 | 气 | 和 | 。 |
| 大 | 应 | 夷 | 蕤 | ， | 夷 | 蕤 | 大 | 应 | 。 |
| 灵 | 其 | 博 | 临 | ， | 容 | 与 | 宴 | 如 | 。 |

| 初献诣太宗皇帝位奠玉币，登歌作应钟宫《化安之乐》 | | | | | | | | | |
|---|---|---|---|---|---|---|---|---|---|
| 应 | 夷 | 蕤 | 夷 | ， | 夹 | 蕤 | 大 | 应 | |
| 穆 | 穆 | 令 | 闻 | ， | 博 | 博 | 有 | 容 | 。 |
| 夹 | 大 | 夹 | 蕤 | ， | 无 | 夷 | 大 | 应 | 。 |
| 泽 | 被 | 万 | 宇 | ， | 靡 | 不 | 率 | 从 | 。 |
| 夹 | 大 | 仲 | 夹 | ， | 夷 | 蕤 | 应 | 夷 | 。 |
| 恭 | 陈 | 量 | 币 | ， | 明 | 荐 | 其 | 钟 | 。 |
| 无 | 夷 | 夹 | 仲 | ， | 夷 | 蕤 | 大 | 应 | 。 |
| 礼 | 亦 | 宜 | 之 | ， | 享 | 德 | 攸 | 同 | 。 |

| 奉俎，宫架奏太簇宫《丰安之乐》 | | | | | | | | | |
|---|---|---|---|---|---|---|---|---|---|
| 太 | 蕤 | 姑 | 太 | ， | 南 | 蕤 | 应 | 南 | |
| 肃 | 肃 | 嘉 | 承 | ， | 唯 | 德 | 其 | 物 | 。 |
| 姑 | 蕤 | 应 | 南 | ， | 姑 | 蕤 | 南 | 应 | 。 |
| 工 | 祝 | 以 | 告 | ， | 繄 | 民 | 之 | 力 | 。 |
| 大 | 应 | 蕤 | 姑 | ， | 姑 | 蕤 | 应 | 南 | 。 |
| 神 | 哉 | 广 | 生 | ， | 孔 | 蕃 | 且 | 硕 | 。 |
| 大 | 蕤 | 大 | 南 | ， | 姑 | 蕤 | 南 | 太 | 。 |
| 奠 | 于 | 嘉 | 坛 | ， | 吐 | 之 | 则 | 弗 | 。 |

| 初献诣神州地祇位酌献，登歌作应钟宫《嘉安之乐》 | | | | | | | | | |
|---|---|---|---|---|---|---|---|---|---|
| 应 | 夷 | 大 | 应 | ， | 夷 | 蕤 | 大 | 应 | |
| 恭 | 承 | 明 | 祀 | ， | 嘉 | 荐 | 令 | 芳 | 。 |
| 夹 | 大 | 应 | 夷 | ， | 夹 | 蕤 | 大 | 应 | 。 |
| 亦 | 有 | 桂 | 酒 | ， | 诚 | 壸 | 是 | 将 | 。 |
| 仲 | 夹 | 无 | 夷 | ， | 夹 | 仲 | 大 | 应 | 。 |
| 瑟 | 瓒 | 以 | 酌 | ， | 效 | 欢 | 厥 | 觞 | 。 |
| 蕤 | 夷 | 夹 | 蕤 | ， | 夷 | 蕤 | 大 | 应 | 。 |
| 庶 | 乎 | 燕 | 享 | ， | 永 | 怀 | 不 | 忘 | 。 |

| 初献诣太宗皇帝位酌献，登歌作应钟宫《化安之乐》 | | | | | | | | | |
|---|---|---|---|---|---|---|---|---|---|
| 应 | 蕤 | 大 | 应 | ， | 夹 | 蕤 | 大 | 应 | |
| 宗 | 德 | 含 | 洪 | ， | 方 | 祇 | 可 | 凝 | 。 |
| 夹 | 大 | 仲 | 夹 | ， | 大 | 应 | 夷 | 蕤 | 。 |
| 辟 | 土 | 开 | 疆 | ， | 八 | 埏 | 同 | 轨 | 。 |
| 夹 | 仲 | 无 | 夷 | ， | 夹 | 大 | 无 | 夷 | 。 |
| 是 | 用 | 作 | 配 | ， | 有 | 永 | 无 | 纪 | 。 |
| 夹 | 仲 | 应 | 夷 | ， | 蕤 | 夷 | 大 | 应 | 。 |
| 祼 | 献 | 以 | 享 | ， | 茂 | 格 | 蕃 | 祉 | 。 |

| 文舞退、武舞进，宫架奏太簇宫《文安之乐》 | | | | | | | | | |
|---|---|---|---|---|---|---|---|---|---|
| 太 | 蕤 | 姑 | 太 | ， | 大 | 应 | 南 | 应 | |
| 奕 | 奕 | 缀 | 兆 | ， | 咸 | 池 | 孔 | 彰 | 。 |
| 姑 | 太 | 姑 | 蕤 | ， | 蕤 | 夷 | 大 | 应 | 。 |
| 丕 | 辟 | 文 | 德 | ， | 靡 | 忘 | 发 | 扬 | 。 |
| 姑 | 太 | 应 | 南 | ， | 夷 | 蕤 | 南 | 应 | 。 |
| 进 | 退 | 有 | 节 | ， | 乃 | 容 | 之 | 常 | 。 |
| 大 | 蕤 | 应 | 南 | ， | 南 | 蕤 | 姑 | 太 | 。 |
| 乐 | 备 | 尔 | 奏 | ， | 煜 | 煜 | 荣 | 光 | 。 |

| 亚献，宫架奏太簇宫《文安之乐》《厚载凝福之舞》 | | | | | | | | | |
|---|---|---|---|---|---|---|---|---|---|
| 太 | 蕤 | 应 | 南 | ， | 姑 | 蕤 | 大 | 应 | |
| 缩 | 酌 | 以 | 祼 | ， | 既 | 旨 | 且 | 多 | 。 |
| 姑 | 太 | 蕤 | 姑 | ， | 大 | 应 | 姑 | 太 | 。 |
| 三 | 献 | 有 | 序 | ， | 情 | 文 | 愈 | 加 | 。 |
| 夷 | 蕤 | 应 | 南 | ， | 南 | 蕤 | 太 | 应 | 。 |
| 黄 | 祇 | 临 | 享 | ， | 锡 | 以 | 休 | 和 | 。 |
| 夹 | 蕤 | 应 | 南 | ， | 姑 | 蕤 | 南 | 太 | 。 |
| 廓 | 兹 | 灵 | 寝 | ， | 覃 | 及 | 迩 | 遐 | 。 |

| 彻笾豆，登歌作应钟宫《成安之曲》 | | | | | | | | | |
|---|---|---|---|---|---|---|---|---|---|
| 应 | 夷 | 蕤 | 应 | ， | 大 | 应 | 蕤 | 夹 | |
| 展 | 牲 | 告 | 全 | ， | 乃 | 登 | 于 | 俎 | 。 |
| 夷 | 无 | 夹 | 大 | ， | 应 | 大 | 夷 | 蕤 | 。 |
| 踆 | 事 | 而 | 彻 | ， | 宥 | 以 | 乐 | 语 | 。 |
| 大 | 夹 | 蕤 | 夷 | ， | 大 | 无 | 夷 | 仲 | 。 |
| 奉 | 厘 | 宣 | 室 | ， | 胙 | 我 | 神 | 主 | 。 |
| 仲 | 夹 | 夷 | 应 | ， | 夷 | 蕤 | 大 | 应 | 。 |
| 敛 | 敷 | 庶 | 民 | ， | 并 | 受 | 其 | 祐 | 。 |

| 送神，宫架奏林钟宫《宁安之乐》 | | | | | | | | | |
|---|---|---|---|---|---|---|---|---|---|
| 林 | 太 | 蕤 | 姑 | ， | 太 | 应 | 太 | 姑 | |
| 云 | 驭 | 洋 | 洋 | ， | 既 | 歆 | 既 | 顾 | 。 |
| 大 | 应 | 南 | 应 | ， | 蕤 | 姑 | 南 | 林 | 。 |
| 悠 | 然 | 聿 | 归 | ， | 曷 | 求 | 厥 | 路 | 。 |
| 林 | 应 | 太 | 姑 | ， | 姑 | 太 | 南 | 林 | 。 |
| 钦 | 想 | 颂 | 堂 | ， | 跋 | 立 | 以 | 慕 | 。 |
| 林 | 南 | 大 | 应 | ， | 姑 | 应 | 南 | 林 | 。 |
| 赍 | 我 | 肸 | 蠁 | ， | 莫 | 不 | 怿 | 豫 | 。 |

| 望瘗，宫架奏太簇宫《正安之乐》 | | | | | | | | | |
|---|---|---|---|---|---|---|---|---|---|
| 太 | 蕤 | 姑 | 太 | ， | 南 | 蕤 | 应 | 南 | |
| 神 | 罔 | 怨 | 恫 | ， | 亶 | 其 | 有 | 喜 | 。 |
| 蕤 | 应 | 南 | 应 | ， | 夷 | 南 | 夷 | 蕤 | 。 |
| 蒇 | 事 | 告 | 成 | ， | 爰 | 修 | 瘗 | 礼 | 。 |
| 蕤 | 姑 | 太 | 姑 | ， | 大 | 太 | 大 | 应 | 。 |
| 乐 | 阙 | 仪 | 备 | ， | 休 | 气 | 四 | 起 | 。 |
| 蕤 | 姑 | 应 | 南 | ， | 蕤 | 姑 | 南 | 太 | 。 |
| 尚 | 谨 | 不 | 愆 | ， | 念 | 终 | 如 | 始 | 。 |

可以看到，由于文献散佚，宋代祀神州地祇仪的仪式场景已很难复原，但依据《政和五礼新仪》《宋史》《中兴礼书》所载，我们仍能大致勾勒出南宋绍兴后祀神州地祇中仿“诗”乐的运用及相关仪程的基本情况。

# 值得重视的清末澳门金融危机

赵利峰*

**摘　要**：在清末的最后几年里，以卢九为首的澳门赌商承充广东博彩业遭遇挫败，澳门经济大受牵累，每况愈下，大批银号相继倒闭，以致酿成近现代澳门历史上最为严重的一次金融危机。遭受重创的澳门华商实力大减，一向被视为鼎中禁脔的澳门烟赌业承充专营权，渐被外来者所攫取，澳门社会发生巨变，一代新人换了旧人。

**关键词**：清末；澳门；华商；烟赌业；金融危机

晚清时期的澳门经济有两大特色：一为烟赌业，一为承充专营制度。烟赌业是澳门的经济命脉，支撑澳葡政府财政的最主要饷源；承充专营制度是澳葡政府实施的征税方式，其朘削苛敛无所不至，"除烟、赌、酒、花饷而外，凡于民生所必需之物，几于无物不抽，无物不承充，使为商者余利固难觅蝇头"[①]。在这种经济环境之中，形格势禁的澳门华商若想要发财致富，既逃不脱承充专营制度的束缚，也避不开烟赌生意的影响范围。

一般而言，烟赌承充专营生意通常需要缴纳数十百万元的饷银。资本如此之巨，负担如此之重，并且前途难以逆料，以华商一己之力，显然独木难支，不免有鼎折覆𫓧之忧。职是之故，在澳门经济中又衍

* 作者简介：赵利峰，暨南大学中国文化史籍研究所副教授，研究方向为晚清史、港澳史、历史文献学。

① 《论澳门商务》，《香港华字日报》1909年4月30日，第四版。

生出两个互相关联的现象：一是烟赌承充生意皆以股份合伙经营为主，华商之间形成了盘根错节的利益关系，休戚与共。一是澳门“无物不承充”，而承充例需巨资，促成了澳门金融业的蓬勃发展。澳门的富商巨贾大多自家设有银号，或入股参与经营银号，以便借贷融资承充经营烟赌生意。由于澳门的金融业与烟赌承充专营生意联系异常紧密，设使承充烟赌的华商时运不济，发生意外失败的情况，常常会引发连锁反应，进而导致金融出现恐慌或危机，对澳门经济和社会的影响是深远的和全局性的。

在清末的最后几年里，以卢九为首的澳门赌商承充广东博彩业遭遇挫败，澳门经济大受牵累，以致酿成近现代澳门历史上最为严重的一次金融危机，就是上述内容的一个鲜明例证。其时正值中葡两国处于末世的风雨飘摇之际，纷纷扰扰的政治斗争问题成为澳门史研究者关注的焦点，此次金融危机反而没有得到充分重视，故而甚有必要表而出之，以就正于大方之家。

## 一、序幕的揭开：澳门赌商广东承赌铩羽而归

晚清广东赌风甲天下，盗风亦甲天下。戊戌政变后，清政府委派投闲置散的李鸿章来粤坐镇，意在防范南方的康梁维新派和孙文革命党勾结盗匪捣乱生事。没承想，北方的义和团运动爆发了，举国嚣嚣，不可终日，受此影响，广东局面一时险象环生。为筹集戡乱镇压盗匪的“缉捕经费”，粤督李鸿章借口粤人嗜赌，官禁不敌其私开，不如化私为公，借裨饷项，于是大开赌禁，先后弛禁了番摊、彩票和小闱姓诸种赌博。适时以卢九（又名卢华富）为首的澳门赌商，发挥其长袖善舞之手段，先后获得广东的闱姓（宏丰公司）、彩票（中和公司）和小闱姓（宏远公司）承充专营权。在澳门本地，卢九获得了继续承

充澳门番摊的六年权利；同时，又通过宏丰公司将澳门闱姓纳入囊中，澳门彩票的承充权则是由他和卢光裕、柯六取得。粤澳两地博彩业至此连为一体，卢九成为名副其实的一代赌王，达至其人生巅峰。[①]

天道循环，盛极必衰。卢九打造的赌业王国，风光一时，其实已危机四伏。光绪二十九年，因科举行将废除，闱姓已成明日黄花，奄奄一息。为弥补闱姓赌饷的损失，广东善后局弛禁了与之类似的基铺山票，卢九等人通过筹设的宏丰公司得以承办。不料，力有不逮，竟被裕源公司周永福加饷搀夺。[②] 承充基铺山票失利，看起来像是一次伤筋动骨的挫折，而紧接着广东禁止小闱姓赌博，则是致命的打击。

小闱姓是卢九等人在广东经营唯一比较成功的赌博，因而屡屡为觊觎者加饷搀夺。当时的报道说："白鸽票自改名小闱姓，由商人卢华富认饷承开后，官绅士庶，均生觊觎，生讼闹事，由之而增。"[③] 幸好有李鸿章帮着主持公道，才不致中途翻覆。[④] 然而，小闱姓社会危害巨大，舆论反对非常激烈。《申报》报道说，"自小闱姓票盛行，溺其中者无计弥缝，遂致多行不轨之事。居民深受其累，几至寝馈难安"。[⑤] 1903年5月，到京参加会试的广东举人与阖省京外各官联名呈请都察院代奏，以广东捐项频苛，乱民四起，请旨饬下新任两广督臣，分别减免，以固人心而杜乱源。奏折内称，"赌为盗媒，无赖暴民弄兵潢池，已岌岌不可终日，而又困以捐输"，以致"人心惶惶"。[⑥] 接着，他们又

① 参考赵利峰：《卢九之死》，载《澳门历史研究》第九辑，2010年11月。

② 《批词：接办广东全省基铺山票》，《香港华字日报》1904年1月20日，第八版。

③ 《官商争赌》，《知新报》光绪二十六年十二月初一日第一百三十三，广东福建新闻。

④ 《寄广州陶制台》（光绪二十六年十二月二十八日），顾廷龙、戴逸主编：《李鸿章全集》27，电报七，合肥：安徽教育出版社，2008年，第577页。

⑤ 《羊城近事》，《申报》1901年5月18日，第九版。

⑥ 《粤士吁恩》，《申报》1903年6月17日，第一版；《粤东合省京外各官暨会试举人呈请都察院代奏稿》，《申报》1903年6月25日，第二版。

联名上书新任粤督岑春煊，吁请禁赌。声言“举国若狂，人醉赌风”，“民不堪命，群起为盗，大乱将作”，其间之尤足以速乱者之一端，即“将昔年永远奉禁之白鸽票改名小闱姓赌也”，“诸项赌博目下即难遽议全禁，应请先去太甚之小闱姓。”[①] 经过数月谋划，两广总督岑春煊利用筹款抵补的办法，“将盐务设局清查，缉捕经费改归官办，每年约增的款一百余万两，拟请将小闱姓赌局，先行禁革”。光绪三十年四月初九日，上谕“如所请行”。[②]

1904 年 5 月 15 日，粤省正式禁止小闱姓，卢九等澳门赌商损失惨重，由此酿成中葡交涉的小闱姓承充饷项纠葛案。卢九承充广东小闱姓，历时三年零八个月，按承充之初的规定，其所缴交担保按饷应予以退还。另外，卢九应缴银 330 万元饷银，而粤省不时需索，共缴交正饷、加饷、报效、军需等款共计 474.15 万元。卢九在案外被迫溢缴了 144.15 万元，加上“又赔垫各项利息并因裁被欠两项银五十余万元，则实际溢缴二百万元”，亦需予以清理算数。岂料，岑春煊因革员裴景福潜逃一案，以该商卢华富主谋接应，饬将存款扣留，致未发还。7 月，已加入葡籍的卢九被迫大西洋特派驻扎中华钦差便宜行事全权大臣递禀，“吁恳俯准咨照维持，俾商如数领还，以纾积累。至各分厂应缴公司经费十余万元，商既遵谕停办，无权催收，应请一并咨照，请饬善后局追缴给还，以免无着”。后几经周折，卢九始终未能讨回理应发还的小闱姓承充饷项。[③]

闱姓岌岌可危，竞争承办基铺山票失利，小闱姓禁止，皆在不到

---

① 《广东同乡京外各官上岑云帅书》，《申报》1903 年 7 月 18 日，第二版。

② 《光绪实录》光绪三十年甲辰四月丁巳（初九日），卷 529，第 46 页。

③ 《清代外务部中外关系档案史料丛编 —— 中葡关系卷》第 1 册，第 320—324、334、343 页；《严罚小闱姓告示》，《香港华字日报》1904 年 5 月 18 日，第四版；林广志：《澳门华人巨商卢九与广东小闱姓饷项纠葛》，《中国经济史研究》2007 年第 2 期。

一年间的时间内相继发生，可谓祸不单行。三个承充公司之间互相影响，一时阵脚大乱，破绽百出。先是承充闱姓的宏丰公司股东之一、汇丰银行的买办刘渭川，因亏欠汇丰银行汇票，擅将刘学询寄在宏丰公司之地契三十四张（值洋银六十万元）抵押于汇丰。1904 年，科举考试势将停止，预感不妙的刘学询，经查证后发现，提出控告要求归还。[①] 受此牵连，承充广东彩票的中和公司退办，其中的韦崧为躲避洋债，匿迹不出。[②] 不久，刘渭川宣布破产。卢九自然也受到牵连，据说仅在宏丰公司这一块，卢九就欠下了二十万洋债。[③]

其后，卢九四处活动，多方设法，以谋挽回局面。1907 年，新上任的粤督张人骏是与岑春煊唱反调的。有鉴于此，卢九试图再次承充广东赌饷来挽回损失，以永和公司商人卢邦元的名义，去争办基铺山票，也几乎取得了成功。[④] 但是，经农工商部的干涉，“十一月初一又恢复批准裕源办，改名绍荣公司”[⑤]。至此，赌王卢九的江山彻底崩塌了。

1907 年 12 月 14 日，负债累累，走投无路的一代赌王卢九自杀身亡，享年61 岁。[⑥] 据报道，“赌商卢某自将基铺山票退办后，即税居澳门。日前忽传其在街上身故，已觉死得可疑。兹闻自卢死后，其所开

① 《华商控告汇丰银行得直（香港）》，《申报》1908 年 9 月 20 日，第二版。

② 《粤东彩票招人承办（广东）》：“广东全省彩票原由商人韦崧承办，以六年为期，每年认饷十三万二千元，每月开彩一次，缴饷一万一千元，遇闰照缴。现阅五年，惟韦因欠洋债逃匿，又据该商禀退，故善后局特牌示招商接充。如有人承办，即妥议章程，加认饷数，禀候本局核夺。以饷多者得，并无丝毫花费，万勿迟疑观望云。”《申报》1905 年 11 月 11 日，第九版。

③ Hong Kong District Court, *The Hong Kong Law Reports*, Govt. Printer., 1911, p. 81.

④ 《商部咨查争办闱姓（广东）》，《申报》1907 年 6 月 25 日，第十一版。

⑤ 上海市文物保管委员会编：《康有为和保皇会》，上海：上海人民出版社，1982 年，第 208 页。按：“绍荣”，字面上有继续或继承繁荣之意。

⑥ 《卢焯之逝世传闻》，《香港华字日报》1907 年 12 月 16 日，第三版。“闻卢焯之已于初拾晚在澳门逝世，年六十壹岁云。”

商号已倒闭多处。据路途传说，谓卢此次倒闭各号，数目多至四百余万，内有洋款八十余万，其余均属沪港省澳之款。其致死原因，则先服毒后自尽，并在街上身故云”[①]。

## 二、澳门金融危机的全面爆发

澳门金融出现危机爆发的苗头，还得从早年开猪仔馆发家的澳门富商林含莲说起。[②]林含莲，又名林倩生，澳门金融界巨子，时丰银号和振丰银号的东主，同时名下还有板樟堂街的裕丰按、宝珍茶叶店和三记九八行等产业。[③]1904年4月30日《澳门政府宪报》上刊载了一则声明告白，其文云：

> 立剖明事务：在下签名人，业主，经已娶有妻室，在澳门居住，隶入西洋旗籍之华商林含莲，今特矢誓表明，一向并未在省垣投买白鸽票，亦未尝授权于人，恳求于人，代为在省垣投买，更未曾令人用商名投买；抑且商未赴省垣地方已有三阅月矣。至于省城沙面居住之传话华兰丁·晏多尼·罗沙略（Valentim Antonio do Rosario），商并不认识此人，而亦未尝有何事求其代为办理；即有事，商不独不欲面求，即托别人代求，亦商所不愿为也。兹特出具此单，布告各人知悉，以为剖明之据。此布。光绪三十年正月廿三日。林含莲谨启。[④]

---

① 《赌商倒账自尽》，《申报》1908年1月11日，第十二版。

② （清）胡傅钊：《盾墨留芬》卷7，光绪二十三年梧州西税总局刻本，第1—2页。

③ 《澳门政府宪报》1905年2月25日，第9号；《澳门时丰银号倒闭续述》，《香港华字日报》1910年4月9日，第四版。

④ 《澳门政府宪报》1904年4月30日，第18号。

林含莲在政府宪报上矢誓声明，在澳门比较罕见，由此可见事情的重大，问题的严峻。显然，澳门社会上出现了不利于他的一些传言。根据声明内容判断，传言说他可能在广州承办了白鸽票（即小闱姓）赌博，或入有股份。而在这一时期，恰逢卢九等人承办广东小闱姓遇到麻烦，形势不妙，经营风险日见加高。[①] 并且，据后来葡国公使的说法："该商卢华富历奉广东官宪谕令，溢缴银款甚多，力有未逮，迭向澳门本国人借贷应付，现今半途忽奉裁禁，该商实难偿还借款。"[②] 卢九所借的澳门巨额贷款中，部分来自林倩生的时丰银号和振丰银号，是极有可能的。如果传言属实的话，其所开银号，必定受到影响，甚至会发生挤兑，因而不得不登报声明，撇清关系，以平息谣言。

1904 年 5 月，在广东当局禁止小闱姓之说落下实锤之后，澳门类似传言又再度甚嚣尘上，一时风声鹤唳，澳门华商萧容经营的泰隆银号成为传言击倒的第一个牺牲品。据报载：

> 澳门泰隆银号，开设三十余年，近忽闻谣言四起，附家纷纷起银，数日之间，已派出银两共二十余万，各附家仍络绎不绝，该店司事人有应接不暇之势，亟思设法维持，急请澳中富绅齐集镜湖医院，商议办法。各绅查核该号存款，现已派出银四十余万两，澳中之存业，尚约十余万，所入各家附项，不过六十万之谱，比对出款，尚绰有裕余。今遭此风波，亦殊可惜，因公同议定，凡该号所欠各家之银两，先还一半，其所余者俟三年分还，其息

① 《禁赌传闻》，《大公报天津版》1903 年 7 月 8 日，第二版。传闻大吏近奉廷寄，有着将广东省所有番摊、白鸽票等项赌博，即行禁止之说。

② 《署葡国公使阿梅达为广东小闱姓奉谕停止请发还洋商所亏利益事致总理外务部事务奕劻照会》（光绪三十年六月十五日，1904 年 7 月 27 日），中国第一历史档案馆、澳门基金会、暨南大学古籍所等合编：《明清时期澳门问题档案文献汇编》档案卷第 3 册，北京：人民出版社，1999 年，第 647 页。

银即于是日止截。各家因有富绅调停，并悉该号存数尚厚，皆允从此议，该号遂转危为安。人皆颂院中诸绅善为调处，于商务大有影响。[①]

泰隆银号被挤兑，详情和原因尚待考查。但其被挤兑的时间点是在广东禁止小闱姓之后，不得不让人怀疑，先前林含莲所否认的传言，原来矛头所指的应是泰隆。新闻中说泰隆银号“转危为安”，并不确切。据《澳门政府宪报》登载的告白表明，1905 年 3 月 22 日，澳门泰隆银店被澳门按察司衙门兼理商局判准作为倒盘（即破产之意）。[②] 接着，澳门按察司衙门兼理商局将萧容名下物业共计房产 70 余处出投拍卖。这些房产价值不菲，仅每年所纳租银就有 5000 余元。[③] 萧容后来逃到了内地，因“泰隆银店揭欠西洋人啰嗹嗉等银一万二千七百元”一案，还引起了中葡交涉。[④]

1907 年 12 月 14 日，卢九自杀，这则惊人的消息，成为澳门金融危机全面爆发的第一块多米诺骨牌。12 月 27 日，卢九在港澳开设的银号倒闭三间，其中香港的同德泰号共欠款三十余万，尚有银行三间之上海汇票十四万未交者。是日，澳门有银号二间，亦同时倒盘云。[⑤] 12 月 29 日，上海传来消息，广帮同德栈银号倒欠数十万，闻店东系卢氏。[⑥] 在澳门倒闭的两间银号，一为泰和银号，一为宝行银号。

1908 年 3 月 14 日，经澳门按察司兼理商局判定，大街 46 号泰

① 《澳门商务之近闻》，《广东日报》甲辰年十二月初五（1905 年 1 月 10 日），第 2 页。

② 《澳门政府宪报》1905 年 3 月 25 日，第 12 号。

③ 《澳门政府宪报》1905 年 8 月 7 日，第 31 号附报。

④ 《萧衍波欠款案》，吴志良、汤开建等主编：《清代葡萄牙驻广州总领事馆档案》第 7 册，卷宗 305，广州：广东教育出版社，2015 年，第 396—397 页。

⑤ 《港澳银号倒闭三间》，《香港华字日报》1907 年 12 月 30 日，第三版；《批示详办托籍之卢宗璜兄弟》，《香港华字日报》1909 年 10 月 2 日，第四版。

⑥ 《香港华字日报》1907 年 12 月 30 日，第四版。

和银店并股东潘三益堂即潘礼臣、冯萝川、冯宝川（即已故冯凤韶之子）、关澄川、李兰桂堂、卢焯之（即卢九，已故）、蔡裕堂（已故）、张鸿景堂（已故）等准作倒盘办理。[①] 接着，澳葡政府又“出票拘拿巨商数人，惟持票人未能拘获。闻此数商是做大银号及承充人，此次拖累之故，是因泰和银号倒闭云”[②]。5 月 22 日，卢九占股最多的澳门和昌缫丝厂公司登载告示：“因生意不前，负欠各家银两无款清还，经函请各股东于 4 月 20 日在本公司集议，是日公议从众取决，将和昌公司生意铺底连自置之地及全铺上盖各项开投，以价高者得，以俾清还各家付项。”[③]6 月 17 日，倒闭的宝行银号发生股东纠纷，打起了官司。宝行银号系在光绪七年正月初一日，由原告陈香帆、陈逸藜、陈虞廷之父三省堂即陈磐石，与被告卢光灿、卢光镗之父、卢光裕之叔绍基堂即卢九，及被告李镜泉之父碧光堂、蔡成业堂即蔡康、鉴源堂、镜仁堂等合股在澳门大街开设。[④]

到了 1910 年初，澳门金融危机愈演愈烈，澳门经济跌入谷底。“闻澳门生意极淡，宝生银号、顺合当押及致新洋货店，皆已先后倒闭。”[⑤] 又据《拱北关报告》云：“窃查本口贸易情形，本年厥有数端最足令人久远不忘，一为澳门巨资华商银号数家于年首相继倒盘，因之市面银根短绌，影响所及，商民大受牵累。”[⑥] 报告中所说的主要是林倩生的时丰银号和振丰银号倒闭的事情。据是年 4 月的一则消息称：

---

① 《澳门政府宪报》1908 年 3 月 21 日，第 12 号。
② 《澳门近事》，《香港华字日报》1908 年 3 月 28 日，第四版。
③ 《澳门政府宪报》1908 年 5 月 23 日，第 21 号。
④ 《澳门政府宪报》1908 年 6 月 27 日，第 26 号。
⑤ 《澳门倒闭之商店》，《香港华字日报》1910 年 3 月 22 日，第三版。
⑥ 《宣统二年拱北口华洋贸易情形论略（1910 年）》，拱北海关志编辑委员会：《拱北关史料集》，珠海：拱北海关印刷出版，1998 年，第 116 页。

澳门时丰银号东主林含莲，又名林倩生，因有人纷纷到店取回积项，不能应付，以致倒闭。昨礼拜三日，经澳政府出票限其二十四点钟内将倒闭之由禀明。现林某经呈禀谓，并非倒闭，不过暂停交易。盖近日因烟瘾渐深，巡查店事不能如前日之周至，故该店正副司事，得而乘机吞款至十九万之多云。有人说谓其倒闭之前一二日，林某欲将其私产急转儿女之名，后因恐外间更为招摇，当即将券废去云。闻澳官二十二日传各债主聚会，酌议办法。查此事关碍澳门甚大，因该店一经报穷后，例须将欠到该店之款勒交，似此，则被其拖累而倒闭之店又不知几家矣。林某若请以摊还了结，则债主中有四份三之数，而其债项及三份二者允准，亦可了结也。澳中银号现存只四家云。[①]

时丰、振丰两银号，均系林倩生东主。时丰司事赵霭堂，新会人，振丰司事畲槐庭，二人均同日被东主拘押。闻赵畲二人共亏空廿余万金。另闻副司理萧杰三、何子贞，亦亏空数万金，二人经已逃匿。林倩生经于十四日十二点钟，请各债主到白马行第七号门牌二楼，会议分期还银事。是日，葡华民政务司携同翻译通事亦在坐。查该号欠揭项约三十万有余，现欲限二十四个月清还，利息停止，今年三月、八月先还二成，宣统三年六月又还三成，宣统四年还三成，各银主签字允肯者已有八万余元之单，其余尚有许多未允者，因各债主以还本限有两年之久，况头期只派数二成，未免太少也。闻时丰银行铺门口贴一红纸，声明十足还本，止息限期亦照上，以两年为度，而林氏之业均交叶干州代理所欠云。[②]

① 《澳门时丰银号倒闭续闻》，《香港华字日报》1910 年 4 月 4 日，第三版。

② 《澳门银号倒闭续闻》，《香港华字日报》1910 年 3 月 28 日，第五版。

4月1日，澳门按察司判定大街时丰银号东主林含莲即林倩生倒盘。消息一出，“澳门商场大为震动。闻各银号因为此举连日各银主起回存款不下廿余万金”[①]。恐慌情绪，一时弥漫四处。接着，澳葡政府将林倩生之裕丰按、宝珍茶叶店并三记九八行接连查封，“以致商场更为震动”，“缘三记放出各账不下三十余万金，各行均有交易，料查封后，政府定按号限期追收各家欠项。”如此一来，各商号均受连累，必然倒闭不少。“故念八日，联行于一打钟到同善堂会齐，两句钟同往督署，面见葡督，西洋银行之总司理亦在其列，公推萧瀛洲为代表员，求葡督将林倩生之各铺揭封，莫作倒盘而论。并谓衙中使费若干，照数即交，俾林倩生得于三月初二日将头期银按单照派。葡督答云，例乃政府所立，权则操诸按察，本督不能干涉按察之权限。萧瀛洲又云，倘政府防林倩生澳门之产业不敷填还各账，则我萧某自愿将澳门所有生意产业统交政府作按，俟林倩生将各家欠款清还，然后领回，此举并非为林倩生而起，不过因澳门之商场大局而计。缘三记之账赊往雷州府及广州湾等埠居多，澳门各行亦不少。今将三记查封，外埠之账，定不能收回。三记所入各行之款，则无以填还，将来各行因欠三记之款而倒闭者，又不知凡几矣。葡督云：我闻此事已寝食不安，奈为例所拘，但将来定必求政府将商例改易，尔等安心。总之，尽我之力而为便是。各行闻此，皆唯唯而散。闻萧某亦曾面求按察司，惟按察司不答此问而言他。”[②]4月10日，时丰银号东主林倩生南湾之屋被封，澳葡政府并其所有家业一律封住。“日前萧瀛洲为调停分四期归款一节，因有人控告，故案已归衙门经理，照例封业招告。则分期归款想断不能如愿，附银之人诚苦矣。”[③]

---

① 《澳门时丰银号倒闭续述》，《香港华字日报》1910年4月5日，第三版。
② 《澳门时丰银号倒闭续述》，《香港华字日报》1910年4月9日，第四版。
③ 《时丰倒闭续闻》，《香港华字日报》1910年4月11日，第三版。

至4月中旬，澳门金融危机达至最高潮。澳门大西洋银行买办叶干周，忽然请假数日回乡省墓，乃一去不返，且其屋中家居什物搬迁甚多，故近今数日，人多疑其不再回澳也。查林含莲乃其保家，并闻澳中之德隆银号亦有收盘消息云。[①] 观此消息，可见买办叶干周有亏空潜逃嫌疑。“大抵自时丰案起后，商场冷淡，故草木皆兵也。”[②] 然而，怀疑不无道理。4月21日，叶干周被大西洋银行之司理人扣留。“闻因放出巨款，该行欲其收回，故留之。或云，为时丰之倒闭，因此波及。查该买办自行署保十七万员，林倩生保三万元，共二十万元。”[③] 叶干周出事后，与其有关联的数家银号商店大受影响。5月1日早，“澳门汇丰（通）银号铺门虚掩，空无一人，东主与司事等已于前晚席卷潜逃。闻所入各家附款共六万余金，广丰银号因此亦大受影响。福纶苏杭店于前数日亦闭门，闻因与时丰之案有关，恐防波及，故预为之计也”[④]。

1910年9月21日，大西洋银行买办叶干周被澳门按察司判定倒盘后，遂逃匿无踪。其所欠大西洋银行129818.87元，应由担保人的林含莲担负偿还。经澳门按察司判定，将林含莲抵押于西洋银行的南湾67号门牌屋变价拍卖，“尽数归与原告，别债主不能得分毫”[⑤]。1911年4月22日，叶干周所属物业被拍卖，计大三巴街、叶家围、如意巷、河边新街等三四十处，值银44450元。[⑥]1911年5月10日，澳门按察司将时丰银号倒盘人林含莲即林倩生所属物业出投发卖，包括

---

① 《澳门商务将不堪问矣》，《香港华字日报》1910年4月20日，第三版。

② 《买办回澳》，《香港华字日报》1910年4月21日，第三版。

③ 《澳银行买办被留》，《香港华字日报》1910年4月23日，第三版。

④ 《何澳门倒闭之多耶》，《香港华字日报》1910年5月3日，第三版；《更正前误》，《香港华字日报》1910年5月4日，第三版。

⑤ 《澳门政府宪报》1910年12月3日，第49号。

⑥ 《澳门政府宪报》1911年4月8日，第14号。

有板樟堂街、河边新街、陈乐里、南湾街、皇家新街、蓬莱新巷等六七十处房屋，共计值银约 12 万余元。[①]

接二连三的银号倒闭，澳门经济遭受沉重打击，市面萧条，商民交困。“澳门葡国银行因为买办所累之故，不允放揭，而华人银号亦兢业存心，不愿交易，是以商场大受牵制，转运不灵，挹注无术，即有货到，难以应付。”[②] 而且，每一间银号倒闭，都会发生连锁反应，后面都跟着大量的经济纠纷案件。就拿著名华商柯六来说吧。庚戌年十一月，有振丰银店司事赵霭堂及总理林含莲倒盘事务人，控告华商柯翼堂即柯六押欠银两一案。[③] 辛亥年三月，有恒和公司股东及司事柯六，控告大街泰和银店东主及司事潘礼臣，欠四万九千一百零六元四毫六仙及利息，另衙门使费。[④] 同月，又有柯六控告泰隆银号欠款案。“该号欠其附款九万余金，尽将所存银业封禁，连医院存款亦在被封之列云。”[⑤] 彼此轇轕，缠讼不休。以致有报纸说：“柯某者，澳之富户也。先世以大贾起家，至柯始集股承充彩票，销流甚广，获利颇巨。闻近年起讼案十数宗，辗转纠缠，人谓其毕生无了结之期。”[⑥] 诸如此类的经济纠纷案件，在这一时期的《澳门政府宪报》中可谓比比皆是。由于银号倒盘数目众多，各类钱债官司不断，1911 年 4 月，澳葡政府还特别翻译颁布了 1901 年葡国批准的《集股有限公司章程》，试图消弭对澳门经济不利的影响。[⑦]

---

① 《澳门政府宪报》1911 年 4 月 15 日，第 15 号。
② 《澳人议设银行》，《香港华字日报》1910 年 10 月 5 日，第三版。
③ 《澳门政府宪报》1910 年 12 月 24 日，第 52 号。
④ 《澳门政府宪报》1911 年 4 月 8 日，第 14 号。
⑤ 《善款被封》，《香港华字日报》1911 年 4 月 8 日，第四版。
⑥ 《善款被封》，《香港华字日报》1911 年 4 月 8 日，第四版。
⑦ 《澳门政府宪报》1911 年 4 月 8 日，第 14 号。

## 三、实力削弱的澳门华商失去烟赌承充专营权

晚清时期的澳门鸦片享有盛誉，除供应本地消费外，还大量出口到加利福尼亚和澳大利亚，是澳门的主要出口产品之一，也是盈利丰厚的产业之一。[①]自清末世界各国纷纷禁烟之后，内地缉私加严，澳门鸦片承充生意日渐萧条。1906年春季开始，新金山（澳大利亚）开始禁止烟膏进口，这导致了澳门熟膏出口量的减少。[②]1908年，美国严禁洋药入口法令实施。1909年，美国旧金山制定了严格的法令来禁止吸食鸦片熟膏，从4月1日起开始正式生效。自2月23日，澳门三宏鸦片公司不再营运熟膏往旧金山，因而导致其生意锐减70%，损失惨重。鉴于时局变化，入不敷出，三宏鸦片公司请求减饷，但未得到澳葡政府批准，不得不于4月1日宣布停办。[③]澳葡政府以其不遵合同交纳规饷，即将十一余万之按柜银充公。据闻，“拟将东主陈某之物业一概查封，连铺底家私物业，约值三十余万金。查该公司之合同以十年为期，尚有五年余始满期，每年应纳饷银三十万数千元”[④]。从此，晚清时期垄断澳门鸦片生意长达三十余年的陈六家族，淡出了历史舞台。另，三宏鸦片公司与澳门著名华商何连旺家族曾有债务纠葛，1905年1月，三宏公司书记何裕明控告何连旺及其兄弟，将其房产89900元

---

① 〔葡〕布朗科（Fernando Castelo Branco）：《19世纪最后一年的澳门》，载澳门《文化杂志》1997年第32期，第136页。

② 《光绪三十二年拱北口华洋贸易情形论略（1906年）》，《拱北关史料集》，第99页。

③ 《澳门烟饷公司停办》，《香港华字日报》1909年3月31日，第三版。

④ 《拟查封承充烟饷者之物业》，《香港华字日报》1909年4月3日，第三版；《宣统元年拱北口华洋贸易情形论略（1909年）》，《拱北关史料集》，第114页。

拍卖，取银抵还。[①]

1909年5月2日，澳葡政府发布告示：因已将1902年与华商陈厚贤、李凤池、施兆荣、施鹄臣及陈贻光等人订立的承充鸦片烟生意合同销废，故从本月1日起，在旧呵�屋内及各领牌之铺店内，归国家自煮自卖，而由大恒公司华商萧登专代国家办理煮卖。[②]其后，澳葡政府多次招商承充鸦片，皆以欲承充者出价过低而未成。出于权宜之计，澳葡政府于8月间，批准大西洋银行买办叶干周接办，设立惠泰公司，以每月纳饷11000元，先行试办数月。[③]10月底，因前两次出投未成，澳葡政府决定再一次出投鸦片烟码，“以十四万元为底，先将封固之票开视，以出最高之价为底价，再行当众明投。计是日投票者六人，梁、古、卢、柯、李、叶等，而明投时出价最高者，为港商梁勉修、古砚臣，出价壹十四万一千七百元，其次则为卢濂若，出价壹十四万一千六百元，再其次，则叶干周、林倩生。闻澳督仍以出价太低，未能允肯，须电请葡京吩示云”[④]。1910年4月，叶干周破产而遭

---

① 《澳门政府宪报》1905年1月14日，第2号。澳门按察司写字罗（Ramiro da Roza）为出示事。据香港三宏公司书记何裕明控告何连旺及其兄弟一案，经将何连旺及其兄弟之下列各屋业查封在案。兹定于西二月初十日，即华来年正月初七日十二点钟，在本署大堂出投发卖，取银抵还。谁出价高于估价者得，并传所有知名不知名债主，按照律例所准期限到案禀诉，以凭核办。特示。计开：天神巷二十四号屋估价二万元，板樟堂街六号屋估价一万元，板樟堂街八号屋估价一千八百元，水坑尾街四号屋估价五千元，蓬莱新巷二号屋估价一万四千元，蓬莱新巷四号屋估价四千元，蓬莱新巷六号屋估价一千五百元，蓬莱新巷八号屋估价一千八百元，蓬莱新巷十号屋估价一千八百元，集成堂各屋十份之二估价三万元。甲辰年十二月初六日。按察司麻（A. de Magalhães）经阅。

② 《澳门政府宪报》1909年5月15日，第20号；《澳门新烟饷公司定期试办》，《香港华字日报》1909年4月30日，第三版，香港新闻。“澳门三宏烟饷公司自停办后，葡政府经再三招投，奈无人承充。现请萧瀛洲代为试办，由西五月初一号起，仍在旧日公司之店开办，取名大行（恒）公司。”

③ 《叶干周承办澳门鸦片》，《香港华字日报》1909年9月18日，第四版。

④ 《澳门投烟》，《香港华字日报》1909年11月2日，第三版。

到羁押，鸦片买卖又由澳葡政府收回自办。[①]

至1910年7月底，澳门再次招人承充鸦片烟饷，当时投票有六人：第一票吴广、马池龙，148750元；第二票李世桂、萧瀛洲，139500元；第三票杨梅宾，136500元；第四票卢廉若，129500元；第五票李镜荃，118500元；第六票桂友，115500元。吴广、马池龙（按即马持隆，字坚伯，香港东华三院1924年主席）出价最高，获得了承充权，承充期限为三年。每年限销烟不得过2800箱，并且烟价不能贵过香港之熟膏。二人系新宁人，在香港营业，共合本银八万元。租旧日公栈地位前半座开办，每年纳租六百元，归葡政府收取。煮烟器具由新公司与葡政府承顶，约值千元。该公司配置煮烟手六名、巡栏十八名、包烟十名、厨夫二名、工役二名、司理银两二名、管账二名、葡状师一位、葡翻译一位、葡巡栏头一位。现计发出代零沽牌五十个，熟膏每两三元八毫毫子。算日沽出熟膏约三百余两云。[②]

由马持隆主持的香港公司此届鸦片承充获利不菲，因为该公司开辟了新的销售渠道。据港英当局在1912年6月的调查，从去年7月至本月一年间，澳门进口了1364箱无照的印度鸦片，635箱经由新加坡，400箱经由加尔各答，329箱经由香港。在1911年的前半年内，澳门鸦片包税区共熬制了114箱鸦片用于出口墨西哥，此后的一年内又增加344箱。英国人推断，为出口墨西哥而加工的鸦片当中，有很多是不合法的，因为它远远超出了墨西哥垄断者所求购的数量。[③] 这些超量的鸦片很可能被走私到了美国旧金山。1913年4月18日，《澳门

① 《叶干周被押之与烟饷关涉》，《香港华字日报》1910年4月28日，第三版。

② 《澳门承充鸦片饷码述闻》，《香港华字日报》1910年8月3日，第三版。

③ 英国档案局：CO192/392，总督府，1912年10月15日，第283页，转引自〔澳〕杰弗里·C.冈恩著，秦传安译：《澳门史：1557—1999》，北京：中央编译出版社，2009年，第125页。

政府宪报》一则通知称：鸦片烟膏生意承充人禀求将其承充期限展长两年，属务大臣批不准行。[①] 承充人有利可图，才会希望延长承充期，而澳葡政府打算按期再次出投，是想获得更高的承充饷银。

澳门鸦片承充生意时来运转，与当时的国际国内环境变化有关。1911 年 5 月 8 日，中英正式签署《禁烟条约》，同意在中国禁烟确有成效时停止对华鸦片输入。这导致进口鸦片价值飞涨，在 1913 年 1 月时，有照之公班土完清税厘、贴有印花、以备运入中国者，在澳门估发之价，每箱约值洋银 3600 元。迨至年终，涨至两倍，然仍有加无已。由于英国的代理机构垄断了从印度到波斯的优质鸦片的来源，经过漫长的谈判，1913 年 6 月 14 日，英葡两国签订港澳两地鸦片承充专营条例（Regulation of the Opium Monopolies in the Colonies of Hong Kong and Macao），其中规定，“限制无照之洋药运进香港、澳门，以供承充鸦片公司之用。澳门公司购入土销者，每年不得过 260 箱；其煮成熟膏，运往无禁区域者，每年以 240 箱为限。傥无禁之区奉有官长命令，准于限外加多，则不在此例”[②]。根据该协议，澳门实质上是从垄断印度鸦片贸易的英国人手中获取了进口特权。另一方面，粤省于反正之初，禁烟章程未暇执行，几成具文，自 1913 年春间开始实力禁烟，并“逐渐严厉进行，进口洋药异常减少”，“将达最低之点”。[③] 这些变化，无疑皆是澳门鸦片承充专营生意的利好消息。

1913 年 7 月 31 日，澳门鸦片公司承充合同即将期满。为此，7 月 16 日，澳葡政府从新招人投充，以五年为期，至 1918 年 8 月 1 日

---

① 《澳门政府宪报》1913 年 4 月 18 日，第 15 号。

② 《中华民国二年拱北口华洋贸易情形论略（1913 年）》，《拱北关史料集》，第 134 页。

③ 《中华民国元年广州口华洋贸易情形论略》《中华民国二年广州口华洋贸易情形论略》，广州市地方志编纂委员会办公室、广州海关志编纂委员会编译：《近代广州口岸经济社会概况：粤海关报告汇集》，广州：暨南大学出版社，1995 年，第 537、541、551 页。

止，底价每年洋银46万元。此数较旧日合同已加三倍，并不计及新订章程有限制洋药运进一节。承充人获得专营权后须缴交一年承充金额的三分之一作为担保金。每年允许进口500箱印度鸦片，或从香港以及其他地方的有准照之鸦片，但入口须交给澳门政府每箱900元进口税。当日投票请承者共19人。[①] 据报道，此次澳门鸦片烟出投，是澳门自开投承充公司以来，存押票银最巨的一次。因此，“在观者亦不下二百余人，葡政府见人多拥挤，即加派警兵十二名，携枪保护”。最后“周胜、萧元二人出价1056666元投得，二名周子南、谢家保出价96万元，三名谭满和出价为959000元”[②]。这次出投，押票银和担保金都创了纪录，中标价码更是上一届承充饷银的近七倍，而在竞投者之中，已见不到一位澳门华商。此次的承充商为“十友堂”，设立的公司名为“有成公司”，所集资本为60万元。至5年期满，有成公司共盈利10279000元，其中后来成为澳门赌王的高可宁从中获利270500元。[③] 此后，以高可宁为首的“十友堂”有成公司，一直没有离开过澳门的鸦片承充生意。

澳门博彩业的情形，亦是大同小异。澳门金融危机爆发后，博彩业也深受影响，日渐低迷。葡国有某报论及澳门各事，痛责葡政府注重赌饷，而不顾商务之权利，并谓“澳门一埠除三数殷商而外，所有各西人，大半为赌所累，无以自存。该埠之华人亦然，不但住澳之人，身受其害，即附近于澳门及各处之人，亦不免累及焉。因此澳门一埠，悉变为消极之场，今日政府见各赌馆之批期已满，而下期未有人应充

---

① 《中华民国二年拱北口华洋贸易情形论略（1913年）》，《拱北关史料集》，第134页；Opium in Macao, *The Straits Times*, 24 July 1913, p.10。

② 《承烟饷续闻》，《香港华字日报》1913年7月19日，第三版，香港新闻。

③ 十友分别为：高可宁、庞伟庭、梅炜唐、黎润生、梁裕简、黄孔山、周仲朋、梁子光、莫晴光和黄耀初。高福成笔录：《家慈叙述》，载高福耀等笔录：《高可宁先生言行录》，香港：香港广信印务公司承印，1956年，广东省立中山图书馆藏，第17页。

者，其原因安在，则以各人母财已涸之故”①。其中，承充铺票饷已招人二次，以三年为期，惟投票者每年饷最多不过36000元，故不入取。山票与白鸽票之承充人中途改约不办，具保银53000元已充公。澳门彩票亦已出投，然无人投票。“可见赌博亦不得为盛也”②，至1909年，铺票承充又发生了一次“承饷人因违背合同将保银充公”的事情③。与此同时，“澳门彩票已停办。因承充人以今日该票颇不流通，亏累甚多，自愿将存澳政府担饷之银八千元充公，准其退办”④。至1911年，清末澳门最后一次开投番摊赌饷，来自香港的华商林让出价603000元取得承充权利。当时的澳门华商柯六，“早知所呈之票未必入选，故先向林预先议合沾七份之一股”，“然当投时，其奔波跄忙、患得患失之情状，亦殊可哂也”⑤。柯六为昔日澳门博彩业中的巨擘，唱主角的，此时已然沦为附从，变成了配角。

## 四、结语

清末澳门的金融危机，发端于赌王卢九承充广东博彩业的挫败，由微至著，愈演愈烈，以至于不可收拾。以赌博和鸦片为主业的澳门华商，大多数人在这次危机中陷入困境，侥幸逃过一劫的也都狼狈不堪。澳门独特的经济构成，也就是郑观应在《澳门感事》诗中所说的“商务鱼栏与鸦片，饷源以赌为大宗”⑥，充分说明了澳门经济的依赖性及脆弱性。正所谓“成也萧何，败也萧何”，澳门华商深陷于承充风

① 《葡报议论澳门事》，《香港华字日报》1907年10月9日，第三版。
② 《镜海潮音》，《香港华字日报》1907年8月23日，第三版。
③ 《澳事拾零》，《香港华字日报》1909年3月17日，第三版。
④ 《澳事拾零》，《香港华字日报》1909年3月25日，第三版。
⑤ 《澳门投赌》，《香港华字日报》1911年8月14日，第三版。
⑥ 夏东元编：《郑观应集》下，上海：上海人民出版社，1988年，第1343页。

险巨大的烟赌业，一招不慎，满盘皆输，造成华商在烟赌上发家，也在烟赌上破家的现象。

自经此次金融危机打击后，澳门本地华商遭受重创，元气大伤，一时无力振作。不少华商还卷进冗长烦琐的各种经济纠纷官司里面，有些是合伙股东间的债务纠葛，有些是因家族败落而出现的家产继承矛盾，劳神费力，一时半会儿难得脱身。在此后的澳门鸦片和博彩业承充专营竞投中，自身虚弱的本地华商实力不足，只得拱手让与外来者。一旦澳门华商失去烟赌承充生意，基本上就会被边缘化，进而在澳门社会失去相应的地位。晚清时期叱咤风云的一代澳门华商，大都没能逃脱富不过三代的魔咒，纷纷凋零，与此不无关系。

清末澳门的这次金融危机，对于澳门来说，不啻是一场大规模的新陈代谢运动，澳门社会由此重新洗牌，一代新人换了旧人。及至民初，以高可宁为首的“十友堂”一众人物，乘虚而入，从外地来到澳门“捞世界”，很快就垄断了澳门的烟赌生意。他们站稳脚跟后，逐渐成长为民国时期活跃在澳门社会中的重量级人物，如梁裕简（澳门华人代表梁后源之父）、黄孔山等人。其中最著名的高可宁，更一跃成为澳门烟赌业中的执牛耳者，澳门华人社会的新一代领袖。

# 香港求学与孙中山早期革新救国思想的形成

陈才俊 *

**摘　要：**1883 至 1892 年，孙中山在香港完成自己的中等和高等教育。此期，正值其 17 至 26 岁，乃其知识积累与思想形成之重要阶段。孙中山因仰慕西方现代文明与科学技术而在香港皈依基督教会，因谙熟基督宗教乃西方文明之根而于大学时代潜心研习西学，因认同西方君主立宪制度而萌生革新中国旧制的思想，此为其早期思想形成之基本路径。孙中山早期思想的核心并非武装革命，而是救国济民，使中国走上现代化道路，具体手段则是“改良”与“革新”。

**关键词：**孙中山；香港求学；革新救国；中国现代化

一百多年来，学界对孙中山（1866—1925）的研究大多将其定位为“中国民主革命的伟大先驱”，“一生以革命为己任”，然事实并非如此。诚如桑兵所言，“孙中山并非天生的革命者，在走上革命道路的历程中，曾经受过各种爱国进步思想的影响”[①]。中国早期革命家冯自由（1882—1958）曾言，1895 年之前“中国革命党人向未采用‘革命’二字为名称”，“党人均沿用‘造反’或‘起义’、‘光复’等名词”[②]。“英文革命 Revolution 一字，旧译为造反。”[③] 孙中山真正公开提出推翻清朝统治、

---

*　作者简介：陈才俊，暨南大学中国文化史籍研究所教授，研究方向为中西文化交流史、中国基督教史、西方宗教文化史、海外汉学。

① 桑兵：《孙中山的活动与思想》，北京：北京师范大学出版社，2015 年，第 68 页。

② 冯自由：《革命二字之由来》，载氏著：《革命逸史》初集，北京：中华书局，1981 年，第 1 页。

③ 冯自由：《兴中会组织史》，载氏著：《革命逸史》第四集，北京：中华书局，1981 年，第 6 页。

创建共和政府的革命主张并付诸行动，始自其1895年发动广州起义。

孙中山1883年秋冬曾在香港拔萃书室（Dioceson Home，Hong Kong）短暂学习，1884年4月至1886年6月入读香港中央书院（Government Central School），[①] 1887年10月至1892年7月就读于香港西医书院（Hong Kong College of Medicine for Chinese）。此九年间，他除赴檀香山短期省亲和在广州博济医院（Canton Hospital）创办之附属医校习医一年，其余时间均在香港求学。孙中山之所以选择在香港完成自己的中高等教育，虽由多种因素促成，但根本缘由在于香港的西式学校有别于中国传统学塾，主授西方自然科学和人文知识，有助于其开拓视野、增长智识。1883至1892年，正值孙中山17至26岁，乃其知识积累与思想建构之重要阶段。抵达香港不久，早已倾心“耶稣之道”的孙中山即皈依基督，求学期间所接触者亦多为教会中人，故其早期思想深受基督宗教核心价值影响。[②]

孙中山曾谓：“从前人人问我，你在何处及如何得到革命思想？吾今直言答云：革命思想系从香港得来。”[③] 他还称自己在香港西医书院

---

① 香港中央书院1894年更名为皇仁书院（Queen’s College）。

② 前人学者对孙中山香港求学时期的研究不乏宏论，如罗香林：《国父之大学时代》（台北：台湾商务印书馆，1954年），着重阐述孙中山在西医书院读书时之学习情况及社会活动；黄宇和：《三十岁前的孙中山——翠亨、檀岛、香港 1866—1895》（香港：中华书局香港有限公司，2011年）“中学时代”和“大专时代”两章，详细考证孙中山在香港求学期间的相关史实，厘清他人研究中的某些谬误；莫世祥：《中山革命在香港（1895—1925）》（香港：三联书店香港有限公司，2011年）第一章“君宪革新的滥觞”，指出孙中山在香港求学期间所倡言者尚非“革命”，实为“革新”。然总体而言，罕有学人对中外基督徒于孙中山香港求学期间革新救国思想产生之影响展开深入讨论。

③ 《孙文在大学堂演说》，《香港华字日报》1923年2月21日。另见《在香港大学的演说》（1923年2月20日），载林家有编：《孙中山全集续编》第3卷（1921.1—1923.11），北京：中华书局，2017年，第348页；《在香港大学的演说》（1923年2月19日），载中山大学历史系孙中山研究室、广东省社会科学院历史研究所、中国社会科学院近代史研究所中华民国史研究室合编：《孙中山全集》第7卷，北京：中华书局，1985年，第115页。此演说的日期为1923年2月20日，而《孙中山全集》第七卷根据上海《民国日报》1923年2月28日的报道，错误判定为“1923年2月19日”。

求学时，“所谈者莫不为革命之言论，所怀者莫不为革命之思想，所研究者莫不为革命之问题”；“此为予革命言论之时代也”。[①] 其香港西医书院同学兼好友关景良（1869—1945）亦言：“至一八八九年，总理的言论已充满革命思想，要推翻清廷，废除帝制。”[②] 但从严格意义而言，孙中山香港求学时代之所谓“革命思想”，尚未具备真正“革命”之意，只是其“改良祖国”之“革新救国”主张，而他本人及同侪称其当时倡言“革命”，“都不过是拔高过往事迹的溢美之词”。[③]

审视孙中山香港求学期间之生活轨迹不难发现，其因仰慕西方现代文明与科学技术而皈依基督教会，因谙熟基督宗教乃西方文明之根而研习西学，因认同西方君主立宪制度而萌生革新救国思想。可以说，孙中山“首先是一个深受现代西方文明熏染之基督徒，然后才是一名悬壶济世之现代医师，进而成为一位从事‘医国事业’之伟大改革家”；“‘革命’一词不足以涵盖孙中山终身服膺与践行之‘救国济民’宏志，而仅为其一端”。[④]

## 一、从入世到济世：孙中山的信仰抉择

孙中山对基督宗教产生兴趣始自檀香山。1879 年 5 月 21 日，他随母亲从澳门出发，乘英国火轮船“格兰诺去”号（S. S. Grannock）

---

① 孙中山：《建国方略》，载中山大学历史系孙中山研究室、广东省社会科学院历史研究所、中国社会科学院近代史研究所中华民国史研究室合编：《孙中山全集》第 6 卷，北京：中华书局，1985 年，第 229 页。

② 简又文：《国民革命文献丛录》，载广东文物展览会编：《广东文物》中册，广州：广东人民出版社，2013 年，第 432 页。简又文转述关景良之回忆。

③ 莫世祥：《中山革命在香港（1895—1925）》，香港：三联书店香港有限公司，2011 年，第 47 页。

④ 陈才俊：《基督宗教与孙中山之“自由、平等、博爱”观》，《暨南学报（哲学社会科学版）》2012 年第 12 期，第 112 页。

前往檀岛投靠兄长孙眉（1854—1915）。在火轮船上，他惊叹“轮舟之奇、沧海之阔”，“自是有慕西学之心，穷天地之想”。[①] 此其所言之“西学”，更多是指西方的科学技术，即“西技”。孙中山在檀香山英美教会学校接受西式教育之后渐趋明白，其所乘火轮船之船长和船员皆为基督徒，船之铁梁、机器等均由基督徒发明与制造；其所耳濡目染、置身其中之西方建筑、音乐、礼仪，西人之世界观、生活方式乃至行为举止，无不深受基督宗教之影响。

1879 年 9 月，孙中山进入檀香山英国圣公会（Church of England，亦译“英国国教会”）创办之意奥兰尼学校（Iolani College）念高小三年，其后至美国海外传教委员会（American Board of Commissioners for Foreign Missions，即“美国公理会差会”，俗称“美部会”）创办之奥阿厚书院（Oahu College）念初中半年。在檀岛读书期间，孙中山因参加学校教堂举行的早经晚课，诵读《圣经》经文，渐谙基督教义，遂对基督宗教产生浓厚兴趣，并表达领洗意愿。然而，其兄孙眉“因其切慕耶稣之道”，即“着令回华”。[②] 檀香山的学习经历在青年孙中山心中点燃两个火种：一是“对基督（宗）教高度的热情”；二是“以救国救民为己任”。[③] 及至孙中山到达香港求学，这两个火种在其心中愈燃愈烈，最终形成一股革新救国之合力。

1883 年秋，孙中山入读英国圣公会在香港创办之拔萃书室，正式

① 孙中山：《复翟理斯函》，载广东省社会科学院历史研究室、中国社会科学院近代史研究所中华民国史研究室、中山大学历史系孙中山研究室合编：《孙中山全集》第 1 卷，北京：中华书局，1981 年，第 47 页。

② 孙中山：《复翟理斯函》，载广东省社会科学院历史研究室、中国社会科学院近代史研究所中华民国史研究室、中山大学历史系孙中山研究室合编：《孙中山全集》第 1 卷，北京：中华书局，1981 年，第 47 页。

③ 黄宇和：《三十岁前的孙中山——翠亨、檀岛、香港 1866—1895》，香港：中华书局香港有限公司，2011 年，第 642 页。

开启在港求学生涯。翌年4月15日，他转学至香港中央书院。在香港，由于没有兄长孙眉的约束，孙中山“每星期日恒至邻近道济会堂听王煜初牧师说教”[①]，且广泛密切接触中西教会人士，不仅逐渐对基督宗教有更深入的了解，而且皈依基督的愿望愈益强烈。孙中山初到香港时，曾寄宿于美国海外传教委员会传教士喜嘉理（Charles Robert Hager，1851—1917）牧师位于拔萃书室附近之临时传教所。他们同吃同住，很长时间生活在一起。喜嘉理1883年3月31日抵港，一直不畏疲劳，不惧艰辛，全心全意把自己奉献给“中华归主”（Christian Occupation of China）的传教事业。孙中山对喜嘉理刻苦耐劳和无私奉献的精神感佩有加，心生敬意，更坚定其领洗皈依之决心。[②]

据喜嘉理对孙中山的忆述：“一八八三年秋冬之交，余与先生初次谋面，音容笑貌，宛然一十七八岁之学生，……余职在布道，与之觌晤未久，即以是否崇信基督相质问。先生答云，基督之道，余固深信，特尚未列名教会耳。余询其故。则曰，待时耳，在己固无不可也。”[③]由上可知，喜嘉理认识孙中山不久，即询问其是否崇信耶稣基督。孙中山明确表示自己深信基督之道，且随时随地愿意领洗。1884年5月4日，由喜嘉理施洗，孙中山正式皈依基督教会，取名“日新”。“日新”二字，盖取《大学》“汤之《盘铭》曰：‘苟日新，日日新，又日新’”之意。喜嘉理1912年忆及此事，仍对孙中山领洗入教之决定大为赞赏：“夫居今日宗教自由之世，而言皈依基督，固不足奇；当日情势，与今

---

① 冯自由：《孙总理信奉耶稣教之经历》，载氏著：《革命逸史》第2集，北京：中华书局，1981年，第11页。

② 参见黄宇和：《三十岁前的孙中山——翠亨、檀岛、香港 1866—1895》，香港：中华书局香港有限公司，2011年，第327、343页。

③ Charles R. Hager, “Dr Sun Yat Sen: Some Personal Reminiscences,” *The Missionary Herald*, April 1912, p. 171. 汉译文见《美国喜嘉理牧师关于孙总理信教之追述》，载冯自由：《革命逸史》第2集，北京：中华书局，1981年，第13页。

迥异。明认基督教者，殊不多觏。盖明认基督者，人咸耻与为伍。以故人人咸有戒心。然先生热心毅力，竟能化导其友，使不得不出于信仰之途，其魄力之宏，感人之深，可略见其端倪矣。”① 孙中山皈依教会乃其切身感悟和认真思考之后的信仰抉择，所以毅然决然，至诚恳切。

孙中山领洗不久，便于当年夏天协助喜嘉理在香港、澳门及珠江河畔等地传教，分售《圣经》及宣传单张，并劝说友人入教。正因为他对基督教义的宣传和解释，其翠亨幼时伙伴陆皓东（1868—1895）才向喜嘉理表达对耶稣基督的敬仰之心。同样也是因为他的介绍和鼓励，其香山闾里兼檀岛同窗唐雄（1865—1958）才鼓足勇气请喜嘉理施洗入教。喜嘉理言：“先生既束身信道，即热心为基督作证，未几，其友二人，为所感动，亦虚心奉教。”② 此二人即陆皓东和唐雄。③

孙中山中学毕业时曾有一个愿望，即成为传教士。所以，他的最初选择是入读神学院，期冀日后献身传教事业，但由于其时香港及附近没有完善的神学院，故只能放弃。喜嘉理曾感叹：“盖彼时其传道之志，固甚坚决也。向使当日香港或附近之地，设有完善之神学院，俾得入院授以相当之课程，更有人出资为之补助，则孙中山先生者，殆必为当代著名之宣教师矣。”④ 入读神学院的梦想破灭后，孙中山亦有

---

① Charles R. Hager, “Dr Sun Yat Sen: Some Personal Reminiscences,” *The Missionary Herald*, April 1912, pp. 171-172. 汉译文见《美国喜嘉理牧师关于孙总理信教之追述》，载冯自由：《革命逸史》第 2 集，北京：中华书局，1981 年，第 13—14 页。

② Charles R. Hager, “Dr Sun Yat Sen: Some Personal Reminiscences,” *The Missionary Herald*, April 1912, p. 171. 汉译文见《美国喜嘉理牧师关于孙总理信教之追述》，载冯自由：《革命逸史》第 2 集，北京：中华书局，1981 年，第 13 页。

③ 陆皓东是否领洗加入教会，至今存疑。参见黄宇和：《三十岁前的孙中山——翠亨、檀岛、香港 1866—1895》，香港：中华书局香港有限公司，2011 年，第 331—335 页。

④ Charles R. Hager, “Dr Sun Yat Sen: Some Personal Reminiscences,” *The Missionary Herald*, April 1912, p. 171. 汉译文见《美国喜嘉理牧师关于孙总理信教之追述》，载冯自由：《革命逸史》第 2 集，北京：中华书局，1981 年，第 14 页。

意学习西方军事或者法律，然皆因中国其时尚无此类学校而作罢。但同时他发现，新教传教士带来的西方医学，其性质本来就包含基督宗教“济世救人”之精神。在当时的西方传教士和华人基督徒看来，医疗事工是传教以外最能接近基督信仰的媒介。孙中山认识到“医亦救人苦难术”[①]，遂选择学习西方医学，并于1887年10月至1892年7月就读于英国伦敦传教会（London Missionary Society）在香港创办之西医书院。

近世基督宗教世界大宣教运动的重要成果之一，是以西方先进的医疗技术济世救人。医疗传教则成为耶稣基督“救人”信仰的最直接体现。香港西医书院的创办，即是明证。1887年2月17日，以香港华人基督徒何启（Ho Kai，1859—1914）之英籍亡妻雅丽氏（Alice Walkden，1852—1884）名字命名的雅丽氏利济医院（Alice Memorial Hospital）正式运行。[②]该医院由英国伦敦传教会创办，其医生亦以基督新教传教士为主。何启家世具有伦敦传教会背景，其本人亦为伦敦传教会华人自立会成员。早在雅丽氏利济医院筹建之初，香港医学会（Hong Kong Medical Society）主席、苏格兰医生孟生（Patrick Manson，1844—1922）便有创建医学院的构想，因此，该医院在兴建时就规划出学生宿舍、课室等场所。是年8月30日，苏格兰医生康德黎（James Cantlie，1851—1926）在雅丽氏利济医院召集会议。出席者除何启、孟生外，还有伦敦传教会牧师湛约翰（John Chalmers，1825—1899）、印裔英国医生佐敦（Gregory P. Jordan，1858—1921）、

---

① 孙中山：《在广州岭南学堂的演说》（1912年5月7日），载中国社会科学院近代史研究所中华民国史研究室、中山大学历史系孙中山研究室、广东省社会科学院历史研究所合编：《孙中山全集》第2卷，北京：中华书局，1982年，第359页。

② 有关香港雅丽氏利济医院创办之详情，参见陈才俊：《香港西医书院的创办及其历史意义》，《高等教育研究》2005年第8期，第84—88页。

苏格兰裔加拿大医生杨威廉（William Young，? —1888）、德国医生格拉克（Johann Gerlach）、香港政府民用医院药剂师克罗（William Edward Crow）等。他们均任职或兼职于雅丽氏利济医院。据康德黎介绍，他曾征询何启、孟生、佐敦等人的意见，获悉大家都觉得有必要在香港创建一所西医书院，于是便召开这个会议，征求诸位的意见。① 会议经过讨论，一致表决赞成康德黎的提议，决定创建西医书院。1887 年 10 月 1 日，香港西医书院在港岛香港大会堂（Hong Kong City Hall）隆重宣告成立。②“盖何氏倡办书院，意在使中国入于医术与现代科学之境，谓推广医术，所以增进中国人民之健康，发展科学，所以建设现代化之中国也。”③ 由于香港西医书院以英文授课，明显比孙中山已入读一年的以中文授课的广州南华医学堂“学课较优”，尤其是香港比广州“地较自由”④，所以，他 1887 年 9 月义无反顾地转至该校学习。

基督宗教“是一个‘入世型’或‘救世型’宗教”，从创立之始就有强烈的入世情结，“有对人类福祉、尘世生活和社会公平正义的现实关怀”⑤，并对现世抱持鲜明的批判态度。基督徒不可“忽视对他人的道德关怀和社会责任，因为真正得蒙上帝喜悦的人不仅需保持灵魂的圣洁和信仰，而且应以《圣经》中救死扶伤的耶稣为表率，在尘世

---

① Minute-book of the Senate, 1st meeting, 30 August 1887, College of Medicine for Chinese, in the Registrar's Office, University of Hong Kong.

② Inaugural Address by Dr. Patrick Manson, Dean of the Hong Kong College of Medicine for Chinese,at the City Hall, 1 October, 1887.

③ 罗香林：《国父之大学时代》，台北：台湾商务印书馆，1954 年，第 5 页。

④ 孙中山：《建国方略》（1917 至 1919 年），载中山大学历史系孙中山研究室、广东省社会科学院历史研究所、中国社会科学院近代史研究所中华民国史研究室合编：《孙中山全集》第 6 卷，北京：中华书局，1985 年，第 229 页。

⑤ 徐弢：《基督教哲学中的灵肉问题研究》，北京：中国社会科学出版社，2017 年，第 66、67 页。

生活中积极促进他人的福利和社会的公义”[①]。作为基督徒的孙中山，深谙基督宗教入世之道，明白服务社会应尽之责。他选择学习西方医学，以期成为一名悬壶济世、救死扶伤的医生，实乃以基督徒救国济民的“入世”之道，转化为以医术救人的“济世”之途。自《国语·晋语》言“上医医国，其次疾人”以降，中国古今不乏“上医”走上“医国”之路，然无人能出孙中山之右。孙中山乃中国当之无愧“上医医国”第一人。

在香港西医书院求学期间，孙中山所接触的中外人士多为基督徒知识分子，其中一部分是西方来华传教士，另一部分则为深受西方文化濡染的道济会堂（To Tsai Church）华人教友。道济会堂原为英国伦敦传教会在香港创立之华人聚会团体，后由华人牧师王煜初（1843—1902）自设会堂，1886年成为香港首个华人自立教会。伴随对基督宗教的理解愈来愈深，孙中山渐趋认识到基督宗教乃西方文明之根、西学之源。在年轻的孙中山看来，基督宗教就是现代化的标志。

当然，孙中山最初对基督宗教之仰慕，还不完全出自宗教信仰之故，而是如其所言，乃“慕西学之心”[②]。冯自由曾言：“考总理之信教，完全出于基督救世之宗旨，然其所信奉之教义，为进步的及革新的，与世俗之墨守旧章思想陈腐者迥然不同。”[③] 此可谓对孙中山因仰慕西方现代文明与科学技术而皈依基督教会之最好诠释。

---

① 徐弢：《基督教哲学中的灵肉问题研究》，北京：中国社会科学出版社，2017年，第68页。

② 孙中山：《复翟理斯函》，载广东省社会科学院历史研究室、中国社会科学院近代史研究所中华民国史研究室、中山大学历史系孙中山研究室合编：《孙中山全集》第1卷，北京：中华书局，1981年，第47页。

③ 冯自由：《孙总理信奉耶稣教之经历》，载氏著：《革命逸史》第2集，北京：中华书局，1981年，第12页。

## 二、从西医到西学：孙中山的认知嬗变

孙中山领洗皈依耶稣基督之时，无疑对基督宗教充满极高热情，但他的这种热情并非纯粹发端于宗教信仰本身，而是来自于基督宗教所产生之实用效果。他深切感悟到，基督宗教能够与时俱进，不断自我更新，以满足人类对现代化如饥似渴之需求；而反观中国之儒教、佛教和道教，它们均往后看而非向前看，捆绑中国两千余年，导致国家故步自封，裹足不前。[①] 孙中山通过对中西宗教理念之深刻比较，愈发认识到只有基督宗教所产生之实用价值（而不纯粹是其宗教信仰），才是催生中国现代化之重要手段。

孙中山在香港求学期间，随着对西方文化的不断熟悉，渐趋认识到基督宗教乃西方文明之核心价值，西方的现代化亦完全有赖于基督宗教文明之与时俱进。他深刻意识到，要想更好地服务中国社会，就要让中国走向现代化道路，而中国要走向现代化，则必须唤醒尚在沉睡中的广大民众。但是，中国若想重构自己的现代文明，选择什么样的核心价值呢？孙中山觉得，基督宗教是不错的选择，已被西方社会证明具有切实可行性。但他也明白，基督宗教是伴随西方殖民势力而强行进入近代中国的“洋教”，广受国人排拒和诟病，其时尚无法为国人所接纳。故此，他决意学习西方现代文明与实用知识，以实现自己救国济民之宏志。对孙中山而言，其时最切实可行的救国理想，是学习西方传入中国的现代医学，帮助国人战胜疾病，保障国民身体健康，实现国家富强之梦。

英国伦敦传教会在香港创办之西医书院不仅是香港第一所高等教

① Paul Linebarger, *Sun Yat Sen and the Chinese Republic*, New York: The Century Co., 1925, p. 152.

育机构，而且是中国近代医学高等教育的发端。该校将近代西方高等教育思想作为办学的基本理念与准则，其组织机构、课程设置、考试方法等均移植于当时欧洲的大学；其师资队伍高度英国化，且广纳西方社会精英从事一线教学工作。[①] 书院主要创办发起人康德黎在第一届毕业生典礼上指出："书院所研习的课程，其依据可说与不列颠各医科学校所编定者相似。"所以，书院的课程"自始以五年的编制为目标"，且均以英文授课。[②] 从香港西医书院的课程设置可以看出，其教授的课程均为西方现代科学之前沿，代表当时世界科技的先进水平。故罗香林（1906—1978）言，"是西医书院之创立，不特与香港教育之进程有关，抑亦与中西文化交流之进程有关也"[③]。

孙中山甫进入香港西医书院，便如饥似渴地研习、探究西方科学技术和人文知识。据关景良忆述："总理在院习医科五年，专心致意于学业，勤恳非常。彼于日间习读医学，夜则研究中文，时见其中夜起床燃灯诵读。"[④] 香港西医书院创立之时，正值达尔文（Charles Darwin，1809—1882）学说风靡欧美，法国大革命史研究亦风头正劲。当时，孙中山"最爱读之书乃《法国革命史》（蓝皮译本）及达尔文之进化论"，"后乃知其思想受此二书之影响不少也"[⑤]。达尔文是著名英国生物学家。其通过环球实地考察之后提出的"物竞天择，适者生存"进化论，彻底颠覆人类对自我的认识，尤其冲击基督宗教的上帝创世论。

---

① 参见陈才俊：《香港西医书院的创办及其历史意义》，《高等教育研究》2005 年第 8 期，第 84—88 页。

② James Cantlie's speech appeared in *China Mail*, July 24, 1892. 参见罗香林：《香港与中西文化之交流》，香港：中国学社，1961 年，第 138—139 页。

③ 罗香林：《香港与中西文化之交流》，香港：中国学社，1961 年，第 135 页。

④ 简又文：《国民革命文献丛录》，载广东文物展览会编：《广东文物》中册，广州：广东人民出版社，2013 年，第 431 页。简又文转述关景良之回忆。

⑤ 简又文：《国民革命文献丛录》，载广东文物展览会编：《广东文物》中册，广州：广东人民出版社，2013 年，第 431 页。简又文转述关景良之回忆。

孙中山研读达尔文的《物种起源》（*Origin of Species*）及法国历史学家米涅（François A. Mignet，1796—1884）的《法国革命史》（*History of the French Revolution, from 1789 to 1814*）时，尚无中文译本。可以说，“国父之研究此类繁著，非第探索繁颐，且在中国亦开风气之先焉”[①]。另据康德黎回忆，孙中山当时还“研究国际法、军事战术、海军建设、各种财政、治国方略及各种流派的政治学”[②]。总而言之，孙中山在西医书院读书时，对西学的涉猎非常广泛。

1890 年，就读于香港西医书院的孙中山，曾上书香山贤达、李鸿章（1823—1901）重要幕僚郑藻如（1827—1894）。其自谓：“某留心经济之学十有余年矣，远至欧洲时局之变迁，上至历朝制度之沿革，大则两间之天道人事，小则泰西之格致语言，多有旁及。”[③] 24 岁的孙中山如果对西学不是相当熟悉，不可能在 63 岁的郑藻如面前如此自信。1894 年 6 月，从香港西医书院毕业近两年的孙中山，在《上李鸿章书》中亦自述：“曾于香港考授英国医士。幼尝游学外洋，于泰西之语言文字，政治礼俗，与夫天算地舆之学，格物化学之理，皆略有所窥；而尤留心于其富国强兵之道，化民成俗之规；至于时局变迁之故，睦邻交际之宜，辄能洞其阃奥。”“于今之所谓西学者概已有所涉猎，而所谓专门之学亦已穷求其一矣。”“游学之余，兼涉树艺，泰西农学之书间尝观览，于考地质、察物理之法略有所知。”[④] 此亦为孙中山在

---

① 罗香林：《国父之大学时代》，台北：台湾商务印书馆，1954 年，第 32 页。

② James Cantlie and C. Sheridan Jones, *Sun Yat-sen and the Awakening of China*, New York: Fleming H. Revell Company, 1912, pp. 202-203.

③ 孙中山：《致郑藻如书》（1890 年），载广东省社会科学院历史研究室、中国社会科学院近代史研究所中华民国史研究室、中山大学历史系孙中山研究室合编：《孙中山全集》第 1 卷，北京：中华书局，1981 年，第 1 页。

④ 孙中山：《上李鸿章书》（1894 年 6 月），载广东省社会科学院历史研究室、中国社会科学院近代史研究所中华民国史研究室、中山大学历史系孙中山研究室合编：《孙中山全集》第 1 卷，北京：中华书局，1981 年，第 8、16、17 页。

香港西医书院求学期间广涉西学的又一明证。

孙中山孜孜不倦地探究西学，是希望利用所学知识服务国人，期冀中国步入现代化之途。“盖欲合其学术之研究与实际生活，及救国意志为一体，即古所谓‘寝馈无忘’也。”[①] 其1890年的上郑藻如书，已尝试对封建中国“农桑之不振”“鸦片之为害”“天下之失教”三大问题予以剖析，并提出自己的改革举措。其1891年前后撰写的《农功》一文，更是对以西方学术兴中国农政有较深入地阐论。他首先阐释世界各国农政的先进之处，然后分析中国传统农耕思想的沉疴痼疾，最后提出对中国农业发展的建设性构想。孙中山理想的现代中国是“以农为经，以商为纬，本末备具，巨细毕赅”[②]。

在香港求学期间，孙中山接触最多的无疑是教会人士。当时与其有共同语言且深受西学影响之华人，绝大部分为奉公守法的基督徒。他也寄希望于这些基督徒通过借助西学引领中国走向现代化。1891年3月27日，孙中山与同人在香港创立基督徒团体“教友少年会”。他以“孙日新”之名在上海广学会《中西教会报》发表之《教友少年会纪事》言：“辛卯之春，二月十八日，同人创少年会于香港，颜其处曰‘培道书室’。中设图书、玩器、讲席、琴台，为公暇茶余谈道论文之地；又复延集西友于晚间在此讲授专门之学。”[③] 此“西友”所授“专门之学”，即西学。孙中山等人创办教友少年会，一方面“以联络教中子弟，使毋荒其道心，免渐堕乎流俗，而措吾教于磐石之固也”；另一方面“集俊秀于一室，交游尽属淳良，备琴书于座右，器玩都成

① 李进轩：《孙中山先生革命与香港》，台北：文史哲出版社，1989年，第97页。

② 孙中山：《农功》（1891年前后），载广东省社会科学院历史研究室、中国社会科学院近代史研究所中华民国史研究室、中山大学历史系孙中山研究室合编：《孙中山全集》第1卷，北京：中华书局，1981年，第6页。

③ 孙日新：《教友少年会纪事》，《中西教会报》1891年第1卷第5期，第24页。

雅艺”[①]。教友少年会的终极目标是希望在全国形成一种倡导西学的风气，并借此为革新社会营造气势。《教友少年会纪事》乃迄今所见孙中山首次署名公开发表的文章，彰显青年孙中山崇尚西学之志。

随着孙中山在香港获得的西学知识愈来愈多，其与耶稣基督的距离也就渐行渐远，尤其是研究达尔文的进化论之后，他更“雅癖达文之道（Darwinism）”[②]，“于耶稣教之信心，随研究科学而薄弱”[③]。可以说，孙中山因为倾心基督宗教的与时俱进而认识到西方文明的先进性，但在对西方文明的深入探究中又超越信仰的局限性，进而深度发掘宗教的实用性。

## 三、从医人到医国：孙中山的角色转型

基督宗教的入世思想体现于，耶稣基督从天国降临人间，来到寻常百姓之家，指引受苦受难的众生迈向永恒幸福的天国，不但不主张远离尘世、无欲无求，而且十分关注世俗之人的各种权利；基督宗教高度重视人权，鼓励人们谋求在政治、经济、文化等方面的权利；基督徒具有承担人类苦难和社会义务的责任感，主张尽心尽力服务社会。按照传统基督教义，基督福音要证实其为“天国之音”，也必须首先为“社会福音”，体现出其社会拯救之义。孙中山抵达香港不久即皈依耶稣基督，接受基督宗教承担人类苦难和投身社会拯救的理念，所以自然而然培育出“救国济民”的博大情怀。

---

① 孙日新：《教友少年会纪事》，《中西教会报》1891 年第 1 卷第 5 期，第 25 页。

② 孙中山：《复翟理斯函》，载广东省社会科学院历史研究室、中国社会科学院近代史研究所中华民国史研究室、中山大学历史系孙中山研究室合编：《孙中山全集》第 1 卷，北京：中华书局，1981 年，第 48 页。

③〔日〕宫崎滔天：《孙逸仙传》，《建国月刊》1931 年第 5 卷第 4 期，第 10 页。

孙中山赴港求学未几便发现，香港与香山不过数十公里之遥，但两地情形却有如天壤之别。据其回忆："在香港读书，工课完毕，每出外游行，见得本港卫生与风俗无一不好"；而回到香山，"因在乡间要做警察及看更人，方可斯二者有枪械在手，晚上无时不要预备枪械，以为防卫之用"。① 在家乡翠亨，他目睹社会充满危险扰攘，百姓生活提心吊胆。令孙中山大为不解的是，何以英国人在短短数十年间就能将香港建设成如此先进的地方，而拥有数千年文明的中国却做不到？后来他渐趋意识到，二者的差距源于社会制度及政府治理之差异。"香港腐败事尚少，而中国内地之腐败竟习以为常，牢不可破。"他最初以为仅香山一地腐败盛行，而事实却是，"及后再到省城，其腐败更加一等，由此想到中国之官势位愈高，贪污愈炽，所有北京各处更有甚矣"②。可见，腐败的封建专制统治是阻遏中国社会进步和影响民众生活幸福的首要障碍。孙中山曾与香港的英国友人议及此事，得到的答案是："良好之政府并非与生俱来，须人事造成之。数百年前英国官员多系腐败，迨后人心一振，良好政府遂得以产出。"于是，他深知"如中国无良好政府，办事必不能成"③。随着在香港学习时间的推移以及对西方社会制度认识的加深，孙中山继思"医术救人，所济有限，其他慈善亦然"。他知道，"若夫最大权力者，无如政治。政治

---

① 《孙文在大学堂演说》，《香港华字日报》1923年2月21日。另见《在香港大学的演说》（1923年2月20日），载林家有编：《孙中山全集续编》第3卷（1921.1—1923.11），北京：中华书局，2017年，第348页。

② 《孙文在大学堂演说》，《香港华字日报》1923年2月21日。另见《在香港大学的演说》（1923年2月20日），载林家有编：《孙中山全集续编》第3卷（1921.1—1923.11），北京：中华书局，2017年，第349页。

③ 《孙文在大学堂演说》，《香港华字日报》1923年2月21日。另见《在香港大学的演说》（1923年2月20日），载林家有编：《孙中山全集续编》第3卷（1921.1—1923.11），北京：中华书局，2017年，第349页。

之势力，可为大善，亦能为大恶，吾国人民之艰苦，皆不良之政治为之”[①]。他最终明白，中国只有革新政治制度，改良政府治理，方能开启现代化进程。

早在檀香山求学之时，孙中山看到中西社会发展及教育水平的差异，便“每课暇，辄与同国同学诸人，相谈衷曲”，且“改良祖国，拯救同群之愿，于是乎生”。其当时所怀，“一若必使我国人人皆免苦难，皆享福乐而后快者”。[②] 求学香港期间，孙中山在广泛研习西方科学技术与人文知识的同时，亦对西方社会制度与政治体制有一定的思考。尤其是他就读的香港西医书院，学校的管理人员及任课教师多为具有英国背景的社会精英与学术翘楚，有些还是享誉国际的著名学者；学校的管理体系与运作模式亦完全英国化。孙中山通过学校的知识积累以及自己的切身感悟，愈来愈觉得革新清朝专制统治的迫切性。

香港西医书院有两位非常重要的人物对青年孙中山影响甚巨。一位是来自苏格兰的英国皇家外科医学院院士康德黎，另一位是从英国学成归来的香港人何启。此二人均具有英国伦敦传教会背景。他们倡导的君主立宪维新主张，直接影响到孙中山早期“革新救国”思想的形成。

康德黎 1887 年 6 月抵达香港，在伦敦传教会创办的雅丽氏利济医院行医，并参与倡议创办香港西医书院。作为香港西医书院的主要创办人及第二任教务长（1889—1896 年在任），他对该校的早期发展贡献卓著。康德黎不仅是“第一位为孙中山上课的老师”，而且是“孙

---

① 孙中山：《在广州岭南学堂的演说》（1912 年 5 月 7 日），载中国社会科学院近代史研究所中华民国史研究室、中山大学历史系孙中山研究室、广东省社会科学院历史研究所合编：《孙中山全集》第 2 卷，北京：中华书局，1982 年，第 359 页。

② 孙中山：《在广州岭南学堂的演说》（1912 年 5 月 7 日），载中国社会科学院近代史研究所中华民国史研究室、中山大学历史系孙中山研究室、广东省社会科学院历史研究所合编：《孙中山全集》第 2 卷，北京：中华书局，1982 年，第 359 页。

中山崇拜的偶像”。[①] 他具体讲授的课程为解剖学。康德黎对孙中山的才智颇为欣赏，在其入学半年后即随带出诊，让其结识在港的英国要人，后来还携其到广州麻风病村做医学调查。在香港西医书院第一届毕业典礼宴会上，康德黎特意安排孙中山代表毕业生致辞。孙中山在与康德黎的密切接触中，不仅掌握了精湛的医疗技术，而且了解到西方的民主法治精神，激发其救国济民的宏大志向。“迨毕业而后，在社会上行走，遂毅然决然脱离医学，而转以救国为前提。”[②] 康德黎亦“极希望中国现代化，并衷心支持孙中山要促使中国现代化的决心”[③]。不过其时的康德黎，“以其维护英国君主立宪制度的立场，努力说服正在求学的孙中山放弃更为激进的共和政见”[④]。据康德黎回忆，他们夫妇曾有几次劝说孙中山接受君主立宪革新方案的长谈。[⑤]

何启 13 岁赴英国留学，先后获得英国皇家外科医学院院士和大律师资格，23 岁携英籍新婚妻子雅丽氏回到香港。雅丽氏去世后，何启捐出亡妻遗产与伦敦传教会创办雅丽氏利济医院，参与倡办香港西医书院并教授法医学。何启“可能是孙中山接触到的企图按照西方的路线使中国现代化的人们中的第一人”[⑥]。1887 年 2 月 16 日，何启在香

① 黄宇和：《三十岁前的孙中山——翠亨、檀岛、香港 1866—1895》，香港：中华书局香港有限公司，2011 年，第 394 页。

② 《孙文在大学堂演说》，《香港华字日报》1923 年 2 月 21 日。另见《在香港大学的演说》（1923 年 2 月 20 日），载林家有编：《孙中山全集续编》第 3 卷（1921.1—1923.11），北京：中华书局，2017 年，第 349 页。

③ 黄宇和：《三十岁前的孙中山——翠亨、檀岛、香港 1866—1895》，香港：中华书局香港有限公司，2011 年，第 379 页。

④ 参见莫世祥：《中山革命在香港（1895—1925）》，香港：三联书店香港有限公司，2011 年，第 51 页。

⑤ James Cantlie and C. Sheridan Jones, *Sun Yat-sen and the Awakening of China*, New York: Jarrold & Sons, 1912, p. 118.

⑥ Harold Z. Schiffrin, *Sun Yat-sen and the Origins of the Chinese Revolution*, Berkeley and Los Angeles: University of California Press, 1969, p. 20.

港英文《德臣西报》（*China Mail*）发表《中国之睡与醒——与曾侯商榷》（“China: the Sleep and the Awakening”: A Reply to Marquis Tseng）一文，[①] 反驳清廷原驻英、法、俄等国公使曾纪泽（1837—1890）在伦敦《亚洲季刊评论》（*Asiatic Quarterly Review*）发表的《中国先睡后醒论》（China, the Sleep and the Awakening）一文暴露的清朝官员陶醉于洋务运动成就而不思政治体制改革的陈旧观点。[②] 曾纪泽宣称中国经过练兵制械的洋务运动，已经从先前的睡梦中觉醒，只要沿着军事近代化的国策继续发展，将成为稳固的国家。何启则历数清廷官吏沉迷于洋务运动局部改革而引发的种种弊端，指出中国其实仍然昏睡在君主专制的政治困局之中。他指出：“今者中国，政则有私而无公也，令则有偏而无平也。庶民如子，而君上薄之不啻如奴贱也。官吏如虎，而君上纵之不啻如鹰犬也。”[③] 进而，他提出“君民共主”的主张：“民之于君为更贵。以有民，不患其无君。而有君，独患其无民也。此以见民之于君为尤先。以有民，然后可有君。无君，必先以无民也。”[④] “国之所以自立者，非君之能自立也，民立之也。国之所以能兴者，非君之能自兴也，民兴之也。然则为君者，其职在于保民，使民为之立国也。其事在于利民，使民为之兴国也。”[⑤] 何启强调，若欲振兴国势，必须内政改革；若要促成君民同心，就要变法维新，公

---

① Sinensis, “‘China: the Sleep and the Awakening’: A Reply to Marquis Tseng,” *China Mail*, February 16, 1887. 胡礼垣（1847—1916）将此文翻译成中文并阐发己见，定名《曾论书后》，刊载于 1887 年 5 月 11 日的《香港华字日报》。

② Marquis Tseng, “China, the Sleep and Awakening,” *Asiatic Quarterly Review*, January 1887; *China Mail*, February 8, 1887.

③ （清）何启、（清）胡礼垣：《新政真诠》，桂林：广西师范大学出版社，2015 年，第 138—139 页。

④ （清）何启、（清）胡礼垣：《新政真诠》，桂林：广西师范大学出版社，2015 年，第 162 页。

⑤ （清）何启、（清）胡礼垣：《新政真诠》，桂林：广西师范大学出版社，2015 年，第 165 页。

平治国。只有这样，中国的觉醒才有出路，否则就是请来古代圣贤执政，亦难得民心。而要改革，则需："国有公平，然后得民信；先得民信，然后得民心；先得民心，然后得民力；先得民力，然后可以养民和；可以养民和，然后可以平外患。"① "君民相继，上下一德，更张丕变，咸与维新，庶可有益于民生。"② 孙中山在香港西医书院聆听何启授课之余，自然了解其倡议中国进行君主立宪改革的主张，特别是在孙中山大学三年级时，何启被港督任命为立法局议员，在香港社会影响颇巨，并引发青年学生对香港政治制度的极大兴趣。③ 何启对英国政治体制以及香港管制架构的阐释，无疑会对孙中山起到潜移默化的作用，激发其革新中国旧制的决心，"对孙中山在香港的思想形成影响深远"④。据何启女婿傅秉常（1896—1965）回忆，民国成立后，"总理于暇时常谈起亲受何启教益之种种，自谓其革新思想颇受何启之启发。""何启著《新政论议》一书，批评清廷者也。总理自谓其学生时代之思想受此书之影响不少。"⑤

孙中山从香港西医书院毕业之时，可谓满怀救国济民激情，期冀为开创中国的现代化事业贡献才智，施展技能。此时的他，虽然因为接受基督宗教的"自由、平等、博爱"观念而萌生民族主义情绪，因为痛恨清朝政府的愚昧专制统治而燃起革命火种，但充其量还只能算

---

① （清）何启、（清）胡礼垣：《新政真诠》，桂林：广西师范大学出版社，2015年，第176—177页。

② （清）何启、（清）胡礼垣：《新政真诠》，桂林：广西师范大学出版社，2015年，第179页。

③ G. H. Choa, *The Life and Times of Sir Kai Ho Kai: A Prominent Figure in Nineteenth-Century Hong Kong*（Second Edition）, Hong Kong: The Chinese University Press, 2000, pp. 16-17.

④ Harold Z. Schiffrin, *Sun Yat-sen and the Origins of the Chinese Revolution*, Berkeley and Los Angeles: University of California Press, 1969, p. 24.

⑤ 沈云龙访问，谢文孙记录：《傅秉常先生访问记录》，台北："中央研究院"近代史研究所，1993年，第10页。

得上一位“改良祖国”的革新救国者。

## 四、从革新到革命：孙中山的救国方略

孙中山在香港西医书院求学期间，除了潜心学习西方的先进科学技术知识，还广泛研读西方政治、经济、历史、文化等方面的著作，深入了解西方各国的政治制度和资产阶级革命历史，积极探寻中国富国强兵的革新之路。其时，改良主义思潮在中国盛极一时。孙中山亦很大程度上受到改良派思想家的影响，寄希望于统治阶级上层实行自上而下的改革，幻想清朝政府能够从内部自我革新。

1890年，孙中山利用假期从香港返乡之机，上书病休居家的香山濠头籍洋务派重要技术官僚郑藻如，就兴农、戒烟、办学三大“有关于天下国家甚大”[①]之事，提出自己的革新建议。郑藻如是李鸿章的重要幕僚，曾任津海关道及出使美国、日斯巴尼亚（西班牙）、秘鲁三国大臣，虽因病返乡闲居，仍关注地方新政。所以，孙中山期冀通过这位开明乡贤向清廷上层表达自己革故鼎新的改良主张。他深感“天下农桑之不振，鸦片之为害，亦已甚矣”[②]，遂提出效法西方国家，推出革新举措。

农业方面，孙中山发现，“农民只知斩伐，而不知种植”，且“蚕桑则向无闻”。造成这种状况的原因，乃“无人为之倡者，而遂因之不广耳”。故此，他提出，即使有些地方地薄土瘠，“亦可以人事培

① 孙中山：《致郑藻如书》，载广东省社会科学院历史研究室、中国社会科学院近代史研究所中华民国史研究室、中山大学历史系孙中山研究室合编：《孙中山全集》第1卷，北京：中华书局，1981年，第3页。

② 孙中山：《致郑藻如书》，载广东省社会科学院历史研究室、中国社会科学院近代史研究所中华民国史研究室、中山大学历史系孙中山研究室合编：《孙中山全集》第1卷，北京：中华书局，1981年，第1页。

之”;“道在鼓励农民，如泰西兴农之会，为之先导”[1]。其具体措施是设立农会，发展桑业。

烟患方面，孙中山指出，“今夫鸦片，物非虫蛇，而为祸尤烈，举天下皆被其灾”；然“议焚议辟，既无补于时艰；言禁言种，亦何益于国计”；且“事机一错，贻祸无穷，未尝不咎当时主持之失计也”。而当时的戒烟实情是“懦夫劣士，惯恋烟霞，虽禁令已申，犹不涌一时折枪碎斗”。于是他建议，应该“立会以劝戒，设局以助戒，当不容缓”[2]。其核心主张是设立劝诫吸食鸦片的机构，禁绝鸦片。

教育方面，孙中山认为，“远观历代，横览九洲，人才之盛衰，风俗之淳靡”，实关人才之教化。“教之有道，则人才济济，风俗丕丕，而国以强；否则反此。”如果“弃天生之材而自安于弱”，则“虽多置铁甲、广购军装，亦莫能强也”。他提出，要兴办教育，就必须“多设学校，使天下无不学之人，无不学之地”。如此，“则智者不致失学而嬉；而愚者亦赖学以知理，不致流于颓悍；妇孺亦皆晓读书”。而要兴办学校，则应“先立一兴学之会，以总理其事。每户百家，设男女蒙馆各一所”;“又于邑城设大学馆一所”[3]。其中心意图是设立教育学会，大量兴办学校，广泛普及教育。

孙中山最后指出，兴农、戒烟、办学三者，“倘能举而行之，必有

① 孙中山:《致郑藻如书》，载广东省社会科学院历史研究室、中国社会科学院近代史研究所中华民国史研究室、中山大学历史系孙中山研究室合编:《孙中山全集》第1卷，北京：中华书局，1981年，第2页。

② 孙中山:《致郑藻如书》，载广东省社会科学院历史研究室、中国社会科学院近代史研究所中华民国史研究室、中山大学历史系孙中山研究室合编:《孙中山全集》第1卷，北京：中华书局，1981年，第2页。

③ 孙中山:《致郑藻如书》，载广东省社会科学院历史研究室、中国社会科学院近代史研究所中华民国史研究室、中山大学历史系孙中山研究室合编:《孙中山全集》第1卷，北京：中华书局，1981年，第2页。

他邑起而效者。将见一倡百和，利以此兴，害以此除，而人才亦以此辈出，未始非吾邑之大幸，吾国之大幸也。”[①]《致郑藻如书》表达了孙中山青年时期所怀国强民富思想和抱负之初衷。

1891年前后，孙中山针对中国的农业问题，再撰《农功》一文。[②]他在文中广泛介绍外国的农政管理及作物种植经验，分析本国农业生产落后之因由。据其言，“泰西农政，皆设农部，总揽大纲。各省设农艺博览会一所，集各方之物产，考农时与化学诸家，详察地利，各随土性，分种所宜”。尤为其称道的是，“农部有专官，农功有专学，朝得一法，暮已遍行于民间；何国有良规，则互相仿效，必底于成而后已。”[③]有鉴于此，孙中山提出，“我国似宜专派户部侍郎一员，综理农事，参仿西法，以复古初。委员赴泰西各国，讲求树艺农桑、养蚕牧畜、机器耕种、化瘠为腴一切善法，泐为专书，必简必赅，使人易晓”[④]。他还特别强调，“以农为经，以商为纬，本末备具，巨细毕赅，是即强兵富国之先声，治国平天下之枢纽也”[⑤]。孙中山放弃历代封建统治者固守的“重农抑商”“重本抑末”观念，足以证明其走在时人前面，体现出其思想的资本主义化时代色彩。

---

① 孙中山：《致郑藻如书》，载广东省社会科学院历史研究室、中国社会科学院近代史研究所中华民国史研究室、中山大学历史系孙中山研究室合编：《孙中山全集》第1卷，北京：中华书局，1981年，第3页。

② 此文经郑观应酌加修改后，辑入其1892年刊行之《盛世危言》。

③ 孙中山：《农功》，载广东省社会科学院历史研究室、中国社会科学院近代史研究所中华民国史研究室、中山大学历史系孙中山研究室合编：《孙中山全集》第1卷，北京：中华书局，1981年，第4页。

④ 孙中山：《农功》，载广东省社会科学院历史研究室、中国社会科学院近代史研究所中华民国史研究室、中山大学历史系孙中山研究室合编：《孙中山全集》第1卷，北京：中华书局，1981年，第5页。

⑤ 孙中山：《农功》，载广东省社会科学院历史研究室、中国社会科学院近代史研究所中华民国史研究室、中山大学历史系孙中山研究室合编：《孙中山全集》第1卷，北京：中华书局，1981年，第6页。

《农功》是孙中山对《致郑藻如书》中提出的兴农之策的延伸和补充。不同的是，《农功》末尾已从议论农政扩展到抨击时政："盖天生民而立之君，朝廷之设官，以为民也。今之悍然民上者，其视民之去来生死，如秦人视越人之肥瘠然，何怪天下流亡满目，盗贼载途也。"[①] 此已表露孙中山对清朝虐民吏治的反感和愤懑。

1894 年 1 月，孙中山在翠亨起草《上李鸿章书》，主张"仿行西法以筹自强"[②]，实行资本主义的改革措施，以改变中国贫穷落后的面貌。其实早在香港西医书院期间，他已酝酿好《上李鸿章书》的腹稿。[③] 孙中山认为，"欧洲富强之本，不尽在于船坚炮利、垒固兵强，而在于人能尽其才，地能尽其利，物能尽其用，货能畅其流——此四事者，富强之大经，治国之大本也"。他还批评，其时某些洋务派"徒惟坚船利炮之是务"是"舍本而图末"。[④]

一是"人能尽其才"，孙中山认为主要在于"教养有道，鼓励有方，任使得法"。具体而言，一方面，"人不能生而知，必待学而后知，人不以能皆好学，必待教而后学，故作之君，作之师，所以教养之也"。另一方面，"用人也，务取所长而久其职。故为文官者，其途

---

① 孙中山：《农功》，载广东省社会科学院历史研究室、中国社会科学院近代史研究所中华民国史研究室、中山大学历史系孙中山研究室合编：《孙中山全集》第 1 卷，北京：中华书局，1981 年，第 5—6 页。

② 孙中山：《上李鸿章书》，载广东省社会科学院历史研究室、中国社会科学院近代史研究所中华民国史研究室、中山大学历史系孙中山研究室合编：《孙中山全集》第 1 卷，北京：中华书局，1981 年，第 8 页。

③ 据冯自由言："总理所撰上直督李鸿章书，即肄业雅丽士（即香港西医书院。——引者注）时腹稿也。"见冯自由：《中国革命运动二十六年组织史》（民国沪上初版书·复制本），上海：上海三联书店，2014 年，第 5 页。

④ 孙中山：《上李鸿章书》，载广东省社会科学院历史研究室、中国社会科学院近代史研究所中华民国史研究室、中山大学历史系孙中山研究室合编：《孙中山全集》第 1 卷，北京：中华书局，1981 年，第 8 页。

必由仕学院，为武官者，其途必由武学堂，若其他，文学渊博者为士师，农学熟悉者为农长，工程达练者为监工，商情谙习者为商董，皆就少年所学而任其职”。若能如此，“教养有道，则天无枉生之才；鼓励以方，则野无郁抑之士；任使得法，则朝无倖进之徒”。总之，“斯三者不失其序，则人能尽其才矣；人既尽其才，则百事俱举；百事举矣，则富强不足谋也”。①

二是“地能尽其利”。孙中山认为主要在于“农政有官，农务有学，耕耨有器”。具体而言，面对中国“农民只知恒守古法，不思变通，垦荒不力，水利不修”的局面，唯有向西方国家学习，“无遗地利，无失农时，故特设专官经略其事，凡有利于农田者无不兴，有害于农田者无不除”。而其中的关键在于，“急兴农学，讲求树畜，速其长植，倍其繁衍”。总之，“农政有官则百姓勤，农务有学则树畜精，耕耨有器则人力省，此三者，我国所当仿行以收其利者也”。②

三是“物能尽其用”。孙中山认为主要在于“穷理日精，机器日巧，不作无益以害有益”。他指出，“泰西之儒以格致为生民根本之务，舍此则无以兴物利民”，“人能穷求其理，理愈明而用愈广”，“物用愈求则人力愈省”。天生之物、地产之物、人成之物，应各尽其道。具体而言，“天生之物如光、热、电者，各国之所共，在穷理之浅深以为取用之多少。地产者如五金、百谷，各国所自有，在能善取而善用之也。人成之物，则系于机器之灵笨与人力之勤惰”。故此，“穷理日精则物用呈，机器日巧则成物多，不作无益则物力节，是亦开财源节

① 孙中山：《上李鸿章书》，载广东省社会科学院历史研究室、中国社会科学院近代史研究所中华民国史研究室、中山大学历史系孙中山研究室合编：《孙中山全集》第1卷，北京：中华书局，1981年，第8—10页。

② 孙中山：《上李鸿章书》，载广东省社会科学院历史研究室、中国社会科学院近代史研究所中华民国史研究室、中山大学历史系孙中山研究室合编：《孙中山全集》第1卷，北京：中华书局，1981年，第10—11页。

财流之一大端也”。[1]

四是“货能畅其流”。孙中山认为主要在于“关卡之无阻难，保商之有善良法，多轮船铁道之载运”。具体而言，“无关卡之阻难，则商贾愿出于其市；有保商之善法，则殷富亦乐于贸迁；多轮船铁路之载运，则货物之盘费轻”。而且，“货流既畅，则财源自足”。他指出，中国之所以无法货畅其流，重要原因之一在于赋税繁重，主张“货之为民生日用所必需者轻其敛”。另外，国家对商贾的保护亦颇为重要，“商不见保则货物不流，货物不流则财源不聚，是虽地大物博，无益也”。孙中山强调，只有“百货畅流，商贾云集，财源日裕”，方可“国势日强”。[2]

孙中山最后指出，人、地、物、货四者，“条目工夫不能造次，举措施布各有缓急”，虽“首在陶冶人才”，而揆诸实情，“伏莽时闻，灾荒频见，完善之地已形觅食之艰，凶祲之区难免流离之祸，是丰年不免于冻馁，而荒岁必至于死亡”，故“农政之兴尤为今日之急务”。他主张，“先设农师学堂一所，选好学博物之士课之，三年有成，然后派往各省分设学堂，以课农家聪颖子弟。又每省设立农艺博览会一所，与学堂相表里，广集各方之物产，时与老农互相考证”[3]。他还强调，“夫天下之事，不患不能行，而患无行之之人；方今中国之不振，固患

① 孙中山：《上李鸿章书》，载广东省社会科学院历史研究室、中国社会科学院近代史研究所中华民国史研究室、中山大学历史系孙中山研究室合编：《孙中山全集》第1卷，北京：中华书局，1981年，第11—13页。

② 孙中山：《上李鸿章书》，载广东省社会科学院历史研究室、中国社会科学院近代史研究所中华民国史研究室、中山大学历史系孙中山研究室合编：《孙中山全集》第1卷，北京：中华书局，1981年，第13—15页。

③ 孙中山：《上李鸿章书》，载广东省社会科学院历史研究室、中国社会科学院近代史研究所中华民国史研究室、中山大学历史系孙中山研究室合编：《孙中山全集》第1卷，北京：中华书局，1981年，第16—18页。

于能行之人少，而尤患于不知之人多”。孙中山自信，“以中国之人民材力，而能步武泰西，参行新法，其时不过二十年，必能驾欧洲而上之”。[①]《上李鸿章书》可谓青年孙中山关于富国强兵、发展生产、造福百姓的比较完整而系统的思想建构，亦标志着孙中山早期现代化思想的形成。

直至上书李鸿章时，孙中山虽然已形成鲜明的反满统治情绪和强烈的民族主义意识，但仍未放弃争取自上而下革新救国的梦想。他甚至幻想能在清廷上层争取到更多的汉人支持其革新主张。其目的是试图尽量不使用武装革命，以减少对社会的破坏，而使中国步入富强的现代化道路。但上书李鸿章受挫之后，孙中山毅然决然走上推翻帝制、走向共和的武装革命之路。

## 五、结语

孙中山香港求学时期乃其早期思想形成的重要阶段，其早期思想的核心是富国强兵、救国济民，使中国走上现代化道路，具体手段则是“改良”与“革新”。孙中山因仰慕西方现代文明与科学技术而皈依基督教会，因谙熟基督宗教乃西方文明之根而研习西学，因认同西方君主立宪制度而萌生革新中国旧制的思想，此为其早期思想形成之基本路径。

孙中山是近代中国接触西方社会与文化的重要先驱之一，当他对西方的现代化有了一定的认识，再反观中国的苛制虐政，自然会产生民族危机之感和救国济民之情。在香港求学期间，他最先接受的是基

① 孙中山：《上李鸿章书》，载广东省社会科学院历史研究室、中国社会科学院近代史研究所中华民国史研究室、中山大学历史系孙中山研究室合编：《孙中山全集》第1卷，北京：中华书局，1981年，第15页。

督宗教的核心价值。基督宗教信奉的自由、平等、博爱观念，潜移默化地成为他解构中国君主专制统治及其观念形态的思想基础。对于崇尚现代西方文明与现代化理念的孙中山而言，认同基督宗教的价值观并将之运用于自己的救国济民伟业，乃是自然而然的事情。

在香港求学期间，孙中山自始至终以救国济民为职志。对其而言，救国济民有两种方式。一种是改良现有政权，另一种是推翻现有政权并重组政府。孙中山的最终理想是使中国走上现代化道路。如果不流血即能达此目的，无疑为上上之策。另外，孙中山接受的思想及本人的回应，亦证明其当时的政治取向并非主张“革命”，而只是“改革”，或曰“革新”。美国学者史扶邻（Harold Z. Schiffrin）对此的解释是：“作为一名几乎完全接受西方教育的人和现代医学的潜在先驱，孙中山拥有的资历，不会像对朝廷的进步支持者那样吸引三合会。他在香港的经历使他意识到这种替代的可能性，这使他对中国的问题有了更广泛的认识，并给了他希望：可以为改革做出贡献，而不必成为一个叛乱者。”①

孙中山从“革新”走向“革命”，事实上经历了一个不短的过程，当他竭尽一切和平途径，企图促使中国走向现代化的理想失败之后，才毅然决然走上革命的道路。② 孙中山以推翻清政府的革命者形象出现，乃是在其1894年上书李鸿章失败、和平改革梦想破灭之后。此时，距他离开香港已两年之久。有学者考证，“孙中山自己对于‘革命’一词的使用，实际上颇为保守”。原因在于，一方面，“在传统语境里，‘革命’与‘成则为王，败则为寇’的政治文化是连在一起的。

① Harold Z. Schiffrin, *Sun Yat-sen and the Origins of the Chinese Revolution*, Berkeley and Los Angeles: University of California Press, 1969, p. 24.

② 参见黄宇和：《三十岁前的孙中山——翠亨、檀岛、香港 1866—1895》，香港：中华书局香港有限公司，2011年，第642—643、379页。

无论是造反还是政变，只是推翻旧皇朝的，才能为‘革命’加冕。对于叛乱者而言，自称‘造反’即含有自定的合法性，但未成功之前便称‘革命’，乃不可思议之事”。另一方面，“1895 年前后孙中山在香港期间，西方传教士及其对待‘革命’的保守姿态，给孙中山使用‘革命’一词造成重重阻挠”。[①]

① 陈建华：《革命的现代性：中国革命话语考论》，上海：上海古籍出版社，2000 年，第 106、109、112—113 页。

# 岭南文化研究

# 文化自觉、文化自信与乡土文化的传承发展

林伦伦*

**摘　要：** 乡土文化传承和建设的前提是要有文化自觉和文化自信，而要做好乡土文化传承和建设，要做到“五位一体”：政府的正确指导、学校的教学教育、媒体的多元化宣传推广、社会形成的文化共识、家庭的家教家风建设，才能形成传承和发展乡土文化的良好社会环境，从而为地方的文化建设和振兴做出贡献。

**关键词：** 文化自觉；文化自信；乡土文化；五位一体

## 一、文化自觉与文化自信

我这几年所从事的工作主要是语言资源保护工程，在广东省我们一共做了 72 个方言点的调查和保护，现在正在做调查资料汇总工作。在潮汕这边，我们主要做的是课本的编写和对中小学乃至幼儿园老师的培训。2016 年我们在陈平原教授的带领下开始编写乡土文化的课本，此后开展了一系列的后续跟进活动，取得了一定的成绩和经验。今天，我就在这个前提下，跟大家汇报一下做这些工作的体会。我觉得做这个事情，文化自觉和文化自信很重要，费孝通先生在比较早的时候就讲到文化自觉关键是要在传统和现代化之间找到接榫之处。刚才陈平原教授讲古城的时候，其实也讲到这一点，怎么样在老的、传

---

* 　作者简介：林伦伦，国际潮学研究会学术委员会主任，暨南大学潮州文化研究院副院长。

统的古城里面找到新的东西作为发展因素。潮州市委市政府也很重视文化的创新和发展的问题，这次论坛的主题就是围绕这个问题开展的，这个问题其实也是一个文化自觉和文化自信的问题。

现在强调文化自信，但是我觉得应该是先有文化自觉然后才有文化自信，能知道自己的文化里面有什么好的东西可以转型、发展。区域文化里面有优秀的，也有很多不是优秀的，甚至落后的、丑陋的东西。潮州文化有很好的内容，但是我们在做很具体的研究的时候发现，也有不少不适宜跟小孩讲的，比如一首很流行的歌谣唱道：

> 饲只鸡母叫咯家（养个母鸡来下蛋），
> 饲只狗囝来吠夜（养条小狗来守夜），
> 饲个兜囝落书斋（养个男孩进学校），
> 饲个走囝乞人骂（养个女孩挨人骂）。

为什么养个女孩就挨人骂呢？因为在潮州或者说整个潮汕地区还有重男轻女的传统，做人媳妇不能当家等。为什么老是说某个县某个区生了一大堆小孩，没有生到男孩就一定要不停地生呢？因为没有男孩，族谱里面就没有记载，就断根了。断根对于封建传统文化意识很强的人，那是很要命的。宗族祠堂里面的牌位，女人是不能进去的，所以才有了潮安龙湖古寨里面的阿婆祠。阿婆祠祭祀的是一个进士的出身妾氏的母亲，这在当时是离经叛道的人做的惊天动地的事情。中央台《记住乡愁》栏目来拍摄“记住乡愁”纪录片的时候，对阿婆祠非常感兴趣，导演说这个是很少有的女祠里面的一个非常值得宣传的点。

由此可知，区域文化里面有优秀的内容，也有不优秀的，文化自觉在我们要传承给小孩的时候就显得很重要了，因为你必须辨别清楚哪些文化内容是优秀的、值得传承的；哪些文化内容是落后的，是要淘汰的。

十八大以来，习近平总书记在多次谈话中表达了自己对传统文化、传统思想价值体系的认同与尊崇。习总书记在系列重要讲话中多处引经据典，生动传神，寓意深邃，极具启迪意义，展现了中国政府与人民的精神志气，提振了中华民族的文化自信。从我们语言学的语言应用的角度看，我觉得习近平总书记的文化自信的表现有两个方面可以作为我们的榜样：一个方面是对古代的经典的熟练而准确的运用；另外一个是体现了民间智慧的俗语、谚语的运用。我前天晚上看中央台新闻，《平易近人——习近平喜欢用的典故》第二辑出版了，“平易近人”是习近平总书记语言风格的显著特点，同时也是文化自信的突出表现。他的讲话里面既有很古典的，如古代的哲学家或者名人的语录、经典和典故，还有很多则是人民群众的语言。有的人可能认为作为国家领袖用老百姓讲的口头语言会不会不合适，但是他讲出来我们觉得很合适，形象生动，像毛泽东主席以前也喜欢用湖南那边的一些俚语、俗语，我觉得这都是一种对自己的母语及母语文化具有高度的文化自信的表现。

## 二、潮州市的城市定位与“追求精致”的潮州文化特质相契合

我今天讲的题目其实也可以叫“文化自觉、文化自信是文化传承的前提”。

我现在讲第一个案例。中共潮州市委何晓军书记刚才在这里作了一个很好的开幕词，提出“潮州要在更高的起点上打造沿海经济带上的特色精品城市，打造中小城市美的典范”。这个城市定位与“追求精致”的潮州文化特质是很契合的。刚才平原兄说潮州是一个小的古城，也是个小的城市，其实是不宜跟别的地方一样随便喊“做大做强”

的，以前提的大工业模式是不适合潮州的。我觉得现在提的定位跟潮州人追求精致的文化性格是很契合的。

我一直认为，潮州人（不仅仅是现在的潮汕三市之一的潮州市区域的人）优秀文化特质之一就是追求精致，我很早就在《对潮学和潮汕文化的再认识——潮学札记》（载《潮学研究》第9辑，第15—26页，花城出版社，2001年）那篇文章里面谈到这一点，潮州人的特点就是精致或者说精细。无论从哪一个方面讲，潮州人的精致可以说在广东省里是第一的。潮州文化为什么跟广府文化、客家文化不一样？其有别于其他文化的区别性特征，就是精致。

比如农业上的“精耕细作”，全国第一个农业千斤县在潮汕，全国第一个水稻产量2000斤也在潮汕地区。我们说“作田如绣花”，不是“种田”，是“作田”。

民间工艺美术（非物质文化遗产）上的“精雕细刻”。何晓军书记刚才如数家珍：一个潮绣动不动就是几十个人做几年，一个木雕动不动也是做几年，然后还不卖。潮州人就是这样干的，比如从熙公祠的牛索，经过三代师傅的努力探索，最后一个年轻的师傅才做成了，这也是有历史事实的。

饮食习俗（潮州菜、工夫茶）上的“精研细磨”，为什么能够“化腐朽为神奇”呢？例如红薯叶磨成泥加一点高汤，就变成护国菜羹了，还编了个故事：就是刚才何书记讲到的故事：南宋的末代皇帝赵昺来到了潮州，没什么东西吃，只能给他弄一点正在熬给猪吃的红薯叶吃。因为皇帝肚子饿了，所以觉得很好吃。吃了还问这菜叫什么名字？这其实哪有名字啊，农民只知道这个是熬给猪吃的，但是总不能告诉皇帝说这个就是猪食吧，就说还没名字。没名字？皇帝说那我赐名叫“护国菜羹”吧。当然这是编出来的，但是做文化传播就要会编故事，讲好我们潮州的故事，也就是讲好中国故事。其实潮州菜如果燕窝、鱼翅、鲍鱼不提的话，都是普通的家常菜，只不过是潮汕靠海吃海，很多海鲜食材而已。

读书学习、学术研究上的“精益求精”，如：汉学大师饶宗颐教授、核潜艇之父黄旭华院士等。我们不仅仅出文人，也出了很多科学家，最近刚刚获奖的5个中国女科学家，其中一个就是潮州人，是我们韩师外语系的一个退休老师的女儿，现在在香港大学病毒研究所工作，也是我们潮州人的骄傲。

商业贸易上的“精打细算”，潮汕人精于经商之道我这里就不用说了，因为潮商大名鼎鼎，天下闻名，研究成果不少，如李闻海、隗芾《潮商学引论》（广东人民出版社，2021年）等。

以上所述，都与“精细、精致”有关。刚才何书记讲到，潮州文化的精致可能跟南宋末代皇帝及其勤王队伍溃逃至潮州有关，中山大学非物质文化遗产研究中心、国家重点基地的教授也曾经跟我说过：你们这里的精致看来不是一般的市民或者农民能磨炼出来的那么简单，可能跟你们的祖先有贵族移民有关。我以前老是说是因农业耕作方式磨炼出来的，他说不一定是这样的，全中国都有农民，怎么你们这里就精细，是不是南下的移民里以衣冠贵族为主，把讲究精致的习惯传承到你们这里来。我手头没有掌握这种文献资料，我不敢回应这个问题。刚才何书记也提出了一个关于皇室贵族到我们这里来的假设，与中山大学教授的提问想到一处了。

总而言之，敢于提“中小城市的美的典范”的城市定位，我认为也是一种文化自觉和文化自信的突出表现。

下面我讲第二个案例。

从2016年开始，在陈平原教授的带领下，黄挺教授和我，我们仨一起主编《潮汕文化读本》这套乡土文化教材。这套书一开始只是基于对家乡的热爱、对方言和乡土文化的热爱，基于对乡土文化的优秀内容的自觉和自信。我们从来也没有想到后来跟党中央的政策保持了高度的一致性。2016年开始编著，2017年通过广东省教育厅属下的一个教材审查委员会很严格地评审，因为这是广东省第一套乡土文化教材，教育专家们认真对待，提了不少意见，经过试验教学和修订，后来批准把这套书纳入采购的目录。2017年元月，中共中央办公厅、国务院办公厅《关于实施中华优秀传统文化传承发展工程的意见》，制定了总体目标：到2025年，中华优秀传统文化传承发展体系基本形成，研究阐发、教育普及、保护传承、创新发展、传播交流等方面协同推进并取得重要成果。在“大力推广和规范使用国家通用语言文字”后面，加进了“保护传承方言文化……”的重要内容。我们非常高兴，里面讲到的这些条文内容，我们编的这套书都与其高度吻合。教育部也出台了《完善中华优秀传统文化教育指导纲要》，把中华优秀传统文化教育系统融入课程和教材的体系，指出要“把中华优秀传统文化教育系统融入课程和教材体系”。在《〈国家通用语言文字法〉实施办法》第九条中，也有了“方言教学，学习传承传统地方戏曲，以及在影视、出版、研究中确实需要的，可以使用方言”的具体条文。

这也就是说，乡土文化教育的教材，可以进学校，可以进教室，可以进学生的脑袋。马兴瑞省长也在《2018年广东省政府工作报告》提到：“加强广府、潮汕、客家等岭南优秀传统文化和非物质文化遗产传承发展，推动优秀传统文化进校园、进课堂。”

《读本》中最受欢迎的是第一册的歌谣，后来我们编辑出版了《潮汕童谣绘本》（广东省高等教育出版社，2020年），把小学一年级的童谣扩展为春秋两季6本的童谣给幼儿园使用，把乡土文化的教材从小学初中扩展到幼儿园了。这套《潮汕童谣绘本》现在很受家长和幼儿园欢迎，广受好评。第二套书是《潮人好家风》，潮人的家风教育是非常优秀的，刚才何书记也讲到了，平原兄其实也有很多文章谈到，他自己爱读书的习惯，是他的父亲带动起来的。他的中山大学中文系的同班同学吴承学教授，也在一篇文章中谈到，也是他爸爸带着他读书。很多家庭都是因为良好的家风把自己的孩子培养成为各行各业的翘楚。2020 年底，《潮人好家风》就编得差不多了。2021 年 7 月份，中宣部等七部委颁布了一个《关于进一步加强家庭家教家风建设的实施意见》。《潮人好家风》可以说是把潮州文化里面的最优秀的东西也体现出来了，现在正式出版了，正好赶上了落实中宣部等七部委文件精神的好机遇。所以，就是要自己有文化自觉，然后建立坚定的文化自信，才能够把文化传承的工作做好。只要有文化自觉和文化自信，看准了就干，相信机遇是留给有准备的人的。

## 三、乡土文化传承要“五位一体”

最后我强调一下，做好潮州乡土文化传承，其实并不是说陈平原教授和我就能够做好，我们跟黄挺老师三个人只是带个头，其实真正落地的必须有一批在中小学、幼儿园教学的一线老师，我们是背靠着韩山师范学院和韩师潮州分院，他们主要是培养中小学老师、幼儿园师资，我们在韩师和潮州市教育局支持下、在潮师分院林朝虹教授的具体组织下举办高级研修班。这是因为，一开始我们把教材编著出来，以为交给老师们去使用就行了。后来校长们就跟我们诉苦，说现在 30 岁左右的老师们，别以为他们懂歌谣、懂那些潮州的民间故事，其实他们也不大懂，要他们教给学生有困难。所以，这几年我就坚持每个月从广州回来给他们讲课，这等于在大学里开一个研究生班。偶尔平原兄、黄挺兄也回来讲。我们还请了暨南大学、广东外语外贸大学的老师们也来讲。就这样跟老师们认认真真地讲了两年的课，才把这一批中小学老师给带出来。

文化传承一定需要有学校作为主要阵地，但是只有学校还不行，必须有政府在前面指引，刚才讲的党中央、中宣部、教育部，上级的文件都高屋建瓴，都大力提倡传承中华优秀传统文化。但是，直到现在，不少校长和教育局还没更新他们的想法，他们还老是认为方言怎么可以进学校，地方文化怎么可以进学校呢？幸亏潮州市委宣传部非常好，潮州市教育局非常好，他们大力支持以乡土教材的编写和进入学校进行教学传承的工作，潮州市教育局还出台红头文件把《潮汕文化读本》进学校推广开来。湘桥区、枫溪区教育局也请我们去培训老师来传承乡土文化。就在今天下午，还有潮州市委宣传部组织的一个“关于乡土文化教材进学校”的沙龙，我跟平原兄都要去那边讲一讲。由此可见，政府的政策和指导是非常重要的。

第三个方面是家庭。很多家庭到目前为止还都认为学普通话就行了，方言不一定要教。当然，你不教也可以，但是我觉得教会给孩子，多一个与人交际、交流的工具，多一个思考和表达思想的工具有什么不好？因为语言本身不仅仅是交际的工具，它还是思维的工具，还是跟人打交道的一个很好的桥梁。家庭里很多家长不让自己的小孩学方言，是担心学了方言以后把普通话口音说歪了，以后学英语也学歪了。这是不懂得应用语言学的想法，其实，小时候学什么方言都对以后学习普通话和学外语不会产生不良影响的。

第四个方面是媒体。现在媒体也都全面启动了，5 年前还没这个事。中央广播电视总台现在也开始做乡音博物馆了，广东省委宣传部和广东电视台也建设了“岭南方言与文化博物馆”，整个社会都基本达成了一个共识。

最后一个方面是社会。我们希望社会舆情要达成共识，要全体总动员，来建设双语甚至多语和多元文化的社会。我这里给大家看一些图片，这个是广东省的岭南方言与文化博物馆。这个是视频：“由中央广播电视总台推出的大型融媒体互动产品，乡音博物馆今天正式上线，用户可在云听客户端边看边玩边说边学。”

中央台都办了乡音博物馆了，岭南方言博物馆是广东省委宣传部和广东电视台主办的，在佛山图书馆的5楼，大家有兴趣可以去看，那里有很多有意思的东西。我们都是他们建馆的学术顾问，这张照片是我跟暨南大学的方言学家甘于恩教授两个人拿着耳机在听他们智能发音设备等。《南方都市报》有个“方言传承与推广论坛——南方都市报N视频”，你别以为现在的报纸还是一张纸，还是纸质的报纸。他们现在也都是全媒体的，他们也干视频了，这短视频的收视率比他们纸质的报纸还好，影响力大得很，他们也在做岭南方言与文化的传承和创新的工作。

综上所述，政府的正确指导、学校的教学教育、家庭的家教家风建设、媒体的多元化宣传推广、社会形成的文化共识：五位一体，才能形成传承和发展潮州文化的良好社会环境，才能更好地为潮州的文化振兴做出贡献。

附记：本文为“首届潮州文化论坛”所作（2021年10月22日）。

# 潮州文化传承与创新
## ——以非物质文化遗产的保育为例

黄 挺*

**摘 要**：在经过相关法律条文和规章制度的不断颁布和完善之后，我国的“非物质遗产保护”越来越受到重视，而“坚持守正创新”、具有中国特色的非遗保育，在今后将成为我们文化传承实践的方向。以潮汕剪纸为例，技艺传承的形式和传承中的衍变，都是我们需要认真考量的问题。作为一种民间习俗，其传承不应该个人化、模式化，而应该通过群体来让它活化，让它继续传承下去。对非物质文化遗产的保护，应该注重历史的继承，同时也应该注重对传统的创新。

**关键词**：潮州文化；非遗；潮汕剪纸；传承；创新

我国的非物质文化遗产的保育，在经过相关法律条文和规章制度的不断颁布及完善之后，越来越受到重视，同时也日趋规范。极富地域特色且历史悠久的潮州文化，其中的非物质文化遗产的保育，当前面临着诸多问题，这是当代学者尤其是从事潮州文化研究的学界所必须要正视的课题。本文在简要回顾文化遗产的传承与创新的历史的基础上，拟以潮汕剪纸为例，对非遗传承和保育问题进行初步分析和讨论，以期尝试对潮州文化的传承与创新问题提出新思路。

---

* 作者简介：黄挺，韩山师范学院潮学研究院研究员。研究方向为区域史、文化史。本文是作者在首届“潮州文化论坛”暨“潮州文化传承与创新”学术研讨会（2021 年 10 月 22 日在韩山师范学院召开）上的主旨演讲，收入本刊时略有改动。

## 一、文化遗产的传承与创新：基于文献的回顾

首先，我们一起来做点文献回顾，看看近 20 年的非遗工作实践中，我们的指导方针是怎么转变的。

实际上从 21 世纪开始，在具有中国特色的非遗保育的实践过程，我们的“非物质遗产保护”的理念是不断变化发展的。非遗的活态，即非物质文化遗产的存活形态和它的再创造越来越受到重视。

关于非物质遗产的定义有很多种表述，但是最权威的有两个，一个是联合国教科文组织的《保护非物质文化遗产公约》，我们一般把它简称为《公约》；另外一个是国家颁布的《非遗法》，就是《中华人民共和国非物质文化遗产法》。前一个是 2004 年在全国人大通过，也就是说 2004 年开始，在中国，非物质遗产保护有了法律根据。《中华人民共和国非物质文化遗产法》是 2011 年公布并开始施行的，更是我们在做非遗保护的时候必须遵守的法律。

在这里，我把两个文件对非物质遗产的定义列出来，放在一起比较。《保护非物质文化遗产的公约》的定义：非物质文化遗产，指被各社区、群体，有时是个人，视为其文化遗产组成部分的各种社会实践、观念表述、表现形式、知识、技能以及相关的工具、实物、手工艺品和文化场所。这种非物质文化遗产世代相传，在各社区和群体适应周围环境以及与自然和历史的互动中，被不断地再创造，为这些社区和群体提供认同感和持续感，从而增强对文化多样性和人类创造力的尊重。

《中华人民共和国非物质文化遗产法》的定义：非物质文化遗产是指各族人民世代相传并视为其文化遗产组成部分的各种传统文化表现形式，以及与这些表现形式相关的实物和场所。

我们只要把这两段文献稍加比较，就可以很清楚看出来，实际上

《非遗法》对非物质文化遗产的定义只是《公约》的定义的前一部分。公约后边一部分讲，非物质遗产是可以“被不断地再创造”的，是一个社区、一个群体在适应环境，在与自然跟历史的互动中，持续发展、不断再创造的过程，因为只有这样，传统才有持续感，才可以为社区或群体提供一个必须有的认同感。

实际上，当“非物质文化遗产”这个概念开始在中国使用，一直到2011年《非遗法》颁布，甚至再延后一段时间，我们并没有强调非物质文化遗产的再创造的重要性。

为什么在很长的一段时间里，非物质文化遗产再创造的重要性没有被我们所重视？

在努力梳理2006年以来的非遗文件的思想脉络之后，我觉得，我们对“非物质文化遗产”的定义，受此前已经开展的“民间文化遗产抢救工程”实践的影响实在太大了。

毛泽东《在延安文艺座谈会上讲话》为中国文艺工作者指明了继承和借鉴优秀文化遗产的方向。20世纪80年代，民间文学三套集成的编写，文艺工作者的下乡采风，都是遵循着这条路径走的。那时中国现代化建设刚刚起步，工业化和城市化的趋势并未对传统社会生活有太大影响。采风的目的还是为了创造新文化而去继承和借鉴传统文化。但是经过十余年积势蓄力之后，中国经济进入高速发展轨道。农耕时代的传统文化在现代化潮流冲击下，面临前所未遇的危机，不断消逝。这时，有一批非常珍惜民间文化的有识之士开始呼吁，并着力于民间文化抢救。被誉为“民间文化守望者”的冯骥才先生是最积极的行动者。

2001年，冯骥才当选中国民间文艺家协会主席，并在2003年发起了“中国民间文化遗产抢救工程”。就是说，在《保护非物质文化遗产公约》在法理上获得中国国家认同之前，我们已经开始了民间文化的抢救工作。

2004年，在回答《天津日报》记者的提问时，冯骥才说："在外来文化尤其是流行文化的冲击下，我觉得民族的主体精神在逐步丢失。在最近的10到15年，这种丢失越来越明显。我们对自己的主体文化缺乏自尊心与光荣感。这时候，我想我们最需要的就是要回到我们文化的原点来整理，来看看我们自己原有的文化载体怎么样。"基于这种忧虑，民间文化抢救工程非常强调在普查的基础上对这些民间文化遗产进行保护抢救的做法。

2006年非遗公约由全国人大常委会通过，我们在理解这个文件的时候，还是沿用原来的思路，延续民间文化遗产抢救工程的做法来做非遗保护。一如冯骥才先生所说："960万平方公里的非遗就是民间文化，我们要做一个全面的调查，然后把它进行整理。"或者像天津大学冯骥才文学艺术研究院的博士后马知遥所说："方法上，非遗是如年画保护那样，进行普查和抢救"。

使用于抢救民间文化遗产的方法，普查、登记、整理，被沿袭到非遗保护工作中来。

实际上，《保护非物质文化遗产公约》制订的出发点是强调世界文化的多样性和对这些文化的尊重。文化多样性是不同社区和群体在不同的自然环境和历史过程中不断地再创造的结果。正是有了"不断地再创造"的前提，这些社区和群体才有了属于自己的文化认同，才能把属于自己的文化持续下去。因此，公约强调人类的创造力，强调非物质文化遗产的再创造的重要性。

如何对非物质文化遗产"不断地再创造"？这一重要内容显然在我们的非遗保护工作中被忽视了。这种情况，到2017年以后才有了很大的转变。我们可以看到2017年非遗传承人的研修计划实施，把传承人送到了高校里面去培养，去做短训。显然，培训的目的是开阔传承人的视野，我们不能只是守着前辈传下来的那点东西，不能只是照着做，我们应该多学习多吸收，接着做，做得更好。这样的理念，已经突破了抢救性保护的格局，更加突出开放性保护，强调传承过程的再创造。

2018 年传统工艺的复兴工程和计划在全国展开。2018 到 2019 年，我们又开始建立了文化生态保护区。这两年我们又把非遗保护和乡村扶贫工作结合起来。这些措施的实施过程，也难免涉及传承创造性的问题。因为再也不是局限于原来那种一个师傅带一个徒弟的传承方法，而是一个大师、一个传承人跑到一个地方，去教一群村民做这种工艺。实际上对于这些被扶贫的村庄来说，他们原来是没有这种传承的。现在因为整个国家的经济发展战略的需要，大师们来到这个地方教他们，比如潮州的这两个国家非遗项目，一个珠绣，一个朱泥壶，就是这样做的。

这一系列的举措，反映了我们的非遗保护理念，已经突破了档案式抢救的框框。在这个过程，我们的非遗保护已经变成非遗保育。我把保护跟保育分开来，保育实际上还有一个增长值在里头，你保护它，而且又让它成长。也就是说，我们不再停留在静态地把这些非遗的资料登记在我们的档案里，把它保存起来，而是尝试将非遗放在不断变化的社会生活当中去保护，用开放式的保育，代替封闭式的保护。这种开放式地保育才能够让非遗恢复真正的活态，保证它被“不断地再创造”，再传承下去。

2017 年以来的这些举措，说明我们的非遗保护工作，已经从民间文化抢救工程的出发点，向前迈进，很好地体现出非物质遗产在社区和群体文化中被“不断地再创造”这样一个精神，也更加接近《公约》对“非物质遗产”的定义。

到了 2021 年，我们可以看到连续发布的两个文件，一个是 5 月份文旅部印发的《“十四五”非物质遗产保护的规划》，另外一个是 8 月份中共中央办公厅和国务院办公厅印发的《关于进一步加强非物质文化遗产保护工作的意见》。对照以往发布的关于非物质遗产保护的文件，这两个文件中最重要的不同是，都强调应该把“坚持守正创新，尊重非遗基本文化内涵，弘扬非遗当代价值，推动非遗在人民群众的当代实践中实现创造性转化、创新性发展，不断增强非遗的生命力”作为非遗保护的指导思想和工作原则。非遗的保育要坚持守正创新，守正是把原来非物质遗产的核心精华给保护下来，创新就是要在这个基础上有所创造，这种“坚持守正创新”、具有中国特色的非遗保育，在今后将成为我们的文化传承实践的方向。

2021 年 11 月 11 日，在中国共产党第十九届中央委员会第六次全体会议通过的《中共中央关于党的百年奋斗重大成就和历史经验的决议》又一次指示，推动中华优秀传统文化创造性转化、创新性发展。“创造性转化”和“创新性发展”正是我们认同和延续中华优秀传统文化的根基。

## 二、潮汕剪纸：我们如何看待非遗传承

对非遗保护理论做了这样一个简单回顾之后，接下来我们再用潮汕剪纸做例子，讲一讲我们应该怎样看待非物质文化遗产的保育传承。

中国剪纸是具有最广泛群众基础的传统民间艺术。2003 年启动的中国民间文化抢救工程，决定开始对中国剪纸进行普查抢救，并整理出版“中国民间剪纸集成”丛书。以佛山剪纸和潮汕剪纸为代表的广东剪纸，是这套丛书的一个子项目。我们受广东民协委托，承当了潮汕民间剪纸的调查和整理工作。工作按照抢救工程工委会和专家委员会制定的《中国民间文化遗产抢救工程普查手册》的要求进行，在 2006 年完成。这一年，由佛山市、汕头市和潮州市分别申报的“广东剪纸”，列入第一批“国家级非物质文化遗产名录”。2017 年《中国民间剪纸集成》重新启动，原来的“广东卷”分拆成“佛山卷”和“潮

汕卷”。“潮汕卷”按照《〈中国民间剪纸集成〉田野调查与编撰工作手册》的新要求，对原来的成果做了修订，补充了剪纸民俗应用的内容，增加了传承人的资料。初稿完成后，根据审稿人的意见进行修改，在这个过程也跟审稿人有一些讨论，直到今年年底稿件通过评审。

下面要讨论的“如何看待非遗传承”，就是在这个工作实践中形成的。我们可以从两个方面来考察：技艺传承的形式和传承中的衍变。先讨论第一个方面，即剪纸技艺传承的形式。

2004 年 2 月份，我们刚开始做民间文化抢救工程的时候，按照《中国民间文化遗产抢救工程普查手册》的要求，调查中要填写几个表格，其中有一个表是有关传承人的：你调查的对象是谁，他的师傅是谁，他的师傅的师傅是谁，要尽量调查清楚，做出一个传承谱系。这个做法后来发展成非物质遗产传承人制度。我们现在很自豪说这种传承人制度是中国自己创造的一个有中国特色的东西，因为联合国的非物质遗产公约没有提到传承人的制度。

实际上并非所有民间技艺都是一对一的师徒传承。有的传承人没有办法肯定说出自己学谁的。不过，用于民间文化抢救工程调查的那些表格，并不要求每个项目都必须填写，确实没有明确的传承谱系可以让这一栏空着。但是在非遗传承的调查中，要求作为代表性传承人必须有明确的传承谱系。

在传统潮汕社会，剪纸基本上可以视为女红的一个种类。出嫁、结婚的民俗都会用到剪纸花。许多妇女自幼便接触并开始学习剪纸。对于姑娘们来说，剪纸是必须掌握的一种技艺。在我们的第一次调查中，老艺人们谈起学剪纸的原因，说：“老辈吔，姿娘仔下日欲嫁，不会铰花不大方，给人看作村人。”她们讲，长辈说，女孩子来日要出嫁，不会剪纸就是没有大家子气，会被人看成蠢笨。在调查中我们发现，潮汕剪纸的传承，大多数不是一个人传一个人，往往是集体传承的。那时候，很多老艺人都已经90岁出头，甚至超过100岁，她们都说，我的手艺就是在祠堂里面学的。她们说，每当逢年过节，祠堂要祭祀祖先，就会有一群妇女到祠堂来剪纸花准备装饰祭品。女孩子们到祠堂里看长辈剪花，老辈会教她们，她们也会认真地学。祠堂就是传承场所，她们的手艺都是在那里学的。

清代以后，宗族组织在潮汕乡村普遍发展起来，对整个地区的乡村社会生活影响很大。根据调查过程老艺人们的叙述，可以知道这种祠堂里剪纸的传承，原来是一种普遍现象。像潮州官塘、澄海樟林的好几个地方老艺人都这样讲。但是到现在，这种群体传承的形式，只是在潮阳一些地方的乡村生活里还延续着。

我们在前两年在调查了潮阳铜盂胜前村民间剪纸传承的状况。

胜前村的民俗传统，每逢年节庆典，村里拜神祭祖，都要用剪纸花装饰祭品。20世纪80年代传统社会生活在乡村重兴以后，对剪纸的需求也恢复到原来的样子。在节日来临的时候，姑娘们就会被召集到祠堂里来，准备祭祀用的剪纸花。

潮阳铜盂胜前村许氏祠堂，妇女们正在为祭祖准备剪纸花

村里把这群姑娘组织起来，成立了一个剪纸艺术传承组。剪纸艺术传承组由许遵英指导。许遵英从小跟村里剪得最好的老艺人张佩龙学剪纸，现在是广东剪纸的代表性传承人。

在传承组的活动中，许遵英会指导伙伴们，要怎么剪才能把剪线剪得更漂亮。她还会讲这些花样使用在祭品上，讲老艺人们怎样叫这些剪纸花，这些剪纸花有什么含义。在这样的场合下，剪纸艺术传承组的成员们，学到的不仅仅是铰花技艺，也将了解剪纸花里各种纹样符号的意义和使用方式。剪纸的文化传统跟早先一样以集体传承的形

广东剪纸代表性传承人许遵英在现场指导胜前村剪纸艺术传承组

式延续。

潮汕剪纸活态传承的另一种可持续发展的方向是进校园，与学校教育结合。现在的集体传承，更多的是通过剪纸进校园的活动来达到。

这几年，汕头市的潮阳区、潮南区和潮州市的湘桥区都把剪纸进校园的工作做得很好。很多省级和市级传承人自己编写教材、准备教案，自己去当老师，把传统剪纸技艺，通过教学的实践活动，有序开展，系统地传承给年轻的一代。

在潮阳区金浦大沟小学剪纸进校园活动的记录中，我们可以生动地接触的以另一种形态进行的剪纸集体传承。在课堂上聚集在一起的是一群小孩，里面有很多男孩，他们在老师的指导下动手剪纸，并兴致勃勃地讨论如何把剪纸剪好拼好。给他们讲课的许燕璇老师虽然很年轻，但也是潮阳剪纸的市级传承人了。

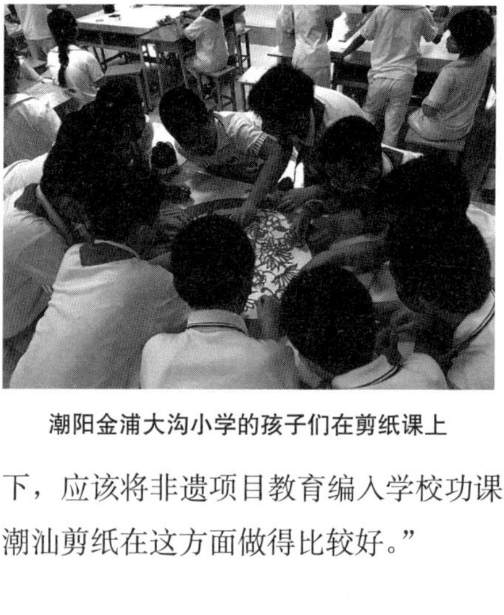

潮阳金浦大沟小学的孩子们在剪纸课上

剪纸进校园在工作思路上和非遗的传承保护理念相吻合。在我们调查访问的过程中，汕头市文化馆分管非遗工作的陈少冰副馆长就说："非遗进校园在可能的情况下，应该将非遗项目教育编入学校功课表，由传承人系统地进行教学。潮汕剪纸在这方面做得比较好。"

剪纸进校园让学生在课堂上接触优秀传统文化，一方面提高地方文化在传统教育中的地位，一方面又扩大非物质文化遗产接触面，具有春风化雨和潜移默化的作用。或者，潮汕的民间剪纸传统将来可以从学校艺术教育这一路径得到延续。

我们注意到，在今年文旅部和中央两办发布的文件里，讲到“完善代表性传承人制度”的时候，都有非遗项目的集体传承的新提法：“对集体传承、大众实践的项目，探索认定代表性传承团体（群体）。”这个提法更加契合很多非遗项目传承的实际，虽然文件里只是讲我们要探索要尝试去做。

潮汕地区的很多非遗项目，其实都是以大众实践的形式集体传承的。好像“出花园”民俗①，直到现在很多地方还存活在生活中，每个家庭都会给满十五岁的孩子做出花园，很多人都懂怎么做，实际上是一种集体传承。但是原来这个项目认定某一个人是代表性传承人，把这种民俗仪式变成由某一个个别的传承人带着一群小孩在舞台上做表演，实际上已经扭曲了这种民俗的存活形态。

作为一种大众生活实践的潮汕工夫茶艺，也更适合集体传承。让工夫茶艺进课堂，教孩子们学会了以后，可以回家泡茶给他们的父母，他们的爷爷奶奶喝——这同每个传承人搞一个21式或者16式的冲泡程式，然后教几个靓女在台上表演，完全是不一样的理念。

潮汕剪纸也是这样，它是作为一种民间习俗来传承的，这种传承不是一个人带着一个人，而是一群人带着一群人，实际上还是应该通

① “出花园”是流行于潮汕地区和海外潮人社会的一种人生礼仪习俗，是潮汕人的“成年礼”。2009年“潮州出花园”列入广东省第三批省级非物质文化遗产名录。要了解这种民俗详细内容，可以查找“广东省文化馆·非遗首页”（www.gdsqyg.com/agdfyzg/index）“名录项目”介绍，或参阅叶春生、林伦伦编《潮汕民俗大典》（广州：广东人民出版社，2010年）第126—128页“出花园”条。

过群体来把它活化，让它继续传承下去。

再讲第二个方面，非遗传承中的衍变问题，这个问题直接切入“潮州文化传承与创新”的主题。

在传统时代，剪纸在传承的过程就有衍变的问题。前面提到，传统时代的潮汕剪纸是在祠堂里集体传承的。在这个传承链条里，大部分剪纸妇女都会经历一个由生到熟，熟能生巧的过程。旧花样会因为各人的喜好悄悄改观。花样的主体结构、剪制技法却依然会被保留，并在流传过程积淀成为众人共同接受的审美模式。但是有一点必须注意到：在集体传承的过程中，大家都是照着熏样来剪，但实际上剪出来的剪纸花，跟一个艺人的性格细心还是粗犷，跟她的审美，都有很大的关系。很多女孩子用同一个熏样剪，剪出来花样就是不一样。我们在潮阳调查过程看到的情况就是这样。这些剪纸妇女中间，偶尔也会出现少数特别聪明的，能够自己画花稿，然后按照自己画稿来剪。这些新花样如果符合众人共同的审美观也会得到认可，成为一种新模式进入传承链条。

常见的传统桃粿花样式

这样的衍变其实已经包含着创新，例如红桃粿是潮汕最常见的民俗食品，拜神、祭祖、婚聘、寿庆都要用到红桃粿。在这些礼俗中，红桃粿会用剪纸花装饰，艺人们把这种剪纸花叫作桃粿花。桃粿花是潮汕特有的一种剪纸类型。桃粿花的传统式样是花中套花，花样外廓剪成桃粿形，然后在这个外形里面随意镂剪出像牡丹花、菊花、莲花这些纹样。我们在调查过程看到的桃粿花几乎都是这个样式。

只有在潮阳的一个村落调查的时候，发现一枚极少见的用人物做图案桃粿花。这件桃粿花剪了个喜气洋洋的少女，对镜梳妆，左右和上方加插梅花。

桃粿花的创新样式

这个图像非常生动，应该是婚嫁民俗中女方送给男方的礼品所用。在潮汕传统的婚嫁礼俗中，定亲之后，女方要给男方回礼，在回礼的礼品有红桃粿，这些红桃粿要用粿花来装饰。这个很聪明的女孩子，她就用自己的才情技艺把这样一枚粿花给剪出来。送到夫家，人家一看就会认定这个女孩心灵手巧。这就是老艺人们讲的，如果不会剪花就会被人家看不起，如果会剪花就会被大家称赞。

赵澄襄剪纸《月光溶溶》
（中国美术馆收藏）

从这个例子我们看到，衍变过程实际上在传统时代已经发生了，所以我们现在如果只是单纯地讲保护，而一点创造性都不讲的话，实际上很难真正把这些非物质文化遗产给保护下来。

为什么要讨论这个话题？这还要从 2004 年那次民间文化遗产抢救工程的调查讲起。那次调查成果的文本中，我们收进了赵澄襄老师的剪纸。

赵澄襄老师是个有影响的画家。她的艺术生涯是从剪纸开始的。赵老师长期进行剪纸的研究和创作，以民间剪纸的刀法和韵味，创作了大量既继承传统又大胆创新，具有现代生活气息的作品。现在虽然把更多的精力放在绘画上面，但仍然不断有新的剪纸创作成果。她努力在剪纸的内容和形式上推陈出新，注入了自己的情趣、理解和思考。她认为：“现代的剪纸创作既要继承传统又必须有新的阐释，作品的真正价值在于它的原创性。”

赵澄襄老师的剪纸，内容与潮汕传统民俗生活若即若离，传统社会生活的场景被用来反映她对当代生活的感受，表现自己的个性。在表现形式方面，我们可以看到她对潮汕民间剪纸精华的继承和拓展。她没有采用世代传承下来的图式来剪纸，但是，她的剪纸在剪制技艺方面保留了很多潮汕剪纸的传统。潮汕民间剪纸最有特色的技巧："剎丝"和"月牙"线，在她的作品里运用得十分自然得体，这无疑使得她的剪纸有一种传统潮汕剪纸的味道。

这个版本我们是在 2005 年交的稿，当时我们还没有推行传承人制度，作者小传的排列是按照出生时间自前而后排列的。赵老师的位置正好排在中间。这一稿在 2006 年已经通过评审排版了，虽然最后没有出版，但应该说评审人对文稿没有异议。2017 年项目重新启动，我们按《〈中国民间剪纸集成〉田野调查与编撰工作手册》的要求对原稿进行改写，作者小传在原来的基础上增加了新评选出来的传承人。但是按照新要求，作者小传要分为老艺人和非物质遗产传承人两部分来介绍。

这样一来，我们就碰到应该把赵澄襄老师归到哪一类的问题。我们介绍的老艺人出生时间都在 20 世纪 30 年代以前，赵老师是 50 年代出生的，比一些传承人还年轻，归不到老艺人一类。她也不是传承人。在我们调查的时候，她讲了自己学剪纸的经历。她的剪纸是自学的。小学二年级看到《小朋友》上一幅林曦明的剪纸，爱不释手，开始模仿，很快掌握镂空技术和黑白的关系。她参加学校的剪纸兴趣组，向一个同学的奶奶学习"熏样"技术，在复制民间剪纸的过程领会潮汕民间剪纸的特点，并尝试剪纸创作。后来她上山下乡去了饶平，更加痴迷于剪纸，她广泛汲取，向民间剪纸、向报刊上的现代剪纸学习，佛山剪纸老艺人林载华富有装饰性和现代构成特点的剪纸给了她很多启发。这时，她的剪纸创作已经设计得很完整，运用阴刻阳刻手段和黑白布局也很成熟了。这种从事剪纸艺术的经历是符合传承人的申报条件的，但是她自己不愿意申报。

既不算老艺人，又是传承人，怎么处理呢？我们把赵澄襄老师的小传单独放在两个大类中间。审稿的老师觉得不妥，主张把有关她的内容拿掉。

我们觉得拿掉也有问题。实际上 2004 年我们开始做民间文化调查的时候，就发现赵老师的剪纸已经是很多年轻人仿效的榜样了。潮阳剪纸几个年轻的传承人，都曾经上门去向她请教。揭阳市的两个年轻传承人的剪纸，更可以说是脱胎于她的作品。现在这些姑娘因为是传承人，我们把她们的作品和从艺经历收进书里，如果没有赵澄襄老师，这本书中间就会有一个缺环。

审稿的老师还有一个理由：《中国民间剪纸集成》的编辑原则是倡导民间文化遗产抢救和活态传承，赵澄襄的剪纸现代气息太浓，看起来不像传统潮汕剪纸。我们完全同意“现代气息浓”看法。赵老师自己也多次谈到她的剪纸创作，吸取了中外现代剪纸的一些理念和技法，以利于更完美地反映社会生活，表达自己的思想、情感和审美观。她反映的社会生活，她的思想、情感和审美观当然是现代的。这一点，拉开了赵老师的作品和传统潮汕剪纸的距离。但另一方面，我们也认为，赵老师的手工制作，工具使用、剪制技法、黑白处理等等，还是处处显露出潮汕剪纸的传统，这种传统是她剪纸创作的根基。

这样来来回回讨论整整两年的时间。直到今年 5 月份，《中国民间剪纸集成》丛书主编乔晓光老师的审稿意见，对稿件做了基本的肯定，我们根据审稿意见对稿件做了补充修改，稿件进入编辑出版程序。赵澄襄老师的小传和作品还是留下来了。

我们的讨论实质上关系一个观点：如何看待传统？传承只是按照师傅的套路亦步亦趋地复制，还是可以有传承人的创造？作为一个工艺师，他们可以不可以有自己的感情、思想在他们的作品里表达？

文旅部的《“十四五”非物质遗产保护的规划》文件正好在5月份出台。文件强调“坚持守正创新，尊重非遗基本文化内涵，弘扬非遗当代价值，推动非遗在人民群众的当代实践中实现创造性转化、创新性发展，不断增强非遗的生命力”，提醒我们在非遗保护工作中，必须辩证地对待传承与创新的关系。这个提醒使我们在完成《中国民间剪纸集成·潮汕卷》过程获得的对非物质文化遗产的传承与创新的认识变得更加明朗了。

对非物质文化遗产的保护应该注重历史的继承，同时也应该注重传统的创新。在传承过程，要认可衍变的发生、给传承人有一个发展的空间。只有这样，我们的非遗传承才真正能够在社区里、在群体里，也就是陈平原先生强调的，在日常生活里延续下来。如果我们只是把非物质文化遗产做成档案，或者把它看作是文物，那它实际上就已经是死了。我们可以把它保护下来，但是我们没办法让它活下来。因此，在保护抢救工作中，我们还是一定要让非物质文化遗产跟社区的生活，跟它产生的环境关联在一起，而不只是把它关进博物馆里。我们的非遗传承与创新应该转化为我们对中华文化的认同与坚守，转化为促进我们社会进步的一个动力。

# 晚清韩江下游的渡口生态与乡村治理

李　坚*

**摘　要**：晚清时期韩江下游的渡口争夺激烈，围绕渡口营运权、渡口苦力生计以及相伴随的各类陋规等等，乡族、村庄之间争斗不休。通过对晚清时期潮州的水头—上埔渡口争夺事件、铺前—京北渡口争夺事件两个事件进行分析，指出韩江流域渡口通常是村庄及乡族重要的生计来源，围绕渡口形成的纠纷不能仅仅关注利益之争，更应该重视背后的乡族治理、乡土传统等因素。晚清潮州官绅在探索实践中所提出的“乡族治乡”的乡村治理模式，对当今的基层治理仍具有借鉴意义。

**关键词**：韩江；渡口；利益；乡族治理

渡口（码头）在传统社会当中除了具有交通上的重要意义之外，通常也是区域的市场及活动中心，是社会各个阶层和群体活动交汇的场域。研究者对于各类码头纠纷，或从官府的调控原则、纠纷背后的市场机制、民间法的近代变迁等角度着手研究，[①] 对于理解传统中国城

---

*　作者简介：李坚，韩山师范学院潮学研究院助理研究员。研究方向为潮州文化。
基金项目：本文系广东省社科规划 2020 年度粤东西北专项课题“清代韩江的航运生态、群体与社会转型”（项目编号 GD20YDXZZL33）阶段性研究成果。

① 周琳：《殴斗的逻辑：乾隆至同治时期重庆的脚夫组织》，《清史研究》2018 年第 3 期，第 91—106 页；衷海燕：《清代广东的码头纠纷与公共秩序》，《华南农业大学学报（社会科学版）》2009 年第 3 期，第 98—103 页；衷海燕：《清代珠江三角洲的水事纠纷及其解决机制研究》，《史学集刊》2009 年第 6 期，第 97—104 页；易江波：《近代中国城市江湖社会纠纷解决模式——聚焦于汉口码头的考察》，北京：中国政法大学出版社，2010 年，第 244—296 页；李坚：《清代韩江流域的渡口及其管理》，《国家航海》（第 11 辑），上海：上海古籍出版社，2015 年，第 38—48 页。

镇的码头群体纠纷具有重要的参考价值。另一方面，以往的研究大多集中于汉口、珠三角、重庆、上海等国内商埠中心，对于地域性的乡村地区的码头则关注不多。

本文关注粤东韩江流域的渡口纠纷问题。与城镇码头相比，韩江流域乡村基层的纠纷主要根源于宗族与乡村力量，形式简单，但往往稍有处置失当便酿成村庄械斗，在人口压力及乡村资源紧缺的背景之下，极容易引发基层社会的动荡，酿成晚清韩江下游地区的统治危机。学界已就械斗产生的原因、地方官绅的对策等进行了讨论①，但关注点大多在吏治、保甲、宗族、地方军事化等外在因素上，鲜少关注到内在与传统乡村的群体生存机制及共生生态关系上。

晚清时期潮州境内渡口的各类纠纷，小则包括渡口挑夫、船商、兵丁等各个群体的利益攘夺，大则涉及村族之间对于渡口所有权与经营权的争夺。容易为人所忽略的是，这些事件是乡土传统、生计与民情等各类因素交融的结果。本文通过两个典型事件，尝试呈现晚清时期潮州乡村渡口的运营状况以及基层乡村的生存机制，探寻纠纷及危机所显现的晚清乡村治理与乡族群体之间的生态关系，以期能够为当今乡村治理提供参考及借鉴。

## 一、水头—上埔渡口争夺事件

涉及潮州府城南厢都上埔乡的黄姓与海阳县江东都水头乡的蔡姓，

① 谢湜：《陈坤〈如不及斋丛书〉与晚清潮州社会》，《中国社会历史评论》（第10卷），天津：天津古籍出版社，2009年，第224—248页；钟佳华：《晚清潮州械斗与地方军事化初探》，《第三届潮学国际研讨会论文集》，广州：花城出版社，2000年，第570—596页；李坚：《曾继渠与19世纪晚期潮州社会》，《地方文化研究》2014年第4期，第74—80页；徐晓望：《试论清代闽粤乡族械斗》，《学术研究》1989年第5期，第68—72页。

两乡隔江相对，乡内分别有上埔渡和水头渡一个。长期以来，两个渡口分别由两乡各自经营，相安无事。清光绪年间，水头乡蔡姓越界霸占了对岸的上埔渡口，连上埔黄姓也无法在上埔渡营运，这也因此成为蔡、黄两姓长达数十年的争斗的主要原因。双方之间的械斗、官司不断，影响所反，惠潮嘉兵备道曾继渠和联元，均先后介入该事件。

两姓之间对上埔渡口的争夺最早可追溯到光绪时期，蔡姓垄断了两个渡口的营运之后，双边爆发冲突，蔡姓凭借官场上的优势，请到当时惠潮嘉兵备道曾纪渠（1890—1895）介入纷争，渡口被判归蔡姓。

从保存于今上埔村内的石碑记载，在曾纪渠离任之后，上埔乡的黄姓宗族又在上埔渡摆渡营运，再次引发严重冲突，并演变为两个乡族之间的械斗，双方各有死伤。光绪二十一年（1895），新任的惠潮嘉兵备道联元也最终介入此事件当中。联元在其所示的示禁碑中，指出蔡姓垄断位于上埔黄姓村境的渡口，不让黄姓摆渡，是毫无道理的强横行为，“设渡船要霸住全河，虽由上埔乡来往，却不准上埔乡设渡”，并进一步指出“蔡姓获利已久，早应更换”，但最后还是采取了折中的办法，蔡姓仍然保有两个渡口的经营权，只是在上埔乡的上埔渡口，必须由黄姓和蔡姓共同经营。[①]

联元认为双方之所以不惜一切代价争夺渡口的营运权，乃“利”之驱使。而渡口利益的主要保障，来自于其交通位置的优越性。水头渡与上埔渡，均位于潮州府城与韩江下游之间的交通孔道上，是韩江物资转运以及人口出行的必经之地。文献记载，江东都乃潮州府城的咽喉之地，“凡潮、揭、澄、惠之艘皆沿之以泛于城下，郡治之咽喉也”。[②] 这

① 《光绪示禁碑》，为惠潮嘉道观察使联元于光绪二十一年（1895）所立，此碑现存于潮州市上埔村三山古庙右侧小巷内，碑文载《城新街道志》（城新街道志编纂委员会2010年内部编印，第250—251页）。

② 张士琏：《雍正海阳县志》卷1《江东都图考》，广东历代方志集成·潮州府部，第11册，广州：岭南出版社，2009年，第247页。

两个渡口确实能够带来较为可观的收入。然而对于两乡来说，利益之争仅仅是冲突所呈现的其中一个方面。若是能够如联元所说的“稍分利益”，矛盾的化解倒也简单。

水头乡之蔡姓在光绪二十一年（1895）迫于惠潮嘉道联元的威压，不得不同意与上埔乡黄姓共同经营上埔渡口，实际上则阳奉阴违。而上埔黄姓因始终无法夺回渡口，也心存不甘。因此私底下的龃龉与争斗仍然不间断。随着联元的迁任，蔡姓又试图驱逐黄姓，垄断渡口的经营权。光绪二十九年（1903），两姓的冲突事件再次闹至官堂，海阳县令徐儁声委派保安局进行调解。但官员敷衍“息案”，当事人允诺了事，仅仅成为形式上的过场。两乡仍然“纠缠不休”①，渡口争斗一再得上演。

水头渡所在的水头乡，以蔡姓为大姓，明万历年间（1573—1620）由澄海渔洲迁居水头乡。据其所属之《江东镇志》记载，历史上蔡姓科举成名，人才荟萃，乾隆年间乡人蔡新官至太子少傅，乡族在地方上具有一定的影响力。②这与河对岸的上埔黄姓形成鲜明的对比。黄氏祖先由明万历年间迁居上埔，长期以来以从事手工副业“打麻索”为主要生计，当地人称作“上埔黄”。原本定居于上埔的除了黄姓，还有“蔡、陈、郑、谢、李、许”等六姓，这六姓随后由于各种原因迁往他处。其中，水头乡蔡姓便是由上埔这支蔡姓迁居而来。③但水头乡蔡姓并不认可这种说法，坚称从澄海渔洲迁移而来，折射出历史上两个乡之间的渊源与纠葛。

上埔—水头渡口事件，除了利益因素的考量，还应顾及渡口对于蔡姓与黄姓而言，都具有重要的意义，甚至关乎村族的生存，失去渡

---

① 佚名：《乡讼息案》，《岭东日报》1903 年 10 月 23 日（光绪二十九年九月初四日）。

② 江东镇志编纂委员会：《江东镇志》，2008 年内部编印本，第 439—442 页。

③ 城西街道志编纂委员会：《城西街道志》，2010 年内部编印本，第 382—385 页。

口对于双方来说都是沉重打击。如前所述，两乡虽然地理位置较为优越，但是并非富庶之地，如上埔黄姓以“打麻索”为主要生计。两个乡均为人多地少的地区，在最大限度的开发地方资源以外，更多的人为生活所迫，选择了远涉重洋的海外谋生之路。[①]

另外，渡口是乡民出行的唯一水上通道。水头乡所在的江东，为韩江沙洲，呈狭长的三角形，四面环水，水头乡则位于沙洲之最北端，地理位置较为特殊。直到1988年江东大桥建立，江东才走出了依靠舟船的时代。水头渡口一直是水头乡人出行的唯一途径，这也是当时整个江东都的普遍情况，在光绪二十四年（1898）编修的《海阳县志》当中记载，晚清时期江东都辖内共计26个村，有渡口8个，[②]是海阳县渡口最多的地区。

因此，在审视渡口之争的同时，若能兼顾乡情，体察渡口生态，有助于更切合实际的解决纠纷。

## 二、铺前—京北渡口争夺事件

铺前—京北渡口位于韩江下游的潮阳县与揭阳县交界地区，涉及揭阳铺前乡（砲台）吴姓与潮阳县京北乡林姓，均为地方大族，族丁甚众，双方各执一词，均称铺前—京北渡口系本乡族所有。加上地处两县交界，需要两县会同审核，经办此案的官员前后涉及四任揭阳知县、三任潮阳知县以及两任潮州知府，反映渡口争夺的复杂性，也颇具代表性。

据揭阳铺前（砲台）吴姓称，铺前渡原为本族所有，由于同治时

---

① 水头乡在晚清时期出洋的人数最多，今为潮州侨乡之一。

② 卢蔚猷：《光绪海阳县志》卷22《建置略六·津渡》，广东历代方志集成·潮州府部，第12册，广州：岭南出版社，2009年，第210—215页。

期（1862—1874）该乡出现动乱，潮阳京北林姓遂乘虚而入，逐渐霸占了该渡口：

> 惟北砲台前有渡一项，名曰铺前渡，系生乡人收撑。因同治间地方不靖，即潮阳京北乡人亦任其杂撑，相沿至今。一切渡资，反落京北乡人之手。查该溪南属潮，北属揭，似两属公界。其水利全属揭，不属潮等语，均载府县志书。非京北乡所得久占混争。[①]

光绪二十九年（1903），吴姓利用地方急需经费兴办学堂的时机，试图以报效银钱资助学堂创办的方式获取渡口的营运权，两姓之间的渡口争夺逐渐引起社会关注。时任揭阳知县的虞汝钧，在核查揭阳地方志后，认为从地理位置来看，铺前渡确实属揭阳县境，渡口有匾额"揭阳古渡，闽广通衢"为证，[②]渡口理当归揭阳吴姓所有。而虞当时以兴办新式教育为首务，对吴姓的请求并未进行深入调查，遂认可了吴姓对渡口的营运权。光绪三十一年（1905）五月，案件转移至新任揭阳知县郑世璘，郑与前知县虞汝钧的观点一致，并很快移文当时的潮阳知县俞瑛，要求潮阳京北林姓归还渡口。[③]

而潮阳知县俞瑛在调查之后，提出不同的意见，认为渡口乃潮阳京北乡林姓所有：

> 该横渡乃潮城往来官路要道，行人颇多。自昔设有渡船数只，俱系京北乡之林姓备载，他乡不得混载。故该渡名曰京北渡，妇

① 佚名：《禀覆控争渡资案》，《岭东日报》1905年6月22日（光绪三十一年五月二十日）。

② 在乾隆四十四年（1779）编修的《揭阳县志》中记载，该渡口隶属于揭阳县的桃山都，"铺前渡，为揭潮通衢界，有坊扁曰'揭阳古渡，闽广通衢'。"（刘业勤：《乾隆揭阳县志》卷之一《津梁》，台北：成文出版社，1974年，第38页。）

③ 佚名：《潮揭争以渡资为学堂经费》，《岭东日报》1905年5月1日（光绪三十一年三月廿七日）。

> 孺周知，未闻有人称为铺前渡者。倘该渡系归揭属，何以相沿已久。渡船数只，数夜轮流，而砲台并无一人一船以参载。且砲台以吴姓为巨族，岂肯以己之利权，久为京北乡人所得乎。又查光绪六年间，竹直分局绅董，禀将该渡历年出息余利，拔充奎光书院膏伙，并分局经费。京北乡人初以获利甚微，未据遵办。迨光绪十二年间，蒙程前县迭次派委劝谕，旋据京北乡族老林利进等，情愿竭力集股报效洋银一千一百元，恳准出示勒石。该渡准予轮流备载，永远无异，他人毋得混争等示在案，碑卷可查可据。查该渡多历年所，原以京北之命名，一向系京北乡林姓轮载。并无异姓异乡之人争渡，且曾报效巨款，出示勒石。则此归潮而不归揭，已有明征矣！[①]

据潮阳京北林姓称，林姓一直是渡口渡船的所有者，且已经于光绪十二年（1886）通过报效洋银一千一百元获得渡口的营运权，有石碑为证，证据确凿。然而文中提到光绪十二年的“程前县”，查方志该年潮阳知县为刘秉奎，并无程姓知县，仅有光绪二十五年的程官云，姑且存疑。

光绪三十一年（1905）六月，当时的潮州知府李崇洸提出了折中的办法，要求两姓共同分摊渡口经营所得，但具体的分配方案仍需两县进一步会审。直至光绪三十二年（1906）十月，新任揭阳知县祝抡望上任后，又细审此案，祝经过调查指出，潮阳京北林姓乃将铺前渡口“久借成占”，一个“借”字，点明了渡口的归属问题，但祝也同时留有余地，认为从地势来论，潮揭分匀也可成立，需会同潮阳县令陈伯贞传讯京北林姓绅耆，以待定夺：

---

① 佚名：《禀覆控争渡资案》，《岭东日报》1905 年 6 月 22 日（光绪三十一年五月二十日）。

> 祝大令抵任后，细查邑志。该处水利，系属揭而不属潮。并先诣勘明该渡地方南属潮，北属揭，且有揭阳古渡坊匾。志乘所载，证据炳然。以公理论，渡应还揭，以地势论，潮揭分匀。一经会勘，当可立判。万不能任京北乡人久借成占。当移请潮阳县陈大令，差传京北乡绅耆林耀坤、林阿发等到案严勒认提。[①]

通过双方的陈述，有一个疑点较为明显，那便是出现了“铺前渡”和“京北渡”两个不同的称法。林姓称“未闻有人称铺前渡”的说法，似乎并不妥当。铺前渡乃揭阳县的古渡口，其前身可以追溯至南宋时期设立的桃山驿站，是当时联通“三阳”的重要水陆驿站，而清代砲台的管理机构北寨巡检司治所也设于铺前乡，当地至今仍以“铺前”作为砲台镇的俗称。林姓称渡口“乃潮城往来官路要道”，也印证了渡口在该地的重要性。这样一个重要的古渡口，为何在名称上有“铺前”和“京北”两种称呼？可以想见，会审的两县知县如果不进行细致的调查，则容易为双方各自的陈词所牵引。

另外一点则是铺前乡吴姓乃当地巨族，据《新寨乡志》载，吴姓祖先元末由福建莆田经云霄迁入砲台，人称“桃围吴”，桃围乃砲台最早的村落之一，历经明清。[②] 文中林姓亦提到铺前吴姓乃当地巨族，既然如此，又何以会坐视自家门口的渡口任他族经营？

结合铺前吴姓所说的“同治间地方不靖”，事件的脉络大致能够明晰。咸同时期（1851—1874）潮州府境内动乱频发，相继爆发了吴忠恕、陈娘康等地方暴乱，生灵涂炭。咸丰四年（1854），潮州镇总兵寿山与吴忠恕党羽陈阿再在吴姓所在的铺前展开激烈交战，最终陈

---

① 佚名：《移请会办控争渡资案》，《岭东日报》1906 年 11 月 7 日（光绪三十二年十月廿二日）。

② 胡锭波：《从濒海市集到现代乡镇 —— 以砲台镇相关文献为主线》，江西师范大学硕士学位论文，2011 年，第 21—24 页。

阿再千余人由潮阳玉浦渡河将寿山击溃，铺前成为吴党进攻揭阳和潮州的据点，乱军“四出逼勒，附近者不堪其扰”[①]。铺前吴姓先是为寿山提供了不少族内丁壮，其后居所沦为战场，遭受沉重打击。同治九年（1870），清政府为进一步巩固统治，稳定社会秩序，令普宁人方耀率兵先后往返于潮阳、揭阳、饶平、惠来等县镇压不服王法的村落，数年之间“讯结积案数千余起，惩办著匪三千余名”，总计清办匪乡四十余个，史称“清乡”。[②]

铺前吴姓先后遭逢战乱，宗族势力大减，渡口遂在此时转由潮阳京北林姓经营管理。光绪十二年，林姓通过“报效”的方式向潮阳县申请渡口的承包经营，获得许可，并在渡口竖立了石碑。经过林姓长达数十年的经营，渡口名称也由“铺前”更名为“京北”。[③]

可以明确的是林姓以报效的方式获得营运权，具有法律依据，而吴姓则以渡口位于该乡，有方志为证，且在同治以前一直为该乡所有为由，前后三任揭阳县令也对此表示认可，“先例”和“成例”等民间习惯在乡村社会里也往往具有一定的法律效力。两县在会同审理时，究竟该遵循先例，还是依守现行规条？其间还涉及边界勘定、渡口管辖、村族治理、邻县会审等诸多问题，给案件审理造成诸多的困难。

潮州知府李崇洸和揭阳知县祝抡望均倾向于双方共享渡口的方案，但并未得到当事双方的认可，最终没能结案。光绪三十四年（1908），

---

① 详细经过见李星辉：《光绪揭阳县续志》卷4《事纪》，台北：成文出版社，1974年，第633页。

② 方耀清乡事件，参见饶宗颐：《民国潮州志》，《中国地方志集成·广东府县志辑》第25册，上海：上海书店，2003年，第503—504页。

③ 京北乡全名为京头北村，清代隶属于潮阳县直浦都，地处潮阳县最北端，与揭阳县交界。根据光绪十年（1884）编修的《潮阳县志》记载，境内并无“京北渡”，亦无“铺前渡”，由此可见，“京北渡”的命名，应该是在光绪十年之后的事情（周恒重：《光绪潮阳县志》卷4《津梁》，台北：成文出版社，1966年，第47页），由此可以与“光绪十二年”的说法相互印证。

新任潮州知府陈兆棠认为潮阳林姓已经报效渡资 1100 元作为该县奎光书院经费，不宜再更易。断定渡口“永远断归林姓轮流开摆”，并正式定名为“京北渡”，而为弥补吴姓的损失，林姓需“补偿吴姓讼费七兑银陆佰”。[①]

此案在文本层面得到了结，实际仍无法令双方折服。通过比对清末以来当地的历史文献，“京北渡”的称法并未在地方上得到广泛认可。在 1933 年潘载和纂修的《潮州府志略》中依然沿用了铺前渡的称法，而无“京北渡”。在 1948 年饶宗颐总纂的《潮州志・交通志》中，潮阳县与揭阳县境内的渡口，均称为“砲台渡（铺前渡）”。

直到新中国成立后，渡口收归国有，渡口管理经营方式发生改变，“砲台京北渡”共称的方式，才逐渐被大众所接受。在 1994 年砲台镇编修的地方志当中，就是采用了“砲台京北渡口”的称法，2012 年所修的《揭东县志》《潮阳县志》也沿用了这一称法。[②] 渡口名称的变化，能够为后人理解渡口的归属问题，提供一点启示。这也提示研究者，只有回归乡族历史，立足乡土历史脉络，我们才能够发现更为多元而丰富的历史片段。

## 三、乡族治乡：晚清潮州乡村治理的探索实践

除了上述两个事件，晚清潮州的渡口纷争，影响较大的还有：

---

① 碑文引自《潮州府正堂示》（陈兆棠，1908），石碑今存于揭阳市砲台京北渡口。

② 潘载和：《潮州府志略》，上海：上海书店，2003 年，《中国地方志集成・广东府县志辑》第 25 册，第 41 页；饶宗颐：《民国潮州志》，第 225—226 页；黄毓坚：《砲台风情录》，汕头：汕头大学出版社，1994 年，第 130—132 页；陈楚鹏主编：《揭东县志 1992—2010》，北京：方志出版社，2012 年，第 726 页；《潮阳市志》编纂委员会编，姚泽建、朱汉城、吴伟东主编：《潮阳市志（1979—2003）》，广州：广东人民出版社，2012 年，第 419—423 页。

（一）揭阳郭、孙两姓渡口争夺事件。两姓因争夺渡口的挑运货物生意，互相殴伤。①

（二）潮阳溪头乡的上厝渡村与下厝渡村之争。两乡由渡口之争导致械斗，潮阳县令徐书祥派兵前往镇压，随后，为平息双方的纷争，徐县令提出了自己“愿垫二千金以偿该乡”的调解方案。②

（三）潮、揭交界槟榔渡争夺事件。揭阳的槟榔乡、钱冈乡与潮阳石井乡为争夺乡界处的槟榔渡，先后呈请两县令进行裁决。③

（四）潮、揭交界隆井渡资争夺事件。潮阳县海门乡与交界之惠来县古埕乡，双方为争渡资不惜扣押对方乡人作为人质。④

（五）澄海县蔡、陈两姓渡资争夺事件。澄海县的蔡、陈两姓则因渡口盈利分配不均而多次引发事端，县衙派兵进行镇压。⑤

（六）竹草渡渡船争夺案。揭阳县邹堂乡郑姓与邻接的潮阳县林姓争夺竹草渡渡船，闹至县衙，两县联合开展调查。⑥

（七）北溪渡挑夫争夺事件。澄海的东湖乡与浦尾乡在交界处的北溪渡发生争斗，两乡人不惜性命争夺渡口的货物挑运，斗殴不止。⑦

（八）府城天后宫渡口争夺事件。海阳县意溪村张姓与象埔乡许姓于道光年间开始争夺天后宫渡口。同治十二年（1873）这个渡口营运

---

① 佚名：《挑夫滋闹之判断》，《岭东日报》1904 年 12 月 27 日（光绪三十年十一月廿一日）

② 佚名：《办案速闻》，《岭东日报》1902 年 10 月 15 日（光绪二十八年九月十四日）；佚名：《停渡纪闻》，《岭东日报》1903 年 2 月 11 日（光绪二十九年正月十四日）。

③ 佚名：《竞争槟榔渡船利》，《岭东日报》1905 年 8 月 30 日（光绪三十一年八月初一日）。

④ 佚名：《买渡之争闹》，《岭东日报》1903 年 11 月 13 日（光绪二十九年九月廿五日）。

⑤ 佚名：《派委会办控争渡资案》，《岭东日报》1907 年 9 月 21 日（光绪三十三年八月十四日）；佚名：《争渡资竟请派兵剿办耶》，《岭东日报》1907 年 9 月 9 日（光绪三十三年八月初二日）。

⑥ 佚名：《饬县会勘争渡案》，《岭东日报》1905 年 9 月 9 日（光绪三十三年八月十一日）。

⑦ 佚名：《野蛮风气之难移》，《岭东日报》1904 年 10 月 17 日（光绪三十年九月初九日）。

权变更，又引发了张姓与王姓的争夺，争斗不断。①

（九）澄海县外砂渡口争夺事件。澄海县外砂乡在同治年间方耀清乡运动中乡族力量受损，乡内的外砂渡被附近其他乡族占据长达近三十年，而后“外砂乡生齿日繁，田园不敷耕种，议索回埠头以为无业子弟谋生之计”，双方爆发冲突。②

这些纷争均源于晚清时期潮州江河沿线乡村资源的紧缺，渡口往往是当地乡村生计的重要来源，也是对外交流、贸易的主要渠道，与地方乡村社会形成了共生的生态圈，所以一旦遭到外界势力的介入，势必激起乡族的殊死抵制，酿成祸端。

事实上，村族之间的争斗问题，并不仅仅涉及渡口争端。晚清时期，潮州的村族械斗问题一度曾令潮州的统治威权不再、号令不行。在同治年间，两广总督瑞麟定下了先“剿”后“抚”的治潮方针，委派方耀前往潮州府进行“清乡”运动，采用铁血镇压的军事行动打击不服王法的村庄。光绪时期，曾继渠主政潮州，偃武修文，以“抚”为先，整顿社会风气。③

晚清时期潮州基层社会的剧烈变动，引起了地方士人对潮州乡村治理的思考与探索。早在乾嘉时期，潮州籍举人张桂蟾便已指出，潮州乡族之间的争斗已经成为潮州治理所面临的根本问题，而产生这个问题的根源就是潮州官员调任不常，客观上难以公平公正的去解决乡族之间的纠纷，导致恶性循环，酿成祸端：

---

① 分别参见《奉宪示禁碑》，由海阳县令吴均道光二十五年（1845）立；《奉宪示禁碑》，由海阳县令夏献铭同治十二年（1873）立。石碑今存于潮州市博物馆。事件详细经过，参见李坚：《清代韩江的渡口及其管理》，《国家航海》第11辑，上海：上海古籍出版社，2015年，第38—48页。

② 佚名：《外砂溪之埠头》，《岭东日报》1903年10月27日（光绪二十九年九月初八日）。

③ 李坚：《曾继渠与19世纪晚期潮州社会》，《地方文化研究》2014年第4期，第74—80页。

> 二十年来，潮郡诸邑长，有一年而一再易矣，且一年而三四易矣。为县令者自顾所任到无几时，遇若传舍。惟是俗例陋规，有可得之利，则取之已耳。至于一切应行诸政，何苦自疲精力，代前后人经画为？即有志清勤之官，不惮悉心与为经画，然事未立而任已迁，终归无补。夫是以案牍则互相委积，货贿则竞事张罗。案牍积，则民风日以纷；货贿张，则民情日以扰，斯必然之势也。①

另一位潮州籍士人林达泉，认为潮州械斗的根源在于“有司”的贪赃枉法。官员们将任职潮州视为肥缺，办案往往以索贿为先，中饱私囊，这在当时的潮州已然成为普遍现象。②

当时的广东巡抚程含章指出，潮州吏治腐败，“官民隔绝，情意不通”，械斗“愈治而愈坏”，已经成为当时广东地区社会动荡的源头之一。③

这些观点代表了地方官员从统治上层找寻问题根源的探索，而我们也确实在上述两例械斗事件中看到了官员迁任、裁夺不公允所带来的直接后果。

在铺前—京北渡口争夺事件中，潮阳县受理并批准了一个位于邻县的渡口的营运权，并禁止其他的竞争者介入，“他人毋得混争”，实际上也将原渡口占有者也排斥在外。是否属于越权，不得而知。不管出于何种原因，潮阳县的这一做法导致了双方长久的争夺。而从后来

---

① （清）张桂蟾：《立雪山房文集》不分卷《晏海渺论》，广州：暨南大学出版社，2016年，第56—57页。

② （清）林达泉：《潮州事宜》，温廷敬辑：《茶阳三家文钞》，台北：文海出版社，1966年，第135—145页。

③ （清）程含章：《月川未是稿》卷8《息斗书》，《清代诗文集汇编》，上海：上海古籍出版社，2010年，第473册，第231—233页。

揭阳三任知县以及潮州知府李崇洸的处理上看，由于渡口的营运已经勒石并备案，也是只能援引“先例”，以“息事宁人”进行处理。对两个乡均承认营运权，不偏袒任何一方，显然已经是较为公允的做法。而潮阳县则始终坚持林姓的渡口垄断权，1908 年潮州知府陈兆棠也公开支持，给予林姓对渡口的永久使用权，又再次为争端埋下隐患。

上埔一水头渡口事件中，两任惠潮嘉道兵备道态度不一，曾继渠主蔡姓，联元息事宁人，主张共享。无法令村族之间的争斗息止，大多数官员们的治理逻辑已然被乡绅、讼师所洞悉。处于劣势的一方往往蓄势隐忍，等待下一任官员就任时谋求转机。[①] 上述两次渡口争夺事件，使两族之间明争暗斗，长期处于敌对状态，持续时间长达数十年。

除了从统治上层寻找根源外，不少官员则更进一步，结合潮州基层社会的特点，提出更具针对性的建议。

清代潮州府单姓大村比比皆是，宗族力量十分强势。渡口的争夺最后往往演化为宗族之间的竞争，乃至暴力冲突。其间往往涉及村界、村族恩怨等历史遗留问题。例如吴姓宗族的铺前渡，在同治时期的乱事导致村族衰落，渡口易主。面对此类的宗族争端，官府除了持有公允的态度显然还不够，还必须排除各种纷繁复杂因素的干扰，洞悉争端的根本。这就必须搭建起官府与村族之间的沟通机制。

晚清时期潮州地区广为流传着官员郑大进的一段佳话，“世有千年池厝渡，无百年郑大进”。讲述了郑大进所在的揭阳山尾乡郑姓，受到邻乡的欺凌，族内的池厝渡口亦被侵占。但族长郑大进（乾隆时期累官布政使、按察使、盐运使），不愿意族人介入纷争，化解了进一

---

① 潮州府民“健讼”，在讼师的帮助下，利用各种手段争取案件的审判对己方有利，这常常令清代莅潮官员左右支绌。光绪时期历任潮州知府和惠潮嘉兵备道的曾继渠曾力图进行惩治，将此列为治理潮州的首要任务之一，见李坚：《曾纪渠与 19 世纪晚期潮州社会》，《地方文化研究》2014 年第 4 期。

步的争端。[①] 后人对于先贤郑大进的追慕，反映了族长的典范在乡村治理方面的意义，客观呈现了这一时期不少官绅对于乡村治理的探索。

施行族长制的乡村治理模式，通过族长的典范来达到化解各类矛盾的目的，官府居中调处，成为当时不少有识之士乡村治理的构想。

嘉庆时潮州士人郑昌时，提出了“合君子，分小人”的理念，分别良莠，选取合适人选充当族长，推行族长制。郑曾先后担任潮州知府黄安涛、广东巡抚祁贡的幕僚，谙熟地方民情，他的建言多为地方官员所重视。他强调：“为约长、族正者，互相联络，各告诫其属之子弟，以时属于总理之人，旦暮达情于官长。”[②] 同一时期担任澄海县令的李书吉，也提出了类似的主张，他指出：“别立族长、党正名目，于各乡衿耆中选择品端者充当，地方官优以礼貌。咨询事宜均以宾礼相待，庶相观而善，期收风行草偃之效。”[③]

另外，两位先后在潮阳县治理乡族械斗的官员也有关于族长制的建议。如潮阳知县冒澄提出将潮阳各乡逐一清查，辨别“强房弱房”，设立乡规。[④] 另一位潮阳知县陈坤则提出小的宗族设立族长、房长，大族设立房正、房副，令族长、房正等对各自宗族加以钤制，“使之各自约束子弟，禁止纷争”[⑤]。曾在闽粤边界整治械斗的龙溪知县姚莹也意识到针对粤东地区聚族而居的特点，变通保甲法，“集各社家长，予以条

① 饶宗颐：《潮州志补编》，潮州海外联谊会内部编印，2011 年，第 1535 页。

② 郑昌时著，吴二持校注：《韩江闻见录》卷 6《治都里事宜》，上海：上海古籍出版社，1995 年，第 205—207 页。

③ （清）李书吉：《寒翠轩外集》，《举充约族乡房社正副通禀》，《清代诗文集汇编》第 401 册，上海：上海古籍出版社，2010 年，第 422—424 页。

④ 冒澄：《潮牍偶存》卷 1《通禀查为梅花乡及禁戢各乡械斗各情形》，广东省中山图书馆藏光绪五年（1879）刻本，第 21—25 页。

⑤ 耦苏氏：《潮乘备采录》卷 2《设立房约正副论》，国家图书馆馆藏数字方志，咸丰十一年（1861）儒美斋刻本。

约教告”。[1] 光绪十二年，潮州族正制得到当时两广总督张之洞的认可，要求广东各地仿效推行，以治理日益严重的械斗问题。[2]

建立族正、族副制度、族长制等措施，实质是乡族治乡的村治理念，确保官员与村族，村族与村族之间有一个良性的沟通机制。费孝通在其《乡土中国》当中强调，“中国乡土社会当中，传统的重要性比现代社会更甚，在乡土社会里传统的效力更大”。族长制的推行，有助于从乡土传统中寻求解决纠纷的途径。[3] 在铺前一京北事件当中，吴姓、林姓族长与当地县令始终保持协商，对于化解双方进一步的冲突至关重要，其中关于共享经营、赔偿等折中方案，也是双方协商的结果。

但在皇权专制时代，乡族治乡附属于专制制度，无法真正制约公权，其推行的效果很大程度上仰赖于地方施政官员的主观意志，例如曾继渠、联元、陈兆棠等在案件当中的专断处置，影响案件的实质进展。即便在族长制的具体实施中，官员也各有侧重，陈坤、姚莹、张之洞等多数官员强调族长的约束力，而类似郑昌时、李书吉、徐书祥等则偏重于咨询与沟通，“以宾礼相待”。

晚清潮州渡口的各类纠纷事件，既是乡土传统、生计与民情等各类因素交融的结果，也呈现出地方官绅在乡村治理上不同的理念与探索，其间的经验教训，能够为当今提供乡村治理的启示。

---

① （清）姚莹：《东溟文集》卷4《与倪兵备论捕盗书》，《清代诗文集汇编》第549册，第355—356页。

② 《清德宗实录》卷224“光绪十二年二月丁亥”条，北京：中华书局，1987年，第2072—2073页。

③ 费孝通：《乡土中国》，北京：北京大学出版社，2005年，第49—58页。

# 海外研究

# 元代日用类书《事林广记》所引“十恶”考
## ——兼论《事林广记》编者陈元靓与朱子的关系

〔韩〕金文京著　司志武等译*

**摘　要：**中国法律体系中的“十恶”规定了所有罪中最严重的十宗违反伦理的罪。本文首先将《事林广记》“刑法类”中所记载的《十恶令条》与《唐律疏议》中所记载的“十恶”相比较，对其中差别最大的“采生”和“继母”条进行了细致的分析。又分析了元代民间文学如杂剧中的“十恶”，认为《事林广记》是记载“十恶”中“继母”条的唯一文献。最后讨论了陈元靓与朱熹，《事林广记》与《博闻录》的关系等问题。

**关键字：**《事林广记》；“十恶”；陈元靓；朱熹

## 一、总结

自古以来中国被称为以人治为理想的国度。如果说孔子的名言“听讼吾犹人也，必也使无讼乎”（《论语·颜渊》）否定依法审判的法治，或许未免有些夸大，但至少是主张伦理道德优先于法律的，这应该不可否认。当然，就算在没有法制，把完全的人治 / 仁治作为理想

---

* 作者简介：金文京，日本京都大学名誉教授，主要从事中国古代小说、戏曲研究。司志武，暨南大学外国语学院日语系副教授，主要从事中日比较文学、东亚汉字文化圈古典籍研究。本译文系司志武指导暨南大学日语语言文学专业 2022 级硕士研究生许靖宜、甘琪琪共同翻译。

的儒教国家体制下，现实统治仍需依靠法律。但是法律总被视为一种必要的恶，不断蒙受伦理道德的干扰。尽管中国很早就有了完善的法律体系，但在执行上却未贯彻纯粹的法治主义，法律动辄被任意解释，导致法令往往成为一纸空文。

这种理想层面上以伦理道德为先，但现实又离不开法律，造就了伦理道德法令化的后果。从而法律中反映出色彩浓厚的儒家伦理道德。其中最典型的是所谓“十恶”。它规定了所有罪中应该处罚最严重的十宗违反伦理的罪。“十恶”在中国律令体制臻于完善的唐代被制定以来，到清朝为止，作为诸法令根本精神之体现被历代传承，是一个强制规范人们行为的不刊法典，其重要性和影响力堪可比拟基督教的“十诫”。

## 二、《唐律》“十恶”

“十恶”的意涵及其被制定的经纬见于《唐律疏议》卷一“名例”条，今引如下[①]：

> 五刑之中，十恶尤切。亏损名教，毁裂冠冕。特标篇首，以为明诫。其数甚恶者，事类有十，故称十恶。然汉制九章，虽并湮没，其不道不敬之目见存。原夫厥出，盖起诸汉。案梁陈以往，略有其条。周齐虽具十条之名，而无十恶之目。开皇创制，始备此科。酌于旧章，数存于十。大业有造，后更刊除。十条之内，唯存其八。自武德以来，仍遵开皇，无所损益。

据上文可知，“十恶”源于北朝的周齐，隋朝开皇年间（581—

① 《唐律疏议译注》卷1，长春：吉林人民出版社，1980年，第29—60页。

600）大致成形。大业中（605—616）一度减为八条，唐王朝创立初期高祖武德年间（618—626）又恢复为原先的十条，此后成为固定的制度。从北朝到隋唐的时代思想背景来看，自然预想到它与佛教的“十恶”（杀生、偷盗、邪淫、妄语、两舌、恶口、绮语、贪欲、瞋恚、邪见）存在某种关联。

那么“十恶”具体指的是什么呢？《唐律疏议》接着上面的引文列举了“十恶”，今引如下：

一曰谋反：谓谋危社稷。

二曰谋大逆：谓谋毁宗庙、山陵及宫阙。

三曰谋叛：谓谋背国从伪。

四曰恶逆：谓殴及谋杀祖父母、父母；杀伯叔父母、姑、兄姊、外祖父母、夫、夫之祖父母、父母。

五曰不道：谓杀一家非死罪三人；支解人、造畜蛊毒、厌魅。

六曰大不敬：谓盗大祀神御之物、乘舆服御之物；盗及伪造御宝；合和御药，误不如本方及封题误；若造御膳，误犯食禁；御幸舟船，误不牢固；指斥乘舆，情理切害及对捍制使，而无人臣之礼。

七曰不孝：谓告言诅詈祖父母、父母；及祖父母、父母在，别籍、异财、若供养有阙；居父母丧，身自嫁取，若作乐，释服从吉；闻祖父母、父母丧，匿不举哀；诈称祖父母、父母死。

八曰不睦：谓谋杀及卖缌麻以上亲；殴告夫及大功以上尊长、小功尊属。

九曰不义：谓杀本属府主、刺史、县令、见受业师。吏卒杀本部五品以上官长，及闻夫丧匿不举哀，若作乐释服从吉，及改嫁。

十曰内乱：谓奸小功以上亲、父祖妾及与和者。

这些“十恶”条目，在《唐律疏议》及继承它的《宋刑统》《明律》《清律》等历代法令里，都被置于规定刑罚具体等级的“笞”“杖”“徒”“流”“死”——即所谓“五刑”之后，符合“特标篇首，以为明诫”的原则，占据诸法令之首位。《唐律疏议》的诸法令虽然也被后世法令继承，但是随着时代与社会的变化几经改订，然而“十恶”却没有被这些变化所动摇，仍旧保留了基本上同样的内容。《宋刑统》与《元史》所引“十恶”与《唐律疏议》完全相同①。《明律》《清律》则稍有变化（见后）。

细查其内容，“谋反”“谋大逆”“谋叛”“大不敬”均是对国家、皇帝或其代理人官吏的反逆、不敬之罪，而“恶逆”“不孝”“不睦”“内乱”均与家庭伦理有关的罪恶，“不义”兼具这两者。也就是说违反儒教伦理道德的根本——忠与孝的内容占绝大部分。只有“不道”算是例外，是惨绝人寰，不齿人伦之罪。

“十恶”之罪就算遇到特赦或恩赦时也不在赦免之例，这在历代史书中有很多例子。所谓“十恶不赦”正是指这种情况，在近世这个词变成民间成语，意思是触犯了极其恶劣的罪。由这个成语也可察知“十恶”具有非常强的社会约束力，深深铭刻于人们的观念当中。

## 三、《事林广记》的“十恶”

《事林广记》是南宋末年福建建阳人（陈元靓）编纂的日用类书。所谓日用类书指的是，自南宋至清代，应民间日常生活需求而产生的类书，诸如《事林广记》《居家必用事类大全》《万宝全书》之类，大

① 《宋刑统》卷1《名例律·十恶》，北京：中华书局，1984年，第6页。只是“大不敬”作“大不恭”，避太祖祖父讳。《元史》卷102《刑法志·名例·十恶》第9册，北京：中华书局，1976年，第2606—2608页。

部分是民间书商所编刊，有别于《艺文类聚》《初学记》等专为诗文创作参考而编纂的文学性类书。《事林广记》从元代到明代中期，几经修订，多次出版[①]，是对中国近世社会以及日本、朝鲜等东亚国家产生巨大影响的日用类书之中最重要的代表性书籍。

现存元代版本有至顺年间（1330—1332年）西园精舍刊《新编纂图增类群书类要事林广记》（日本国立公文书馆内阁文库藏）、椿庄书院刊同名书（台北故宫博物院藏）、后至元六年（1340）郑氏积诚堂刊本（北京大学图书馆、日本宫内厅书陵部藏）以及泰定二年（1325）刊本的日本元禄十二年（1699）翻刻本。

其中除泰定本以外，都在“刑法类”中载有《十恶条令》。不过《事林广记》所引“十恶”与前引《唐律疏议》的“十恶”，在文字、内容上存在微小但十分重要的差别。全文如下[②]。为了便于比较，不同的字句用下划线表示，在存有差异的字句后面用括号列出《唐律疏议》的原文。“（同）”即表示两者相同。

一曰谋反：谓谋危社稷。（同）

二曰谋大过：谓谋宗庙、山陵及宫阙。

（二曰谋大逆：谓谋毁宗庙、山陵及宫阙。）

三曰谋叛：谓谋背国从伪。（同）

四曰恶逆：谓欧（殴）及谋杀祖父母、父母、伯叔父母、姑、兄姊、外祖父母、夫之祖父母、父母。

（四曰恶逆：谓殴及谋杀祖父母、父母；杀伯叔父母、姑、兄

---

① 参看影印本《事林广记》（中华书局，1999年影印本《事林广记》郑氏积成堂刊本）中胡道静、森田宪司的解说，第559—572页。

② 见内阁文库藏至顺刊本《别集》卷3，第2页；影印本《事林广记》郑氏积诚堂刊本，戊集卷上《刑法类》，第123页。内容相同，只积诚堂刊本把第六条的“对捍”，误为“封捍”。

姊、外祖父母、夫、夫之祖父母、父母。)

五曰不道：谓杀一家人及支解人、造畜蛊毒、采生厌魅。

（五曰不道：谓杀一家非死罪三人；支解人、造畜盛毒、厌魅。）

六曰大不敬：谓盗宗祀神御之物、銮舆御服；伪造御宝；合和御药，误不依本方，误封题；御造御膳，犯食禁；御幸舟车、常御之殿，不牢固；指斥銮舆，情理切害，厌咒求媚，而涉銮舆；及对捍制使，而无人臣之礼者。

（六曰大不敬：谓盗大祀神御之物、乘舆服御之物；盗及伪造御宝；合和御药，误不如本方及封题误；若造御膳，误犯食禁；御幸舟船，误不牢固；指斥乘舆，情理切害及对捍制使，而无人臣之礼。）

七曰不孝：谓告言骂詈祖父母、父母，及外祖父母在，别籍、异财，奉养有阙；居父母丧，不丁忧，服内嫁娶，忘哀作乐，释服从吉；闻父母丧，匿不降哀；及诈称父母、祖父母身死者。

（七曰不孝：谓告言诅詈祖父母、父母；及祖父母、父母在，别籍、异财，若供养有阙；居父母丧，身自嫁取，若作乐，释服从吉；闻祖父母、父母丧，匿不举哀，诈称祖父母、父母死。）

八曰不睦：调谋卖缌麻以上亲属；欧（殴）告夫及大功以上尊长、小功尊属者。

（八曰不睦：谓谋杀及卖缌麻以上亲；殴告夫及大功以上尊长、小功尊属。）

九曰不义：谓杀本属路府州县官员，及受业师傅，又吏卒杀本属官长，及闻夫丧，匿不举哀，释服从吉，及改嫁它人者。

（九曰不义：谓杀本属府主、刺史、县令、见受业师。吏卒杀本部五品以上官长，及闻夫丧匿不举哀，若作乐释服从吉，及改嫁。）

十曰内乱：谓奸小功以上亲属及父妾、继母者。

（十曰内乱：谓奸小功以上亲、父祖妾及与和者。）

下面将《事林广记》和《唐律疏议》在字句上的差异，根据它们的特点，分为几种模式说明：

（一）单纯的误脱。第二条“谋大逆”，《事林广记》作“谋大过”，且缺少了《唐律疏议》中“谋毁”的“毁”字，是单纯的笔误。

第四条的“伯叔父母”之前“杀”字，以及“夫之祖父母”之前“夫”字都被省略，也只是粗心所致。但其结果是《唐律疏议》中的祖父母、父母和伯叔父母以下原本存在的区别及杀夫之罪，在《事林广记》中消失了。

第五条的“一家非死罪三人”变成“一家人”，也是简单的遗漏。

第七条“及祖父母、父母在，别籍、异财”变成“及外祖父母在，别籍、异财”，情况比较复杂，有两种可能的解释。第一，“外”字作衍字，“祖父母”下补“父母”，这样，跟《唐律疏议》相同；第二，如果“外”字不是衍字的话，那么，只好读成“告言诅詈祖父母、父母及外祖父母”，然后“在”字前要补“祖父母、父母”。两种解释都有可能。另外，“匿不降哀”的“降”字，当是“举”字之误。

第八条的“谋杀及卖”，掉了“杀及”两字，第十条的“父祖妾”，漏了“祖”字，也算是疏忽所致。

（二）同义词的替换。第六条中两次出现的“乘舆”在《事林广记》中都改为“銮舆”。第九条的“见受业师”改为“受业师博”，意思都相同，大概是使用了当时的常用词[①]。第七条“不孝”中的“死”代以“身亡”；第八条“不睦”中把“亲”改为“亲属”，也于义无关。第九条的“府主、刺史、县令”改成“路府州县官员”，乃反映

① “指斥銮舆”见于《建炎以来系年要录》卷105，《金史》卷104《蒲察移剌都传》等，大概是南宋、金代的用语。

了不同时代名称的变化。另外在《唐律疏议》中出现三处"若"字，在《事林广记》中却被其他字取代或删除，这并非巧合。《事林广记》或其所用底本的编撰者也许并不理解"若"字含义。

以上，单纯的疏忽、误脱，以及词汇的改动，在《事林广记》中俯拾皆是，并不足为怪，无关重要。重要的是下面情况。

（三）《事林广记》增加了一些《唐律疏议》所没有的词汇。

1. 第五条"不道"中的"采生"——"采生"即杀活人来祭祀鬼神的一种极为残酷的邪教仪式。

2. 第六条"大不敬"中的"常御之殿"，盖指"常朝殿"。"常朝殿"是文武高官定期朝见皇帝的地方，是五代、宋、金代的名称[①]，或泛指后宫建筑。

3. 第六条"大不敬"的条文，增加了"厌咒求媚，而涉銮舆"，是指利用咒术企图获得皇帝的宠爱。自古以来如南朝陈后主的宠妃张贵妃（见《陈书·皇后传》）等人，都曾用过这种咒术，但为何在此提及，不清楚。

4. 第七条"不孝"中的"不丁忧"——丁忧指服丧，与"为父母服丧"意思相同。但是狭义的丁忧指因服丧而去官，这里也应作此理解。《元典章·刑部》卷三"诸恶·不孝"条中有"臧荣不丁忧"、"张敏不丁母忧"[②]，《吏部》卷五《职制三·丁忧》中也有"违例不丁忧"[③]，可见当时有很多这样的案例。

5. 第十条"内乱"的"继母"——与继母通奸，便是与辈分高的

---

① 如《宋史》卷28《本纪·高宗五》"绍兴七年九月己卯"："朝献圣祖于常朝殿"。《东京梦华录》卷1"大内"："次修国史院，次南向小角门正对文德殿"注云："常朝殿也。"

② 陈高华、张帆、刘晓、党宝海点校：《元典章》第3册，北京：中华书局，天津：天津古籍出版社，2011年，第1389、1390页。

③ 《元典章》第1册，第393页。

亲属通奸，即所谓的“烝”，自古以来被视为乱伦之中最大一类。同为乱伦，公公与儿媳通奸，如唐玄宗和杨贵妃，白居易《长恨歌》虽为尊者讳，读者尽人皆知，且似以为无足厚非。但是人们对相反的情况抵触感更强。《左传》记载卫宣公与庶母夷姜通奸（桓公十六年）等例，庶母还算是父妾[①]，真正通奸继母，有楚黑要烝其母夏姬（成公二年），不过似乎罕见。《事林广记》增加“继母”，却取消了“及与和”三字，这样的话和奸不算是罪了。

以上五例，绝不可能是一时疏忽或单纯的笔误，应该有其背景，值得探讨。其中第五条的“采生”和第十条的“继母”尤为重要。

## 四、“采生”和“与继母通奸”

“采生”一词，宋代以来多见于西南地区等陬远之地。宫崎市定在《关于宋代杀人祭鬼的习俗》中有详细考证。[②]《元典章》“刑法”卷三“诸恶·不道”中列有“禁采生祭鬼”与“禁治采生蛊毒”“采生蛊毒”

---

① 该条《正义》云：“晋献公烝于齐姜，惠公烝于贾君，皆是淫父之妾，知此亦父妾，故云庶母也。《成二年传》称：楚庄王以夏姬子连尹襄老，襄老死，其子黑要烝焉。淫母而谓之烝，知烝是上淫。盖训烝为进，言自进与之淫也。”

② 《宋代における殺人祭鬼の習俗について》，收在《宫崎市定全集》第10卷，东京：岩波书店，1992年。关于“采生”，还参看〔日〕泽田瑞穗：《中国民间宗教》第五章“杀人祭鬼”，东京：工作舍，1982年。〔日〕河岸正博：《杀人祭鬼的习俗》，收入《汉民族华南发展史研究》，东京：吉川弘文馆，1984年。台静农：《南宋人体牺牲祭》，收入《静农论文集》，台北：联经出版事业公司，1989年。鹿德新：《从话本及拟话本所见之宋代两京市民信仰》第六章“宗教信仰及其他”等，香港：龙门书局，1974年。再者关于“采生”的起源，宫崎论文阐述了从西域传入宋代的外来起源说，泽田论文阐述了来自古代楚国习俗的中国起源说。此外，于2000年京都大学所开“做为文化制度的中国古典”研讨会上，葛兆光教授指出，虽然文献记录中没有宋代以前的例子，但这并不意味着没有宋代以前的例子，因为宋代文化水平提高，从而有了文化法规，这使得记录者对以前文献中没有提到的野蛮习俗感兴趣。这并不是说在宋代之前没有例子。

这三个具体法条[①]，可见当时仍旧存在这种陋习。增加“采生”二字，可能与这种风俗有关。

这里还有一点必须指出的是：“不道”中加入“采生”一词，也见于《明律》和《清律》中的“十恶”。在《明律》卷一《名例》的“十恶”中“五曰不道：谓杀一家非死罪三人及支解人、若采生、造畜蛊毒、厌魅”，又在卷十九“刑律二·人命”条列有关于“采生折割”的规定。《清律》也沿袭了这一点，在卷四“名律上”的“十恶”中“五曰不道：谓杀一家非死罪三人及支解人、若采生折割、造畜蛊毒、厌魅”，卷二十六“刑律二·人命”中也有“采生折割”的规定。这说明“采生”之类的野蛮习俗仍有一部分存在于明清时期，成为影响最高法规的例子。而《明律》《清律》的“内乱”也都不见增加“继母”。

《事林广记》在第十条特意提到“继母”，可以想象的理由，首先是它可能与当时蒙古人统治者的风俗习惯有关。众所周知，蒙古人和其他游牧民族一样，父亲死后除了生母以外，父亲的其他妻子都由儿子继承，即所谓的收继婚[②]。这自然受到中国人的批评（参考《元史》卷四十四《顺帝纪》和卷一百八十七《乌古良祯传》）。增加“继母”，也许反映了中国人对蒙古人可耻野蛮行为的反击。然而，进一步思考的话，这并不足以成为在“父妾”之后特意追加“继母”的理由。继母是在生母死亡或分居后接管孩子的母亲，并不以父亲的死为前提，这一点与父亲死后产生的收继婚不同。

继母与孩子之间的关系，让人立即联想到《仪礼·丧服》的“继母如母”，或者以舜或闵损等为代表的侍奉继母的《二十四孝》孝子

---

① 《元典章》第3册，第1422—1425页。

② 参看史卫民《元代社会生活史》第四章“婚姻与家庭”，北京：中国社会科学出版社，1996年。

故事。和继母通奸与这些孝子故事形成鲜明对比，由此产生强烈的反道德性。儒家伦理的拥护者反复强调这些孝子视继母如同生母的故事，却反映出继母与孩子之间的关系隐含着有时容易变为男女关系的危险性。就像周代尹吉甫的后妻对尹吉甫之子伯奇怀有邪心、调情（见《太平御览》卷五百十一《继母》引《琴操》）；又如敦煌的《舜子变文》中，当继母试图勾引舜失败后，对舜的父亲诬陷舜，就说：“见妾头黑面白，冀生猪狗之心。”①

在继母与孝子故事中时而能看到性的因素。“继母”二字若无其事地被置于“十恶”的最后，实际上是在暗示中国社会内在的重要问题。另外《元典章》的“诸恶·内乱”中列举的例子是公公与媳妇、父亲与义女、兄与弟妻等，都是男性尊属和女性卑属的情况，却没有女性尊属与男性卑属通奸，如继母与前妻之子等的例子。②

接下来应该考察的问题是《事林广记》这些改编所依据的底本。它依据的是政府官方文件，还是民间随意更改？如前所述，《元史·刑法志》中的“十恶”与《唐律疏议》中的“十恶”完全相同，而且也没有任何史料表明“十恶”被修订过。只是《元典章》卷三《刑部》开头的“诸恶”表格所列举的项目③，不仅与“十恶”一致，而且“不道”中也收了有关“采生”的法令④，似乎与《事林广记》的“十恶”有某种关系。

然而，《元典章》“诸恶”的项目是“不孝、不睦、谋反、大逆、谋叛、恶逆、不义、内乱、不道、大不敬”，虽然项目相同（唯“谋大逆”作“大逆”），但其顺序与“十恶”有异，“十恶”首列“谋反”“谋大

---

① 《敦煌变文集》，北京：人民文学出版社，1957 年，第 130 页。

② 《元典章》第 3 册，第 1418—1422 页。

③ 《元典章》第 3 册，第 1383—1385 页。

④ 参见前文宫崎市定《关于宋代杀人祭鬼的习俗》注释。

逆”“谋叛”等对朝廷、国家之罪，而“诸恶”则“不孝”“不睦”这两条家庭之内的罪在先。且其条文也跟“十恶”完全不同，只在五刑量刑之下列出相当具体案件的通例，如“内乱”云：“六十七：义女通继父奸”；“九十七：奸弟妻，奸义女已成”；“一百七：欲奸亲女未成，奸男妇未成”；“处死：翁奸男妇已成”。在此也不见继母与先妻之子通奸之例，值得注意。

《事林广记》的“十恶”记述，在增加“采生”一词上也许参考过《元典章》等当时法令。至于增加“继母”一词则找不出相应的底本。做此一增补的，从《事林广记》的“十恶”中不经意的缺漏、置换为当时常用同义词，以及对“若”字的删除来看，编辑者大概是民间的书商，或书商委托编辑的底层文人。也就是说《事林广记》的“十恶”尽管参照了政府官方修订，但是总体上属于“十恶”的民间版本的可能性更高。

## 五、元代前期对马本《事林广记》的“十恶”

《事林广记》的元代版本除上述的几种之外，近年在日本对马岛宗家文库（对马岛诸侯宗氏的旧藏书）以及叡山文库（佛教天台宗比叡山总本山延历寺的藏书），分别发现了更早期的元刊本及日本抄本[①]。宗家文库（今藏于长崎县立对马历史民俗资料馆）的《事林广记》虽然没有刊记，从其版本、内容来看应该是元代前期（大概是大德年间，

① 见〔日〕宫纪子：《对马宗家旧藏の元刊本〈事林广记〉について》，《东洋史研究》67-71，京都大学，2008年。同上《叡山文庫所蔵の〈事林广记〉写本について》，《史林》91-3，东京：京都大学，2008年。同上《新发现的两种〈事林广记〉》，《版本目录学研究》第1辑，2009年，后收于《モンゴル時代の「知」の東西》上册，名古屋：名古屋大学出版会，2018年。

见后）的刊本。此书别集卷十一《刑法类·至元大典》也收“十恶条令”[①]，内容与前引至顺本等又不同。

一曰（谋反）：谓谋危社稷。

二曰（谋大过）：谓谋毁宗庙、山陵及宫阙。

三曰（谋叛）：谓谋背国从伪。

四曰（恶逆）：谓殴及谋杀祖父母、父母、伯叔父母、姑、兄姊、外祖父母、夫、夫之祖父母、父母。

五曰（不道）：谓杀一家非死罪三人，及支解人、造畜蛊毒、厌魅。

六曰（大不敬）：谓盗大祀神御之物、銮舆、服御物、及伪造御宝。合和御药、误不如本方及封题误。若造御膳，犯食禁。御幸舟船、常御之殿，误不牢固。指斥銮舆，情理切害。厌咒求爱，媚而涉銮舆。及对捍制使，而无人臣之礼。

七曰（不孝）：谓告言诅詈祖父母、父母。及祖父母在，别籍异财。若奉养有阙，居父母丧，身自嫁娶，若作乐，释服从吉。闻祖父母、父母丧，匿不降哀。诈称祖父母、父母死。

八曰（不睦）：谓谋及卖缌麻已上亲。欧（殴）告夫及大功以上尊长、小功尊属。

九曰（不义）：谓杀本属府主、刺史、县令、见受业师。吏卒杀五品以上官长。及闻夫丧，匿不举哀，若作乐，释服从吉及改嫁。

十曰（内乱）：谓奸小功以上亲、父母（当是“祖”字之误）妾，及与和者。

---

① 蓬山文库抄本没有《刑法类》。

下划单线内容与至顺本《事林广记》相同，与《唐律疏议》不同；双线内容与《唐律疏议》相同，与至顺本有异。相形之下，两者参半，可见此文介于《唐律疏议》与至顺本《事林广记》之间，反映出过渡的状态[①]，而没有“采生”，“继母”二词，尤为引人注意。另外，第十条“父母妾”当是“父祖妾”之误，与《唐律疏议》相同。

有趣的是，《资治通鉴纲目》（文渊阁四库全书本）卷三十九下“唐太宗贞观十四年十二月”条记载：“诏诸州有犯十恶罪者，勿劾刺史。”所引元王幼学《资治通鉴纲目集览》，下列“十恶”，与此宗家文库本《事林广记》相同，只第七条“匿不降哀”作“匿不举哀”，不误。而第十条同样误作“父母妾”。王幼学在此很可能转引早期的《事林广记》或同类版本。[②]果如此，据王幼学《集览序例》书成于延祐五年（1318），由此而推，《事林广记》增补“采生”“继母”，大概在延祐到至顺（1330—1332）之间，即元代中期。此时为什么增补二词，其时代背景如何，也值得深入探讨。

## 六、元代民间的“十恶”

元代流行的戏剧元杂剧中也出现“十恶”：

> 《魔合罗》第三折，府尹云：刘玉娘因奸药死丈夫，这是犯十恶的罪。

---

① 宫纪子《モンゴル時代の「知」の東西》（98页）认为此文“完全依据《故唐律疏议》”，不确。

② 《资治通鉴纲目》卷57晋开运三年十二月“晋将王清战死”条，《集览》引《事林广记》：“凡见长者用名纸，见敌者以下用刺字。”王幼学《资治通鉴纲目集览》有梅溪书院洪武二十一年刊本（台湾“国家图书馆”藏），而《事林广记》也有梅溪书院洪武二十五年刊本（庆应义塾大学图书馆、东洋文库藏）。

《窦娥冤》四折，窦天章云：这药死公公的罪名犯在十恶不赦。

除此之外，《灰栏记》第四折包待制的台词、《救孝子》第四折王修然的台词也有“十恶大罪”（以上均见《元曲选》），在公案剧中“十恶”一词由法官说出的例子相当多。

仅凭这一点无法判断“十恶”具体是指哪一种，但下面的例子显示元杂剧中的“十恶”与《事林广记》中的“十恶”相近。白仁甫《梧桐雨》的楔子《仙吕·端正好》曰：

则为你不曾建甚奇功，便教你做元辅。满朝中都指斥銮舆。眼见的平章政事难停住。寡人待定夺些别官禄。

此曲的“指斥銮舆”，一般都理解为：针对玄宗把安禄山任为平章政事（宰相）的作为，满朝官员都有所批评。其实，“指斥銮舆”是十恶中“大不敬”的大罪，可知玄宗用词严重，对臣子非常动怒。“指斥銮舆”亦见于《玉镜台》第四折《豆叶黄》《谢金吾》第四折《折桂令》及元刊本《周公摄政》第三折《金蕉叶》等曲，显然是用《事林广记》的“十恶”，并不是《唐律疏议》中的“十恶”，由此亦可见《事林广记》“十恶”在民间的流传。

《明律》在“不道”一项中增入“采生”，并不是直接继承官方法令，有可能是参考过《事林广记》等民间版本。明太祖出身卑微，本来就喜欢民间通俗书，其子永乐帝也喜欢读《韵府群玉》《回溪史韵》等民间韵书，《永乐大典》也是从这种民间韵书的架构中产生的类书。①可以想象，明朝政府在制定法律时很可能也参考了此类民间辞书与类

---

① 《明太祖实录》卷 21，永乐元年（1403）七月朔丙子条记录了永乐皇帝下令编纂《永乐大典》的话语曰：“尝观韵府、回溪二书，事虽有统而采摘不广，记载太略”。参照王重民：《〈永乐大典〉的编纂及价值》，《中国目录史论集》，北京：中华书局，1984 年。

书。而且这无疑比《唐律疏议》和照抄《唐律疏议》的《元史》等更能反映当时实际。如果是这样的话，这将是法令根据现实情况，在民间得到重新解释，进而反映在官方立法的有趣案例。

而《事林广记》的“十恶”何以在“内乱”中增加“继母”，终是一个谜，找不出来源。据现存史料来说，《事林广记》是“十恶”中加“继母”的唯一文献。

清许梿撰《刑部比照加减成案》（清道光刻本）卷二十八《山西司嘉庆二十二年》：

> 晋抚奏：李张氏于夫故孀居多年。适听邻近有娶亲之家，顿萌淫念，随勾诱伊夫前妻之子李明则通奸。李明则幼为该氏抚养，因被诱勾，亦罔顾继母名分，均属淫乱蔑伦。惟例无子与继母通奸作何治罪明文。将李张氏、李明则均比照奸伯叔母律，各斩立决。恭请王命，即行正法。①

据此可知，子与继母通奸不仅在“十恶”，历代法典都无明文。奸父祖妾、继父通义女，同为乱伦大罪，法令中都有明文，唯与继母通奸，则讳莫如深，其中奥秘，令人深思。究其原因，也许为政者考虑作此明令，反而诲人为奸，也未可知。其实此类案件的发生恐怕不少。明过庭训撰《本朝分省人物考》（天启刻本）卷七十六《湖广武昌府汉阳府·龚良傅》云，龚良傅任浙江佥事时：“处州张启元年十三，继母诬以内乱，（龚良傅）廉出其冤。启元感泣，肖其像祀之。”“内乱”当是“十恶”之一。此张启元的继母所看或所听的“十恶”，恐怕不是《明律》，而是《事林广记》等民间版本。

---

① 亦见清祝庆祺撰：《刑案汇览》卷52，清道光棠樾慎思堂刻本。

## 七、陈元靓与朱子的关系

关于《事林广记》的编者陈元靓，胡道静、李裕民两位先生已有考证[①]，而没有提及陈元靓与朱子的关系。兹鉴于此，略为论述，作为补充。陈元靓所编《岁时广记》有朱鉴、刘纯的两篇序文。朱鉴（1190—1258）是朱子的长子朱塾的长子，即朱子的长孙。据说因为朱塾早逝，朱子尤为疼爱这个孙子。朱鉴还编纂出版了《朱文公易说》《诗传遗说》来彰显祖父朱子的功绩。《岁时广记》的序云：

> 今南颍陈君搜猎经传，以至野史异书，凡有涉于节序者，萃为巨帙，……题其篇端曰岁时广记。求予文而序之，予惟陈君尝编《博闻三录》，盛行于时。

由此可知朱鉴与陈元靓熟识，还可知陈元靓在编纂《岁时广记》以前还编纂过《博闻三录》。序末尾署有“宣教郎、特差知无为军巢县事、兼义武民兵军正、总辖屯戍兵马、借绯、新安朱鉴撰”。按《万历建阳县志》卷六：

> （朱）鉴，字子明，熹嫡长孙，塾之子也。荫补迪功郎，累迁奉直大夫湖广总领。宝庆间随季父在迁居建安之紫霞洲，建嘉祠于所居之左。子孙入建安自鉴始。[②]

① 影印本《事林广记》解题；胡道静《元至顺刊本〈事林广记〉解题》，《中国古代典籍十讲》“类书典籍解读”下，上海：复旦大学出版社，2004年；李裕民：《四库提要订误（增订本）》卷2，北京：中华书局，2005年；许逸民点校：《岁时广记》“点校说明”，北京：中华书局，2020年。

② （明）杨德政修，魏时应纂：《万历建阳县志》，万历二十九年刊本，日本国立国会图书馆藏。

根据《宋史》卷一六九《职官志九》的“绍兴以后阶官”所记，在四十个官阶里，迪功郎排第三十七位，宣教郎是第二十六位，奉直大夫相当于第十六位。综合传记和序文来看，朱鉴受恩荫补迪功郎，之后担任过无为军巢县知事（宣教郎）等官职，宝庆年间（1225—1227）从湖广总领（奉直大夫）的官职上致仕。他在巢县知事任上为《岁时广记》作序，时间当在嘉定年间（1208—1224）晚期。

写另一序的刘纯（出生年不明），也是建阳人，刘崇之之子。刘崇之（？—1210）是淳熙二年（1175）的进士、官至荆湖北路提刑使，是朱子热心的支持者，宁宗皇帝即位后，刘崇之立即邀请朱子出任经筵讲师。当朱子要离开时，刘崇之为之挽留，上疏皇帝。《万历建阳县志》卷六有传。刘纯序云：

> 龟峰之麓，梅溪之湾，有隐君子，广寒之孙，涕唾功名，金玉篇籍。（中略）穷力积稔，萃成一书，目曰岁时广记。

龟峰、梅谷都是位于建阳北部的崇安县五夫里的地名。五夫里乃是朱子早年住过的地方，紫阳书堂的所在地。序文最后刘纯自署：“文林郎、新得行在太平惠民和剂局监门、道山居士刘纯君赐撰。”《万历建阳县志》刘崇之传附载刘纯：

> （刘）纯，字君锡，崇之之子也。少年喜骑射。以父荫授沙县簿，适岁大疫，亲治粥药，存活甚众。死而无收者，作大冢瘗之。秩满丞分宜，复值岁旱，极力赈救，亦如之。分宜人获苏。继入京，监和剂门。绍定己丑，邵武寇刘安国等攻破郡城。朝廷命将分讨。纯适调湖北帐干。

由上文可知，刘纯是热心于救济疫病、旱灾的人。他从监和剂门（太平惠民和药局监门）离职的时间是绍定己丑（二年，1229）。《岁时广记》序言提到“新得行在太平惠民和剂局监门”，所以他上任时间应该在绍定二年稍前几年，也就是嘉定末到宝庆初之间。这一推测与之前的朱鉴序文的年代相符。因此可以认为《岁时广记》成书大概在嘉定年间后期。

在此特别值得注意的是，刘崇之的父亲刘仲吉（1131—1202）、其次子刘立之（即刘崇之之弟，亦称刘将仕）都出版过书籍，他们是宋代建安出版的中心地麻沙镇人。元代建阳有名的书坊翠岩精舍主人刘君佐，以及元明代建阳诸多刘氏书坊都是他们的后代。[①]刘君佐颇疑是刘纯（字君锡）的同辈。[②]

从上面两序可见，陈元靓与朱子及其周边人物的子孙关系亲密，而且他住在朱子曾经讲学的地方。不过他与朱子的缘分不只这些。刘纯称陈元靓为“广寒之孙”，且《岁时广记》的卷首也题作“广寒仙裔陈元靓编”，所谓“广寒仙裔”是指建阳一带著名人物广寒先生的子孙。

《嘉靖建阳县志》卷七“坟墓”篇载有“广寒先生之墓”：

> 在三贵里水东源。厥子侍中陈逊构亭望之，扁曰望考亭。后以名其地。旧志云“黄端公望考亭”，未知孰是。然以二氏族谱考之，则黄尚书葬洛田，当从陈逊为正。[③]

关于望考亭，同样在《嘉靖建阳县志》卷七“亭阁”有“在三贵里南，唐侍御史黄端公，建以祀先之所，名曰望考亭。故址今为民地。陈氏族谱云，侍中陈逊构亭望父广寒先生，未知孰是”的记载。根据《嘉靖建宁府志》卷十五《陈逊传》记载，陈逊是绍圣四年（1097）的

---

① 参看方彦寿：《建阳刘氏刻书考（上）》，《文献》1988 年第 2 期。

② 只是据方彦寿论文，刘君佐，字世英，号翠岩。

③ 冯继科纂：《（嘉靖）建阳县志》卷 7《杂志・坟墓》，《天一阁藏明代方志选刊》第 31 册，上海：上海古籍书店，1981 年，第 5 页。

进士，可以推测其父广寒先生是大概五代末到宋初人。

望考亭即朱子晚年建考亭之地。考亭的附近就有陈氏聚星亭。《嘉靖建阳县志》卷七《亭阁》：

> 聚星亭，在考亭书院之左。宋丞相陈升之建。庆元六年朱熹作亭赞。

陈升之（1011—1079）是和王安石同时的中书门下平章事，《宋史》卷三一二有传。“朱熹作亭赞”是指《聚星亭画屏赞并序》（《朱文公集》卷八五）[①]，据赞可知“聚星亭”的命名是从后汉名士陈寔携其弟子访问荀淑父子之时，德星相聚的故事而来。德星相聚见《续晋阳秋》。陈寔是颍川人。朱鉴序将陈元靓称为“南颍陈君”，《事林广记》卷首题“西颍陈元靓编”，可见考亭陈氏自称原籍颍川，以陈寔后代自诩。

朱子有《聚星落成致政陈丈举酒属客出示新诗而仲卿朝端及刘范二兄相与继作熹幸以卜邻得陪胜集率尔次韵聊发一笑》诗（《朱文公集》卷九）[②]。据此可知，陈氏是朱子的邻居。陈丈即陈昭远。朱子有《谨次陈昭远丈龙洲乡社高韵，并呈诸兄友》诗云：“几年社酒醉班荆，此日祠坛喜落成”；也有《次昭远致政丈以诗见贺，次韵谢之》《引年得请，伏蒙致政学士（即陈昭远）契文，特垂庆问，宠以佳篇，捧玩之余，感愧亡量，辄借高韵，少见谢诚，伏幸笑揽》《蒙恩许遂休致，陈昭远丈以诗见贺，已和答之，复赋一首》诸诗（均见《朱文公集》卷九）[③]，其生平事迹未详。朝端即绍熙四年（1193）进士的陈总龟，字朝端。明宋端仪《考亭渊源录》（隆庆刻本）卷二十：“陈总龟，字朝

① 朱杰人等编：《朱子全书》第24册，上海：上海古籍出版社，合肥：安徽教育出版社，2010年，第4005—4006页。

② 朱杰人等编：《朱子全书》第20册，第531页。

③ 朱杰人等编：《朱子全书》第20册，第531、532、537、538页。

瑞，建阳人。居与文公邻，壮老相遊从，于学无不通贯。登绍熙四年进士，注吉州永丰尉，未上而殁。”仲卿、朝端应为陈昭远之子[①]。另外还有从学于朱子，后来在嘉定七年（1214）考取进士的陈范也是其同族（见《万历建阳县志》卷六）。

聚星亭落成是庆元六年（1200）正月的事，朱子的诗、赞也是此时之作，而朱子死于此年三月，朱子晚年因庆元党禁之故，处境坎坷，陈昭远及其家人作为朱子的邻居，晚年尤为过从甚密，可谓患难见情。朱子绍熙三年（1192）六月移居考亭，主要动机是因为父亲朱松早已有卜居考亭之意，且与考亭陈氏也有交往[②]，朱、陈两家有世交之谊。陈元靓大概是陈昭远的孙子辈，与朱鉴年代相当，两人应早就相识。

陈氏是这一时期进士辈出的考亭名族。不过从刘纯序文“涕唾功名，金玉篇籍”来看，陈元靓并未考中科举，而是靠编书、出版作为谋生之途。总而言之，朱鉴与刘纯为《岁时广记》作序，是由于陈氏与朱子家族及其周围人物的亲密关系，也跟朱、刘两氏从事出版业有关。

## 八、《事林广记》与《博闻录》

朱鉴序云：“《博闻三录》，盛行于时。”陈元靓在编《岁时广记》之前，已有《博闻三录》之作，殆无疑问。此书今已失传，但是明《文渊阁书目》卷三《类书》录“博闻录一部一册”（也录“事林广记一部四册，事林广记一部七册”），明黄虞稷《千顷堂书目》“杂家类”卷十二有“陈元靓博闻录十卷”，明焦竑《国史经籍志》卷四“子类”也收“博闻录十卷，陈元靓”。可见《博闻录》至明代还有存本，且

---

① 见束景南：《朱熹年谱长篇》下册“庆元六年正月”，上海：华东师范大学出版社，2001年，第1396页。

② 见束景南：《朱熹年谱长篇》下册“绍熙三年六月”，第1069页。

与《事林广记》并行。

其佚文散见于诸书，如宋史铸《百菊集谱》卷二（紫菊）、元胡三省《资治通鉴》注（卷二百五十五）、元司农寺编《农桑辑要》（卷三到卷七共二十一条），《永乐大典》（卷五四〇、五四一各一条）等。存在日本的隋萧吉《五行大义》、齐萧子良《篆隶文体》、日人渡会家行所撰《类聚神祇本源》等也有引用，且所见《博闻录》内容多与泰定二年刊《事林广记》一致。由此而推，《事林广记》的原名大概是《博闻录》[①]。《篆隶文体》卷末附载"博闻录第一卷，建安陈元靓编《宝玺文》"、"同第八卷，西颍陈诚甫编《器物原始》"[②]，可知陈元靓，字诚甫。另外，《岁时广记》也引用《博闻录》（卷八、十八、二五、三一、三八各一条，卷二一、二三各一条），在自著里引用另一本自著有点奇怪，也许是后人所增补。

日本京都建仁寺两足院藏有五山禅僧瑞溪周凤（1391—1473）抄录诸书的《刻楮集》以及无名氏《坼袜集》的转抄本四十三册。其中第十八册（《坼袜集》第十一）也有《博闻录》[③]，题"新编分门纂图博闻录，西颍陈元靓编"、"博闻后录，龙谿刘文之编"，据此可知，第一，《博闻录》有刊本；第二，《博闻录》并不是陈元靓一个人编，《后录》为刘文之编[④]；第三，朱鉴所云《博闻三录》大概是《前录》《后

① 参看〔日〕宫纪子：《陈元靓〈博闻录〉について》，《汲古》56号，东京：汲古书院，2009年，后收于《モンゴル時代の「知」の東西》上册。

② 《篆隶文体》，东京：古典保存会事务所，1935年。参看〔日〕宫纪子：《陈元靓〈博闻录〉について》。

③ 赤尾荣庆等编：《建仁寺两足院に所藏される五山文学关系典籍の调查研究》，《建仁寺两足院圣教目录Ⅲ》，平成十九至二十二年度科学岩研究费补助金、基盘研究B研究成果报告书，第280页。参看〔日〕伊藤东慎：《瑞溪周凤の〈刻楮集〉について》，《禅学研究》57，京都：禅学研究会，1969年。参看〔日〕宫纪子：《陈元靓〈博闻录〉について》。

④ 此"刘文之"或许是"刘立之"之误。只是"龙谿"如果是地名的话，当指漳州龙溪县，与刘立之的住处（建安）或籍贯（京兆）都不合，"龙谿"也可能是号，待考。

录》，还有一录（也许是《续录》[1]），而《千顷堂书目》所云“十卷”，可能是用十干重新分类的。由此亦可推，《博闻录》并不是一人一次的编纂，而有后人增补、改编。

《博闻录》改称《事林广记》，似乎与《博闻录》被列为禁书有关。《通制条格》卷二十八《禁书》有以下法令：

> 至元三十一年十月，中书省，御史台呈：“山南江北肃政廉访使申：《博文录》内有圣朝开基太祖皇帝御讳及以次皇帝宗派。拟合拘收禁治。”省准。[2]

《至正条格·断例》卷二《职制·隐藏玄象图谶》有泰定二年（1325）12月13日所下禁书令及五十种禁书目录，其中有《博闻录》[3]。

《通制条格》的“博文录”当是“博闻录”之误。[4]《永乐大典》卷二〇一二一、二〇一二二引用陈元靓《玉历撮要》三条文字、卷二〇一三九引用《差谷撰良玉历撮要》十五条[5]。这两部书的内容都与占术有关，极可能同一本书。[6]也就是说陈元靓编著的书除了《事林广

① 南宋大型类书《锦绣万花谷》、至顺本《事林广记》都分为前、后、续、别四集，似为当时通例。

② 方龄贵校注：《通制条格》，北京：中华书局，2001年，第695页。

③ 韩国学中央研究院编：《至正条格》校注本、影印本（首尔：휴머니스트出版그룹，2007年），校注本第178页。泰定本《事林广记》牌纪云“泰定乙酉（二年）仲冬”，即此一法令的一个月以前刊行。

④ （元）李衎：《竹谱》卷4也写成“博文录”，《文渊阁四库全书》本。

⑤ 栾贵明：《永乐大典索引》，北京：作家出版社，1997年。据该书《永乐大典》也引用《事林广记》多数。

⑥ 宫纪子《陈元靓〈博闻录〉について》引用北京大学图书馆藏《上官拜命玉历大全》抄本所附黄涣序云：“俞公建、赵公师侠来治闽邦，首刊是书，以遗后人，亦可尚矣。陈君元靓复参诸历法，以衍其传，非好为是拘拘者。网罗毕备，用之其在人乎。予嘉其有便于搜阅，故喜为之书。武阳黄涣德亨序。”此当为《玉历撮要》之序。黄涣，字德亨，福建邵武（即武阳）光泽人。尝从吕祖谦游学，淳熙戊戌（五年，1178）南省第二人，卒年八十。兄谦，字德柄，亦游朱吕之门（《宋元学案》卷73）。可见与陈元靓同时，且跟朱子有关系。

记》《博闻（三）录》《岁时广记》以外，还有《（差谷撰良）玉历撮要》，《博闻录》可能也包含占术、图谶内容，致被列为禁书。

《事林广记》现存版本中，有确切刊行年代最早的是和刻本翻印的泰定二年（1325），而之前引用《事林广记》，据笔者所知有两种。

第一是南宋叶某撰《爱日斋丛抄》。该书卷五云："事林广记考论寓钱之始云，今楮镪也。"《四库提要》卷一百十八《子部杂家类·杂考·爱日斋丛抄》）指出："观其论先儒从祀一条有咸淳年号，知为宋末人所作也。"（见卷二"李仁甫侍郎"条）。如此，《事林广记》似在南宋末期已有此书。不过这个推测存在一个问题，《爱日斋丛抄》现存版本有元末陶宗仪编纂的《说郛》（卷十七）本、和由《说郛》本、《永乐大典》辑录的《四库全书》本，但是《说郛》本的二十二条中有十条不见于《永乐大典》。这十条中就有前面提到的《事林广记》有关"寓钱"的记录。因此也可以怀疑陶宗仪在编纂《说郛》时混入了当时《事林广记》的内容。可是"寓钱"一条又不见于现存《事林广记》各版本中，只好存疑、待考。

泰定二年以前引用《事林广记》的另外一个资料是日本镰仓时期的医师梶原性全所编《万安方》[①]。《万安方》引用了《事林广记》以下四条：

1."和（？）青木香藤曰天仙藤，出事林广记。"卷一四头注（影印本三九〇页）

2."事林广记云，天仙藤者土青木香之藤也。实名马兜铃。其根云南云根，土青木香也。"卷十五头注（同上四五〇页）

3."事林广记云，五倍子炒干研为细末，以井花水调丸梧子

---

① 影印本《万安方》（科学书院，1985年）。此一资料由茨城大学真柳诚教授承示，谨此致谢。

大，泄泻每服三五十九，以井水服之。”卷一九本文（同上五三三页）

4.“事林广记云，牛黄，川土点唾研之。见黄色则真牛黄也。”卷二一本文注（同上五八〇页）

上述1、2虽然与和刻本《事林广记》辛集卷一“药石辨正”中的“青木香”，“如无土产者川根亦可使。状似木香土者生子、便是马兜铃藤、是天仙藤”的记载相似，但是3“五倍子”的记录不见于《事林广记》诸本，4“牛黄”与和刻本《事林广记》“药石弁正”的“牛黄”记载完全不同。

根据影印本附录的石原明的解说，《万安方》是正和二年到四年（1313—1315）之间完成的，其内容主要来源是大德年间（1297—1307）用北宋版木印刷的《圣济总录》。从正和二年到四年，相当于元仁宗皇庆二年至延祐二年间。由此可见，《万安方》引用的《事林广记》大概是大德年间的刊本。

综上所述，《博闻录》在至元三十一年（1294）被列为禁书之后，改名《事林广记》，可能有大德刊本。可是大概因为禁令不严，泰定二年（1325）再次下禁令，以致其前《博闻录》仍然继续刊刻，改为十卷本，与《事林广记》同时存在。

## 九、小结：宋元代建安的出版和类书

以《事林广记》为代表的陈元靓编著的书籍，或多或少都带有从各种书籍广泛引用、汇编的类书性质。笔者认为这并非源于他的个人嗜好，而是受当时建阳一带存在此类出版倾向的大背景影响。众所周知建安一带自宋代以来是营利性出版业的一大中心地，现在所知的出版物中类书就占了相当的数量。下面举一些类书以及具有类书性质的书籍，它们都是在宋代建安出版的书籍，或者其编撰者是建安人所编。

1. 叶廷珪《海录碎事》叶廷珪是建安北崇安人，政和五年（1115）进士。

2. 叶蕡《圣宋名贤四六丛珠》署名建安叶蕡编，庆元二年（1196）序载明“建安陈彦甫刻梓于家塾”。

3. 高承《事物纪原》现存庆元三年（1197）建安余氏刊本（陆心源《仪顾堂题跋》）。

4. 祝穆《事文类聚》祝穆是崇安人，曾祖父祝确是朱子的外祖父，祝穆是朱子外甥。淳祐六年（1246）序曰：“紫阳朱夫子以其母党子侄，实教育于考亭书院”，由此可知祝穆曾受过朱子的直接教导。他编撰的书还有《方舆胜览》。其子祝洙是宝祐四年（1256）进士。《事文类聚》由前、后、续、别、新、外、遗共七集组成，其中的新集与外集是元朝的富大用所编，遗集是元朝的祝渊所编。祝渊可能是祝穆的子孙。

5. 谢维新《古今合璧事类备要》据宝祐五年（1257）序，谢维新是建安人，胶庠进士（太学出身的进士），又跋文写到“此友人刘兄德亨所托编事类备要”。刘德亨可能是建阳的书坊主。

6. 刘达可《璧水群英待问会元选要》刘达可是建安人。有淳祐五年（1245）建安陈子安的序。璧水指的是太学，本书是汇编太学生答卷的考试参考书。

7. 熊晦仲《新编通用启劄截江网》书信文例集。书首有刊行者前进士陈元善的序，序文末尾有“颍川”和“建安陈氏”的印。

8. 虞韶《小学日记故事大全》，有朝鲜翻刻至元十一年（1274）刊本，虞韶是南宋末元初的建安人。

从名字来看，可以肯定第7条陈元善与陈元靓当是同辈的族人。而且第4条《事文类聚》与以前的类书偏重文学不同，如此书名所示，它同时重视内容“事”与文辞“文”两个方面，因而对《事林广记》产生了重大影响。实际上《事林广记》的记载参考《事文类聚》的地方并不少。

有趣的是《事林广记》《事文类聚》以及《启劄截江网》等的类书都是由与朱子颇有渊源的人编集、出版的。朱子和他的门人热心于出版，这一点已经广为人知[①]。作为出版中心地的建安应该有数量庞大的书籍积累，因此编撰类书成为可能，同时这也成为朱子学形成的背景。可以说日用类书与朱子学都是近世中国同一文化土壤里的产物。因此《事林广记》的各种版本间的增补改订导致的内容上的异同，以及从《事林广记》到《万宝全书》系列日用类书的过渡，与朱子以后的儒学的发展一样，对于理解近世中国具有重要意义。

① 参看陈荣捷：《朱子新探索》“朱子之印务”，上海：华东师范大学出版社，2007年；方彦寿：《朱子门人刻书考》，《朱子研究》1995年第1期。

# 《历史文献与传统文化》征稿启事

《历史文献与传统文化》是由暨南大学中国文化史籍研究所主办的学术集刊，创刊于1990年，由研究所第二任所长、著名宋史专家常绍温先生（本所首任所长陈乐素先生的夫人）创办，广东人民出版社出版。刊名由陈乐素先生题写。至2020年，在历届所长和全所同仁的努力下，《历史文献与传统文化》一共公开出版了25辑。从第26辑开始，本刊改为半年刊，由商务印书馆出版。

常先生在创刊号的序言《弘扬祖国优秀文化传统进行专题探索》里指出："中华民族有着悠久的历史和灿烂的文化。我国古代文化是人类文化史上的瑰宝，是祖先留给我们的宝贵文化遗产。而历史文献是中国文明的重要组成部分和文明发展程度的历史标志。我国的历史典籍浩如烟海，整理和研究现存的历史典籍，对于研究我国的历史文化，总结我们民族在社会发展的各阶段从社会经济基础到上层建筑各个领域的成就和历史经验，有着重要价值和现实意义。"明确提出本刊的办刊宗旨：整理和研究历史文献，弘扬中华传统文化。这一宗旨正切合2017年以来党中央实施的国家战略任务，于此亦可见常先生拳拳爱国之心及其对中华文化的热爱！

从第26辑起，本刊拟开设文献考辨、专题研究、学人访谈、读史札记、岭南文化研究、研究综述、书评以及稀见文献等栏目，敬希海内外学者惠赐大作。来稿具体要求如下：

（一）来稿须为原创首发，请勿一稿多投，字数一般不超过3万字。请附中文摘要和关键词，同时请提供英文题目、关键词。首页脚注位置的首行写“作者简介”，内容包括姓名、单位、职称，研究方向。如果属于基金项目请在“作者简介”下写“基金项目”及相关信息。

（二）本刊为简体横排。注释采用脚注格式，每页重新编号。具体注释格式和体例，以《历史研究》注释为准。

（三）整段引文使用楷体，其他部分包括标题使用宋体，特别字体请专门标注。

（四）稿件的写作语言为中文，外文稿件请译为中文。

（五）本刊编辑部对来稿有权进行技术性处理和适当的文字修改，将不另行知会作者。如需保留修改权，务请在来稿中说明。

（六）本刊采用同行专家匿名审稿制度，审稿周期为三个月。投稿后三个月未有答复者，作者可自行处理稿件。

（七）来稿请于附件内详细写明作者的姓名、单位、学历、职称、研究方向、通讯地址、邮编、邮箱、手机号码等。

（八）编辑部邮箱为：orichc@jnu.edu.cn。来稿请在邮件标题中注明：《历史文献与传统文化》投稿。

（九）本集刊为半年刊，欢迎随时赐稿。本刊不收取任何形式的版面费、审稿费等费用。来稿一经刊出，即赠送样刊一册，并酌付稿酬。

欢迎学林同道惠赐大作！

《历史文献与传统文化》编辑部